KB129018

집단상담의 딜레마

집단상담의 딜레마

Lise Motherwell · Joseph J. Shay 공저
권경인 · 조수연 외 공역

Complex Dilemmas in Group Therapy: Pathways to Resolution
by Lise Motherwell and Joseph Shay

역자 서문

집단상담자들이 상담자 발달 초기 과정에서 매우 다양한 어려움을 경험한다는 것은 많은 집단상담 전문가가 동의하는 부분일 것이다. 돌아보면 그 시절은 모든 것이 궁금하고 어려웠다. 사실 질문을 명확하게 하지도 못하는 경우가 많았다는 것이 더 정확한 표현일 것이다. 실제 일어나는 집단의 여러 가지 현상에 대해 무엇을 어떻게 보아야 하는지도 오리무중일 때도 있었다. 집단원 개개인에 대한 이해와 더불어 대인 간 역동을 이해하고 활용해야 하며 전체로서의 집단의 역동을 볼 수 있는 다각적인 시각과 개입을 해야 한다는 점에서 집단상담자는 확실히 과중한 과제를 감당해야 한다.

많은 질문이 떠오르고 여러 가지 어려움에 직면할 때 이 어려움을 미리 겪어 보아 질문에 답해 주거나 대처할 수 있도록 해 주는 누군가가 있다는 것은 참 다행스러운 일이다. 그러나 나의 초심상담자 시절은 그런 전문가를 접촉하는 데 있어 여러 가지 제한이 있었다. 그 수많은 딜레마를 좌충우돌하며 지나가거나 심정적 위로를 해 줄 수 있는 동료들과 애환을 나누는 것으로 견뎌 냈던 기억이 꽤 많다. 가만히 돌아보면 그때는 정말 자세하게 나의 집단에 대한 이야기를 들어 줄 전문가가 필요했다. 단순한 위로가 아니라 집단에서 일어나고 있는 내가 보지 못한 구체적인 현상과 개입을 도와줄 수 있는 전문가의 조력이 매우 절실했다.

『집단상담의 딜레마: 해결을 위한 길』은 이러한 집단상담자의 입장에서 집단의 딜레마를 다루고 또한 전문가의 자문을 제공했다는 점에서 매우 신선하게 다가왔다. 다양한 현장에서 집단상담의 딜레마를 경험하고 있는 집단상담자들의 질문에 숙련된 집단상담 전문가들의 구체적 답변을 제공받는다는 점은 집단상담자로서 내가 정말 경험하고 싶었던 것이기도 하다.

이 책은 한두 명의 전문가의 입장이 아니라 집단상담 분야의 대표적인 전문가 수십 명이 이론적, 연구적, 상담적으로 높은 수준의 자문을 제공하고 있다. 특히 한국에서의 집단상담 1, 2세대가 특정이론(참만남 집단과 감수성 훈련, T집단)에 초점을 두고 발달되어 온 측면을 넘어서, 이 책은 자기심리학, 대상관계 이론, 재결단 이론, 체계 이론 등의 다채로운 이론적 배경을 가지고 집단상담을 설명하고 있다. 이는 이론적으로 보다 확장된 집단상담에 대한 이해를 제공하고, 집단상담 실제에 있어서도 현상을 다각적인 측면에서 탐색해 볼 수 있는 기회를 제공해 줄 것이다.

이 책의 번역작업은 역자들이 함께한 장기집단에서 출발되었다. 집단원 모두가 상담전공자였기 때문에 우리는 이론적 학습과 집단상담 실제를 동시에 경험하고자 하는 욕구가 있었다. 이를 위해 실제 집단이 이루어지기 전에 매주 1시간 정도의 스터디 형태의 책 읽기를 지속해 왔다. 그때 선택했던 책이 바로 『집단상담의 딜레마: 해결을 위한 길』이었다. 집단원 대부분이 석사과정 중이었고 열한 명의 역자가 함께 번역작업을 한다는 점에서 용어의 통일성이나 문맥에 대한 이해를 일정한 수준으로 맞추는 데 여러 가지 어려운 점이 있었음을 독자들에게 알리며, 동시에 양해를 구한다.

집단과 번역작업을 함께했던 故 김나연은 이 책이 나오기 전에 세상을 떠났다. 좀 더 빠른 작업으로 우리가 함께했던 책을 그녀에게 병상에서라도 보여 주고 싶었는데 우리의 게으름이 죄송스럽다. 세상에서 많은 사람을 돌보느라 자신을 돌보는 일에 느렸던 그녀지만 하나님의 나라에서는 충분한 보살핌 속에서 평화롭기를 소망한다. 늦었지만 이 책을 그녀의 영전에 바친다.

대표 역자 권경인

저자 서문

당신이 몇 년간 이끌어 온 집단이 지금까지 잘 기능해 오다가 갑자기 엇나간다고 상상해 보자. 한 집단원은 분노로 가득 차 쉴 새 없이 말하면서 회기를 독점하고 있고, 다른 집단원은 당신의 능력에 대해 공격하며 몇몇 집단원은 갑자기 집단을 그만둔다. 이전까지는 열정적이고 활기가 넘쳤던 집단이 이제는 거의 고사상태일 것이다. 지난 수년간 집단상담은 당신이 가장 흥미를 느끼는 일이었음에도 불구하고, 이제 불안하고 혼란스러워서 집단상담을 다시 만나는 것이 두렵다. 당신은 집단상담에서 일어나는 일을 어떻게 이해하고 있는가? 또 당신은 무엇을 하고 있는가?

이 책에 대한 구상은 10년 전에 시작되었다. 당시 나는 초심 집단상담자로서 매우 많은 딜레마에 부딪히고 있었다. 미국집단정신치료협회(American Group Psychotherapy Association)에서 발행하는 소식지인 「Group Circle」을 받아 보기를 매달 고대했다. 그 소식지에는 숙련 집단상담자들이 복잡한 딜레마에 대한 자신의 견해를 펼치는 '자문 구합니다.' 라는 칼럼이 있었기 때문이다. 그것은 정말 훌륭한 훈련도구였다. 당시 「Northeastern Society for Group Psychotherapy Newsletter」의 동료 편집자였던 조 셰이(Joe Shay)가 우리 소식지에도 그와 같은 코너를 마련하자고 제안했다. 나는 그의 의견에 동의하면서, 임상적인 딜레마에 관한 책을 같이 편집하여 집단상담 장면에서 복잡한 상황에 맞닥뜨릴 수밖에 없는 학생 및 초심 집단상담자를 위해 숙련 집단상담자들에게 자문을 제공해 보지 않겠냐고 제안했다.

이를 위해 우리는 상담자 일곱 명에게 집단상담에서 중요한 개념이나 최근의 이슈를 다루는 이론적인 장을 각자 저술해 줄 것을 부탁했다. 그리고 각 장마다 복잡한 딜레마 세 가지를 만들었으며, 각 딜레마에 대해 두 명의 숙련 집단상담자에게 자문을 요청했다. 딜레마에 등장하는 집단과 집단원들은 우리가 그동안 실제 집단장면과 수퍼비전에서 경험해 온 상황들에 기초한 부분도 있지만 기본적으로는 가상의 시나리오다. 이 책에서는 50명의 상담자가 집단상담 이론과 관련 딜레마에 대해 자문을 제공하고 있다.

숙련 집단상담자는 집단상담이 매우 복잡하다는 것을 알고 있다. 아무리 잘 훈련되고 유능한 상담자라도 집단에서 일어나는 사건들로 인해 자신의 능력을 발휘하지 못하게 되고 무력감을 느끼며 혼란스럽고 좌절되는 경험을 겪곤 한다. 집단에서는 다중전이(multiple transferences), 실연화(enactments), 투사, 경계침범(boundary crossing), 역전이 반응 등으로 인해 예측 불가능한 사건과 상호작용이 변화무쌍하게 일어난다. 이 책은 상담자들에게 집단상담에서 벌어지는 예측 불가능한 사건들에 대해 이론과 임상적인 감각을 키울 수 있도록 도움을 주는 안내서다.

이 책은 본래 독자들에게 수퍼비전이 아닌 자문을 제공하고자 하였다. 자문은 시간이 제한되어 있지만 수퍼비전은 대개 지속적이며 일정 기간 동안 집단과정을 따라갈 수 있다. 우리는 이 책에서 제공하는 자문을 통해, 두 명의 다른 수퍼바이저가 동일한 딜레마에 대해 각자 어떻게 반응하는지를 독자들이 볼 수 있도록 하였다. 자문을 읽으며 독자들은 같은 딜레마를 두고 두 명의 수퍼바이저가 완전히 다른 조언을 하거나 유사한 측면에 초점을 맞추면서도 서로 다른 각도에서 바라보고 있다는 것을 확인하게 될 것이다. 혹자는 집단상담을 진행하는 데 있어서 잘못된 방식이 존재한다고 주장할 수도 있으나, 여러분은 이 책의 다양한 자문을 접하며 집단상담에서 단 하나의 방법만이 옳은 것은 아니라는 사실을 알게 될 것이다.

이 책은 집단상담에 대한 책이므로 집단상담 경험이 풍부한 상담자들과 함께 작업하는 것이 매우 중요하였다. 이 작업의 큰 즐거움 중 하나는 집단상담 분야의 대표적인 전문가라고 할 수 있는 뛰어난 상담자, 연구자, 이론가들과 상호작용할 수 있는 기회를 가진 것이다. 우리는 미국 전 지역과 캐나다, 영국의 전문가들을 두루 섭외하였다. 이들은 자기심리학, 대상관계 이론, 재결단 이론(Redecision Theory), 체계 중심 이론(System-centered Theory) 등 다양한 이론적 관점에서 집필하였다. 이들 중에는 연구자도 있고 이론가도 있으며, 거의 대부분은 집단상담을 진행하고 집단상담에 대해 생각하는 데 많은 시간을 할애하는 상담자다. 그들의 지혜를 여러분에게 전할 수 있어서 기쁜 마음이다.

마지막으로, 셰이와 나는 직업적으로나 개인적으로 서로에 대해 더 깊이 알고 존중하게 되었다. 잘 운영되는 집단에서 그렇듯이, 우리는 각자의 능력을 상보적으로 활용하고 서로의 약점을 존중하며, 이 과정을 즐겁게 경험하고자 노력했다.

Lise Motherwell, Psy.D., CGP

Joseph J. Shay, Ph.D., CGP

차 례

경계문제

개 관

영화 〈애널라이즈 디스〉에서 로버트 드 니로(Robert De Niro)는 공황발작이 있는 갱단 두목 역할로 등장한다. 그는 이제 곧 결혼을 앞둔 정신과 의사로 등장하는 빌리 크리스털(Billy Crystal)에게 치료를 받기 시작한다. 크리스털은 갱단 두목과의 상담 경계가 다른 내담자들의 경계와 다르다는 것을 느끼게 된다. 이 갱단 두목은 크리스털의 결혼식 도중에 치료회기를 가질 만큼, 자기가 원하는 것은 무엇이든지 원하는 때에 바로 얻고자 한다. 우리는 크리스털이 처한 딜레마를 두고 웃을 수 있다. 하지만 상담자로서 치료적 작업이 이루어지는 안전한 환경을 만들기 위해서는 경계와 경계를 규정하는 집단의 약속이 중요하다는 사실을 알고 있다.

'집단 울타리 세우기'에서 바바라 콘(Barbara Cohn)은 경계에 대해 정의하고, 집단상담에서 이 용어를 사용하는 것에 대해 이야기하며, 다양한 상담자들이 제안해 온 구체적인 지침에 대해 자세하게 설명한다.

다음으로 이 책의 첫 번째 딜레마인 '집단 인원 늘리기'에서는 극적인 상실 경험이 연속적으로 일어난 후에 갑자기 여러 집단원이 집단을 떠나는 상황이 제시된다. 집단상담자는 남은 집단원들 사이에서 쌓여 가는 불만을 달래야 한다는 부담감을 느끼고, 지금이 새로운 집단원을 모집하는 것이 적절한 시점인지 궁금해한다. 수퍼바이저 스티븐 호트(Steven Haut)와 진 파스테냑(Jeanne Pasternak)은 둘 다 이 상황을 집단경계의 관점에서 바라보지만 각자 다른 방식으로 문제를 다루고 있다. 호트는 집단상담자가 삶과 죽음, 질병과 건강, 전능함과 무기력함과 같은 인간의 실존적인 문제들을 집단에서 다룬다면 집단이 더 안전감을 느낄 수 있다고 생각한다. 파스테냑은 집단상담자가 현재 집단의 합의된 규범이 깨지는 것에 대해 직접 다루는 방법들을 구체적으로 제시한다.

두 번째 딜레마 '돈을 보여 주세요'에 등장하는 집단상담자는 상담비 지불방식을 일방적으로 바꾸는 집단원들에게 휘둘리면서 좌절과 혼란을 겪고 있다. 엘레인 제인 쿠퍼(Elaine Jane Cooper)는 정신역동 및 체계적 관점(psychodynamic and systems perspective)에서 초기 가족역동이 재현되는 것과 집단체계가 무너지는 것에 주목하고 있으며, 집단상담자가 경계를 유지하는 데 집중하라고 주장한다. 반면 스티브 크루그먼(Steve Krugman)은 관계적 관점(relational perspective)에서 치료적 딜레마는 상담자와 집단원들이 함께 만드는 것이기 때문에 집단상담자는 집단원들의 역할뿐만 아니라 스스로의 역할에 대해서도 반드시 분석해야 한다고 강조한다.

세 번째 딜레마 '개인상담 내담자를 집단에 참여시키기'에 등장하는 집단상담자는 사전에 집단원들에게 알리지 않은 채 자신의 개인상담 내담자를 집단에 참여시켰다가 질투, 소유욕, 형제간의 경쟁, 비밀 보장이슈 등을 다루어야 하는 상황에 처하게 되었다. 수퍼바이저 데이비드 호킨스(David Hawkins)와 빅터 셔머(Victor Schermer)는 둘 다 집단상담자가 중요한 전이 및 역전이 문제에 주의를 기울여야 한다고 강조한다. 호킨스는 집단원들의 불안과 상담자의 불안이 서로 들어맞아 엉켜 있기 때문에 각각을 분리시킬 필요가 있다고 지적한다. 반면 서머는 경계가 훼손되었다는 사실은 인정하면서도 "모든 위기는 기회이므로 이 상황을 크게 걱정하지 않아도 된다."고 한다.

집단 울타리 세우기

로버트 프로스트(Robert Frost)는 그의 유명한 시 「담장 고치기」에서 "좋은 울타리가 좋은 이웃을 만든다."라고 말한다(Lathem, 2002, p. 33). 우리는 프로스트가 무엇을 말하고 있는지 직관적으로 알고 있다. 인간이 교양 있게 살고 서로 건설적으로 관계를 맺기 위해서는 분명한 경계가 있어야 하며, 신뢰할 수 있는 구조가 필요하다는 것이다. 만약 경계가 없다면(프로스트의 시에서는 한 사람의 땅과 다른 사람의 땅 사이에 분명한 경계가 없는 것) 우리는 혼란에 빠지게 될 것이고, 타인의 위치를 인식하고 스스로의 성장을 위해 시간과 에너지를 쓰기보다는 자신의 경계를 지키고 생존을 유지하는 데에 모든 노력을 들이게 될 것이다. 프로스트의 시는 물리적인 영역에 대해 묘사를 하고 있다. 그의 경계는 울퉁불퉁한 돌담으로 되어 있는데, 이 돌담은 매년 보수를 해 주어야만 한다. 날씨 때문이기도 하고, 담을 완전히 함부로 하는 '사냥꾼' 때문에 벽이 침식되기 때문이다.

대부분의 우리는 프로스트의 시를 '울타리'의 가치를 아름답게 상기시키는 시로 기억하지만, 프로스트는 "그(이웃)는 온통 솔밭이고 나는 사과 과수원이다. 내 사과나무가 솔밭으로 넘어가서 그의 소나무 밑에서 솔방울을 주워 먹는 일은 없을 것이다(Lathem, 2002, p. 33)."라고 이야기하며 담의 필요성에 대해 의문을 제기한다. 즉, 프로스트는 내적 구조의 분명한 차이가 담을 덜 중요하게 만든다고 주장한다. 그는 단지 둘레 또는 외부의 경계만을 의미하지 않고 영역의 내부 모습, 즉 내적 경계를 포함하는 경계의 개념을 발전시켰다. 우리는 '좋은 울타리'라는 은유가 단지 물리적인 영역만을 의미하는 것이 아니라 정신적인 영역 및 이 책의 목적인 집단의 영역에도 해당한다는 것을 알고 있다.

'경계'라는 용어는 일상적인 대화에서 한 사람을 다음 사람과 한 활동을 다음 활동과 구별하는 점이나 선을 가리키는 데 사용된다. 정신적인 경계는 자기와 타인 사이의 구별을 유지하는 것뿐만 아니라 각 개인이 내적 경험을 외적 경험과 분리시키는 것으로 이해할 수 있다(Johnston, 2001). 또한 개인 내에서도 경계를 그을 수 있는데, 원초아와 자아를 분리하는 경계 또는 자기표상과 타인표상을 분리하는 경계 등 내적 세계의 다양한 측면에서 경계를 그을 수 있다(Gabbard & Lester, 2003). '경계'라는 용어가 윤곽이 있는 면적이나 선을 자주 가리키기는 하지만, '게임의 법칙'이라고 생각할 수 있는 어떤 일련의 행동을 가리키는 데에도 사용된다(Johnston & Farber, 1996).

치료적 경계의 역할이 중요한 이유는 심리치료적인 작업이 정서적이고 퇴행적인 특성이 있기 때문이다. 상담자가 채택하는 특정한 이론과 기법에 따라서 내담자는 어린 시절의 고통스러운 기억을 떠올리거나 상담자나 동료 집단원들에 대한 강렬한 전이를 경험하도록 유도될 수 있다. 좀 더 대인관계적이고 상호 주관적인 치료의 경우에는 종종 자기 경계가 침투적이거나 불명확해지는, 감정이 가득 실린 지금-여기의 상호작용에 참여하도록 요청받을 수 있다.

집단계약

집단상담은 심리치료라는 특정한 활동을 과제로 삼는 하나의 살아 있는 사회적 체계로 간주할 수 있다. 이 체계의 내부와 외부 사이의 경계를 세우기 위해서 상담자는 집단계약을 맺는다. 싱거(Singer), 아스트라한(Astrachan), 굴드(Gould)와 클라인(Klein, 1975)은 "집단상담자가 어떤 활동을 제안하거나 집단원을 직면하게 하거나 해석을 제공하는 등의 작업을 하는 권위는 바로 집단계약을 통해 얻어지는 것이다. 그리고 특정 활동이 '경계를 벗어나는' 것으로 명확히 말할 수 있는 것도 계약 때문에 가능하다. …… 분명한 계약은 집단상담자나 집단원이 집단에서 합법적으로 행동하거나 집단 내에서 혹은 집단에 대해 어떤 요구를 할 수 있는 귀중한 지침을 제공한다."라고 말했다(p. 147).

이처럼 집단계약은 집단이라는 공간을 주변으로부터 구별하고, 집단이 작업에 집중하도록 하며, 집단상담자와 집단원들에게 질서와 권위를 제공한다. 프로스트의 시와 같이 집단계약은 집단을 위한 '담'을 세우고, 담 안에는 소나무가 아닌 사과나무를 심어야 한다는 것을 약속한다.

일부 이론가는 계약이 나타내는 것과 유사한 현상을 설명하기 위해 '치료적 틀'이라는 용어를 사용한다. 랑스(Langs, 1974)는 치료적 틀을 세우는 것이 중요함을 강조하면서, 시간관리, 상담자의 변함없는 전문적인 역할 등과 같은 요소들을 지키는 것의 가치를 강조한다. 블레저(Bleger, 1966)는 상담에서 치료적 틀은 내담자 자아의 가장 원시적이고 미분화된 측면을 구성하고 조직화한다고 주장한다. 그는 자아의 발달은 치료적 틀에 대한 신뢰에 달려 있다고 한다. 비록 랑스는 '틀'이라는 개념을 엄격하고 유연하지 않은 구조를 가리키는 개념으로 사용한 이론가로 여겨지지만, 가바드와 레스터(Gabbard & Lester, 2003, pp. 39-40)는 랑스의 개념이 사실상 두 가지 구별되는 요소를 포함한다고 지적한다. 분석적인 관계라는 비교상수(relative constant, 구조)와 상호작용을 규정하는 보다 인간적인 요소(과정)가 그것이다.

집단상담에서 치료적 틀은 집단의 경계를 긋고, 집단원들이 성장을 위해 필요한 위험을 감수하도록 돕는 충분히 예측 가능하고 '안전한' 환경을 만들어 준다. 데이(Day, 1967)는 '집단 울타리'라는 표현을 만들면서 아마도 이러한 집단의 내적 성소(sanctum)를 염두에 두고 있었던 것 같다. 나중에 논의하겠지만, 많은 집단상담자는 그들의 주요한 역할이 집단의 경계를 유지하는 것이라는 컨버그(Kernberg, 1973)와 싱거와 동료들(1975)의 견해에 동의한다. 라이스와 루탄(Rice & Rutan, 1981)은 "집단상담자는 끊임없이 집단에 있는 경계들 중에서 특정한 순간에 어떤 경계가 가장 중요하며 집단상담자의 개입을 필요로 하는지를 결정해야 한다."고 말한다(p. 298).

개인상담에서 일단 계약이 확립되면 그 계약은 상담자와 내담자의 의식에서 사라질 수 있으며, 상담의 배경으로 작용하는 필수적 구조다. 반면 집단상담에서 계약이나 치료적 틀은 역설적이게도 집단의 생애에 비교상수로서 행동화와 틀에 대한 위반을 이끌어 내는 역동적 요소로 작용한다. 간스(Gans, 1992)는 이러한 복잡성에 대해 집단상담에서 상담비용을 결정하는 문제와 관련지어 서술하고 있다. "같은 사건이 개인상담에서 일어날 때보다 집단상담에서 상담자는 더욱 강렬하고 복잡한 정서적 영역에서 기능하게 된다(p. 140)." 단 한 번의 경계 침범일지라도 그것은 자동적으로 집단원의 반응을 포함하는 집단의 사건이 된다. 이러한 사건들은 언제나 집단상담자와 집단원들에게 불안과 불확실성을 유발시키지만, 비록 복잡하긴 해도 반갑게 받아들인다면 집단에 좋은 학습 기회가 된다. 어떤 이론가들은 의도적인 상담기법으로서 내적인 집단경계를 수정하는 것을 강조한다(Agazarian, 2001). 그들은 집단원들이 생각과 감정 사이의 경계 및 지금-여기와 그때-거기의 경험 사이의 경계에서 선택할 것을 요구한다.

집단계약의 세부사항

집단계약은 외적 경계와 내적 경계의 이슈를 다룬다. 외적 경계에는 집단의 인원수, 집단장소, 회기기간 등이 포함되고, 내적 경계는 규범, 역할, 과업지향성 등 집단의 계속되는 생애의 측면을 일컫는다. 비밀보장, 상담료 지불 및 집단 밖에서 관계 맺지 않기 또한 내적인 집단경계의 예라고 하겠다.

계약을 하는 첫 순간부터 상담자와 예비 집단원은 주로 전화상으로 상담관계에서의 역할경계를 세우는 방식으로 상호작용을 한다. 그들의 상호작용에는 상담자가 비판단적이고 지지적인 자세를 포함한 전문적인 역할을 유지할 것이라는 점이 내포되어 있다. 동시에 상담자는 처음 연락할 당시 집단과 상담의 특성에 대한 어떤 사실에 대해서 공유할 수 있지만 가장 개인적인 정보에 대해서는 알려 주지 않는다. 반면에 집단원은 다른 태도를 취한다. 집단원은 상담을 받고자 하는 동기에 대해 이야기하거나, 아니면 집단에 대한 사전정보를 얻고 집단원 선별을 위한 약속시간을 잡을 것이다. 집단원이 전화상에서 얼마나 많은 개인정보를 개방하기로 결심했는지와 관계없이(또한 이것은 아마 상담자의 질문의 특성에 따라 영향을 받을 수도 있다.) 초기계약은 경계를 세우고, 개인적인 정보를 드러내고 도움을 받기 위해 상담자와 집단에 의지하는 집단원 역할을 촉진하게 된다.

상담자가 자신의 개인상담 내담자들을 집단원으로 모집할 경우, 집단에서의 상담자와 집단원들 사이의 역할경계가 자칫 기존 개인상담 관계의 단순한 확장으로 보일 수도 있다. 이러한 상황에서는 집단에서 잘 기능할 수 있는 집단원-상담자 관계를 세우기 위해 개인상담과 집단상담의 차이를 이해시키고 신중하게 설명할 필요가 있다.

루탄과 스톤(Rutan & Stone, 2001)은 상담자가 내담자를 개인상담과 집단상담에서 동시에 만날 때 생길 수 있는 경계 이슈에 대해 상세하게 논의하였다. 그들은 여러 다른 지침이 각각 효과적일 수 있다고 하면서도, 개인상담에서 이야기된 내용이 집단상담에서 다루어질 수 있다는 것에 대해 내담자에게 동의를 구할 것을 추천한다. "개인상담과 집단상담에서 다루어지는 내용 사이에는 비밀 보장의 경계가 없다는 것에 대해 내담자에게 분명한 동의를 얻어야 한다.(p. 208)"

또한 루탄과 스톤은 예비 집단원들과 계약을 맺는 데 있어서 집단원의 준비와 집단의 약속이 중요하다고 말하고 있다. 이 회기 동안 상담자는 예비 집단원에게 집단상담이 어떻게 진행되는지에 대해 알려 주고, 논의가 되고 있는 특정 집단이 자신의 어려움을 도와줄 수 있는 방법에 대해 기대를 가질 수 있도록 돕는다. 많은 집단상담자는 집단원이 내세우는 문제를 상담의 초기목표로서 다뤄질 수 있는 대인관계적인 문제로 전환시키려고 노력한다. 다른 상담자들은 예비 내담자들이 집단으로부터 도움을 받을 수 있는 좀 더 일반적인 방법들에 대해 명확하게는 아니더라도 그림을 그려 볼 수 있도록 한다. 상담자와 내담자는 집단에서의 내담자 목표, 집단상담 계약 및 집단이 내담자를 어떻게 도울 수 있는지에 대해서 의논하는 과정에서 작업관계를 위한 경계를 세워 가기 시작한다.

루탄과 스톤은 다음과 같이 집단의 약속 혹은 지침을 제시하고 있다. 집단원은 ① 매주 출석하고, 정시에 도착하며, 회기 내내 자리를 지키고, ② 집단상담에 오게 된 자신의 문제에 대해 적극적으로 작업하고, ③ 감정을 행동으로 표현하지 않고 말로 전달하고, ④ 집단에서의 관계를 사교적인 목적이 아니라 치료적인 목적으로 활용하며, ⑤ 집단상담을 찾게 만든 자신의 문제가 해결될 때까지 집단에 참여하고, ⑥ 책임감 있게 상담료를 지불하고, ⑦ 동료 집단원들의 이름과 신상정보를 보호하는 데 동의한다(pp. 144-152).

나아가 그들은 이러한 요소들에 대해 집단상담자들마다 각자 다른 방침을 가지고 있다고 지적한다. 루탄과 스톤은 어떤 절차가 가장 효과적인지에 대한 나름의 견해를 가지고 있지만, 제일 중요한 것은 상담관계 초기에 세운 지침의 명료함과 일관성이라고 강조한다. "나는 집단원들이 서로의 많은 차이를 견디면서 그 차이에 대해 성공적으로 작업할 수 있다고 생각한다. 사실 이러한 다양성은 집단과정을 보다 풍부하고 활기차게 만들 수 있으나, 집단원들은 상담자가 이러한 차이를 미리 예상하고 허락했으며, 그것들을 집단계약에 반영하였다고 믿을 필요가 있다."

이렇게 집단원들이 자기들 사이에 존재하는 많은 차이를 상담자가 만든 '실수'나 '불일치'가 아니라 자신에게 유용한 것으로 이해할 때, '집단 울타리'집단원 간의 개인차를 수용하고 담아낼 수 있다. 경계는 상담자와 집단원들에 의해 반드시 훼손된다는 점을 기억하라. 회기 불참, 지각, 휴가, 상담료 미지불 등은 피할 수 없다. 하지만 상담자는 이렇게 경계를 위반하는 행동을 상담과정의 필수요소로서 다루어야 한다. 프로스트의 '사냥꾼'들이 돌담을 무너뜨리는 것을 즐기는 것처럼 집단원들은 때로 집단경계를 침범할 것이고 그 과정에서 보다 근본적인 자신의 중요한 측면을 드러낼 것이다.

대부분의 집단상담자는 각 집단원이 집단체계로부터 배우는 것을 가능하게 하는 경계를 세우고 동시에 집단원들의 신상을 보호한다. 집단원들이 집단에서의 경험을 바깥의 삶에 통합하는 것을 실질적으로 촉진하면서도 집단원의 이름과 신상정보를 비밀로 유지시키는 지침은 효과적인 비밀보장의 경계를 나타낸다. 이러한 규범은 외적인 집단경계의 '투과성(permeability)' 또는 '열림과 닫힘'이 중요하다는 것을 알려 주는데, 체계 이론가들은 이러한 측면이 살아 있는 체계의 유지에 필수적인 것으로 본다(Durkin, 1981).

집단을 시작하는 시점에 이루어져야 하는 집단계약의 또 다른 중요한 요소는 집단상담 비용 지불방식이다. 간스(Gans, 1992)는 집단상담에서 돈 문제의 복잡성에 대한 중요한 글을 쓴 바 있다. 간스는 집단을 시작할 때 상담료 미지불에 대한 고지를 포함하는 분명한 집단계약을 내담자와 함께 세워야 하며, 집단에서의 '자리' 또는 장소에 대한 상담료를 집단원이 지불하도록 하는 분명한 지불방침을 세워야 한다고 강조한다(p. 135). 그는 때로 상담료와 관련하여 일어날 수밖에 없는 집단계약의 위반이 집단과정에 풍성하고 특별한 주제들을 가져온다고 생각한다.

몇몇 집단원이 상담료에 대한 계약을 위반하면 종종 다른 집단원도 집단상담 비용과 관련된 자신의 감정을 행동화하기 시작한다. 집단상담자가 행동화의 이면에 있는 개인과 집단 전체의 이슈 및 집단 전염을 다루지 못하면, 수많은 해결책이 오히려 문제를 더 악화시키는 '마법사의 제자'[1]와 다르지 않은 상황에 이르게 된다. 돈 문제는 미끄러운 비탈과 같은 집단과정으로 인해 하나의 경계위반이 전체 집단으로 반복되고 울려 퍼지는 경향이 크다. 집단상담자는 이러한 경계 위반 문제를 미리 예상하고 호기심과 공감의 자세로 이 문제를 다루어야 하는데, 이는 상담료 지불문제에 대해 행동화가 일어날 경우 특히 어려운 일이다(p. 149).

---

1) 「마법사의 제자(The Sorcerer's Apprentice)」는 괴테가 1797년에 쓴 시로, 원제는 「Der Zauberlehrling」이다. 마법사가 집을 비운 사이 제자가 몰래 마법을 부려 보았으나 마법을 푸는 주문을 잊어버린 나머지 그만 실수를 범한다는 내용이다.

집단의 발달, 맥락과 과업

집단생애의 어느 순간에서든지 발달요인은 중요한 집단경계들을 결정하는 데 도움을 준다. 맥켄지와 리브스레이(MacKenzie & Livesley, 1983)는 집단의 발달단계와 각 단계에 관련된 경계를 정하는 것 사이에 상호작용이 있다고 말한다.

> 이 과정은 전체로서의 집단과 개별 집단원을 포함하는 일련의 경계문제에 대한 해결책의 관점에서 개념화할 수 있다. '경계'라는 용어는 물리적인 의미로 사용되지 않는다. 심리적인 경계는 두 가지 독립체가 서로 다르다는 자각이 있을 때 존재한다. 이러한 차이에 대한 정보를 통해 경계가 구성된다. 예를 들어, 집단에 집중적으로 참여하는 경험이 이전의 대인 관계 경험과 얼마나 다른지에 대해 자각하게 되면서 집단의 외적 경계가 세워진다. 이어서 집단원들은 그들이 서로 다르다는 것을 깨달으면서 집단원들 간의 경계에 주목하게 된다(p. 102).

또한 집단이 진행되는 맥락도 집단경계의 특징에 영향을 미친다. 많은 연구자(Klein & Krugel, 1981; Rice & Rutan, 1981)가 입원환자 병동과 외래환자 치료 프로그램에서 실시하는 심리치료 집단의 외적 경계 침투성에 대해 논해 왔다. 종종 외적 경계를 유지하는 것이 계속 진행 중인 집단의 가장 중요한 측면이 되기도 하고, 집단 밖에서 일어나는 체계적 사건들이 집단과정을 이해하는 데에 중요하게 작용하기도 한다. 얄롬(Yalom, 1983)은 다른 연구자들과 달리, 병동에서 일어나는 사건에 주의를 기울이는 것보다 집단의 과업에 집중하는 것이 입원환자 집단의 외적 경계를 더욱 강화시킬 수 있다고 본다. 시설환경(institutional settings)에서의 과정집단(process groups)에 대한 글에서 나는 "과정 집단상담자(a process group leader)가 경계를 유지하기 위해서 주로 하는 기능은 사실상 집단이 체계문제에 주목하고 그 문제들이 개인의 전문적인 역할에 미치는 영향에 집중하게 만드는 집단과업을 수행하는 것이다(Cohn, 1994, p. 341)." 라고 제안했다.

이와 같이 집단의 맥락, 집단의 목표, 집단의 발달단계에 따라서, 경계요인들 또는 집단을 비집단과 구별하는 요소들은 초기의 집단계약 외의 집단생애의 다양한 측면을 포함할 수 있다. 다음 장에서 논의할 것이지만, 상담자의 가치나 이론적 입장, 치료기법 등은 모두 현재의 특정 집단과 관련된 경계를 결정짓는 데 도움이 된다.

경계와 집단상담 이론

비록 많은 학자가 체계 이론을 정신역동 이론의 한 분야라고 간주하고 있지만(Rutan & Stone, 2001 참고), 나는 논의를 위해서 정신역동 이론과 체계 이론이 경계문제에 어떻게 다르게 적용되는지 그 차이를 밝히고자 한다. 살아 있는 체계 이론(the theory of living system)을 다른 이론적 모델들과 정신역동 이론을 아우르는 메타 이론으로 보는 학자들도 있다(Durkin, 1981; von Bertalanffy, 1966).

맥두걸(McDougall, 1920), 프로이트(Freud, 1922/1951), 울프와 슈워츠(Wolf & Schwartz, 1962), 비온(Bion, 1960), 그리고 폴크스(Foulkes, 1964) 이후로 정신분석적 집단과 정신역동적 집단의 이론과 실제에 대해 살펴볼 때, 영향력 있는 많은 집단상담 이론가가 경계라는 개념을 집단 이론과 실제에 대한 그들의 저서에서 중요한 요소로 다루지 않았음을 알 수 있다. 그렇다고 그들이 집단에서 일어나는 사건을 집단 밖에서 일어나는 사건들과 구별짓는 계약, 규범, 과업, 역할과 같은 요인들을 다루지 않았다는 뜻은 아니다. 하지만 그들은 '경계' 라는 단어와 개념을 강조하지는 않았다.

이와 대조적으로, 체계 이론가들은 '경계' 개념을 주요한 구성요소로 사용하는 이론과 기법을 발전시켰다. 더킨(Durkin, 1981) 등의 학자들은 레빈(Lewin, 1936)과 본 베르탈란피(von Bertalanffy, 1966)의 논의를 통합하면서 풍부하고 전문적인 개념을 만들어 냈는데, 이러한 개념을 통해 집단의 외적 경계와 내적 경계가 작동되는 것에 주의를 기울이고 있다. 이제는 고전이 된 더킨의 저서 『살아 있는 집단(Living Groups)』은 구조적이고 기능적인 특성을 가진 집단경계에 대한 지식을 발전시켜 집대성한 책이다. 이 책에서 더킨은 'Glossary of living structure terms' 라는 절에서 경계를 명사로 정의하지 않고 '경계짓기(boundarying)' 라는 동사로 정의했다. 경계짓기는 "살아 있는 구조가 자신의 경계를 여닫는 상보적인 과정(p. 340)"으로 정의된다. 더킨은 이렇게 경계를 열고 닫는 것은 생명력 있고 '살아 있는' 사회적 체계로서의 집단을 유지하는 데에 매우 필수적이라고 설명한다.

현대의 많은 집단상담자는 심리역동적 관점 및 체계적 관점을 통합하여 활용함으로써 자신의 집단에서 작용하는 경계에 대해 이해하고 있다. 브라밴더(Brabender, 2000)는 집단과정에서 일어나는 혼란기의 가치에 대해 서술하면서, 집단상담자는 특히 이전에 조직화되었던 집단구조가 무너지는 것과 같은 혼란기에는 집단경계를 강화할 필요가 있다고 하였다(p. 30). 투사적 동일시, 공감적 조율, 담아내기 등 때로 과정변인으로 여겨지는 현대의 관계적인 개념들 또한 그 개념들이 집단상담에서의 작업의 특성과 한계를 규정하는 데 도움이 된다는 점에서 볼 때 경계의 작용이라고 이해할 수도 있다.

집단경계 다루기

앞에서 논의했듯이, 기본적으로 집단상담자는 집단경계에 대해 늘 주의를 기울여야 한다. 그러나 집단경계를 상대적으로 안정적인 요소로 생각하는 것(경계가 침범되는 경우 숨겨진 주제에 대해 드러나게 해 주는 역할)과 집단경계를 적극적인 주의와 심지어는 조작까지 필요한 변수로 생각하는 것 사이에는 상담자마다 서로 정도의 차이가 있다(Agazarian, 2001). 이에 대해 존스턴과 파버(Johnston & Farber, 1996)는 「The Maintenance of Boundaries in Psychotherapeutic Practice」라는 논문에서 다음과 같이 언급하였다.

> 보편적으로 적용될 수 있는 엄격한 경계를 주장하는 입장과 경계가 내담자에게 어떤 영향을 미치느냐에 따라 보다 유연하게 경계를 적용해야 한다고 입장 간에 이론적인 갈등이 있다. 이러한 갈등은 보다 넓은 맥락에서 실증주의 모델(positivistic model)에 근거하여 작업하는 학파와 후기 실증주의 가정에 근거하여 작업하는 학파 사이의 쟁점을 반영하고 있다. ……랑스로 대표되는 첫 번째 학파는 경계를 엄밀하게 유지하여 '순수한' 심리 내적인 현상을 드러낼 수 있다고 본다(완전한 '중립성'이 '순수한' 전이를 유발한다는 생각과 유사함). 미첼(Mitchell, 1993)로 대표되는 두 번째 학파는 경계를 유지하는 것은 내담자가 주관적으로 조직하는 대인관계적인 행위로, 즉 왜곡의 원인으로 보기보다는 그 자체가 관계의 한 부분이라고 본다(p. 399).

집단경계에 대한 상담자의 관점과 관계없이 집단의 생애 어느 시점에서든 이러한 경계들의 특성에 대해 이해하기 위해 은유와 시각화의 방법이 사용되곤 한다. 예를 들어, 어떤 수퍼바이지는 집단에서의 출석문제에 대해 논의하면서 (외적) 경계가 '너덜너덜하고 들쭉날쭉하다'고 묘사한다. 다른 예로, 어떤 여성 집단에서는 남성들의 세계에 대해 이질적이고 차별적이라고 매주 이야기한다. 이 집단의 상담자는 집단의 내적 경계를 마치 외부의 위협을 막아 내기 위해서 더 높이 쌓아 올라가는 빽빽하게 짜 맞추어진 벽돌 담으로 묘사한다. 또 다른 집단에서, 상담자는 성숙한 집단의 집단원들이 서로에 대한 첫인상을 떠올려 보고 당시의 단편적인 인상을 지금의 복잡미묘한 느낌과 대비시키는 모습을 지켜보면서, 이 집단의 내적 구조가 마치 자신의 책상에 놓인 산호조각과 같이 섬세하고 복잡하다고 묘사한다.

경계를 '집단 울타리' '매트릭스' 또는 '두껍고 침투할 수 없는 선' 등 무엇으로 부르든 상담자들은 이 복잡한 현상을 설명하기 위해 은유나 시각화를 활용하려는 경향이 있다. 나는 집단상담자가 이러한 예술적인 묘사를 통해서 집단경계의 특성을 충분히 이해하고, 또 그것에 대해 집단원들과 소통할 수 있다고 보며, 그러한 과정 자체가 집단경계를 유지하는 것이라고 생각한다. 로버트 프로스트가 돌담을 보수하는 것에 대해 "좋은 울타리가 좋은 이웃을 만든다."라고 한 것처럼 우리도 집단경계를 다루는 데 있어서 "좋은 경계가 좋은 상담을 가져온다."라고 생각해 볼 수 있다.

Barbara R. Cohn

참고문헌

Agazarian, Y. M. (2001). *Systems-centered approach to inpatient group psychotherapy*. London & Philadelphia: Jessica Kingsley.

Bertalanffy, L. von (1966). *General system theory and psychiatry*. New York: Basic Books.

Billow, R. M. (2000). Relational levels of the "container-contained" in group therapy. *Group, 24*, 243-259.

Bion, W. R. (1960). *Experiences in groups*. New York: Basic Books.

Bleger, J. (1966). Psychoanalysis of the psychoanalytic frame. *International Journal of Psychoanalysis, 48*, 511-519.

Brabender, V. (2000). Chaos, group psychotherapy, and the future of uncertainty and uniqueness. *Group, 24*, 23-32.

Cohn, B. R. (1994). The process group in institutional settings: Special techniques for an endangered species. *International Journal of Group Psychotherapy, 44*, 333-347.

Day, M. (1967). The natural history of training groups. *International Journal of Group Psychotherapy, 17*, 436-456.

Durkin, J. E. (Ed.). (1981). *Living groups: Group Psychotherapy and general system theory*. New York: Brunner/Mazel.

Foulkes, S. H. (1964). *Therapeutic group analysis*. London: Routledge.

Freud, S. (1951). *Group psychology and the analysis of the ego*. New York: Liveright.

Gabbard G. O., & Lester, E. P. (2003). *Boundaries and boundary violations in psychoanalysis*. Washington, DC: American Psychiatric Press.

Gans, J. S. (1992) Money and psychodynamic group psychotherapy. *International Journal of Group Psychotherapy, 42*, 133-152.

Johnston, S. H. (2001). *Therapists' modifications of psychotherapeutic boundaries*. Unpublished dissertation.

Johnston, S. H., & Farber, B. A. (1996). The maintenance of boundaries in psychotherapeutic practice. *Psychotherapy, 33*, 391-402.

Kernberg, O. F. (1973). Psychoanalytic object relations theory, group processes and administration. *Annals of Psychoanalysis, 1*, 363-386.

Klein, R. H., & Kugel, B. (1981). Inpatient group psychotherapy from a systems perspective: Reflections through a glass darkly. *International Journal of Group Psychotherapy. 31*, 311-328.

Langs, R. J. (1974). The therapeutic relationship and deviations in technique. *International Journal of Psychoanalytic Psychotherapy, 4*, 106-141.

Lathem, E. C. (2002). *The poetry of Robert Frost*. Gordonsville, VA: Henry Holt.

Lewin, K. (1936). *Principles of topological psychology*. New York: McGraw-Hill.

MacKenzie, K. R., & Livesley, M. B. (1983). A developmental model for brief group therapy. In R. R. Dies & K. R. MacKenzie (Eds.), *Advances in Group Psychotherapy: Integrating research and practice*, Monograph I, American Group Psychotherapy Association Monograph series. New York: International Universities Press.

McDougall, W. (1920). *The group mind*. New York: Putnam.

Mitchell, S. A. (1993). *Hope and dread in psychoanalysis*. New York: Basic Books.

Rice, C., & Rutan, J. S. (1981). Boundary Maintenance in inpatient therapy groups. *International Journal of Group Psychotherapy, 31*, 297-310.

Rutan, J. S., & Stone, W. N. (2001). *Psychodynamic group psychotherapy* (3rd ed.). New York: Guilford Press.

Singer, D., Astrachan, B., Gould, L., & Klein, E. (1975). Boundary management in psychological work with groups. *Journal of Applied Behavioral Science, 11*, 137–176.

Wolf, A., & Schwartz, E. K. (1962). *Psychoanalysis in groups*. New York: Grune & Stratton.

Yalom, I. (1983) *Inpatient group psychotherapy*. New York: Basic Books.

집단의 인원 늘리기

[수퍼바이저 선생님께]

최근 제가 진행하고 있는 집단의 출석률과 인원수가 불안정합니다. 잭(Jack)이라는 집단원은 우울증과 약물남용으로 2주 전에 입원을 했고(저는 잭이 2주 뒤에 다시 돌아올 거라고 기대하고 있습니다), 한 달 전에는 또 다른 집단원이 루게릭병으로 집단을 완전히 떠났습니다. 세 번째로 마거리트(Marguerite)는 집단에 불규칙적으로 나오고 있는데, 제가 어떻게 개입을 해도 매주 빠지지 않고 참석하는 것이 어려워 보입니다. 마거리트의 이런 행동은 지난 몇 달 동안은 볼 수 없었던 모습입니다(그 전까지만 해도 마거리트는 집단에 정말 열심히 참여했습니다). 마거리트는 그동안 일 때문에 정기적으로 참석하는 것이 어려웠다고 말하지만, 저는 무언가 다른 일이 일어나고 있다는 것을 느끼고 있습니다. 최근 집단을 떠난 두 사람과 더불어, 수잔(Suzanne)이라는 집단원은 집단이 자기를 도와주지 못한다며 한동안 불평을 해 왔습니다(줄어든 인원수로 인해 집단에서 자기가 더 많은 시간을 쓰고 있으면서도 말입니다). 매주 수잔은 제가 자기에게 도움이 안 된다며 저를 비난하고, 다른 집단원들도 자기편에 서서 저를 더 비난하게끔 만들려고 애를 씁니다. 그들은 제가 집단에서 충분히 발언하지 않으며, 자신의 문제가 더 나아지지 않는다고 말합니다. 그들이 특히 비판적일 때는 제가 얼마나 도움이 되지 않는지를 예로 들기 위해 잭의 이야기를 꺼냅니다. 제가 정말 좋은 상담자라면 잭이 입원할 필요가 없었을 거라고 말이죠. 이에 대해 저도 비슷한 마음이 들기 시작합니다.

현재 집단원이 네 명으로 줄어들었기 때문에(잭을 포함하여) 저는 새로운 집단원을 몇 명 추가하고자 합니다. 새로운 집단원이 들어오면 서로를 통해 얻는 정보가 늘어날 것이고, 저와 집단원들에게 이 집단이 살아남을 것이라고 느끼게끔 도울 것으로 기대됩니다. 저는 훌륭한 집단원이 될 것으로 예상되는 한 명과 면담을 했고, 또 다른 사람을 이제 막 의뢰받았습니다. 제가 면담한 사람은 더 통찰력이 있고 덜 우울하다는 점에서 다른 집단원들에 비해 기능수준이 더 높습니다. 접수면접을 하는 동안 그 사람은 저에게 집단과 집단에 참여하고 있는 사람들에 대해서 물어보았습니다. 저는 사람들의 연령대와 성별에 대해서 일반적인 대답을 해 주었지만, 각 집단원에 대한 구체적인 정보나 집단이 지금 어려운 시기를 거치고 있다는 점에 대해서는 말하지 않았습니다. 저는 그 사람에게 집단에 대해 어디까지 말을 해야 좋을지 잘 모르겠습니다. 그리고 다른 예비 집단원도 비슷한 질문들을 할까 봐 걱정이 됩니다.

이러한 질문들에 대해 제가 어떻게 윤리적으로 대답하면서도 동시에 비밀을 보장할 수 있을까요? 언제, 어떤 상황에서 새로운 집단원을 데려와야 할까요? 새로운 집단원을 들이는 것이 집단을 더 불안정하게 만들까요? 아니면 집단을 강화시킬까요? 새로운 집단원들은 한꺼번에 들어와야 하나요, 아니면 한 번에 한 명씩 들어와야 하나요? 집단에서 벌어지고 있는 일에 대해 새로운 집단원들에게 무엇을 말해 주어야 하나요? 얼마나 기다린 뒤에 집단원들을 추가해야 할까요? 잭이 돌아올 때까지 기다려야 할까요? 집단의 이러한 변화에 대해 기존 집단원들과 새 집단원들을 어떻게 준비시켜야 하나요? 조언을 주시면 감사하겠습니다.

[상담자에게 (1)]

당신의 질문에 대답하기 전에 먼저 저의 이론적인 관점에 대해 밝히겠습니다. 제 입장은 정신역동, 집단 사회사업(social group work), 체계 이론 및 실존주의 철학을 통합한 것입니다. 저는 제 개인의 발달단계(58세)와 상담자로서 아동 및 청소년 집단을 포함하여 30년 이상의 집단상담 경험 등이 제 관점에 중요한 영향을 미치고 있습니다.

집단에 대해 설명하는 어조로 보아, 당신은 집단의 생존과 집단상담자로서의 당신의 능력에 대해 상당히 걱정하고 있는 것으로 보입니다. 집단이 매우 긴장이 높은 사건들을 극복하는 과정에 있을 때는 유능한 집단상담자라도 불안과 자기회의에 빠지게 됩니다. 루게릭병으로 집단원 한 명이 떠난 일, 잭의 입원, 마거리트의 불규칙한 출석, 당신의 능력에 대한 수잔의 비판적인 태도 등과 같은 최근의 사건들이 이 집단의 주요 문제입니다. 본래 치료집단은 그 특성상 이러한 문제들을 우아하게 극복하지 않습니다. 따라서 집단 리더가 집단의 진행에 대해 상심하고 있는 중에도 동시에 집단은 성공적으로 운영될 수 있습니다. 또한 이러한 문제들은 성공적으로 다루어지기만 한다면 각 집단원과 집단 및 리더가 성장하는 기회가 될 수 있습니다. 성공적인 작업은 많은 부분 집단의 경계를 유지하는 것에 달려 있습니다. 당신의 질문에 대해 경계의 개념을 이해하도록 답변을 드리는 것이 가장 유용할 것 같습니다. 경계문제를 두 가지 범주로 나눠서 생각해 보겠습니다. 첫 번째 범주는 실존적 문제이고, 두 번째 범주는 집단계약입니다.

어떤 집단이든 초기에는 모든 위험으로부터 자기들을 전능하게 보호해 줄 수 있는 집단상담자에 대한 소망과 열망을 가지고 가짜 보호막과 같은 경계를 만들어 스스로를 감싼다고 생각됩니다. 이 보호막은 삶의 유한성에 대한 문제와 질병과 건강, 삶과 죽음 같이 종이 한 장 차이인 문제, 주고받을 수 있는 도움의 한계와 같은 실존적 문제로부터 집단을 보호합니다. 당신의 집단에서는 루게릭병과 잭의 입원으로 인해 이러한 보호막이 깨져 버렸습니다. 당신에게 더 많은 것을 요구하는 수잔의 소망은 분노와 상처를 모두 드러내는 것이고, 손상된 보호막을 회복시켜 달라는 집단의 소망을 대변하는 것으로 볼 수 있습니다. 잭의 입원뿐만 아니라 루게릭병까지도 당신이 막아주기를 바랐다는 것이죠. 당신이 이 소망을 성취시킬 수 없다면 당신이 집단원들에게 줄 수 있는 보호의 한계는 무엇일까요? 이에 대한 집단의 감정을 탐색하여 집단원들이 가짜 보호막의 상실에 대해 애도하고 그 상실을 받아들이도록 도울 수 있습니다. 집단 리더와 집단의 능력이 무한했으면 좋겠다는 바람과 유한하고 현실적인 능력 사이의 갈등을 집단이 성공적으로 해결해갈수록, 가짜 보호막은 현실적인 기대로 더 많이 대체될 수 있습니다.

이렇게 새로운 그릇 안에서 작업하면서 집단은 훨씬 더 생산적일 수 있습니다. 이러한 환경에서 삶과 죽음, 입원, 이혼 등의 문제가 집단 내에서 더 많이 경험되고 견뎌지는 만큼 집단은 스스로를 더 강하고 안전하다고 느끼게 될 것입니다. 그러면 집단원들은 자기가 가장 수치스러워하고 두려워했던 스스로의 모습을 집단이 담아내고 수용해 줄 수 있다는 것을 깨닫기 시작할 것입니다. 게다가 집단의 역사와 경험은 풍부해지고, 앞으로 다가올 난관도 더 전문적으로 대처할 수 있게 될 것입니다.

가끔 저는 집단이 험한 날씨에 항해하는 한 척의 배와 같다고 생각합니다. 이 배에서 집단원들과 때로는 집단상담자까지도 배가 가라앉을 위험에 처했다고 두려워합니다. 이때 집단원들은 배에서 뛰어내리는 것에 대해서 생각합니다. 배가 폭풍우 속으로 들어갈 때 첫 번째로 초점을 맞추어야 할 부분은 '갑판의 입구를 널빤지로 막는' 것입니다. 폭풍우를 헤쳐 나가는 집단에서는 모든 경계마다 주의를 기울여야만 합니다. 이때는 집단을 정시에 시작하고 정시에 끝내는 것과 같은 기본적인 경계문제가 결정적일 수 있는 시기입니다. 아무리 문제가 어렵다 하더라도 집단의 경계를 무너뜨리면 안 된다는 것을 집단원들이 인식하는 것이 중요합니다.

경계에 대한 맥락에서 마거리트의 불규칙한 출석문제에 대해 탐색하는 것 또한 중요합니다. 마거리트가 출석에 대한 계약을 위반하면서 자신의 집단원 자격을 위태롭게 만들고 있습니까? 집단이 작아지고 생존이 의심스러워지는 상황에서 계약위반문제에 대해 직면하는 것이 어려울 수 있습니다. 이 상황이 어려운 정도는 바로 그것의 중요성과 직접적으로 비례합니다.

수년간의 제 경험에 따르면 집단을 시작하기 전에 분명한 계약을 세우고, 심지어 가장 어려운 시기일지라도 그 계약을 지키는 것이 절대적으로 중요합니다. 당신이 구체적으로 질문한 내용들, 즉 예비 집단원에게 무엇을 말해야 하는지, 언제 새로운 집단원을 들일 것인지, 한 번에 새 집단원들이 몇 명이나 들어와야 하는지, 새 집단원들의 기능수준은 어느 정도여야 하는지 등은 초기의 집단계약으로부터 최선의 답을 찾을 수 있습니다. 집단이 위기를 겪고 있는 상황에서 집단상담자는 역전이와 투사적 동일시에 사로잡혀 있을 가능성이 높고, 때문에 이러한 문제들에 대한 결정을 내리는 것은 쉽지 않습니다. 이때는 집단의 방침을 새로 만들거나 바꿀 만한 적절한 시기가 아닙니다.

예비 집단원에게 준 일반적인 대답은 매우 타당하고 적절하며 윤리적일 뿐 아니라 비밀보장도 잘 유지한 것입니다. 언제 새 집단원을 추가하면 좋겠냐는 질문에는, 당신의 집단계약에서 벗어나지 않는 한에서 가능한 한 빨리 추가할 것을 제안합니다. 집단에서 전체 집단원의 인원수는 정해져 있고, 모든 집단원은 집단상담실의 빈 의자들을 통해 그 숫자를 알고 있으리라 생각합니다. 비어 있는 의자들은 아직 채워지지 않은 집단의 물리적인 경계라는 점에서 중요합니다. 집단이 채워지고 경계가 닫히면 집단은 이전에는 불가능했던 방향으로 옮겨 갈 수 있습니다. 숙련된 집단상담자들은 여석이 생기면 집단에 사전공지를 하지 않고 바로 새로운 집단원을 영입하기도 합니다. 저를 포함한 다른 집단상담자들은 변화를 다루기 위해 특정한 주간을 마련하기도 합니다(예: 1주에서 4주간).

제 경험에 의하면 새로운 집단원을 영입하는 시기를 정할 때 현재 집단에서 일어나는 일과 관련지어 생각하는 것은 몇 가지 이유에서 생산적이지 않습니다. 만약 잭이 늦게 돌아오면 어떻게 될까요? 혹은 잭이 돌아오지 않는다면? 집단에서 또 다른 위기가 발생하는 경우에는 어떻게 하지요? 집단이 겪고 있는 위기 때문에 집단상담자가 새로운 집단원이 들어오는 날을 변경했는데 그 집단원이 참여하지 않기로 결정한 경우들을 본 적도 있습니다. 새 집단원이 얼마나 오래 기다렸으면 좋겠습니까? 가장 중요한 것은 집단은 새로운 집단원들에 대해서 기껏해야 양가적인 마음을 가지고 있다는 것입니다. 당신이 집단원을 추가하지 않아도 된다고 판단할 만한 암묵적인 방침을 가지고 있다면, 집단은 그것을 알아차리고 당신이 새로운 집단원을 추가하지 못하도록 일부러 당신이 방침대로 행동할 수도 있습니다.

한 번에 한 사람 이상을 추가하는 것은 장단점이 있습니다. 한 번에 여러 집단원을 추가하면 어려울 수 있지만 집단에 잠재적으로 흥미로운 변화가 일어날 것입니다. 반면 한 번에 한 명씩 추가한다는 것은 각각의 새 집단원과 집단이 새로운 참여의 문제를 다루는 시간이 많아진다는 것을 의미합니다. 하지만 그렇게 한다면 집단은 더 오랜 시간 동안 변화의 소용돌이 속에 있게 되겠죠. 이것은 정답이나 오답이 없이 집단상담자가 개인적으로 결정할 문제입니다. 만약 저라면 새로운 집단원들이 준비되자마자 집단에 참여시키는 쪽을 선택할 것입니다. 동시에 여러 명을 참여시키더라도 말입니다.

기능수준이 '다소' 더 높은 예비 집단원들에 대한 당신의 질문은 현재 집단의 상황이 주는 스트레스에 영향을 받고 있습니다. 이를 확인하기 위해 스스로에게 이렇게 질문해 보세요. 내가 집단을 처음 열었던 당시, 이 사람은 집단에 어울렸을까? 집단이 더 잘 기능하고 있었던 몇 달 전이라면 나는 이 사람이 집단에 어울린다고 생각했을까? 지난 몇 달간 집단에 함께 있었더라면 이 사람도 다른 집단원들처럼 지금의 위기상황에서 퇴행했을까? 나중에 비슷한 기능수준을 가진 새 집단원들이 나타난다면 나는 그들을 받아들일까?

저는 새로운 집단원을 추가하는 일이 집단에서의 신임투표와 같으며, 그것이 집단의 생존에 새로운 희망을 가져다줄 것이라는 당신의 의견에 동의합니다. 정리하면, 위기와 전환이 동반하는 시기에 집단의 경계를 잘 유지하고 지킬수록 집단이 작업할 수 있도록 집단을 담아내는 그릇이 더 강해질 것입니다. 당신이 집단과 씨름하고 있는 것은 집단상담자로서 매우 표준적인 것으로 보입니다.

Steven Haut, MSW, CGP, FAGPA

[상담자에게 (2)]

당신의 딜레마는 모든 집단상담자가 흔히 겪는 일입니다. 집단원들이 집단에서 얻는 이득에 대해 회의를 제기하거나 행동화하거나 집단을 떠날 때, 우리는 그 불안을 어떻게 견뎌야 할까요? 집단원이 갑자기 집단을 그만둔다거나 우리의 작업이 만족스럽지 못하다고 비판할 때 우리는 그것을 개인적으로 받아들이기가 쉽습니다. 우리의 과제는 그것이 인신공격이 아니라 집단원이 자신이 어떻게 느끼는지에 대한 메시지를 전달하는 것이라고 스스로에게 상기시키는 것입니다. 당신은 '옳은 일'을 하려고 노력하는 부모가 겪는 좌절과 유사한 경험을 하고 있고, 당신의 아이들은 그런 당신을 애타게 만들고 있습니다. 참 적절한 시기에 자문을 잘 요청하셨습니다.

당신의 집단원들은 삶에서 중요한 사건을 겪고 있으며, 이는 불안을 유발할 수 있습니다. 네 명의 집단원 중에서 두 명이 최근 큰 상실을 경험했다는 점을 고려하면 나머지 두 사람이 왜 분노와 무력감을 드러내고 있는지 이해가 됩니다. 루게릭병은 옆에서 지켜보기도 고통스러운 병이므로, 그 집단원이 집단에 병에 대해 알리고 집단이 이별을 다룰 수 있는 충분한 시간을 주었기를 바랍니다. 만약 그러지 않았다면 남은 집단원들과 이별을 다룰 필요가 있습니다. 그 집단원은 집단을 떠나고 없지만 남아 있는 사람들에게는 여전히 존재하는 사람이라는 것을 기억하십시오. 그의 병과 갑작스런 종결이 집단에 어떤 상실을 가져다주었을까요?

잭이 지난 몇 주간 집단에 불참한 것에 대해 다룸으로써 집단이 상실에 대해 이야기할 수 있는 또 하나의 기회를 만들 수 있습니다. 당신은 집단원들이 잭의 부재에 대해 어떻게 느끼고 있는지 이야기하도록 촉진해야 하지만, 저라면 잭의 입원을 긍정적인 관점으로 개념화할 것입니다. 잭이 집중치료 프로그램에 참여한다는 것은 독립성의 표시이며, 그렇게 전념하는 것을 지지받아야 합니다. 잭의 약물남용에 대해 모든 집단원이 알고 있었습니까? 당신의 집단에서 약물남용을 둘러싼 경계는 무엇입니까? 잭은 자신의 어려움을 다루고 있는 것으로 보이며, 저라면 그가 집중치료를 찾도록 도운 것에 대해 집단의 공로를 인정해 줄 것입니다. "우리가 잭을 성공적으로 도운 덕분에 잭이 마침내 우울증과 약물남용 문제를 집중적으로 치료하기로 결심한 것입니다. 입원을 한다는 것은 용기와 회복과정에 대한 전념이 필요한 일이죠. 잭이 2주 뒤에 돌아올 거라고 기대합니다."라고 말입니다. 또 저는 잭이 돌아온 후에 "금주는 잘 하고 있나요?"와 같이 질문하면서 집단에서 그의 회복에 대한 주제를 적극적으로 다룰 것입니다. 그렇게 함으로써 집단원들이 그 문제에 대해 잭과 함께 이야기할 수 있도록 허락하고, 잭이 자기 삶의 중대한 문제에 대해 기꺼이 말할 수 있도록 장을 마련하는 것입니다. 이는 집단이 모인 목적, 즉 문제와 해결에 초점을 맞추고 있습니다. 대부분의 약물남용 문제는 수치스럽게 여겨지고 감추어져 있습니다. 잭의 입원은 그의 투쟁을 집단이 공유하도록 해 줍니다.

집단에 남아 있는 두 명의 여성은 당신에게 배가 가라앉는 것이 두렵다고 말하고 있는지도 모릅니다. 또한 이 상황이 자신의 잘못이라고 걱정할 수도 있습니다. 그들의 비판은 당신이 그들을 안전하게 지킬 수 있는지에 대한 염려를 나타내는 것일 수도 있습니다. 어쨌든 결국 한 명은 병에 걸렸고 다른 한 명은 입원을 했으니까요. 다음에는 어떤 일이 일어날까요?

마거리트의 불규칙적인 출석은 경계의 위반이며, 저는 그 행동의 의미에 대해 공개적으로 탐색할 것입니다. 마거리트는 집단원들과의 중요한 관계에 대한 양가감정을 행동화하고 있나요? 개인적으로 마거리트는 자신의 삶에 들어오고 나가는 사람들과 어떻게 지내 왔나요? 어쩌면 당신이 또 다른 집단원을 잃어버릴까 봐 두려워하고 있기 때문에 마거리트의 행동화를 직면시키는 일이 어려울지도 모릅니다. 마거리트의 행동이 자신의 관계에 미치는 영향을 직면시킬 필요가 있습니다. 다른 집단원들도 참여하여 마거리트가 집단보다 일을 더 우선시할 때 그들은 화가 나거나 자신이 그녀에게 중요하지 않은 것처럼 느낀다는 것을 그녀에게 전달할 수 있기를 바랍니다. 집단원에게 직접적으로 화를 내는 것보다 집단상담자에게 화를 내는 것이 더 쉬울 수 있지요.

불규칙적으로 출석하는 것은 친밀감의 발달을 저해하는데, 이는 많은 집단원에게 흔히 일어나는 문제입니다. 마거리트는 어쩌면 이 집단이 안전하지 않다고 느끼고 있을 수도 있고, 집단원들이 계속 떠나는 상황에서 어떻게 친밀감을 강화시켜야 하는지 모를 수도 있습니다. 저라면 마거리트에게 그녀가 집단에서 안전하지 않다고 느끼며 자신의 삶의 어려움을 해결하기 위해 어떻게 집단을 활용할 것인지를 모르는 것 같다고 말할 것입니다. 처음 집단에 들어왔을 때 마거리트는 매주 성실하게 참석하였고 다른 집단원들과의 관계에서 진솔하게 작업하고자 노력했습니다. 그러나 이후 그러한 경계들을 바꿔 버렸고, 따라서 그녀는 자신이 어떻게 주위 사람들을 소중하게 여기지 않는 방식으로 행동하고 있는지 돌아볼 필요가 있습니다. 그녀는 치료의 다음 단계로 뛰어드는 것을 원하지 않을 수도 있습니다. 또는 종결할 준비가 되었다고 느끼면서 어떻게 솔직하고 직접적으로 종결을 하는지 모를 수도 있습니다.

집단원들이 그들 모두가 약속했던 경계를 리더인 상담자가 중요하게 여긴다는 느낌을 받을수록 좋습니다. 집단원들은 리더가 행동화를 내버려 두는 것을 목격할 때 낙심합니다. '집단의 생존' 문제는 우리가 스스로 집단상담자로서의 능력에 대해 어떻게 느끼고 있는지를 알려 주는 중요한 지표입니다. 당신은 새로운 집단원 한 명이 집단의 생존에 도움이 될 것이라고 기대하고 있는데, 이는 집단의 힘이 어떻게 개인으로 하여금 무능하다고 느끼게 만들 수 있는지에 대한 얄롬(Yalom, 1985)의 논의를 잘 보여 주는 예입니다. 집단은 당신의 불안을 알아차렸을 수도 있습니다. 배가 흔들리지 않도록 하는 것은 당신의 역할입니다. 네 명만으로도 집단은 살아남을 수 있습니다. 당신은 집단을 여섯 명이나 여덟 명으로 늘릴 계획이지만 더 중요한 것은 이 집단에 알맞은 사람을 추가하는 것이라고 집단원들에게 알려 줄 수 있습니다. 새로운 집단원이 집단과 더 잘 어울릴수록 집단의 응집력이 더 커질 것입니다. 집단 응집력은 집단의 중요한 치료요인으로서, 집단원들이 집단과정에 대해 주인의식을 가질 때 성취될 수 있습니다.

새로운 집단원을 공지하는 것은 당신이 이 집단을 살아남도록 만들겠다는 분명한 선언입니다. 가장 최선은 잭이 집단에 돌아와서 계속 참여하겠다고 약속할 때까지 기다리는 것입니다. 저는 보통 새로운 집단원이 들어오기 2~3주 전에 집단에 알립니다. 저는 집단이 어려운 시기를 지나고 있다는 것을 새로운 집단원에게는 말하지 않을 것입니다. '잘 돌아가는' 집단은 어려운 시간을 반드시 거쳐야만 합니다. 갈등, 질병, 금주, 전념, 책임 등은 모두 예측 가능한 집단문제로, 집단을 불안정하게 만들지만 집단 내에서 깊이 다룰 수 있는 문제입니다. 집단상담자로서 당신은 이렇게 어려움이 예상되는 작업과 더 건강한 관계를 발달시키기 위해서 집단원들이 쏟아 온 노력을 계속 지지할 필요가 있습니다.

예비 집단원에게 집단의 구성에 대한 정보를 제공하는 것은 경계 위반이 아닙니다. 비밀보장은 반드시 지켜져야 하지만 집단이 지금 하고 있는 작업에 대한 정보는 중요합니다(예를 들어, 집단원 한 명이 최근 심각한 병으로 집단을 그만두었다는 정보). 집단원들이 작업할 수 있는 안전한 환경을 제공할 수 있다는 상담자의 자신감은 상담자가 긍정적인 성장경험을 주도록 경계를 규정하는 능력을 통해 전달됩니다. 집단의 중요한 치료적 요인 중 하나는 우리가 인생에서 사람들을 만나고 헤어지기도 한다는 사실을 받아들이는 것입니다. 그렇지만 우리는 서로 함께했던 경험을 통해서 도움을 받을 수 있습니다. 새로운 두 사람이 집단을 시작할 준비가 되어 있고 그것이 실제 도움이 된다면, 저는 두 명을 함께 집단에 참여시킬 것입니다. 새로운 집단원과 기존의 집단원들에게 한 명은 이번 달에 시작하고 다른 한 명은 일정상 다음 달에 시작할 수도 있다는 사실도 개방할 것입니다. 새로운 두 집단원들은 유대감을 형성하고 계속 '우리가 집단을 시작했을 때'를 언급할 수도 있습니다.

당신의 마지막 질문은 강력하고 분명한 경계의 필요성을 이야기하고 있습니다. 저는 집단상담의 한 가지 이점이 다음 주의 회기가 반드시 있으며, 정해진 시간과 장소에 모두가 다시 앉아서 문제들을 다루는 것에 있다는 것을 집단에 상기시킵니다. 모두가 다시 돌아와 이야기를 이어 가기로 약속한다면 집단원들은 갈등이 해결되지 않을 것이라고 두려워할 필요가 없습니다. 저는 집단 회기 사이의 한 주간 동안 저의 불안을 점검하고, 무엇이 불안을 일으켰는지를 이해하며, 필요한 경우 자문을 받습니다. 그러고 나서 저는 집단원들이 자신의 불안을 경험하고 그 불안을 이해하는 방법을 배우도록 이끕니다. 새로운 집단원이 참여하는 것에 대해서는 그 사람이 집단을 성장시킬지 아니면 해를 끼칠지, 그 사람이 나를 좋아할지에 대해, 모든 사람은 물론 새로운 집단원 역시 불안해 합니다. 각 집단원의 방어가 작동하는데, 당신은 어떤 방어가 관계를 발전시키는 데 도움이 되는지를 각자가 배우게 하기 위해서 경계를 튼튼하게 지키도록 역량을 발휘해야 합니다. 저도 다음 주에는 단 한 명도 오지 않을 것 같다는 두려움으로 집단 회기를 마친 적이 참 많습니다. 하지만 그때마다 전에도 이런 상황이 있었다는 것과 흥미로운 작업이 기다리고 있다는 것을 기억하며 스스로를 다독입니다.

Jeanne Pasternak, LCSW, CGP, FAGPA

참고문헌

Yalom, I. (1985). *The theory and practice of group psychotherapy*. New York: Basic Books.

돈을 보여 주세요

[수퍼바이저 선생님께]

저는 집단에서의 돈 관리 문제로 도움을 구합니다. 제 집단의 계약에 따르면 집단원들은 상담실에 들어오면서 집단을 시작할 때 저에게 비용을 내도록 하고 있습니다. 영수증은 제가 매월 말에 집단원들에게 줍니다. 집단원들은 집단에 언제부터 참여했는지와 관계없이 한 해에 두 번은 비용을 지불하지 않고 회기를 빠질 수 있습니다. 이 계약은 1월 1일마다 다시 연장됩니다. 계약서에는 집단상담 비용이 청구되고 집단의 일이며 집단에서 논의된다고 명시하고 있습니다.

저는 지난 세 달 동안 제가 이끄는 한 집단의 집단원들이 집단상담비 지불문제를 통해 행동화하고 있다는 것을 감지해 왔습니다. 이 집단은 2년 전에 다섯 명으로 시작했습니다. 초창기 집단원 중 네 명이 아직 집단에 남아 있고, 파울라(Paula)라는 새로운 집단원이 지난달에 집단에 들어와서 다시 다섯 명이 되었습니다. 처음에 저는 집단원들이 매주 집단을 시작할 때 상담비를 지불하도록 했습니다. 최근까지 대부분의 집단원은 상담비를 잘 지불했습니다. 그런데 여러 사건으로 인해 저는 집단이 지금 저에 대한 어떤 감정을 행동화하고 있는 것이 아닌가 하는 의심이 들고 있습니다.

집단원 두 명이 수표책을 가져오는 것을 계속 잊어버리기 시작했습니다. 그래서 그다음 주가 될 때까지 돈을 받지 못하는 일이 자주 생깁니다. 그중 한 명인 줄리아(Julia)는 상담비를 밀리지 않기 위해서 상담비를 한 달 전에 미리 내기로 최근 결정했습니다. 다른 한 명인 수잔(Susan)은 매주 돈을 내는데, 잠시 전근을 가게 되어서 세 달간 집단을 떠나 있을 것이라고 말했습니다. 수잔은 자신의 참여에 대한 비용을 지불하는 것에 동의했지만 저는 수잔의 부재가 집단역동에 어떤 영향을 미치게 될 것인지 우려됩니다.

누가 언제 돈을 얼마나 지불했는지를 체크하는 것이 어려워서 저는 정말 미칠 지경입니다. 세 번째 집단원인 앤(Anne)은 집단에서 많은 시간을 쓰는 경향이 있습니다. 한 달 전에 앤의 수표가 되돌아왔는데, 몇 주 후에 같은 일이 반복되었습니다. 그 후 저는 앤에게 이제 현금으로 지불해 달라고 말했습니다. 처음에는 흰 봉투에 돈을 담아 지불했습니다. 저는 회기가 끝날 때까지 봉투를 열어 보지 않았는데, 알고 보니 5달러를 적게 지불했더군요. 그 다음 주에 저는 앤에게 돈이 모자랐다고 말했고, 앤은 다음 주에 채워서 지불하겠다고 했습니다. 저는 그러자고 했습니다. 그런데 다음 주가 되어서 봉투를 열어 보았더니 이번에는 10달러가 부족했습니다. 이제 저는 매주 봉투를 열어서 집단원들 앞에서 돈을 셉니다. 이 문제가 앤의 문제라는 것을 알고 있지만, 집단원들 앞에서 돈을 세어야 하고 돈이 정확하지 않으면 그것을 앤에게 지적해야 하는 상황이 당혹스럽습니다. 제가 이 문제에 대해 앤에게 이야기하면 그녀는 자신이 지금 금전적으로 매우 어렵다고 말합니다. 저보다 더 많은 돈을 벌면서도 말이죠!

설상가상으로 저는 상담비를 인상했으면 하는 마음이 있습니다. 집단을 시작한 후에 한 번도 비용을 인상한 적이 없기 때문입니다. 스스로 욕심이 많은 것 같다고 느껴지지만, 저는 열심히 일하고 있고 제 노력에 대해 대가를 받고 싶습니다. 하지만 이 문제에 대해 집단에서 꺼내기가 어렵습니다. 집단원 중에 몇 명은 떠나게 될지도 모르고, 이미 지금도 인원이 적기 때문입니다. 특히 수잔이 떠나게 될 때 말이죠. 제가 집단에서 금전문제를 꺼낼 때면 분위기가 썰렁해졌고, 가끔은 분노를 감지하기도 했습니다. 집단 안에 수면 밑으로 흐르고 있는 주제를 제가 어떻게 잘 다룰 수 있을까요? 집단원들이 저의 리더십과 그들의 심리 내적 반응에 대해서 저에게 무슨 말을 하고 싶은 걸까요? 저는 금전적으로 다른 방침을 취해야 할까요? 집단상담에서 금전문제를 어떻게 다룰 수 있는지 일반적인 권고사항이 있나요?

[상담자에게 (1)]

지난 수년간 저는 많은 이론을 존중하는 것을 배웠습니다. 모든 목적을 충족시킬 수 있는 하나의 이론을 고르기보다는 제 머릿속 도구상자에 이론들을 모아 두고서 필요할 때 사용합니다. 당신의 딜레마를 읽으면서, 당신이 처한 상황을 이해하는 데 유용할 네 가지 이론이 생각났습니다. 정신역동 이론(Rutan & Stone, 2001), 정신분석 이론(Scheidlinger, 1980), 체계 이론(Durkin, 1975), 자기심리학(Harwood & Pines, 1998; Lonergan, 1982)입니다. 지면상의 한계로 네 가지 이론 중에서 두 가지만 고찰해 보면서 제 생각을 알려드리겠습니다.

정신역동 이론의 특징은 집단에서 나타나는 집단원들의 행동은 그들의 초기 가족경험과 관련되어 있다는 관점입니다. 상담비를 한 달 전에 미리 지불한 줄리아의 경우, 자신이 일을 망치고 당신을 화나게 하거나 실망시킬 수도 있는 위험을 감수하고 싶어 하지 않는다고 볼 수 있는 가능성이 있습니까? 줄리아는 부모에게 그랬던 것처럼 당신의 분노를 피하기 위해 애쓰고 있지 않은가요? 앤은 문제가 있는 수표를 지불했습니다. 앤은 의식적으로는 품을 수 없는 당신에 대한 적대감을 표현하는 것일까요? 상담비를 지불하지 않아도 치료를 받을 자격이 있다고 여기고 있습니까? 어린 시절에 견뎌 냈던 학대에 대해 지금 분노하고 있는 것일까요? 돈을 미리 지불하지만 세 달 동안 집단을 떠나는 수잔은 자신의 부재에 대한 당신의 분노를 피하고자 하는 것인가요? 만약 그렇다면 수잔은 자신이 원하는 대로 하면서도 부모를 기쁘게 해 주는 어린 시절의 대처기제를 반복하고 있을까요?

당신은 각 집단원과 집단의 무의식적인 동기가 무엇일 수 있는지를 해석하면서 무의식을 의식화할 필요가 있습니다. 사람들이 돈 문제를 행동화할 때 당신이 놀라거나 무언가 잘못되었다고 느끼고 있다는 점은 주목할 만합니다. 행동화는 때로 집단원들이 자신의 문제를 드러내고 도움을 받을 수 있는 도구가 됩니다. 치료는 그들의 행동의 의미를 분석하는 것을 의미합니다. 따라서 당신이 앤이 지불한 돈을 집단원들 앞에서 셈으로써 당신은 앤의 문제를 용기 있게 직면시킨 것입니다. 모든 집단원이 이것을 이해할 필요가 있습니다. 집단원들의 행동을 분석해 보면 그들은 다음과 같은 두려움을 드러내고 있는 것으로 보입니다. ① 당신이 얼마나 강한지, ② 당신이 그들의 분노를 받아 줄 수 있는지, ③ 당신이 그들의 핵심적인 심리문제와 지금의 행동을 어떻게 관련지어 이해할 수 있는지 말입니다. 집단원들의 방어적인 반응은 그것이 이해되지 못할 때(분석되지 않을 때)에만 문제가 되는 것이므로, 지금이 무의식적인 자료를 드러낼 수 있는 기회입니다. 당신이 집단의 '썰렁한 분위기'와 수면 아래의 분노를 직면한다면 무의식의 많은 새로운 자료가 나타날 것입니다.

효과적인 정신역동 집단상담은 현재의 기능수준, 집단 참여양상 및 현재의 호소문제를 개인의 과거사와 연결할 것입니다. 정신역동적 관점에서 또 다음과 같이 질문할 수 있겠습니다. 줄리아는 대개 갈등을 피하는 편입니까? 그것이 줄리아가 친밀한 관계가 오래가지 못할 것 같아서 도움을 구하러 오는 이유 중 하나입니까? 앤이 집단에 오는 이유는 그녀가 친구가 없고 사람들을 빨리 멀어지게 만들기 때문입니까? 앤은 다른 집단원들과도 비슷한 방식으로 관계를 맺고 있습니까? 수잔이 집단에 참여하는 이유는 그녀가 관계를 위해 희생하는 것을 어려워하고 그래서 친구들이 그녀를 포기하기 때문입니까? 집단원들은 그녀를 가깝게 느끼고 있습니까?

체계 이론은 살아 있는 체계를 연구하고 무엇이 살아 있는 체계를 건강하게 혹은 아프게 만드는지를 연구합니다. 모든 체계(예: 개인, 집단 및 상담자)는 하나의 상위체계의 일부로, 하위체계도 가지고 있습니다. 집단에서 당신은 조직기능 하위체계입니다(개인에 있어서의 자아와 유사합니다). 하나의 체계가 건강하려면 들어오는 정보와 나가는 정보가 최적의 균형상태를 이루어야 합니다. 여기서 경계의 유지가 매우 중요해집니다. 경계가 너무 빈틈없다면 그 체계는 침체될 것입니다. 경계가 너무 열려 있으면 경계를 함께 유지하는 응집력(접착제)이 충분하지 않을 것입니다. 당신의 집단은 경계가 너무 열려 있는 것 같습니다. 집단원들은 상담비를 규칙적으로 지불하지 않고, 수잔은 세 달 동안 집단을 떠날 것입니다. 당신은 집단에 대해 자신감이 없고 상담비를 인상하는 것에 대해서도 마음이 편치 않으며, 집단원들은 당신의 규칙에 협조하고 있지 않습니다. '조직하는 하위체계'가 잘 기능하지 못하는 것으로 보입니다. 이 상황을 고려해 볼 때 그 체계는 치료될 필요가 있습니다. 당신은 사람들이 집단을 그만둘지도 모른다는 위험을 감수하면서 집단을 통제하고 엄격한 지침을 세울 필요가 있습니다. 집단에서 한두 사람을 떠나게 하고, 남은 사람들을 위해 집단을 치료적으로 만드는 것이 더 바람직합니다. 집단에 새로 참여하는 사람은 더 건강한 규범을 빨리 익히게 될 것입니다.

당신은 당신이 청구하는 상담비에 대해 혼란스러워하는 것 같습니다. 상담비를 인상하고 싶어 하는 것은 전혀 문제되지 않지만, 그것이 당신에게 최선의 이익일지는 살펴볼 필요가 있습니다. 우리 모두는 현실적일 필요가 있으며, 상담서비스의 '수요와 공급'에 대해 고려해야 합니다. 때로 상담비의 인상은 예상치 못한 결과를 초래합니다. 반면 우리가 상담비 인상에 대해 죄책감을 느낄 때 우리는 종종 집단원들이 감당할 수 있는 것에 대해 과소평가할 수 있습니다. 여하튼 당신은 집단원들과 상담비 조정에 대해 논의할 필요가 있겠습니다.

상담비 지불에 대한 현재의 규칙이 집단을 효율적으로 기능하지 못하는 원인일지도 모릅니다. 매주 상담비를 받는다면 당신은 매주 이 주제를 다루어야 합니다. 저는 월 단위로 상담비를 받기 때문에 저와 집단원은 돈을 받지 않는 주에는 다른 주제들을 다룰 수 있습니다. 당신은 상담비를 인상하는 것에 대해 걱정하고 있다고 했습니다. 상담비를 받는 것 자체는 편안합니까? 집단원들이 상담비 문제에 대한 당신의 불편함을 이용하고 있어서 결국은 모두에게 해가 되는 것은 아닐까요? 언제 집단에 참여했는지와 관계없이 집단원에게 2주의 휴가를 주는 것은 너그러운 것입니다. 하지만 그 방침은 당신이 자신의 금전적인 필요를 우선순위에 두는 것을 불편해한다거나 사람들이 당신에게 화가 나는 것을 원치 않는다는 것을 전달하게 될 수 있습니다.

집단에서 상담비를 받는 세 가지 가능한 대안을 제안합니다. 첫째, 이와 같은 방법으로 집단원들은 매월 초에 한 달치 상담비를 지불하고, 집단회기가 계속되는 한 상담비를 지불합니다. 예외는 없습니다. 그러면 이미 비용을 지불했으며, 집단 회기에 꼭 참여할 진지한 집단원들로 구성된 집단이 될 것입니다. 그들은 아파트 월세를 지불하는 것과 같은 방식으로 집단에서 자신의 자리에 대해 지불을 합니다. 그리고 당신은 예측 가능한 비용을 받습니다. 이는 집단이 화를 낼 수 있는 거리를 제공하는 것이기도 합니다. 당신이 집단원들의 불만에 반응해서 규칙을 바꾸지 않는다면 그들은 어린 시절에 경험했던 불공평함을 재경험할 수 있습니다. 어떤 것은 그저 불공평하지요. 또한 당신도 생활에 필요한 비용이 있어야 하지 않겠습니까?

둘째, 집단원들은 집단이 시작되기 전에 다음 달 상담비를 지불하고, 그 이후 매주 혹은 매월 상담비를 지불합니다. 이 방침은 집단원들이 떠날 준비가 되면 4주 전에 미리 언질을 주게 만듭니다. 그들이 분노로 발끈해서 집단을 그만둘 가능성이 낮아질 것입니다.

마지막으로, 리더가 매 회기를 시작할 때 비용지불문제를 포함한 공지를 하는 것입니다. 청구서는 집단의 한 중간에 있는 테이블 위에 놓여 있고 모든 사람이 볼 수 있습니다. 만약 집단원이 비용부담에 대한 보험계약하에 있는 경우에는 회기에 불참하면 모든 비용을 집단원 자신이 지불해야 합니다. 보험회사는 참석하지 않은 회기에 대해서는 비용을 지불하지 않을 것이기 때문입니다(Gans, 1992).

이러한 계획을 실행에 옮기기 위해서는 자신감과 노련함이 필요합니다. 이제 이 계획들을 당신이 하기로 선택했던 것들과 비교해 보십시오. 공정하게 (그리고 친절하게) 대하려고 의식적으로 노력하다가 당신은 집단원들에게 너무 많은 자유를 주었습니다. 마치 한없이 관대한 부모가 자식에게 하는 것처럼 말입니다. 이 경우 아이는 안전감을 느끼지 못합니다. 자기가 너무 약해서 다른 아이들은 견딜 수 있는 강한 제한을 자신은 견디지 못한다는 메시지를 받게 되기 때문입니다. 당신이 틀을 깨면, 집단원들에게 그들이 너무 약하기 때문에 당신이 친절하지 않으면 그들이 무너질 수도 있다는 것을 전달하게 되는 것입니다. 사실 당신이 해야 할 일은 집단원의 저항을 직면하고 당신(부모-리더로서)에 대한 그들의 전이 관계를 해석하는 것입니다. 그 전까지는 당신과 집단은 계속 힘이 없다고 느낄 것입니다. 역전이에 주의를 기울이십시오. 왜냐하면 그것이 모든 집단원이 느끼는 무력감을 반영할 수 있기 때문입니다. 집단원들이 자신들의 무력감을 당신에게 투사하면서 당신은 점점 더 무력감을 느낄 수 있습니다. 집단원들로 하여금 각자의 행동에 대해 돌아보게 하고 행동의 의미를 이해하도록 도울 수 있으면 당신은 집단에 대해 더 자신감을 느끼게 될 것이고, 집단원들도 작업을 할 만큼 집단이 충분히 안전하다고 느낄 것입니다.

결론적으로 치료집단에서 일어나는 일을 지나치게 단순화하지 않는 것이 중요합니다. 여러 이론의 렌즈를 통해서 집단을 바라보면 집단과정에 대해 심층적으로 이해할 수 있습니다. 집단과정은 다층적이고 복잡합니다. 그래서 많은 사람이 치료집단을 이끄는 것을 좋아합니다. 놀라움과 새로운 배움이 끊이지 않으니까요.

Elaine Jean Cooper, LCSW, Ph.D., CGP, FAGPA

참고문헌

Durkin, H. (1975). The development of systems theory and its implications for the theory and practice of group therapy. In L. Wolberg and M. Aronson (Eds.), *Group Therapy* (pp. 8-20). New York: Stratton Intercontinental.

Gans, J. S. (1992). Money and psychodynamic group psychotherapy. *International Journal of Group Psychotherapy, 42*, 133-152.

Harwood, I., & M. Pines (Eds.). (1998). *Self experiences in group*. London: Jessica Kingsley.

Lonergan, E. (1982). *Group Intervention*. New York: Jason Aronson.
Rutan, J. S., & Stone, W. N. (2001). *Psychodynamic group psychotherapy* (3rd ed.). New York: Guilford Press.
Scheidlinger, S. (Ed.). (1980). *Psychoanalytic group dynamics*. New York: International Universities Press.

[상담자에게 (2)]

당신의 이야기를 들으면서 지난 수년간 제가 집단상담비를 둘러싸고 많은 혼란을 겪었던 일이 떠올랐습니다. 돈이 '끝없는 감정적인 갈등'이라는 사실을 제가 얼마나 많이 배웠는지 생각했습니다. 최근에도 한 내담자와 관계에서 지나치게 경직된 금전 문제로 인해 걸려 넘어진 것을 깨달았지요.

제 자문에는 집단의 이론적 틀로써 관계적 정신분석과 상호 주관성에 대한 저의 관심이 녹아 있습니다. "관계적 접근의 기본 전제에 따르면 정신분석학적 자료는 상담자와 내담자가 상호적으로 만들어 내며 그들의 의식 및 무의식에 의해 함께 결정됩니다(Billow, 2003, p. 44)." 집단상담에서 돈 문제는 집단원과 상담자에게 똑같이 영향을 주고, 집단원들과 집단상담자 사이의 연결망을 구성합니다. 돈 문제는 치료관계를 구축하는 근본적인 상호작용 중 하나입니다. 그것은 자기가치감, 소유와 소유하지 못함, 받음과 가져감, 빚짐과 같은 감정을 반영할 수밖에 없습니다. 돈을 둘러싼 문제와 갈등에는 탐욕, 수치심, 죄책감, 경쟁, 질투와 같은 감정도 포함되어 있습니다.

더욱 복잡한 것은, 많은 상담 전문가가 자기의 금전적인 욕구를 불편해하며 경쟁과 물질만능주의에 대한 혐오로 인해 사람을 조력하는 직업에 발을 들이기도 한다는 것입니다. 타인을 돕기 원하는 사람들은 자신의 욕구에 대해 주장하는 것을 어려워하고, 상담비를 청구하거나 돈을 지불받기 원하거나 부유해지는 것에 대해 크게 갈등을 느낄 수 있습니다. 동시에 탐욕문제는 상담자-내담자의 계약에 영향을 미칠 수 있습니다. 많은 전문가가 돈을 받고 정서적인 관심을 주는 것을 피하려 합니다. 돈에 대해 불편감을 느끼는 상담자가 박탈감, 특별함, 상실감, 질투 등의 감정을 가진 내담자와 만나면 큰 혼란이 야기될 수 있습니다.

저는 이 집단과 집단의 역사에 대해 많이 알지 못합니다. 초창기의 다섯 번째 집난원이 언세, 어떻게 집단을 떠나게 되었습니까? 집단은 상실에 대해 어떻게 다루었나요? 새로운 집단원인 파울라가 행동화를 보이는 사람입니까? 당신은 상담자로서 금전적인 부분과 관련한 집단의 행동에 대해 당신이 느끼는 감정에 대해서는 많이 나누었지만, 우리는 다른 영역에서 집단이 어떻게 기능하고 있는지 혹은 집단원들이 당신에 대해 어떻게 느끼고 있는지는 알지 못합니다.

당신의 짧은 글에서 두 가지 상호보완적인 생각의 흐름이 나타납니다. 한편에서는 돈과 '돈 관리'가 문제인데, 집단은 어떤 의미에서 상담자를 감독하고 있습니다. 다른 한편에서는 상담비 지불을 둘러싼 갈등과 혼란이 다른 갈등과 감정들을 반영하고 있어서, 그것들이 돈에 대한 문제로 대치되고 위장되었을 가능성이 있습니다.

한 하위집단이 당신이 돈 관리에 있어서 경직되고 불안해하는 것에 대한 감정에 반응하는 것을 상상해 볼 수 있습니다. 당신은 돈에 대한 감정과 태도는 집단에 속한 것이므로 공개적으로 논의되어야 한다는 유용한 입장을 취했습니다. 하지만 두 번의 무료결석을 허용한 방침은 갈등과 공정함의 문제에 대한 당신의 불안을 나타내는지도 모릅니다. 마지막으로 매 회기마다 늘 상담비를 지불하는 방식에 대해서는 화가 났는데, 생각해 보면 저도 예전에 그런 방침을 활용했던 것이 기억이 납니다. 그 방식은 간단하지만, 집단의 갈등과 적대감을 부적절하게 "오늘은 왜 돈을 내지 않았나요?"라는 질문에 초점 맞추게 합니다. 적대감과 수동 공격적인 행동이 상담비 문제를 통해 나오게 되는 것이지요. 상담자는 누가 상담비를 지불했는지 지불하지 않았는지, 그리고 왜 그랬는지에 집중하면서 지나치게 엄격한 태도를 취할 수도 있습니다. 수동 공격적인 저항과 결과적으로 따라오는 갈등에 초점을 맞추면 더 크고 깊은 주제들이 모호해질 수도 있습니다. 무엇이 더 깊은 문제이고 왜 그것이 확인되고 있지 않은지에 대한 질문은 여전히 분석되지 않은 채로 있습니다. 동시에 상담자는 상담비를 둘러싼 저항과 갈등에 집중함으로써 매우 활기찬 집단과정으로 이끌 수도 있습니다. 그러나 이 경우에 집단은 더 크고 깊은 질문들에 대해서는 돌아보지 못하고 반응하지 못하게 됩니다.

다른 방향으로 고개를 돌려 보면, 대치된 갈등(displaced conflict)이 다섯 번째 집단원을 잃은 것과 새 집단원이 너무 이른 시기에 들어온 것이 관련되지 않았을까 생각됩니다. 어쩌면 당신과 집단이 직접적으로 다룰 줄 아는 정도보다 더 큰 화와 분노가 있었을지도 모릅니다(두 번의 무료결석을 허락하는 당신의 방침은 저에게는 갈등을 피하는 태도로 보입니다). 아마 돈 관리에 대한 불안과 줄어드는 수입에 대한 걱정으로 당신은 집단이 준비되기도 전에 새로운 집단원을 서둘러 영입했을 것입니다. 어쩌면 기존의 집단원들은 당신의 불편감과 혼란을 감지하고서, 아직 밝히기에 충분히 안전하지 않은 다른 감정을 간접적으로 표현하는 수단으로써 이 영역을 이용해 왔을 수 있습니다.

당신의 혼란을 고려해 보았을 때 저라면 집단의 행동에 있어서 내가 어떤 역할을 했는지, 그리고 더 큰 상황을 어떻게 이해할 수 있는지 명확하게 하기 위해 수퍼비전을 받았을 것입니다. 그것들을 정리한 뒤에 복잡한 의사소통을 이해하고자 집단에 도움을 청할 것입니다. 예를 들어, 다음과 같이 말할 수 있습니다.

> 제가 무언가를 정리하는 데 여러분이 도움을 주시기 바랍니다. 지난 몇 달간 (어쩌면 초기 집단원 한 명이 떠난 이후부터) 상담비 지불에 대한 문제가 갈수록 복잡해지고 있다는 것을 몇몇 분은 눈치 챘으리라 생각합니다. 여러분은 확실히 저의 주의를 끌었는데, 다만 문제는 제가 무엇을 알아 주기를 원하는지 잘 모르겠다는 것입니다. 마치 여러분 중 몇몇이 자신이 느끼는 무언가에 대해 우리에게 말하려 하지만 그것을 돈 문제로 가장하고

> 있는 것 같습니다. 몇몇 사람은 저에게 화가 나 있는데 그것을 더 직접적으로 말하기가 불편한 것처럼 느껴집니다. 이 문제에 대해 전에도 언급을 했지만 여러분의 반응은 썰렁했습니다. 저에게 무엇을 전달하고자 하십니까?

이 대화가 어떻게 전개되느냐에 따라서 저는 계약에 대해 보다 직접적인 태도를 취할 수도 있습니다. 간스(Gans, 1992)는 "집단상담자가 '집단계약에 관한' 위반에 주의를 기울이지 못하고 그에 대한 논의를 촉진하지 못하는 것은 예외 없이 집단에 파괴적(p. 138)"이라고 주장합니다. 상담비 지불 문제를 다루는 것은 집단에 대한 제 생각 중에 가장 높은 우선순위에 있습니다. 저는 "당신이 결혼생활에서 이용당한다고 느끼는 것을 듣다 보면 때로 당신이 저와 집단을 이용한다는 느낌이 떠오릅니다." 또는 "어쩌면 특별한 사람으로 대접받고 싶다는 당신의 소망(그것으로 인해 직장에서 어려움을 겪지만)은 상담비 지불에 있어서 다른 집단원들과는 다르게 대우받고 싶다는 소망과도 연결되어 있는 것 같습니다."와 같이 이야기할 것입니다.

다음의 세 가지가 제 목표입니다. ① 행동화로 표현되는 것이 무엇인지 함께 이해하고 그 감정들을 표현할 수 있는 언어를 찾기. ② 그러한 행동이 발생하는 데 상담자로서 기여한 바가 무엇인지를 찾기. ③ 상담비 지불 문제를 본래의 틀로 되돌리기.

과거라면 저는 더 두려워하며 직면과 한계를 확립하는 것으로 반응했을 것입니다. 수년간 저는 돈과 관련된 이러한 행동들이 때로 무의식적이고 상징적인 중요한 의사소통이라는 것을 믿게 되었습니다. 제가 이러한 과제에 대해 확고하면서도 편안한 태도를 보인다면 집단과 집단원들과 저 자신에게도 더욱 도움이 될 것입니다. 확고하다는 것은 그 문제를 계속 생생하게 하고 문제가 묻혀 버리도록 두지 않는다는 것을 의미합니다. 편안하다는 것은 탐색과 놀이를 위해 대인관계적인 영역을 열어 두는 것을 의미합니다.

Steven Krugman, Ph.D.

참고문헌

Billow, R. (2003). *Relational group psychotherapy: From basic assumptions to passion*. London & New York: Jessica Kingsley.

Gans, J. S. (1992). Money and psychodynamic group psychotherapy. *International Journal of Group Psychotherapy, 42*, 133-152.

 개인상담 내담자를 집단에 참여시키기

[수퍼바이저 선생님께]

저는 6개월 동안 애를 써서 마침내 집단을 꾸릴 수 있는 충분한 인원을 모집하였습니다. 첫 회기가 시작하기 전에 탈락한 사람들이 있었는데, 그 기간을 기다리지 못한 사람도 있었고 집단을 시작하지 못하는 저에게 신뢰를 잃은 사람도 있었습니다. 저는 스스로 자신감을 잃게 되었고 실수가 될 만한 일을 하게 되었습니다. 집단을 시작할 충분한 인원을 확실하게 모으기 위해 저는 제 개인상담 내담자들에게 집단에 참여하라고 설득하였습니다. 그래서 지금 집단의 총인원은 일곱 명으로 제 개인상담 내담자 네 명과 다른 상담자에게 개인상담을 받는 세 명의 집단원으로 구성되었습니다. 집단의 초기 회기에서 집단원들이 치료경험을 나누면서 이러한 차이는 명확해졌습니다. 불행히도 저는 집단이 시작하기 전에 집단원 중 몇 명이 저의 개인상담 내담자라는 것을 공지하지 않았고, 제 개인상담 내담자의 개인회기에서 나온 내용을 집단에서 어떻게 다룰지에 대해서도 충분히 고려하지 않았습니다. 그들은 제가 개인회기에서 알게 된 내용을 집단에서 언급할지, 만약 한다면 어떤 상황에서 언급할지 명확히 알지 못했습니다.

게다가 저의 개인상담 내담자가 아닌 한 집단원은 자신의 욕구가 집단에서 별로 주목받지 못할 것 같다는 걱정을 표현했습니다. 왜냐하면 그녀가 말을 꺼내지 않는 이상 제가 그녀에게 무슨 일이 일어나는지는 알 수가 없는데, 그녀는 수줍음이 많아서 말하는 것을 어려워하기 때문입니다. 역시 저의 개인상담 내담자가 아닌 또 다른 집단원은 제가 다른 집단원과의 개인상담 회기에서 자신에 대해 이야기하는지 물어보았고, 제가 모든 사람의 비밀유지에 힘쓴다고 이야기해도 잘 믿지 못하는 것 같았습니다. 비밀보장이 저의 목표이긴 했지만, 저의 말은 제 귀에도 믿기 어렵게 들렸습니다.

더 복잡하게 된 건, 제 개인상담 내담자인 두 집단원이 제가 두 사람 각각에 대해 따뜻한 사적 관계를 맺는 것으로 보고 매우 실망했다는 것입니다. 두 집단원은 개인상담 회기에서 제게 느끼는 특별함을 매우 사적인 것으로 여겨 왔기 때문에, 자신의 경쟁자에게 공감적으로 대하는 제 모습을 보고, 각자의 개인상담 회기에서 제게 공격적인 말을 했습니다.

이 집단은 적정인원이 아홉 명인데, 제가 과연 제 개인상담 내담자를 더 데려와도 될지 궁금합니다. 애초에 제 개인상담 내담자를 다른 사람들과 같이해도 괜찮았을지부터 궁금합니다. 여기에서 적절한 경계는 무엇일까요? 리더는 자신의 개인상담 내담자로만 이루어진 집단을 작업하거나 개인상담 내담자가 하나도 없는 집단을 작업해야 하는 걸까요? 그리고 저는 이 집단을 해체하지 않을 것이기 때문에, 비밀보장 문제와 집단상담과 개인상담을 분리하는 문제에 있어 제 위치를 어떻게 잡고 분명하게 표현해야 할지도 궁금합니다. 너무 늦지 않았길 바랄 뿐입니다.

[상담자에게 (1)]

저는 정신역동 이론으로 접근합니다. 저는 치료과정에서 전이와 역전이에 초점을 두고 있고, 전체로서의 집단을 시간에 따라 발달하는 하나의 체계로 다루고 있습니다. 이러한 발달상의 궤도는 집단원들의 개인작업을 촉발하거나 포함하게 됩니다. 모든 집단상황은 개인(정신 내적), 대인관계, 구조(발달과업 안에서 행해지는 역할), 전체로서의 집단(집단 생애에서 매우 중요하며 때로는 상담자와 관련됨)이라는 네 가지 관점으로 이해할 수 있습니다. 치료작업에 필수적인 집단의 응집력은 집단의 발달에 의해 영향을 받으므로 상담자의 첫 번째 중요한 역할은 집단이 손상되지 않게 주의를 기울이는 것입니다. 이는 개인적 관점이나 대인 관계적 관점에서 작업하기 전에 구조나 전체로서의 집단 주제를 다루는 것을 의미합니다.

처음에 전체로서의 집단은 상담자의 상상 속에서만 존재합니다. 각각의 집단원은 서로 아무런 실제 관계를 맺지 않습니다. 그들은 치료집단에 들어

가는 중요한 발걸음을 내딛을 때 누구나 그렇듯이 불안해합니다. 집단이 시작되기를 기다리면서 사람들은 여러 가지 이유로 탈락할 수 있습니다. 집단상담 의뢰가 상담자와의 관계를 위협하거나, 양가감정 중 부정적 측면이 충분히 다루어지지 않거나, 두려움을 줄일 수 있는 실제 집단경험 없이 상상 속의 집단에 대한 두려움만 증가하기 때문입니다. 만약 내담자들이 상담자가 시켜서 집단에 들어가는 것으로 느꼈다면, 내담자들은 기다리는 시간 동안 집단에 들어가는 것이 옳지 않다고 깨달았을지도 모릅니다.

이것은 내담자의 불안을 다루고 자신의 불안을 조절해야 하는 상담자에게 매우 어려운 시간입니다. 전이적 혹은 역전이적 압박 때문에 잘못된 결정을 내리지 않으려면, 집단의 조건과 작업에 대한 합의를 명확히 하는 것이 매우 중요합니다. 어떤 상담자들은 내담자를 집단에서만 만나고, 또 어떤 상담자들은 집단상담과 개인상담을 결합합니다. 어떤 상담자는 개인상담 내담자를 다른 상담자의 개인상담 내담자와 합치기도 하고, 어떤 상담자들은 그렇게 하지 않습니다. 사실 다양한 접근이 전부 효과가 있습니다. 중요한 것은 상담자의 훈련과 이론적 접근에 잘 맞는 조건을 설정하는 것입니다. 그 이후 내담자와 내담자를 의뢰한 상담자에게 집단의 구조, 작업 약속, 상담자의 역할에 대한 분명한 설명을 제시할 수 있습니다.

저는 내담자에게 이 집단이 비밀보장이 될 것이고, 어떤 출처에서 얻은 정보라도 이 집단에서 활용된다는 점을 분명히 합니다.

개인회기에서 나온 자료든 집단에서 나온 자료든 그들 자신에 대한 것이고 이 둘은 인위적으로 분리될 수 없습니다. 내담자들이 집단에서 자신의 '사적인' 회기라고 지칭하면, 저는 바로 '개인회기'[2)]라고 이야기합니다. 그리고 개인상담 회기에서 "이 주제를 어떻게 집단으로 가져가겠습니까?"라고 물어봅니다.

---

2) 역자 주: 사적(private) 회기는 개인적(individual) 회기와 달리, 공적인 것으로부터 비밀이 보장된다는 배타적인 어감이 강한 말이다.

부동산에서 '위치'가 관건이라면, 집단상담에서는 '자문'이 중요한 요소라 할 수 있습니다. 당신의 중요한 임무인 집단의 경계와 응집력을 다루기 위해서는 집단의 조건에 대해 수퍼바이저와 함께 충분히 생각하는 것이 필요합니다. 집단의 피해자가 생기는 것을 막기 위한 최선의 안전장치는 역전이 압박이 증가할 때 자문을 구하는 것입니다.

당신은 불편한 감정을 개방했습니다. 이 감정의 일부는 당신이 가져온 대인관계 문제에서 비롯된 것인데, 다른 상황에서도 당신에게 문제가 되어 왔으며, 자문이나 수퍼비전을 통해서 다루어질 수 있을 것입니다. 당신의 감정이 어떻게 집단원들의 감정을 반영하는지, 그리고 그 감정들이 집단원들이 당신과 엮인 방식에 대해 알려 주는 것들(즉, 집단원들이 당신에게 불러일으키는 감정)을 생각해 보는 것도 유용합니다. 당신은 자신감을 잃는 것, 실수하는 것, 내담자를 실망시키는 것, 공격적인 말의 목표가 되는 것 등에 대한 걱정을 이야기했습니다. 집단상담자는 (필요하면 도움도 받으면서) 이러한 모든 감정을 인식하고, 견뎌 내고, 행동화를 피하고, 탐색하고 활용하기 위해 노력해야 합니다. 당신의 딜레마에서 이 부분이 당신의 집단원 간 응집력을 기르고 효과적인 집단을 만드는 데에 핵심일 것이라고 믿습니다.

새로운 집단에 들어가는 집단원은 비슷한 걱정을 합니다. 내가 잘 맞을까? 규칙은 무엇일까? 내가 안전할까? 내 욕구가 관심을 받을까? 다른 사람들과 연결될 수 있을까? 그들은 투쟁-도피(fight-flight) 상태에 있고 함께 있는 것에 대해서 불안해하고 있습니다. 그들이 불안을 충분히 견디고 집단에 참여하기 시작하면 '의존' 단계로 넘어갈 것입니다. 그들은 리더가 돌봐 줄 것이라고 기대하며 리더에게 특별해지기를 원하고, 다른 집단원과 경쟁하고 질투를 느끼게 됩니다. 물론 집단상담자에게 화를 내거나 두려워하기도 합니다.

제 정신역동 관점에서, 당신에게는 경계를 유지하는 기본 작업과 더불어 세 가지 할 일이 있습니다.

(1) 비난을 받아들이기 당신의 과업은 집단경험에 대한 부정적인 감정 표현을 촉진하고, 그것을 당신에게 직접 향하게 만드는 것입니다. 당신이 집단원들의 분노, 두려움, 피해망상을 담아 낼 수 있음을 보게 되면 그들은 안전하게 서로 관계를 맺기 시작합니다. 리더를 향해 공유하는 좌절을 표현하는 것이 공통점을 만드는 주요 방법이고 집단의 첫 번째 발달과업입니다.

(2) 감정을 정상화하기 우리 모두는 우리의 감정이 스스로에게 인식되고 반영되도록 해야 합니다. 또한 우리의 감정이 인간경험의 보편적인 범위에서 얼마나 적절한지를 이해하고 그 감정이 예상 가능하다는 것과 다른 집단원들도 그런 감정을 가진다는 것, 따라서 그 감정 때문에 수치스럽거나 소외감을 느낄 필요가 없다는 것을 이해해야 합니다. 당신의 집단원들이 표출하는 그 어떤 감정도 새로운 집단에 있어서는 비정상적인 것이 없습니다.

(3) 동맹을 찾는 방법을 알려 주기 집단에 남아 있기 위해서 내담자들은 최소한 한 명의 다른 집단원과 감정적으로 연결됨을 느껴야 합니다. 내가 갖고 있는 불안과 비슷한 감정을 느끼는 사람이 있다는 것을 알 때 불안은 경감됩니다. 또한 하나의 주제를 내담자 한 명이 혼자서 이야기하면 지지받지 못할 수 있고, 희생양이 될 위험이 있습니다. 집단원들은 자신의 관점이나 경험을 다른 집단원들도 함께 나눌 수 있으리라는 점을 확인할 수 있게 요청하고 기대하는 걸 배워야 합니다. 만약 어떤 집단원도 발을 내딛지 않을 때, 상담자는 집단원들이 그 순간에 참여할 수 있는 방법을 찾도록 해야 합니다. 새로운 집단에서 당신의 역할은, 친숙하지 않고 사회적이지 않은 이 상황에서 집단원이 어떻게 해야 하는지를 가르치는 것입니다. 그들은 집단에서의 시간 동안 그들이 경험할 새로운 과정, 심지어 새로운 언어에 친숙해져야 합니다.

당신은 집단 안에서의 불편한 감정을 막거나 없애기 위해 매우 열심히 작업한 것으로 보입니다. 또한 각 집단원의 불만에 대해 그 순간의 필요한 발달과업이나 표현으로 통합하여 환영하기보다는 해결해야 하는 분리된 문제로 생각하고 있습니다. 당신은 불편감 때문에 집단의 과정에 집중하기보다는 구조적 해결책을 만들려는 시도를 더 많이 고려하고 있습니다. 집단원과 당신 모두에게 "우리는 하나의 집단이다."라는 느낌을 심어 주기 전까지는 새로운 집단원을 추가하는 것이 현명한 처사는 아닌 것 같습니다. "당신의 생각과 감정을 행동이 아닌 말로 표현하라."는 것을 내담자뿐 아니라 상담자에게도 적용하세요.

설렘과 약속으로 시작되는 모든 중요한 관계는 필연적으로 좌절과 맞닥뜨릴 수밖에 없습니다. 이러한 관계 안에서 이 체계에 충분히 개입하고 충분히 전념하고, 충분히 응집력을 만들며, 점점 복잡해지는 문제를 다룰 수 있도록 충분히 전문성을 갖추고 연습한다면, 점점 더 귀중한 보상을 얻게 될 것입니다.

David M. Hawkins, MD, CGP, DFAGPA

[상담자에게 (2)]

개인상담과 집단상담을 합쳤다는 주제를 두고 걱정하는 당신을 보면서, 저는 낙관적인 결과를 기대하게 됩니다. 요즘 '수요 중심'의 치료환경에서는 불행히도 많은 상담자가 집단의 구성과 경계에 있어 '이유나 목적'을 고려하지 않고 집단을 '돌보지 않고 방치'합니다. 정신분석 내에서 발전하고 있는 상호작용적 관점('치료적 울타리'와 '틀'이 상담관계에 어떻게 영향을 주는지 강조하는 대상관계, 자기심리학, 관계-상호주관적 관점)에 오랫동안 관심을 가져온 사람으로서 저는 당신이 이러한 주제 자체에 관심을 가지고, 또한 이러한 주제가 당신의 내담자에게 미칠 영향에 대하여 예민하게 고민하는 것이 반갑습니다.

먼저 심리치료 특히 집단상담에서 완벽한 틀(Langs, 1976)을 만드는 것은 불가능에 가까울 정도로 굉장히 드문 일이라고 장담할 수 있습니다. 제 생각에는 완벽한 세계는 심리치료나 자기 변화에 필요하지 않을 뿐더러, 바람직하지도 않습니다. 위니컷(Winnicott, 1960)이 말하는 '충분히 좋은 돌봄'과 같이, 치료 경계와 환경의 불가피한 변화와 변동은 배움과 성장을 위한 기회의 창을 제공합니다. 개인상담과 집단상담의 결합은 어려움이 따를지라도 많은 내담자에게 좋은 성과, 심지어 최선의 성과를 가져다준다는 좋은 근거가 있습니다(Porter, 1993). 자신의 개인상담 내담자를 집단에 포함시킬지에 대한 상담자의 선택은 임상적인 근거에 따라 결정되어야 하며, 개인상담 내담자를 집단에 포함하는 것은 특히 개업 상담자에게는 때때로 실용적입니다.

앞으로 보여 드릴 것과 같이 치료에서 '이상적인' 경계상태에서 벗어나려는 욕구가 존재할 때, 우리는 그 욕구의 효과를 알아차려야 합니다. 이러한 일탈이 합당하고 내담자와 집단에게 최선의 이익이 된다면, 중요한 것은 이러한 일탈이 내담자와 상담과정에 주는 영향을 일관되게 다루는 것입니다. 대상관계-자기-상호주관-관계적인 정신분석의 스펙트럼은, 『전이/역전이 문제(Racker, 1968)』, 『틀에서의 벗어남(Langs, 1976)』 『공감의 실패(Livingston, 1999, 2001; Wolf, 1988)』 또는 심리치료에서 경계 변화의 원인이자 결과인 『관계적 딜레마(Mitchell & Aron, 1999)』 등의 문제에 대해 많은 단서와 안내를 제공합니다. 덧붙여 저는 개인과 집단, 맥락 간의 관계에 대한 이해를 돕기 위해 '살아 있는 체계(Agazarian, 1997; von Bertalanffy, 1968; Durkin, 1981)'라는 관점을 활용합니다. 그러므로 저는 이러한 관점에서 당신 스스로의 생각과 반응에 대해 자세히 살펴봄으로써 당신을 도울 수 있을 것이라고 생각합니다.

당신의 글은 다음과 같이 시작합니다. "첫 회기가 시작하기 전에 탈락한 사람들이 있었는데, 그 기간을 기다리지 못한 사람도 있었고 집단을 시작하지 못하는 저에게 신뢰를 잃은 사람도 있었습니다. 저는 스스로 자신감을 잃게 되었고 실수가 될 수 있는 일을 하게 되었습니다." 당신은 여기에서 당신의 불안을 인식합니까? 만약 제가 당신의 수퍼바이저라면 저는 당신의 불안이 ① 집단의 과정에서, ② 수퍼비전에서, ③ 당신의 삶에서 등 세 가지 중 어디서 온 건지를 병리적으로 보지 않고 탐색하도록 할 것입니다. 예를 들어, 저는 집단원들의 탈락이 당신과 당신의 집단에 무엇을 남겼는지 궁금합니다. 다른 말로 하면, 그들이 당신에게 '투사적 동일시'한 것은 무엇입니까? (반대로, 당신과 남은 집단원이 탈락한 집단원들에게 투사하는 것은 무엇입니까?) 그것들은 당신으로 하여금 자신의 역할에 대해 불안해하게끔 만들 것입니다. 다뤄지지 않은 당신의 불안은 당신의 개인상담 내담자를 집단에 데려오는 일보다 집단에 더 부정적인 영향을 줄 수 있습니다. 그러므로 적절한 경계를 만들기 위한 첫 번째 작업은 "상담자여, 당신 자신을 치료하라." 입니다.

다음으로 당신은 당신의 '역전이'와 집단원에게 알리는 것을 '잊어버린' 일의 결과로 유발된 상황을 묘사합니다.

> 그래서 지금 집단의 총인원은 일곱 명으로 제 개인상담 내담자 네 명과 다른 상담자에게 개인상담을 받는 세 명의 집단원으로 구성되었습니다. ……불행히도 저는 집단이 시작하기 전에 집단원 중 몇몇이 저의 개인상담 내담자라는 것을 공지하지 않았고…….

여기서 우리는 당신의 역전이 불안의 직접적인 결과로 인한 경계의 위반을 볼 수 있습니다. 깃털이 흐트러지듯이 경계도 흐트러지게 마련이지만, 모든 위기는 또한 기회입니다. 저는 여기에서 집단의 모두가 강력한 성장 경험을 할 수 있는 잠재력을 봅니다. 시작되는 집단의 초기 '응집력'은 집단원이 상담자 자체와 상담자의 전문성에 가지는 신뢰와 이상화에 크게 달려 있다는 것을 잘 기억하십시오. 그러므로 당신은 이 상황을 세심하게 다룰 필요가 있습니다. 당신은 당신이 공지를 잊어버린 실수를 인정해야 하지만, 또한 실수를 인정할 때에는 당신 스스로의 문제를 성찰할 수 있는 능력을 반영하는 내적 안정감이 동반되어야 합니다. 그리고 집단원이 자신의 감정과 반응을 보고 작업할 수 있는 충분한 기회를 주는 방식으로 자신의 실수를 인정해야 합니다. 당신이 이를 일관되게 한다면, 적절한 경계가 복원될 것이고, 애초에 그들을 치료로 이끈 실패한 관계뿐 아니라 자신의 자기애적 취약성에 대해 다루기 시작할 수 있을 것입니다. 그러면 진정한 집단상담이 시작될 것입니다.

다음으로 당신은 특히 이러한 상황에 취약한 내담자에게 적절하게 초점을 맞추었습니다. "……저의 개인상담 내담자가 아닌 한 집단원은 그녀의 욕구는 집단에서 별로 관심을 받지 못할 것이라는 걱정을 표현했습니다. ……역시 저의 개인상담 내담자가 아닌 또 다른 집단원은 제가 다른 집단원과의 개인상담 회기에서 자신에 대하여 이야기하는지 물어보았고, 제가 모든 사람의 비밀유지에 힘쓴다고 이야기해도 잘 믿지 못하는 것 같았습니다."

이러한 집단원들의 소리는 '당신에게 개인상담을 받지 않는' 하위집단(cf. Agazarian & Peters, 1981)의 '목소리'입니다. 당신은 이 집단생애의 초기를 통하여 하위집단을 갈등과 일치의 변증법적 움직임으로 나아가도록 할 것이고, 이러한 대화를 지속할 필요가 있습니다. '수줍음 많은' 집단원은 당신의 개인상담 내담자가 더 많은 특혜를 누린다는 점을 암시하면서 "권리"에 대한 '형제 간 경쟁'을 드러냅니다. (그녀는 집단 안에서 자신의 자리를 만들고 당신과 함께할 수 있을지 불안해하면서 묻고 있습니다. 이것은 이 집단에서뿐 아니라 그녀의 삶에서도 일어나는 일이기 때문에, 집단경험은 그녀의 소속감에 대한 주제에 대하여 작업할 수 있는 이상적인 환경을 제공해 줍니다).

나아가서 '비밀의 누설'을 걱정하고 있는 집단원은 단지 신뢰에 대한 주제를 표현하는 것만은 아닙니다. 그 집단원은 또한 당신의 경계에 대해 도발적으로 도전하는 것인데, 왜냐하면 집단에서 나온 사례를 개인상담 회기로 가져오는 것은 매우 치료적일 수 있기 때문입니다. 이렇게 긍정적이든 부정적이든 경계에 도전을 하는 '유혹하는 사람'(Gibbard, 1974)을 다루려면 당신은 그들에게 주의를 분산시키지 말고 오히려 집단과정에 더욱 집중하여 관찰해야 하며, 그 안에서 각 집단원의 특별한 취약성을 구분해야 합니다. 그렇지 않으면 당신의 리더십은 위태로워지고, 하위집단에 합류하는 위치에 놓여서 중립적이고 공감적인 입장을 유지하는 데 실패할 수 있습니다.

다음 걱정거리를 살펴보겠습니다.

> 더 복잡해진 건, 제 개인상담 내담자인 두 집단원이 제가 두 사람 각각에 대해 따뜻한 사적 관계를 맺는 것처럼 보고 매우 실망했다는 겁니다. …… 자신의 경쟁자에게 공감적으로 대하는 제 모습을 보고 각자의 개인상담 회기에서 제게 공격적인 말을 했습니다.

그 어떤 내담자가 자신의 상담자에게 또 다른 내담자가 있다는 사실에 대해서 실망하지 않을 수 있겠습니까? 이것은 공생적인 행복의 상실(Mahler, Pine, & Bergman, 1975) 또는 원시의 엄마와 얼굴을 맞댄 '거울 전이(Kohut, 1971, 1977)" 입니다. 이것은 불가피한 상실이지만, 당신의 내담자가 보이는 공격성을 볼 때, 그들이 엄청난 자기애적 상처를 경험하고 있으며 이 상처는 아마도 집단의 생애 초기에 생겨난 경계의 어려움으로 인해 악화되었다는 점을 알 수 있습니다. 당신은 그들이 느끼는 상처를 공감적으로 해석하면서도, 그들을 편든다는 느낌을 '경쟁자'들에게 주지 않도록 하는 어려운 과업을 맡게 될 것입니다.

당신은 다음에 대해 곰곰이 생각합니다. '이 집단은 적정 인원이 아홉 명인데, 제가 과연 제 개인상담 내담자를 더 데려와도 될지 궁금합니다.' 제 대답은 단호합니다. 현재의 집단원과 경계 주제를 완전히 해결할 때까지 더 많은 내담자를 데려오지 마십시오. 만약 당신이 새로운 내담자를 성급히 데려온다면, 그 새로운 집단원들이 현재 풀리지 않은 문제로 혼란을 겪게 되면서 경계문제는 '폭포수가 쏟아지듯 악화될(Rubenfeld, 2001)' 것입니다. 당신은 현재 집단이 상대적으로 안정되고, 응집력이 생기고, 작업단계의 집단이 되고 나서 새 집단원을 데려와야 합니다(Bion, 1959, 1974).

마지막으로 당신은 이렇게 묻습니다. '애초에 제 개인상담 내담자를 다른 사람들과 같이했어도 되었는지부터 궁금합니다. 여기에서 적절한 경계는 무엇일까요? 정말 중요한 것은, 경계에 대하여 다루려면 집단의 명시적인 규칙이나 구조보다는 집단원들 개개인을 한층 더 정밀하게 분석해야 한다는 것입니다. 심리적으로 '내포된' 경계는 집단원들이 '명시적으로' 드러내놓고 이야기하는 경계보다 훨씬 더 중요합니다. 예를 들어, 상담자는 완벽한 해결책은 아니지만 자신의 개인상담 내담자와 다른 상담자의 개인상담 내담자를 한 집단에 포함시킬 수 있습니다. 이러한 행동이 유발하는 안전, 보안, 권한 문제에 대해 주의를 기울인다는 전제하에 말입니다. 이는 전체로서의 집단의 유지 및 필요한 과업과 관련될 뿐만 아니라, 내면화된 경계(이 경계는 집단원들의 관계적 어려움과 증상에 기여합니다)와 관련이 있습니다. 이는 '보이지 않는' 집단(Agazarian & Peters, 1981)이며, 이 집단의 경계가 집단경험이 집단원들에게 치료적으로 얼마나 유용할지를 결정하게 됩니다.

당신이 이 집단을 해체하지 않는다니 반갑습니다. 그들에게는 정말로 당신이 필요합니다! 비밀보장 문제와 집단상담과 개인상담에서 나온 내용을 분리하는 문제에 대하여 상담자의 위치를 분명히 표현하는 것은 매우 도전적인 일입니다. 이것은 어떤 상담자에게든 일생이 걸리는 과제입니다. 일반적으로 제가 이야기하는 것은 다음과 같습니다. ① 집단에서 나온 그 어떠한 이야기라도 개인회기에서 이야기될 수 있습니다(이는 비밀보장을 침해한 것이 아닙니다. 다만 집단의 주제를 개인회기에서 지나치게 사적으로 다루면서 집단에서는 그 주제를 다루는 것을 피하려 하면 다른 집단원들이 정당하게 분노할 수 있으니 주의해야 합니다). ② 개인상담에서 나온 내용은 그 내담자가 직접 개방하거나 당신이 사전에 동의를 얻어서 개방하는 경우에 한해서만 집단에서 공개될 수 있습니다. ③ 일대일 공개가 내담자와 다른 집단원들을 위태롭게 하는 경우(예를 들어, 법적인 문제의 폭로 등)를 제외하고는 상담자는 절대 개인상담과 집단상담에서 나온 내용의 분리를 유지할 수는 없습니다.

내담자는 반드시 전체 치료과정을 다양한 접근이 조합된 것으로 믿어야 할 필요가 있습니다. 즉, '체계'와 '기관의 환경'도 관리할 필요가 있다는 것입니다. 살아 있는 체계의 경계(von Bertalanffy, 1968)는 반투과적입니다. 그 경계는 체계들을 분리하기도 하고, 체계 사이의 흐름을 허용하기도 합니다. 언제나 중요한 것은 경계의 '순수성'이 아니라 삶을 향상시키는 욕구(체계적 관점의 용어로는 부의 엔트로피[3]와 창조적 진화로의 경향성)를 개인수준과 집단 수준에서 충족시키는 것입니다.

Victor L. Schermer, MA, LPC, CAC, CGP

참고문헌

Agazarian, Y. (1997). *Systems centered therapy for groups*. New York: Guilford Press.

Agazarian, Y., & Peters, R. (1981). *The visible and invisible groups*. London: Routledge.

Bertalanffy, L. von (1968). *General system theory: Foundations, development, applications*. New York: Braziller.

Bion, W. R. (1974). *Experiences in groups*. New York: Ballantine Books.(Original work published 1959)

Durkin, J. E. (Ed.). (1981). *Living groups: Group psychotherapy and general system theory*. New York: Brunner/Mazel.

Gibbard, G. (1974). Individuation, fusion, and role specialization. In G. Gibbard, J. Hartman, & R. Mann (Eds.), *Analysis of groups* (pp. 247-266). San Francisco: Jossey-Bass.

Kohut, H. (1971). *Analysis of the self*. New York: International Universities Press.

Kohut, H. (1977). *Restoration of the self*. New York: International Universities Press.

Langs, R. (1976). *The bipersonal field*. New York: Jason Aronson.

3) 역자 주: 부의 엔트로피(negative entropy)란 부패 · 혼돈 · 무질서 · 와해로 가는 엔트로피 작용을 방지하기 위해 개방 체제가 외부의 에너지 투입을 계속 받아들이는 것을 말한다.

Livingston, M. (1999). Vulnerability, tenderness, and the experience of selfobject relationship: A self-psychological view of deepening curative process in group psychotherapy. *International Journal of Group Psychotherapy. 49*, 1-21.

Livingston, M. (2001). *Vulnerable moments: Deepening the therapeutic process with individuals, couples and groups*. Northvale, NJ: Jason Aronson.

Mahler, M., Pine, F., & Bergman, A. (1975). *The psychological birth of the human infant*. New York: Basic Books.

Mitchell, S. A., & Aron, L. (1999). Preface. In S. A. Mitchell & L. Aron (Eds.), *Relational psycho-analysis: The emergence of a tradition* (pp. ix-xx). Hillsdale, NJ: Analytic Press.

Proter, K. (1993). Combined individual and group psychotherapy. In H. I. Kaplan & B.J. Sadock (Eds.), *Comprehensive group psychotherapy* (3rd ed.). Baltimore: Williams and Wilkins.

Racker, H. (1968). *Transference and countertransference*. New York: International Universities Press.

Rubenfeld, S. (2001). On complexity theory in group psychotherapy. *International Journal of Group Psychotherapy, 51*, 449-472.

Winnicott, D. W. (1960). Theory of the parent-infant relationship. *In The maturational processes and the facilitating environment: Studies on the theory of emotional development* (1965), (pp. 37-55). New York: International Universities Press.

Wolf, E. S. (1988). *Treating the self: Elements of clinical self psychology*. New York: Guilford Press.

어려운 집단원

개 관

영화 〈위험한 정사(Fatal Attraction)〉에서 성공한 변호사이자 기혼남성인 마이크 더글러스(Michael Douglas)는 글렌 클로즈(Glenn Close)와 하룻밤을 보낸다. 그 후 그가 그녀를 버리게 되자, 클로즈는 외롭고 불안해져서 더글러스와 그의 가족을 스토킹하게 된다. 어떤 상담자들은 클로즈를 이상화한 타인의 상실을 견디지 못하는 전형적인 경계선 내담자로 본다. 다른 상담자들은 더글러스를 자신의 불안정함 때문에 자기 욕구만 생각하는 전형적인 자기애 내담자로 본다. 집단 안에서 두 유형의 내담자는 상담자에게 복잡한 정서를 유발하고 또한 집단에 큰 피해를 입힐 수 있을 것이다.

'집단에서 어려운 내담자를 상담하기'에서 스코트 루탄(Scott Rutan)은 자극적인 질문으로 시작한다. 그들은 정말 어려운 집단원인가? 혹은 그들이 가장 잘 할 수 있는 방식으로 타인과 연결되기를 시도하는 고통받는 사람일 뿐인가? 사례를 통해 그는 왜 그리고 어떻게 내담자들이 복잡한지 분석하였다. 이는 특정한 진단문제들, 집단으로의 부적절한 의뢰, 집단상담자의 역전이 문제 등으로 나타났다.

'화난 안젤라(Angela)와 조종하는 코니(Connie)'의 상담자는 장기간 지속되어 온 성숙한 집단에 격분한 집단원이 새로 들어온 이후 집단의 종결에 직면하게 되었다. 상담자는 수퍼바이저에게 집단원이 분노를 처음으로 표출했을 때 집단에서 제외시켰어야 했는지 질문하고 있다. 앤 알론소(Anne Alonso)는 새로운 집단원이 기존의 집단원과 다른 자아수준으로 기능을 하는지를 상담자가 궁금해 하지만, 지금은 집단의 집단원이므로 '집단에 남게 하여' 기존의 집단원들이 자신의 견딜 수 없는 부분을 다시 보게 될 기회를 주도록 하라고 제안하였다. 힐렐 스윌러(Hillel Swiller)는 상담자에게 기본으로 돌아가서 집단원들에게 그들이 원하는 것을 집단에서 얻고 있는지 아닌지, 만약 못 얻고 있다면 왜 그런지를 물어보도록 제안하였다.

'집단을 독점하는 아담(Adam)에 관한 모든 것'에서는 자기애적 내담자가 집단을 독차지해서 집단원 중 몇몇이 집단을 그만두었거나 그만둘 것을 고민하고 있다. 상담자는 자신의 좌절감 때문에 집단원들이 그를 공격하는 것을 허락하고 있음을 발견했다. 아널드 코헨(Arnold Cohen)은 대상관계적인 관점에서 상담자는 아담과 집단원들이 그 문제를 아담의 문제가 아닌 집단의 문제로 보도록 돕고, 동시에 그가 자신의 질투와 분노를 인정하도록 도와주라고 조언한다. 엘리자베스 샤피로(Elizabeth Shapiro)는 탈락은 상담자가 '지하로 숨은' 것에 대한 집단원들의 분노 때문이며, 그에게는 '집단을 위한 선물'로써 강한 감정을 다룰 수 있게 해 주며, 이는 집단원들 간의 관계를 깊게 하는 가능성을 열어 준다고 제안했다.

다음 딜레마인 '우리의 내연관계를 정리하기'에서 상담자는 그녀의 집단원 중 두 명이 성적인 관계를 갖고 있다고 의심하게 되었지만 집단원은 둘 다 부인하였다. 수퍼바이저들은 매우 다른 반응으로 응답하였다. 얼 호퍼(Earl Hopper)는 두 명의 집단원 사이의 성적인 관계가 집단에서의 안전과 정직의 문화에 파괴적이고 상담자는 두 집단원이 성적 관계를 중단하거나 집단을 떠나라고 언급해야 한다고 보았다. 대조적으로 수잔 코헨(Suzanne Cohen)은 상담자에게 집단 밖에서의 만남을 집단 안으로 가져오는 것에 대한 집단 약속을 다시 언급하되, 두 집단원이 실제로 성적인 관계를 가졌는지 아닌지에 대해서는 너무 몰두하지 말라고 조언하였다.

집단에서 어려운 내담자를 상담하기

나는 '어려운' 내담자가 존재하는지 잘 모르겠다. 또 '쉬운' 내담자가 존재하는지 잘 모르겠다. 확실히 '복잡한' 내담자는 존재한다. 내가 봐 왔던 모든 내담자는 나름 자신의 최선을 다했고, 관계 밖에 있으려고 하기보다는 관계 안에 속하려고 노력했다. 심지어 그들이 어려울 때에도 그들은 어려워지려고 한 것은 아니다. 그러므로 어려운 내담자를 치료하기 위한 장을 기고해 달라는 요청을 받았을 때, 나는 바로 몇 가지 질문에 맞닥뜨리게 되었다. 어떤 요소가 어려운 내담자라고 생각하게 만드는가? 이러한 내담자는 치료하기 어렵고, 함께하기 어렵고, 돕기가 어렵고, 좋아하기 어려운가? 이들은 상담자에게 어려운 것인가, 집단원에게 어려운 것인가, 아니면 둘 다에게 어려운 것인가? 이들은 삶에서 어려운가, 집단에서만 어려운가? 어려운 내담자로 분류되는 정도는 진단, 방어, 역전이와 관련이 있는가? 누가 어려운 내담자인지에 대해서 상담자들 사이에서 합의가 있는가? 이러한 설명은 특정한 내담자-상담자-집단요인에 따라 매우 달라질 수 있는 것인가? 아마도 어려운 내담자는 애정에 굶주려 하거나, 우는 소리를 하거나, 위협을 가하는 것과 같은 것 외에는 삶을 구제하는 선택이 거의 없는 사람이다. 또는 상담자에게 어려운 역전이를 불러내는 사람, 우리 자신의 어려운 부분에 직면하게 만드는 사람일 수도 있다. 만약 후자의 경우라면 내담자가 어려운 것이 아니라 우리 자신의 풀리지 않거나 수용되지 않은 부분이 어려운 것이다. 마지막으로, 이러한 내담자들은 자신을 어려운 내담자라고 경험하는 것일까, 혹은 자기가 다른 집단원에게 이끌어 낸 반응에 당혹스러워하는 것일까?

어려운 내담자

어려운 내담자라고 해서 꼭 심각하게 진단되는 것은 아니다. 골드만, 가토치와 타우버(Goldman, Gattozzi & Taube, 1981)는 만성적으로 질병이 있는 내담자를 '자기관리, 대인관계, 일이나 학교교육 같은 일상의 주된 측면과 관련한 기능을 저해할 정도로 심각하고 지속적인 정신적 혹은 정서적 장애로 고통받고 있어서 때로 장기적인 병원의 치료가 필요한 사람들(p. 22)'이라고 정의한다. 이러한 환자들 중 대다수는 비록 완전한 치료가 쉽지 않지만, 치료는 즐거우며 생각보다 어렵지 않다.

하지만 경계선 성격장애나 자기애성 성격장애와 같은 특정한 유형의 진단은 다른 진단에 비해 특히 더 어려운 내담자다. 그렇다면 무엇이 그들을 어려운 내담자로 만드는 것일까?

얄롬(Yalom, 1975)은 스스로를 '문제 있는 내담자'로 만드는 집단원이 집단 안에서 보여 주는 역할의 특별한 유형에 대해 언급한다(p. 376). 그들은 독점자, 정신분열병적 내담자, 조용한 내담자, 정신병적 내담자, 자기애적 내담자, 지루한 내담자, 도움을 거절하는 불평가, 독선적인 도덕주의자들이다.

이것들은 오래된 개념이고 실제로 그들의 역할이 부분적으로는 집단에 의해 생겨나고 보상을 받는 측면이 있다는 것을 이해한다. 예를 들어, 나는 집단의 협력 없이 집단을 '독점'할 수 있는 사람을 본 적이 없다. 종종 이 역할의 목적은 어렵고 취약한 작업을 위해 사용해야 하는 집단의 시간을 조절하는 것이다. 집단을 더 고통스러운 정서로부터 마비시키는 지루한 내담자에 대해서도 똑같이 이야기할 수 있다. 간스와 알론소(Gans & Alonso, 1998)는 어려운 내담자는 다양한 요인에 의해 발생한다는 중요한 개념을 덧붙였다. 그들은 "어려운 내담자는 어느 정도까지는 집단상담자, 집단원, 집단 전체와의 상호작용의 결과인 공동 구성물이다."라고 하였다(p. 312). 예를 들어, 스톤(Stone, 1996)은 어려운 내담자는 '명백하게 극도로 집단의 발달과정을 방해하는' 상황에서 개입한다고 언급했다(p. 173). 또한 스톤은 이러한 사례들에서 특정한 '어려운' 내담자에 초점을 맞추지 않고 희생양과 같은 전체로서의 집단상의 문제로 보아야 한다고 강조한다.

빌로우(Billow, 2003)는 최근 「집단에서의 반항(Rebellion in group)」이라는 논문에서 어려운 내담자에 대한 이해를 덧붙였다. 빌로우는 반항은 리더십의 확인, 집단의 안전감 확인, 집단역동 중 아직 언급되지 않은 부분의 행동화 등 집단 발달에 어떤 기능을 제공한다고 하였다. 이것은 부분적으로 니선(Nitsun, 1996)의 반-집단(anti-group) 개념(모든 그룹의 파괴적인 측면)을 다시 강조하는 것이다.

간스와 알론소는 어려운 내담자에 기여하는 네 가지 요인으로 특정 내담자의 개인적 역동, 집단상담자의 실수, 집단 내 상호 주관성의 영향, 집단 전체의 역동을 꼽았다(p. 312).

집단 내의 어려운 내담자

집단 내에서 어려운 내담자를 치료하기 위해 우리는 어떤 이유로 어려운 내담자가 되었는지 다음과 같이 구분할 필요가 있다. ① 특정 진단문제, ② 집단으로의 부적절한 의뢰, ③ 집단상담자의 역전이 문제, ④ 내담자가 전체로서의 집단기능을 떠맡거나 다른 집단원들이 말할 수 없는 것에 대해 말하거나 행동화한 경우 등이 그것이다.

특정 진단문제

몇몇 성격문제는 (삶에서와 마찬가지로) 집단상담에서도 독특한 문제를 나타낸다. 두 가지 가장 명백한 진단범주는 경계선 성격과 자기애성 성격일 것이다. 루탄과 스톤(Rutan & Stone, 2001)은 " '어려운' 내담자의 대다수는 경계선이나 자기애성 진단을 갖고 있다." 고 말한다(p. 290). 이것이 이런 내담자들이 집단상담에서 도움을 받지 않는다는 것을 의미하지는 않는다. 반대로 맥컬럼과 파이퍼(McCallum & Piper, 1999)의 연구결과는 '성격장애 내담자의 치료와 집중적인 역동지향 집단상담의 관련성을 지지하는 결과' 를 보여 준다(p. 13). 그들은 또한 "이 연구의 결과는 집중적인 집단상담 프로그램에서 저항적인 사람들을 다루는 상담자들을 고무시킨다." 고 언급한다(p. 13).

미국정신의학협회의 『정신장애 진단 및 통계편람 제4판(DSM-IV, 1994)』에 의하면, 경계선 성격장애는 '대인관계, 자기이미지, 정서의 불안정성과 뚜렷한 충동성의 패턴' 이라고 기재되어 있다(p. 280). 이 진단을 갖는 내담자는 그들의 삶에서처럼 집단 안에서도 분명히 지장을 준다.

[임상사례-경계선 환자 베티]

베티(Betty)는 언제나 집단에 일찍 도착했고 매번 같은 '그녀의' 의자에 앉았다. 베티는 늘 집단에서 말문을 먼저 열었고 다른 집단원이 먼저 시작하는 것을 참지 못했다. 집단의 관심, 특히 집단상담자의 관심을 원하거나 필요로 하는 것을 전혀 미안해하지 않았다. 베티의 감정은 극도로 불안정해서 순간적으로 울거나 분노에 차서 소리를 질렀다.

어느 날 저녁 바바라(Barbara)라는 새로운 집단원이 참여했다. 바바라는 베티가 화장실에 간 사이에 들어와 자기도 모르게 베티의 의자에 앉았다. 베티가 방으로 다시 들어왔을 때 그녀는 '그녀의' 의자에 누군가 앉아 있는 것을 보고 얼굴이 어두워졌다. 다른 집단원들은 격한 말이 나올 것을 예상하면서 바라보고 있었지만 베티는 아무 말도 하지 않고 서서 노려보았다. 바바라가 점점 불편해져서 물어보았다. "무슨 일이에요?" 베티가 대답했다. "다른 사람들이 당신이 앉아 있는 의자가 내 의자라고 말해 주지 않던가요?" 바바라가 대답했다. "아니요. 미안합니다. 저는 의자가 지정되어 있는 것을 몰랐어요."

그러자 예상한 바와 같이 엄청난 소동이 일어났다. 베티는 오랜 동료 집단원들에게 몹시 화를 내었다. "당신들 나에게 왜 이래요? 당신들은 나를 좋아한다고 했지만, 이제 나는 당신들이 날 싫어한다는 걸 알아요. 당신들은 나를 가지고 놀았어요!" 그녀는 갑 티슈를 들고는 휴지를 갈기갈기 찢고 조각들을 주위에 던지기 시작했다.

이 사례는 집단상담자에게 '어려운 순간'을 보여 준다. 이제 상담실은 모든 사람과 사물에 휴지조각이 내려앉아 마치 폭설을 맞은 풍경과 비슷해졌다. 베티는 고래고래 소리 질렀고 불쌍한 새로운 집단원은 겁에 질렸다. 베티의 행동이 익숙한 기존의 집단원들은 차라리 그 상황을 즐기고 있었다.

경계선적 내담자를 구분 짓는 기준은 그들이 타인의 중요성을 너무나도 잘 알아차린다는 것에 있다. 그들은 지나치게 예민하고 상처받기 쉽다. 그들은 집단에서 대인 간 상호 접촉에 대한 우리 모두의 갈망과 욕구를 다른 집단원들에게 상기시켜 주는 데에 유용하다.

예를 들어, 우리는 이 회기의 맥락이 새로운 집단원을 소개하는 상황이라고 추정할 수 있다. 이는 관련된 모두에게 어려운 상황이다. 현실적으로 완전히 새로운 집단인 것이다. '그녀의' 의자라는 은유를 통해 베티는 자신들이 대체되는 것에 대한 집단의 걱정을 드러낸다. 게다가 그녀는 옳았다. 즉, 집단은 그녀를 가지고 놀았던 것이다. 그들은 바바라에게 베티가 특별히 그 의자에만 앉는다는 것을 알려 주지 않았다. 이는 그들의 '젖먹이 여동생'이 유산되어서 가족에 지장을 주지 않기를 바라는 가학적인 소망에 따라 행동하게 하면서도, 그러한 감정을 인정하거나 책임지지 않아도 되도록 해 주었다. 그 감정의 인정과 책임은 베티가 떠맡았다.

베티가 소리 지르는 것을 멈추고 휴지조각이 떨어지는 것도 멈춰지자, 불편한 침묵이 일어났다. 여러 집단원은 잠시 집단을 둘러보며 미소를 짓기 시작하더니 큰 소리로 웃기 시작했다. 오래지 않아 모두가 그 상황의 어리석음 때문에 웃고 있었다. 바바라는 온순하게 물었다. "베티, 내가 자리를 옮기면 좋겠어요?" 베티가 대답했다. "아니요, 당신이 여기에 있는 게 좋을 것 같네요."

이 시점에서 집단의 상담자가 처음으로 입을 열었다. "새로운 집단원이 들어오는 일이 감정의 폭풍을 몰고 오는 것처럼 보이네요." 집단은 새로운 집단원이 들어온 것에 대한 집단원들의 다양한 감정반응에 초점을 맞출 수 있게 되었다.

회기가 끝날 무렵에 베티는 조심스럽게 모든 휴지조각을 줍기 시작했고, 바바라를 포함한 집단원들이 베티를 도와주었다. 이는 모든 집단원이 이 문제가 전체 집단의 문제라는 것을 어떤 수준에서 이해한다는 것을 보여 준다.

대개 그렇듯이 이 사례에서도 어려운 내담자가 존재했다기보다는 어려운 상황, 즉 지속되는 집단에 새로운 집단원이 등장한 상황이 존재했다. 특정 내담자는 자신의 특정한 성격문제 때문에 이러한 주제를 생생하게 드러내는 역할을 '자원'하게 된다. 그러나 베티의 감당할 수 없는 어려운 행동 자체가 그 상황으로 인도했으며, 베티는 상황뿐만 아니라 자신의 성격에 의해 실로 어려운 내담자가 된 것이다.

경계선 내담자가 타인의 중요성에 대해 무방비 상태라면, 자기애적 내담자는 과보호적이다. 그들은 타인이 전혀 중요하지 않은 것처럼 행동하려 하지만 우리는 그것이 방어라는 사실을 반드시 인식해야 한다.

[임상사례-자기애 환자 닐]

닐(Neal)은 다른 집단원이 이야기를 할 때 주위를 다른 곳으로 돌리거나 지루해하는 것처럼 보인다. 때로는 한 집단원이 이야기를 할 때, 시간을 얼마나 사용하는지를 재기라도 하는 듯 과장하여 시계를 보는 행동을 통해 지루하다는 표시를 두드러지게 드러내기도 한다. 닐은 또한 어떤 주제로 이야기가 진행되든 마지막에는 자기와 '결부시켜서' 결국 자신의 이야기를 하는 것으로 끝내는 능력이 탁월하다. 다른 집단원들이 상담에 오지 않아도 닐은 그들을 그리워하지 않는다. 대신 그는 자기를 위한 '유효시간'이 더 늘었다고 생각한다. 집단상담자가 조금 일찍 와서 자신에게 개인적인 시간을 할애할 것이라는 기대를 하며 일찍 도착할지도 모른다.

도나(Donna)라는 장기 집단원이 결혼을 앞두고 약혼을 했다. 이는 집단에서의 힘든 작업의 결과였고, 닐을 제외한 다른 집단원들은 매우 기뻐하며 결혼날짜가 다가오는 것에 설레고 있었다. 도나가 결혼과 신혼여행 때문에 몇 주간 결석하기 직전 회기에는 축제와 같은 분위기가 조성되었다. 한 집단원이 축하카드를 사 왔고, 집단상담자와 집단원들은 몰래 카드를 썼다. 닐을 제외한 집단원들은 도나가 결혼생활을 잘 하기를 바라는 짧은 문구를 적었다. 닐은 간단히 서명만 했는데 성은 제외하고 이름만 서명하였다.

집단원들은 도나가 친밀한 관계에 이르는 작업을 성공적으로 해낸 것을 보면서 각자 얻게 된 희망에 대해 이야기를 나누는데, 그 상황에서 닐은 자기의 시계를 확인했다. 그리고 닐이 마침내 입을 열었다. "당신은 이제 집단을 떠나겠군요, 도나." 그리고 그는 집단상담자에게 말했다. "나는 당신이 다른 사람을 더 충원하지 않았으면 좋겠어요. 이 집단은 너무 커요." 그리고 그는 온라인 데이트를 통해 배우자를 찾는 노력이 성공적이지 못했다는 것에 대해 오랫동안 혼자 말하기 시작했다.

이 행동은 그간 보였던 닐의 행동이라는 것을 고려하더라도 너무 심하여 집단원들이 참을 수가 없었고, 집단원들은 닐을 공격하게 되었다. 한 집단원이 대표로서 집단의 느낌을 이야기했다. "도나는 떠난다고 이야기하지 않았어요. 왜 당신은 그녀가 떠나기를 바라는 거죠? 우리가 도나의 성공을 기뻐하고 있는데 어떻게 당신은 자기가 성공하지 못한 얘기를 주절거리는 거죠? 당신은 무례할 정도로 눈치가 없군요!"

닐은 집단원들의 직접적인 공격에 어안이 벙벙해졌다. 그는 "도나는 우리가 갖지 못한 것을 가졌는데, 어떻게 도나로 인해 행복해할 수 있죠?"라고 말했다. 그는 정말로 혼란에 빠졌다.

이 사례에서 자기애적인 내담자는 자신의 병적인 성격을 통해, 다른 사람들도 가지고 있지만 스스로 알아차리지 못하거나 혹은 너무 '점잖아서' 드러내지 못하는 정서를 드러내고 있다. 닐은 자기가 원하는 것을 가진 도나를 솔직하게 질투했다. 그는 더 많은 관심을 받기를 너무나도 원했다.

부적절한 의뢰

어려운 내담자는 때로 현재는 집단상담에 적절하지 않은 상태인데 집단에 배정되었거나 잘못된 집단에 배치로 인해 발생한 과다. 후자의 경우는 내담자의 발달수준이 다른 집단원들과 잘 맞지 않을 때 발생한다. 새로운 집단원이 미성숙할 경우 그 내담자는 압도될 수 있고, 다른 내담자들은 자신이 억압해 왔던 자신의 측면을 보게 되어 놀랄 수 있다.

종종 집단상담자는 내담자가 집단에서 직면할 때, 그가 얼마나 쉽게 상처를 받을 수 있는지를 예상하지 못해서 그가 직면하고 얼마나 충격을 받는지를 보고서 놀라곤 한다. 이와 마찬가지로 개인평가면접에서 내담자가 집단에 들어올 때 순간적으로 느낄 사회공포증의 깊이를 알아내기 불가능할 때가 가끔 있다. 이러한 의뢰의 오류는 집단원이 수치심 없이 집단을 빨리 떠나도록 도움으로써 수정될 수 있고, 그러면 그들은 그 집단에서 꼭 어려운 내담자가 되지 않을 수 있다. 집단에 아주 잠시 노출되었던 그들의 경험을 개인상담에서 다룰 때 매우 생산적인 방식으로 활용할 수도 있다.

상담자들은 실수로 내담자를 어울리지 않는 집단에 배치하게 되며, 이러한 사실에 대해 책임지는 것이 중요하다. 상담자가 이 실수를 인정하지 않으면 그는 '어려운' 내담자를 만드는 데에 기여하는 것이다. 정말이지 상담자가 이 실수를 인정하지 않는다면 상담자야말로 집단에서 어려운 집단원이 될 수 있다.

성숙한 집단은 새로 구성된 집단에 비해 집단원 간의 더 많은 다양성을 견딜 수 있고, 그러한 다양성에서 도움을 얻을 수 있다. 새로 구성된 집단이나 위기에 놓인 집단은 다양한 어려움을 받아들이기 더 어려워한다. 앞의 사례의 집단이 새로운 집단이었다면 닐을 집단에 들이는 것은 부적절한 배치일 수 있다. 그의 억제되지 않은 자기애와 결핍은 다른 집단원이 그에게 공감하기 어렵게 만들었을 것이다.

마찬가지로, 성숙하지만 무언가 정서적으로 억눌려 있는 집단에서는 베티의 감정적인 변덕이 도움이 되었다. 그러나 집단의 발달에 있어 더 이른 시기에 베티가 그 집단에 들어갔다면 베티는 받아들여지지 않거나 집단원들을 다른 방식으로 놀라게 했을 수 있다.

역전이

때로는 집단원이 어려운 존재인 것이 아니라, 특정 집단원이 유발하는 역전이 반응뿐 아니라 실제 반응을 견디지 못하는 상담자가 어려운 존재다. 이 상황은 이 책의 제5장에서 카운셀만(Counselman) 박사에 의해 깊이 있게 다루어질 것이다. 집단상담자의 집단원에 대한 부정적 감정은 취약한 집단원에게 집단에 자연스럽게 반응하는 것을 더욱 어렵게 할 수 있다는 점에 주의를 기울여야 한다. 이것은 서로 충격과 영향을 주고받는다.

전체로서의 집단기능

어려운 내담자들은 때로 다른 집단원들이 차마 알거나 보여 줄 수 없는 집단 전체의 집단의 감정을 행동화하거나 말한다. 닐의 사례를 보면 그는 전체 집단을 대표하여 집단상담자의 관심을 받고 싶어 하는, 용납될 수 없는 자기애적인 소망을 말하고 있는 것이다. 이와 유사하게 베티는 극단적인 반응을 통해 집단원들이 다른 사람의 반응에 어떻게 영향을 받는지를 인식하도록 도와준다.

자산으로 활용하기 어려운 내담자

간스와 알론소는 어려운 내담자는 때때로 치료집단에서 자산이 된다고 지적했다. 문제가 많았던 내담자가 집단을 떠나고 오랜 시간이 지난 후에, 다른 집단원들이 그 내담자가 집단에 있었을 때는 보이지 않았던 애정을 드러내며 떠난 내담자를 떠올리는 것을 보면 알 수 있다. 이러한 집단원은 감정을 휘젓고 집단을 열정적으로 만들어 준다.

앞의 사례는 베티와 닐이 집단에서 말하기 어려운 것을 말하거나 더 깊은 수준의 감정을 집단에 알림으로써 집단에 도움이 된 것이 잘 드러났다. 어려운 집단원이 자산이 된다는 점을 보여 주는 사례를 하나 더 소개해 보겠다.

[임상사례-알코올중독자 알버트]

알버트(Albert)는 알코올중독과 소란스러운 행동 때문에 대인관계와 직장에서 문제를 일으켜 집단상담에 오게 되었다. 원래 성격대로 그는 집단에서도 매우 어려운 내담자였다. 자주 늦었고 술 냄새를 풍겼으며(술을 마시지 않았다고 하면서도), 자신이 들어왔을 때 무슨 일이 일어나고 있었든 상관없이 즉각적인 관심을 거침없이 요구했다.

집단은 처음에는 알버트에게 공감해 주려고 노력했지만 얼마 지나지 않아 그에게 분노하게 되었고, 알버트를 집단에 데려왔다는 이유로 집단상담자에게도 분노하게 되었다. 집단에서는 종종 고함소리와 대립, 격한 감정이 터져 나왔다.

그러면서도 집단은 규칙적이고 정확한 출석률(한동안은 알버트까지도 시간에 맞추어 잘 나왔음)을 통해 높은 응집력을 보여 주었다. 그들은 또한 집단상담자가 회기를 취소하면 격분하기도 하였다.

끝내 알버트는 집단에서 도망쳤다. 이 사례를 쉽게 설명하면 알버트가 집단상담에 의뢰된 것이 부적절했다는 뜻으로 해석할 수 있다. 알버트가 돌아오지 않으리라는 소식을 듣자 집단은 안도감을 표했을 뿐 전혀 슬퍼하지 않왔다. 게다가 차후에 새로운 집단원이 온다는 공지를 듣자 설마 알버트가 다시 들어오는 것은 아닌지를 확인해 달라고 요구했다.

그러나 알버트가 떠나고 1년 뒤 집단원들은 감정과 '열정'의 부족을 한탄했다. 그들은 알버트를 애정 어리게 기억하면서 "이 집단이 잘 되던 좋은 시절이 있었지."라고 말하기 시작했다.

비슷한 시기에 알버트는 집단상담자와 다시 연결되었고, 집단에 참여하는 동안 자신이 많은 것을 배웠다고 이야기해서 상담자를 놀라게 했다. 그는 다른 집단에 들어가고 싶다고 신청하여 허가를 받았다. 종종 이전 집단에서 했던 부적절한 행동에 대해 이야기했지만, 이전 집단에서 배웠기 때문에 그런 부적절한 행동을 새로운 집단에서는 절대 나타내지 않았다.

어려운 집단원은 다양한 방식으로 집단에 자산이 될 수 있다. 첫째, 그들은 말할 수 없는 것을 이야기할 수 있다. 둘째, 그들은 감정을 휘젓고, 더 말이 없는 집단원이 더 깊이 경험할 수 있도록 초대한다. 셋째, 그들은 다른 집단원들이 수용할 수 없는 부분을 나중에 스스로 인정하고 탐색할 수 있게 될 때까지 그것을 대신 짊어질 수 있다. 그들은 또한 고전적인 희생양의 기능을 할 수 있다.

'희생양'은 성경(레위기 16:5~10)에서 유래한 단어다. 모세의 형 아론(Aaron)은 양을 제물로 삼아 이스라엘의 죄를 고백해야 했고, 그 양은 사람들의 죄를 짊어지고 광야로 보내진다. 그러므로 희생양의 근본적인 역할은 종족과 가족과 집단을 보호하는 것이다. 이러한 보호는 다른 사람들은 스스로 감당하기를 원하지 않거나 감당할 수 없는 모든 '죄'를 희생양이 받아들임으로써 일어난다.

요 약

이제 서론에 언급되었던 질문으로 돌아가 보자. 어려운 내담자가 존재하는가? 물론 그러하지만, 대부분 그들을 어렵게 만드는 것은 그들의 성격이거나, 집단 내에서 그리고 집단을 위한 그들의 무의식적 역할이다.

이러한 내담자는 치료하거나, 함께하거나, 도와주거나 좋아하기 어려운가? 이것은 집단상담자의 개인적인 선호를 포함한 여러 요인에 따라 다르게 나타난다. 일반적으로 우리는 집단의 순조로운 기능을 방해하는 것 같은 내담자를 보면 아무리 그가 집단에 어느 정도 도움이 된다는 것을 알고 있다 하더라도 짜증이 난다. 이를 투사적 동일시의 관점으로 보면, 우리는 내담자들이 친숙하게 느끼는 방식으로 반응하도록 길들여지고 있는 것이다. 반면 거침없고 제멋대로인 내담자는 우리를 웃게 만드는 짓궂은 아이와도 같이 우리를 매우 즐겁게 해 주기도 한다.

이러한 내담자는 삶에서도 어려운가, 집단에서만 어려운가? 누군가가 치료집단과 집단 밖의 삶에서 매우 다른 모습을 보인다는 것은 거의 상상이 가지 않는다. 내담자의 어려움이 집단 안에서 드러나 직면되거나 반영되어도 그들은 스스로 거의 놀라지 않는다.

종종 어려운 내담자는 집단에서 피상적인 과정을 더 정서적인 과정으로 변화시키는 선물이다. 어려운 집단원이 집단의 과정을 혼란스럽게 하거나 방해하는 몇몇 사례에서도 결과적으로는 생산적인 결과가 나타난다.

참고문헌

American Psychiatric Association (1994). *Diagnostic and Statistical Manual of Mental Disorders* (4th ed.). Washington, DC: Author.

Billow, R. M. (2003). Rebelloin in group. *International Journal of Group Psychotherapy, 53*, 331-351.

Bion, W. (1959). *Experiences on groups*. New York: Basic Books.

Gans, J. S., & Alonso, A. (1998). Difficult patients: Their construction in group therapy. *International Journal of Group Psychotherapy, 48*, 311-326.

Goldman, H. H., Gattozzi, A. A., & Taube, C. (1981). Defining and counting the chronically mentally ill. *Hospital and Community Psychiatry, 32*, 21-27.

McCallum, M., & Piper, W. E. (1999). Personality disorders and response to group-oriented evening treatment. *Group Dynamics, 3*, 3-14.

Nitsun, M. (1996). The Anti-Group: *Destructive forces in the group and their creative potential.* London: Routledge.

Rutan, J. S., & Stone, W. N. (2001). *Psychodynamic group psychotherapy* (3rd ed.) New York: Guilford Press.

Stone, W. N. (1996). *Group Psychotherapy for people with chronic mental illness.* New York: Guilford.

Yalom, I. D. (1975). *The theory and practice of group psychotherapy* (2nd ed.) New York: Basic Books.

 화난 안젤라와 조종하는 코니

[수퍼바이저 선생님께]

저는 정신역동 여성집단을 이끌고 있습니다. 이 집단은 25~55세까지 여섯 명의 집단원으로 구성되어 있고 모두가 2년 이상 집단에 참여해 왔습니다. 3개월 전에 저는 안젤라라는 집단원이 이 집단에 잘 맞으리라 생각하여 집단에 새로 충원하였습니다. 집단의 다른 집단원들과 마찬가지로 안젤라는 기분 저하증 병력과 외상경험을 가지고 있었습니다. 접수면접에서 안젤라는 조용하고 우울했으며 감정적으로 차단되어 있었습니다. 많은 외상 생존자와 같이 안젤라는 접수면접을 하는 동안 자신에 대해 많은 것을 이야기했습니다. 안젤라는 형제들과 갈등이 있고 부모님과의 관계에서 어려움을 겪고 있으며, 가까운 친구가 없다고 말했습니다. 저는 매주 정시에 집단에 도착할 것, 그녀가 집단에 참여하게 된 문제를 작업할 것, 감정을 행동이 아닌 말로 표현할 것, 종결할 때는 그 의도를 집단에서 논의할 것 등 집단의 약속에 대해 함께 다루었습니다.

집단은 어려운 전환의 시기를 보내고 있었습니다. 한 집단원이 가을에 갑자기 집단을 떠났습니다. 저는 당시 장기 휴가를 보내고 있었습니다. 코니라는 집단원은 결혼생활에서 갈등을 겪고 있었습니다. 코니는 매 회기마다 자신의 남편과 싸웠던 이야기를 상세하게 이야기하며 집단의 시간을 사용했습니다. 코니가 불참하였던 날, 다른 집단원들은 코니가 그토록 고통스러운 시간을 보내고 있는데 자기들의 삶에서 긍정적인 측면을 나누자니 갈등이 된다고 말했습니다. 하지만 또한 코니가 집단에서 너무 많은 시간을 사용한다고 말했습니다.

안젤라가 집단에 들어오기 전에 저는 안젤라와 몇 번 만남을 가졌지만 그녀의 분노가 어느 정도인지를 확인하지 못했습니다. 안젤라는 처음 집단에

온 날, 자기의 개인상담자가 집단에 참여하는 것이 필요하겠다고 해서 집단에 왔을 뿐이라며 화를 내며 말했습니다. 집단원들은 당황하였고 이후 그녀를 혼자 내버려 두었습니다. 저는 가끔 안젤라에게 어떤 생각이나 감정이 드는지를 물어보았지만 그녀는 3개월간 집단에서 거의 아무 말도 하지 않았습니다.

저의 딜레마는 갈등관계를 맺고 있는 안젤라와 코니에 대한 것입니다. 안젤라는 코니가 집단을 지배하고 통제하는 것처럼 느꼈기 때문에 수차례 코니에게 공격적으로 맞섰습니다. 안젤라가 코니에게 맞설 때 코니는 자신의 결혼문제와 안젤라를 동시에 다룰 수는 없다고 말하면서 집단을 떠나겠다고 위협했습니다. 안젤라가 불참한 회기에 집단원들은 저에게 제가 그녀를 집단에 데려온 것이 큰 실수라고 생각한다고 말했습니다.

문제는 일곱 명의 집단원들 중 다섯 명이 종결을 계획하고 있다는 것입니다. 코니는 스스로 집단으로는 충분하지 않을 만큼 지금 너무 절박해서 집단상담 대신 개인상담이 필요하다고 결정했습니다. 안젤라와 맞섰던 다른 한 집단원은 섭식장애를 위한 집단상담에 참여하고 싶어서 집단을 떠나기로 하였습니다. 다른 두 명은 다른 주에 있는 대학원에 진학하기 위해 떠날 계획입니다. 저는 몇 명의 종결은 타당하지만 다른 몇 명의 종결은 그렇지 않다고 생각합니다. 최근 2주 동안 코니는 집단에서 흥미롭게 작업을 하기 시작했고 다른 집단원들은 그녀를 지지해 주었습니다. 코니는 자신이 사람들과 연결되는 방법을 모른다고 인정했고, 한 회기에서는 자기가 관계 맺는 방식이란 혼란을 일으킨 뒤 뒤로 물러나 관찰하는 것임을 나누었습니다.

저는 제가 실수를 했다고 느낍니다. 안젤라의 분노를 접수면접에서 파악하지 못했고, 제가 제 집단을 망친 것처럼 느껴집니다. 접수면접에서 어떻게 다르게 했어야 할까요? 첫 회기 이후 제가 안젤라를 집단에서 제외시켰어야 할까요? 아마 저는 집단이 코니의 결혼문제를 다룰 때 안젤라를 집단에 데려오지 않았어야 했던 것 같습니다. 지금 안젤라를 내보내야 할까요? 제 집단이 다 끝나 버린 것 같아서 두렵습니다. 어떻게 하면 집단원들이 자신이 왜 지금 집단을 떠나려고 하는지에 대해 생각해 보도록 만들 수 있을까요? 그리고 코니는 어떻게 해야 할까요? 그녀는 끊임없이 이야기하고 위협하는 것을 통해 집단을 인질로 삼고 있는 것으로 보이며 이제 집단을 떠나려는 준비를 하고 있습니다.

[상담자에게 (1)]

당신이 여기서 묘사하는 상황은 고통스럽지만 익숙한 상황으로 보이고, 때로 집단상담을 힘들게 하는 너무나 흔한 일입니다. 저는 어느 집단에서든지 위기의 시기에 상담자가 자신의 능력에 대해 불안해하고 불확실해하는 것이 어떤 기분인지 잘 압니다.

저의 이론적 관점은 대상관계 이론과 체계 이론을 연결한 것으로, 이러한 관점을 통해 당신의 사례에 대해 탐색해 보도록 하겠습니다. 이를 염두에 두면서 저는 전체로서의 집단, 개별 집단원 및 집단상담자의 관점에서 상황을 살펴보고자 합니다. 먼저 당신의 상황을 본 다음 저의 제안을 제시하겠습니다. 여기서 저는 조심스러울 수밖에 없습니다. 전이는 함께 만들어진다는 것을 고려할 때 한 개인의 집단은 그 사람의 특성과 관련이 되기 때문입니다. 하지만 이에 대해선 나중에 더 설명하겠습니다.

당신은 집단을 외상 생존자들로 구성된 정신역동 여성집단이라고 표현했습니다. 이 집단의 목표가 무엇인지 저에게는 명확하지 않군요. 이 집단은 삶의 제약들과 신경증적 갈등을 다루기 위한 집단입니까? 아니면 외상 후 스트레스 장애를 치료하는 목적의 집단입니까? 전자의 경우라면 저는 집단원 구성의 동질성에 의문이 듭니다. 저는 이상적인 집단은 자아 발달수준에서는 동질적이고 다른 모든 측면에서는 이질적인 것이라고 생각합니다. 집단이 어떤 증상(외상?)을 중심으로 모이면 문제가 발생할 수 있으며, 때로는 자아 발달의 수준이 다양한 범위에 걸쳐 있는 사람들로 구성될 것입니다. 이 여성들의 자아 강도수준이 서로 다르다면 그들은 다른 방식으로 집단에 들어온 구성원에게 공감하는 능력이 떨어질 것입니다. 문제에 빠져 있는 안젤라는 더욱 심란해지고 집단은 그녀를 공감할 수 없기 때문에 그녀를 밀어내는 방향으로 움직이게 될 수도 있습니다.

또 다른 요인들이 동시에 작동되기도 합니다. 증상을 중심으로 생각해 보면, 각 집단원들은 전체집단의 무의식적인 욕구의 어떤 측면을 말하고 있는 것으로 볼 수도 있습니다. 안젤라는 화를 표출함으로써 나머지 집단원들이 스스로 자각하지 못하고 있는 분노를 드러낸 것이 아닐까요? 그들은 자신의 공격성을 지나치게 완화시키거나 지나치게 직면하는 위험을 무릅쓰면서 의심스러울 만큼 부드럽거나 '지지적'이지 않았습니까? 이는 여성집단에서 매우 일반적인 딜레마입니다(Alonso & Rutan, 1979). 그러므로 안젤라는 아마 전체로서의 집단에서 취약한 저항을 비난하고 있는 것일 수 있고, 집단원들은 전형적인 희생자 만들기 상황에서와 같이 안젤라를 밀어내거나 포기하고 싶어 할 것입니다. 언제나 그렇듯 희생양은 작업을 위한 준비된 지원자이며, 안젤라의 도발적인 태도가 그 예라 할 수 있습니다.

서로 적대하는 두 사람이 서로만을 지켜보는 상황에서는 언제나 강력한 메시지가 드러납니다. 보통 우리는 강한 투사적 동일시로 인한 결합이 일어나고 있는 것이 아닌지 의심하게 됩니다. 코니가 남편에게 분노하는 것에 대해 안젤라가 말했습니까? 코니의 소망은 자신이 결혼으로부터 도망치는 것을 실연화하기를 피하는 것이었을까요? 집단은 아마 코니가 스스로 인정하지 않는 분노를 알아차리고 있을 것입니다. 코니의 뒤에서만 코니를 비판할 수 있었기 때문이죠. 리더인 당신은 코니가 돌아왔을 때 집단원들이 그녀에 대해 비판하도록 합니까? 그렇게 하는 것이 어떨까요?

또 당신은 타이밍에 대해 질문했습니다. 당신의 휴가는 안젤라가 참여하기 이전이었습니까? 아니면 그 이후였습니까? 어느 경우든지 안젤라는 집단을 떠났다가 돌아오는 집단상담자에 대한 분노를 맡은 것일까요? 집단원들이 집단상담자에 대한 자신의 분노를 담아 두고서 그 분노를 새로운 '아기'에게 대신 향하도록 놔둔 채 말입니다.

저는 안젤라가 집단에 선물이라고 말씀드립니다. 안젤라는 집단원들이 부인하는 어두운 측면을 드러냈으며 그것이 자각되도록 하였습니다. 이 집단은 매우 이질적인 여성들로 이루어진 것으로 보입니다. 대학생 두 명은 더 좋든 나쁘든 의심할 여지가 없는 이유로 집단을 떠날 것이지만, 그들이 집단을 경험하면서 집단에 대해 가진 기억은 매우 가치 있게 남을 것입니다. 그들이 떠난다는 것을 감안하면, 이제 그들은 새로운 집단원의 영향을 넘어서 전체집단의 상호작용을 더 쉽게 볼 수 있을 것입니다.

섭식장애 집단을 찾는 여성은 매우 흥미롭군요. 그녀는 여기에서는 먹을 수 없다거나 자신의 허기를 위한 공간이 없다고 말하고 있는 것일까요? 집단에 대한 이러한 실망은 전체 집단 메시지로 다뤄질 수 있다고 생각하나요? 탐욕, 초기 구강기적 공격성, 자기에 대한 왜곡된 감각 등은 모든 여성에게 문제가 될 수 있습니다. 섭식장애 집단을 찾으려는 이 여성이 표현하는 소망은 상징적이고 유용한 환상으로, 집단원들 모두가 서로가 가진 엄청난 허기를 다르게 바라보기 위해 활용될 수 있습니다.

저는 이 집단이 실패하고 망했다는 느낌을 갖는 것에 충분히 공감하지만 당신이 끝까지 포기하지 않기를 격려합니다. 확실하게 저는 누구에게도 떠나라고 요청하지 않고, 특히 새로 들어온 집단원은 절대 떠나게 하지 않을 것입니다. 그리고 저는 다른 여성들이 감정을 행동으로 옮기려는 소망에도 말려들지 않을 것입니다. 그들은 아마 "당장 꺼져 버려!"를 원하고 당신도 그것을 원할지 모릅니다. 이에 대해서는 탐색해 볼 가치가 있습니다. 어떤 조치를 취하는 것이 불가피한 일이라고 강하게 표현하는 것은 언제나 유혹적으로 들립니다. 집단상담을 오랜 시간 이끌어 오면서 저는 숨을 깊이 들이마시고 다음 내용을 기억하는 것을 배웠습니다. 결국 제가 그들에게 마음속에 있는 이야기를 하도록 초대하였고, 여기서 그들은 바로 그것을 하고 있다는 것을 말입니다. 하지만 더 침착한 순간에는 우리가 잘 알고 있듯이, 치료에서 최고의 작업은 특히 위기와 저항의 순간에 일어납니다. 폴 러셀(Paul Russell)(Fishman, 1998)은 그것을 '중대상황(crunch)'이라 표현했는데, 이는 작업을 더 깊은 수준으로 이끕니다.

집단상담자로서 죄책감을 느끼지 않기란 어렵습니다. 코니는 자신이 성인군자가 아닌 한, 결혼생활을 그만두려는 데에서 오는 죄책감을 솔직하게 인정하기 어려울 것입니다. 그녀와 다른 집단원들은 과거의 사랑의 상실과 현재의 상실, 이를테면 당신이 휴가를 떠나는 것과 두 집단원이 대학원 진학을 위해 떠나는 것과 같은 현재의 상실을 다루어야 합니다. 코니는 당신의 집단에서 보편적인 현실을 구체적으로 표현하고 있습니다. 다시 말하자면 슬퍼하기보다는 분노하는 것이 더 쉬운 것이지요. 그리고 집단 안으로 가지고 옴으로 그 순간을 동료들과 당신이 함께 있도록 할 것입니다. 집단상담자로서 당신은 당신이 제공했던 계약의 내용이 정확히 무엇이었는지, 새로운 내담자가 집단에 참여할 수 있도록 준비시키는 데 얼마나 많은 시간이 걸릴지에 대해 스스로에게 확실히 하고 싶어질 수 있습니다.

저는 집단을 거울로 둘러싸여 있는 방으로 묘사하는 것을 좋아하는데, 방 안의 사람들은 때로 자신이 갖고 있지 않은 면을 비추어 봅니다(안젤라를 향한 부드러움, 코니에 대한 분노 등). 또한 저는 사람들에게 그들이 하고자 찾아온 그것을 끝낼 때까지 머무르라고 요청합니다. 그런 다음 조기종결이 위협이 된다면 이렇게 이야기할 수 있습니다. "당신이 집단을 지속하겠다는 동의를 미리 받아 둔 것이 얼마나 다행인지 모르겠군요. 덕분에 우리는 당신의 충동이 선의의 약속을 깰 만큼이나 강하다는 것을 정중히 살펴볼 수 있으니까요."

이제 계약은 초자아가 되고, 집단상담자와 다른 사람들은 원초아의 충동에 의해 행동하는 사람을 위해 보조자아로서 자유롭게 활동할 수 있게 됩니다. 즉, 이 모델에서 증상들은 전혀 문제가 되지 않습니다. 오히려 더 깊고 덜 의식적인 갈등에 대한 타협된 해결책입니다. 이러한 관점에서 증상들은 작업이 가야 할 방향을 가리켜 주는 환영할 만한 전조입니다.

당신이 몇몇 집단원의 실연화된 소망에 말려드는 것을 피할 수 있다면, 저는 당신이 부드러움과 파괴, 애착과 공격, 융합과 유기 사이의 균형에서 보다 생산적인 탐색으로 나아갈 수 있다고 생각합니다. 저는 모든 역동집단의 목표는 건강한 상호의존, 오랜 슬픔의 해결, 친밀함에 대한 더 큰 수용을 가능케 하는 것이라고 이해하고 있습니다. 모든 재료는 이 방 안에 있으며 집단이 그것을 잘 활용해야 된다고 모두에게 단호하게 상기시킬 시기인지도 모릅니다.

Anne Alonso, Ph.D., CGP, DFACPA

참고문헌

Alonso, A., & Rutan, J. S. (1979). Women in group therapy. *International Journal of Group Psychotherapy, 24*, 481-491.

Fishman, G. (1998). Paul Russell' s "The crunch." *Psychotherapy Forum, 5*, 3.

[상담자에게 (2)]

우리는 힘든 상황을 겪게 되면 기본으로 돌아가라고 조언을 받곤 합니다. 이것은 집단상담입니다. 집단을 활용하세요!

안젤라의 접수면접에서 혹시 실수를 했습니까? 물론 그럴 수도 있지만 당신이 자책할 필요는 전혀 없습니다. 저는 상담자가 집단에 위험이 높은 내담자를 들이는 실수를 절대 하지 않는다면 그 상담자는 지나치게 안전하게 집단을 운영하는 것이라고 생각합니다. 우리는 어떠한 집단에서도 잘해 나가는 내담자들을 알고 있습니다. 만일 우리가 그런 내담자들만 치료하기로 선택한다면, 그것은 우리의 도움을 가장 필요로 하는 사람들을 도울 의무를 저버리는 일입니다. 물론 집단원 각자의 모든 실패에 대해 주의 깊게 성찰하는 것은 마땅합니다(가능하다면 훌륭한 동료들과도 논의를 하면서 말입니다). 그러나 우리는 그중에서도, 우리가 도와주려는 노력을 잘못되게 만들 가능성이 가장 큰 어려운 집단원에게 이런 주의를 기울일 의무가 있습니다. 그러나 우리는 도우려는 시도에서 실수를 하게 되어 가장 어려운 내담자에게 이를 떠넘기게 됩니다.

내담자의 분노의 전체 크기는 접수면접 회기나 심지어는 확장된 평가에서조차 거의 드러나지 않습니다. 내담자는 훈련되고 매우 동기가 높은 전문가로부터 집중적이고 사려 깊고 비판단적인 관심을 받고 있습니다. 무엇이 그를 화가 나게 만들겠습니까? 가족, 연인 및 직업적인 관계에서의 과거 경험에 대해 주의 깊고 상세하게 들어가면 과도한 분노를 드러낼 수도 있지만, 언제나 꼭 그런 것은 아닙니다. 우리는 모두 자기가 개인상담에서 광범위하게 치료해 온 내담자를 집단에 합류시킨 뒤, 그가 갑자기 완전히 낯선 사람으로 나타나 깜짝 놀랐던 경험이 있을 것입니다. 제가 생각하는 첫 번째 핵심은 집단원 선별의 실수에 대해 너무 자신을 비난하지 말라는 것입니다. 단지 당신의 기분을 좋게 하려고 하는 말이 아니라, 과도한 자기비난은 종종 당신의 경우와 같이 치료적 마비를 가져오기 때문에 말씀드리는 것입니다. 당신이 자신의 '실수'에 대해 죄책감을 느꼈기 때문에 당신은 충분하고 단호하게 개입하는 것을 주저했습니다.

이 문제는 안젤라가 집단에 참여한 것보다 더 선행된 것일 수 있습니다. 코니는 자신의 결혼에 대한 고민으로 한동안 집단을 지배했습니다. 이러한 독점은 절대 유용하지 않습니다. 여기서도 마찬가지로, 더 생산적인 영역으로 논의를 가져가기 위해서 집단이 활용되어야 했습니다. 어떻게 하면 그렇게 할 수 있을까요? 기본으로 돌아가십시오. 집단에서 일어나는 일은 집단원들에게 달려 있다는 것을 상기시키세요. 그들에게 지금의 회기가 만족스러운지 물어보세요. 만약 그렇지 않다고 한다면 왜 그렇지 않고, 왜 그것을 참고 있을까요? 이것이 코니를 화나게 하고 그다음에는 안젤라를 화나게 할까요? 물론 그럴 것입니다. 그게 핵심입니다. 코니, 안젤라와 다른 집단원들은 자신이 사람들과 함께하는 익숙한 방식으로 집단을 재구성하려 하고 있지만, 집단에서는 그러한 방법들이 효과가 없어야 합니다. 그렇지 않으면 집단상담이 아니지요. 그러므로 무슨 수를 쓰든 그들이 새로운 방식을 시도하도록 충분히 화가 나도록 만드십시오. 집단이 불만족스러운 상황에 대한 책임에 대해 검토하도록 하며, 새로운 행동을 하도록 지지하고 필요한 경우 지도도 하십시오.

이 집단은 너무 늦은 것일까요? 아마 그럴 수도 있겠지만 꼭 그런 것은 아닙니다. 코니는 집단에서의 자신의 행동에 대해 주의를 기울이기 시작한 것일 수 있고, 그것은 훌륭한 발전입니다. 상담자는 안젤라를 내쫓아야 할까요? 현재 얻을 수 있는 정보로는 아닙니다. 집단이 안젤라의 제멋대로인 행동을 직면하고 누그러뜨리도록 촉진해야 합니다. 안젤라는 그것을 견딜 수 없을 것이고 스스로 집단을 떠날지도 모릅니다. 그녀가 집단에 남아서 지금-여기의 집단에서 자신의 분노문제를 다룬다면, 그녀는 매우 성공적인 치료경험을 갖게 될 것입니다. 더 생산적인 집단논의를 향해 나아가는 것은 몇몇 조기종결의 위협을 사라지게 할 것입니다. 행운을 빕니다!

Hillel I. Swiller, MD, CGP, FAGPA, DLFAPA

 집단을 독점하는 아담에 관한 모든 것

[수퍼바이저 선생님께]

도움이 필요합니다. 저의 정신역동 집단의 여덟 명의 집단원 중에서 아담(Adam)이라는 집단원이 많은 회기를 독점하고 있으며 그를 막기가 매우 힘듭니다. 아담에게 배정된 시간보다 더 많은 시간을 쓰는 것에 대해 몇몇 집단원들은 눈을 굴리거나, 딴청을 부리거나 심지어 직접 지적하는 등의 방식으로 불만을 표현하고 있습니다. 게다가 아담이 말하는 걸 자제시켜 잠시 누그러트리면, 그는 다른 집단원의 말을 거의 듣지 않고 전형적으로 자기와 관련된 말을 하거나, 초점에서 벗어나거나 표현된 감정에 전혀 맞지 않는 반응을 합니다. 한번은 한 여자 집단원이 그에게 "아담, 당신은 정말 대단하네요. 당신은 나르시시스트예요!"라고 소리쳤습니다. 아담은 저에게 집단에서는 이름으로 부르기로 합의하지 않았냐고 물었고, 선생님께 말하기 창피하지만 저는 '나르시시스트'는 이름보다는 진단적 분류에 속한다고 대답했습니다.

아담은 34세로 이 집단에 들어온 지 일 년이 되었고, 그가 들어오기 전까지는 집단원들의 이동이 제한적이었는데, 그가 온 이후 이동이 많아졌습니다. 아담의 이전 상담자는 아담이 자기애성 성격장애로서, 사람들과의 관계에서 자기중심적인 것이 미치는 영향에 대해 피드백이 필요하다고 판단하였으며, 그래서 저의 혼성집단으로 보냈습니다. 그 상담자는 코헛(Kohut) 식의 모델로 상담했기 때문에, 직선적이라기보다는 더 지지적이고 긍정적이었습니다.

선별 인터뷰에서 아담은 자신이 친구를 사귀는 것과 결혼할 만큼 좋은 여성을 찾는 데에 어려움을 겪고 있다고 말했습니다. 아담에게는 함께 스포츠 경기를 보는 인터넷 프로그래머인 동성친구가 한 명 있었습니다. 아담은 현재 연인으로 사귀는 사람은 없으며, 예전에 만난 몇몇 여자에 대해 '높은 유지 비용'이라고 표현했습니다. 인간관계에서 성공하기 위해서는 무엇인가 해야 하는데, 그게 무엇인지 모르겠다고 했습니다. 그는 집단상담에서 다른 사람들이 관계에 대해 이야기하는 것을 들어 봄으로써 그가 어떤 아이디어를 얻게 될 것이라고 생각했습니다. 그는 "저는 다른 사람들이 저를 어떻게 생각하는지, 그 내용이 무엇이든 간에 듣는 것을 좋아합니다."라고 말했고, 그래서 다른 사람들이 자신에 대해 어떻게 생각하는지를 듣고자 한다고 말했습니다. 이 집단의 몇몇 집단원은 아담과 비슷한 연령대로 미혼이며 성공적인 관계로 발전시키기 위해 고군분투하고 있을 뿐 아니라, 그들 중 몇 명은 상대방이 피드백을 받는 것에 지나치게 방어적이지 않다면 친절한 피드백을 주었기 때문에, 이 집단에서 아담이 괜찮은 구성원이 될 것처럼 보였습니다.

그러나 아담은 집단에 있는 동안 집단원들이 주는 피드백을 듣거나 활용하려 하지 않았습니다. 저는 자기애성 성격장애 환자들이 정신역동 집단상담으로 치료될 수 있는지 의문이 들기 시작했습니다. 저는 집단상담 경력이 3년밖에 되지 않아서, 모든 것을 보아 온 누군가에게 의견을 듣는 것을 간절히 원하고 있습니다. 그가 집단상담을 통해 치료될 수 있을까요? 아니면 스스로 변화하려 노력하지 않는다면 그에게 떠나 달라고 말할 방법을 찾아야 할까요? 선별과정이나 치료초기에 제가 다르게 해야 했습니까? 아담과 집단원들을 위해 이 상황을 더 나아지게 만들기 위해서는 무엇을 해야 할까요? 솔직히 저는 그에게 분노를 느끼고, 그가 다른 사람들의 이야기를 들으려는 의지가 부족한 것에 대해 좌절하고 있으며, 일반적으로 저를 향한 이상화된 전이를 가진 집단이 저에게 저항할까 봐 가끔 불안합니다. 저의 이러한 감정에 대해 제가 무엇을 할 수 있을까요?

[상담자에게 (1)]

당신은 매우 어려운 문제에 봉착했군요. 아담은 정말 큰 도전입니다. 아주 숙련된 집단상담자라 하더라도 아담이 집단에 들어온다면 시험에 들게 될 것입니다. 이 문제에 대한 해결책을 찾기 위해서는 일단 머릿속에 지도를 그려야 합니다. 제 이론은 대상관계 관점에서 시작합니다. 저는 환자들이 어린 시절에 겪었던 어려움을 해결하기 위해 했던 행동들과 사람들과 관계를 맺기 위해 했던 최선의 노력이 무엇이었는지를 확인합니다. 집단상담은 이러한 관계가 일어날 수 있는 많은 기회를 제공하기 때문에 이 치료 방식이 유용합니다.

당신은 아담을 의뢰한 이전 상담자가 코헛 식의 모델로 일하고 그를 자기애적인 성격이라고 표현했다고 말했습니다. 심각한 자기애 환자들은 특히 집단상담에서 치료되기가 굉장히 어렵습니다. 그들은 다른 사람과 자신을 구분할 수 없고, 채워지지 않는 주목을 받고자 하는 욕구를 가지고 있기 때문입니다. 자기애에 대한 이해에 크게 공헌한 코헛(Kohut, 1971, 1977)은 모든 사람에게는 아동의 욕구를 오롯이 만족하게 해 주는 자기대상으로서의 역할을 하는 양육자가 필요하다고 주장합니다. 자기대상이 없다면 자기애적인 성향이 됩니다. 그들이 놓친 반영(mirroring)을 받기 위해서, 자기애적 성향의 사람들은 존경을 받거나(즉, 반영을 받기) 존경을 하는(즉, 이상화하기) 방식을 통해 자신의 충족되지 않은 욕구에서 비롯된 빈자리를 타인이 채우게 합니다. 코헛은 자기애와 대상관계의 발달과정이 서로 분리되고 독립적이며 평행적인 형태로 어린 시절에 일어난다고 믿습니다. 이것이 대상관계 이론이 자기심리학과 다른 점입니다. 또한, 코헛은 자기 자신과의 관계는 다른 사람들과의 관계와 분리해서 연구할 수 있다고 합니다.

컨버그(Kernberg, 1975)와 같은 대상관계 이론가들은 자기애의 발달과 연구 및 대상관계는 분리될 수 없다고 합니다. 그는 자기애적인 사람은 초기의 분노와 질투에 대한 근본적인 문제를 가지고 있다고 봅니다. 주요 방어는 분리와 투사적 동일시에 초점을 두고 있습니다. 이것이 아담을 어떻게 치료해야 하는지 이해하는 데 어떤 도움을 줄까요?

관심의 중심이 됨으로써 타인이 자신의 충족되지 않은 욕구의 빈자리를 채우려고 했던 아담의 시도는 데이트를 통해서 성공하지 못했고, 집단의 모든 사람에게도 확실히 좌절을 주었습니다. 리더는 자신의 역량을 발휘하여 그와 집단이 이 문제를 단순히 그만의 문제가 아니라 집단의 문제라는 걸 재개념화하도록 도와야 합니다.

간스와 알론소는 집단에서의 개인의 행동은 집단과 내담자가 함께 만든 것으로 보아야 한다고 주장합니다. 이런 관점으로 보면 집단에서 이런 역동을 다루는 많은 방법이 보입니다. 당신은 전체 집단이나 각 집단원, 혹은 대인관계적인 역동을 다룰 수 있습니다. 예를 들어, 아담의 독점적인 태도를 다룰 때에는 이렇게 말하는 것이 도움이 될 것입니다. "왜 집단이 아담에게 오늘 밤 내내 작업하도록 허락하는 것인지 궁금하군요." 이 문제를 집단 전체의 문제로 다루는 것을 통해 그에게서 관심을 제거하여 집단으로 돌리고, 그를 뒤로 물러나도록 만들 수 있습니다. 그리고 이를 통해 다른 집단원들이 그를 대하는 데 수동적이었던 것에 대해 스스로 다룰 수 있도록 해 줍니다. 당신은 많은 회기에 걸쳐 이러한 형태의 언급을 많이 시도해야 합니다. 훈습은 오랜 시간이 걸립니다.

아담의 독점하는 행동을 다루는 것뿐 아니라, 그가 질투와 분노 같은 자신의 내적 경험을 자각하도록 확실하게 도울 필요가 있습니다. 이러한 감정은 그에게 의식적으로 자각되지 않는다는 것을 짐작할 수 있습니다. 이 감정들은 분리되어서 다른 집단원에게 투사됩니다. 집단상담자로서 당신의 과제는 투사된 감정을 그가 다시 소유하도록 하고, 다른 집단원들이 그의 행동에 말려들지 않도록 하는 것입니다. 이러한 투사적 동일시 방식은 집단상담에서 흔히 볼 수 있습니다.

집단은 거울로 둘러싸인 방으로 묘사할 수 있습니다. 다른 집단원의 어떤 행동도 우리 자신의 일부가 비추어진 것으로 볼 수 있습니다. 집단원들이 이 과정을 관찰하고 자신의 투사를 자각하도록 집단상담자가 돕는다면, 이러한 투사적 동일시에 개입된 우리 자신을 경험하고 타인을 관찰할 기회는 큰 축복이 됩니다. 만약 아담의 행동이 다른 집단원들의 행동에 대한 부분적인 반영이라고 본다면, 그가 자신의 감정을 담아내고 다른 집단원들 역시 자신의 감정을 인정하게 만들 수 있기를 바랍니다.

리더가 집단상담 회기에서 사용할 수 있는 세 가지 유형의 개입이 있습니다. ① 전체집단 수준의 개입, ② 대인관계 수준의 개입, ③ 개인 내적 수준의 개입입니다. 아담의 경우에는 제가 앞서 말했듯, 그로부터 초점을 제거하고 집단을 안전한 공간으로 만들기 위해서는 전체로서의 집단수준이 중요합니다. 하지만 시간이 지나면 대인관계 수준이나 개인 내적 수준의 개입이 필요해질 것입니다. 아담이 집단에 가져온 병리적 문제는 그가 자신의 대인관계적 세계와 내적 세계를 탐색하는 것을 필요로 합니다. 집단을 효과적으로 활용하는 그의 능력은 시간을 나누어 써야 하는 집단상담에서는 그가 집단에서 일어나는 감정들을 다룰 수 있는 충분한 시간이 없으므로 이런 감정들을 다룰 수 있는 집단 밖의 장소가 필요합니다.

종종 이런 내담자들에 대한 집단상담자의 역전이 반응이 문제가 되며, 신중함과 기술이 많이 요구됩니다. 저는 아담을 나르시시스트라고 불렀던 여성의 딜레마에 주목했습니다. 이러한 낙인찍기는 굉장히 적대적입니다. 아담은 당신에게서 지지를 받으려 했지만, 당신의 반응은 그녀가 잘못한 것 없다며 오히려 그녀에게 동의를 해 주었습니다. 나르시시스트가 진단적 분류라고 해서 사람들이 이 단어를 상처를 주지 않기 위해 사용한다는 것을 의미하는 것은 아닙니다. 당신의 감정적인 반응은 아담을 제거하고 싶은(즉, 아담이 집단을 떠나게 하는 것) 당신의 일부를 반영하는 것이 아닐까 싶습니다. 집단에 새로 온 집단원들이 성공적으로 통합되는 것을 아담이 방해하고 있다는 것을 생각하면 당신의 반응이 이해가 됩니다. 사실 저는 그가 집단을 망치고 있다고 생각합니다.

아담에게 어떻게 반응해야 좋을지 알기 위해서는 당신의 내적 반응에 주목해야 합니다. 아담을 집단에서 제거하고 싶은 당신의 욕구를 인식함으로써 당신은 당신이 전이-역전이 결합에 걸려 있다는 것을 알아차릴 수 있게 됩니다. 이것이 이해가 되면 아담과 집단이 그들의 적대감(집단을 혼란스럽게 만들 적대감)을 인정할 수 있도록 도울 수 있습니다. 아담을 나르시시스트라고 부른 집단원에게 아담을 낙인찍어 부르는 대신 그녀가 무엇을 느꼈는지 언어화하도록 할 수 있고, 이는 아담과 집단원들 간의 대화를 유익하게 만들 수 있습니다. 또한, 당신의 내적 경험을 이야기할 수도 있을 것입니다. 자기애적인 상처에 대한 아담의 민감성을 고려하면서 당신은 신중하고 조심히 자기개방을 해야 할 것입니다.

당신은 집단이 모든 집단원에게 안전한 공간이 되도록 할 의무가 있습니다. 이와 같은 사건이 개입 없이 일어나지 않도록 해야 합니다. 그렇지 않으면 안전하다는 느낌이 점점 사라집니다. 아담에게 낙인이 찍힌다면, 다른 집단원도 낙인이 찍힐 수 있다는 것입니다.

마지막으로 아담과 같은 자기애적인 내담자들의 어려움을 고려해 보면, 내담자를 의뢰받았을 때 당신이 가장 중요하게 해야 할 일은 사전집단 선별 작업을 철저하게 하는 것입니다. 당신은 집단에 이 내담자가 적합한지를 결정해야 합니다. 그가 다른 사람들과 시간을 함께 보낼 능력이 되는지, 자기애적인 상처를 견딜 능력이 있는지를 결정해야 합니다. 당신은 이러한 문제들을 주의 깊게 생각해 본 후 그를 집단에 참여시켜야 할 것입니다. 지금까지 아담의 행동을 보면 그는 당신의 집단에 참여할 준비가 되어있지 않은 것 같습니다. 하지만 그가 집단원인 이상, 그가 물러나 앉아서 회기를 독점하지 않도록 그를 도울 방법을 찾는 것이 당신의 과제입니다. 앞에서 제안한 몇 가지 방법을 사용하면 아담과 집단이 그것을 달성하도록 도울 수 있으리라 생각합니다. 행운을 빕니다!

Arnold Cohen, Ph.D.

참고문헌

Gans, J. S., & Alonso, A. (1998). Difficult patients: Their construction in group therapy. *International Journal of Group Psychotherapy, 48*, 311-326.

Kernberg, O. (1975). *Borderline conditions and pathological narcissism*. New York: Jason Aronson.

Kohut, H. (1971). *The analysis of the self*. NewYork: International Universities Press.

Kohut, H. (1977). *The restoration of the self*. NewYork: International Universities Press.

[상담자에게 (2)]

당신에게 좋은 소식과 나쁜 소식이 있습니다. 좋은 소식은 제가 아담이 집단상담을 통해 치료될 수 있다고 생각한다는 것이고, 나쁜 소식도 아담이 집단상담을 통해 치료될 수 있다고 생각한다는 것입니다. 정신역동 이론에서는 당신이 당신과 집단원들 사이에 일어난 근본적인 영향을 견디고 이를 작업할 수 있는 법을 배운다면 당신은 경주에 참가할 수 있다고 합니다. 물론 '경주'가 그에게 일어날 변화의 속도를 표현하기에 적절하지는 않습니다. 이 속도는 '지지부진한'이라고 표현하는 것이 더 나을 수 있겠습니다.

당신이 아담을 집단에 데려온 것에 대해 집단원들이 반발할 것이라는 당신의 걱정은 맞습니다. 제 논점은, 그들은 이미 당신에게 반발하고 있다는 것입니다. 하지만 그 영향은 저 아래에 숨겨져 있습니다. 최근 탈락률이 증가한 것도 이 때문일 수 있습니다. 당신에 대한 집단의 분노를 당신이 이야기할 수 있게 만들어 준다면(그리고 저는 그 분노가 단순히 아담을 집단에 초대한 상황에만 국한된 것이 아니라고 장담합니다.) 집단은 아담을 갈기갈기 찢어 버리거나 집단을 일찍 떠나거나 하지 않을 것입니다. 이렇게 말하기는 쉽다는 것을 저도 압니다. 집단이 당신에게 분노를 표출하는 것은 건강하고 작업이 잘 이루어지고 있는 집단의 한 측면이라는 사실을 상기하는 것이 도움이 될 것입니다. 그럼에도 이 분노는 기껏해야 우리의 무능감을 자극하고, 최악에는 우리의 내적인 악함을 일으킵니다. 초심 상담자에게 유능감에 대한 위협은 특히 깊은 상처가 됩니다. 하지만 50년의 경험을 가진 상담자라도 아담과 같은 사람과 작업할 때 분노와 수치심을 느낄 수밖에 없으니 안심하십시오.

아담은 당신이 집단에 가져온 선물이라고 생각하십시오. 역설적으로 들릴 수도 있지만, 그는 당신의 집단에 특별함을 가져옵니다. 비교적 건강한 내담자들로 이루어진 대부분의 집단에서는 리더가 그들에게 자신의 목표가 무엇인지를 주기적으로 일깨워 주거나 특정 내담자나 상황이 강력하게 일깨워 주지 않으면 '차 파티'가 되어 버립니다. 아담처럼 어려운 내담자는 집단원들이 자신의 깊고 두려운 부분까지 접근할 수 있도록 해 줍니다. 우리가 상담자 자신과 집단원들에게 이러한 접근이 일어나는 것을 기꺼이 환영한다면, 이러한 접근은 더욱 충만하고 풍요로운 삶을 살기 위한 첫걸음이라는 메시지를 전달할 수 있을 것입니다. 아담으로 인해 집단원들이 접근하게 되는 자신의 두려운 부분은 아마도 특권의식, 부러움, 수치심, 분노일 것입니다. 집단원들은 이러한 고통스러운 감정을 자각하는 것에 대해 당연히 저항하게 됩니다.

집단을 짜증나게 만드는 아담의 행동 이면에 깔린 상처가 드러날 수 있도록 돕는 것보다 아담에게 화를 내기가 훨씬 쉽습니다. '나르시시스트'는 이름이 아닌 진단적 분류라고 말한 당신의 반응을 보세요. 아담의 무의식으로부터 당신에 대한 강력한 무엇이 일어났을 것입니다. (당신의 평소 반응과 너무 달라서 스스로 깜짝 놀랐다는 당신의 말을 듣고 판단한 것입니다.) 불쑥 그렇게 말한 것에 대해 당신이 수치스러워하는 것은 어쩌면 아담이 현재 전혀 접근하지 못하고 있는 자신의 무의식적인 수치심을 반영하고 있는지도 모릅니다. 유사하게, 아마도 당신의 무력감에 대한 반응으로 일어났을 분노는 아담이 접근하지 못하고 있는 자신의 무의식적인 분노를 반영하고 있는지도 모릅니다. 우리는 이러한 경험을 투사적 동일시의 예로 이해할 수 있습니다. 투사적 동일시란 내담자가 자신의 무의식 중 견딜 수 없는 부분을 다른 사람들에게 투사해서 다른 사람들은 그 내담자가 느끼지 못하는 것을 느끼게 되는 것입니다. 그러면 상담자는 내담자가 했던 행동과 매우 비슷하게 내담자에게 무의식적으로 행동하게 됩니다. 이것을 뒷받침할 역사적인 자료는 없지만 우리는 이러한 가정을 뒷받침할 집단상담 경험을 가지고 있습니다. 물론 아담은 집단을 떠날 것이라는 신호를 보이지는 않을 것입니다. 그는 자기 자신에게 매우 친숙한 집을 만들어 왔으니까요.

어떤 사람들은 아담과 같은 자기애적 내담자가 자신과 유사한 어려움을 가진 집단원들이 있는 집단에 참여하게 되고, 만약 더 신경증적인 쪽에 속하는 집단원들과 있게 된다면 아담이 그저 희생양이 된다고 말할지도 모릅니다. 저는 이러한 주장은 어떤 이론적 근거도 없다고 생각하며, 오히려 집단에서 더 위태로운 내담자에게 분노가 향할 가능성과 내담자가 희생양이 될 가능성을 다루는 것에 있어 집단상담자가 얼마나 편안한지와 더 관련이 있다고 생각합니다. 저는 우리 내면에는 모두 '아담'이 있다는 확신에 근거하여 당신의 집단이 다 함께 성공할 것이라고 믿습니다.

물론 뒤늦게 알게 되는 것은 정상적이지만, 미리 준비되어 있으면 늘 도움이 됩니다. 저는 당신이 아담의 평가회기에서 중요한 타인들과의 관계에 대해 탐색하지 않았다고 생각합니다. 아담의 중요한 타인들과의 관계를 살펴보면 아담이 이렇게나 매우 어려운 내담자라는 것을 알아차릴 수 있었겠지요. 저는 종종 '지금-여기'의 경험을 집단과정을 넣는데, 이는 위기의 순간에 집단원들이 자신의 어떤 과거 부분이 특정한 순간에 드러나는지를 돌아볼 수 있도록 하는 데 유용합니다. 그럼으로써 내담자와 집단이 이러한 피할 수 없는 실연(enactment)을 단순히 반복하지 않고 그것으로부터 배우기 위해 일차 과정에서 이차 과정으로 나아갈 수 있도록 합니다.

저는 또한 평가회기에서 새로 의뢰된 사람들의 문제가 집단에서 어떻게 나타날지에 대해 탐색합니다. 이를 통해 상담자—곧 집단 또한—는 그들이 집단에서 문제를 나타낼 때 일어나는 '위기'에 대해 인식하고 말하기 위한 언어를 갖게 됩니다. 저는 종종 "어떤 집단원이 당신에게 최악의 악몽이 될까요?" 또는 "당신은 어떤 집단원에게 최악의 악몽이 될까요?"와 같은 어려운 질문에 대한 대답을 요구합니다. 이러한 방법을 통해 우리는 그들이 집단 내에서 그러한 사람들을 찾아서 그들 자신의 악몽 같은 부분을 이해할 기회를 갖도록 바랄 뿐입니다. 이러한 방법으로 저는 집단원들이 자신의 가장 추악하고 가장 드러나지 않는 자기의 모습을 드러내도록 합니다.

요약하자면, 저는 당신에게 다음과 같이 권유합니다. ① 집단원들의 분노를 당신에게로 돌려서 그들이 아담이나 혹은 자신을 스스로 배척하지 않도록 합니다(예: 아담의 존재가 우리 각자의 분노와 질투 및 깊은 부적절감을 느끼도록 만들 때, 집단은 아담을 이곳에 데려온 저에 대해 분노해야 합니다). ② 집단원들이 아담을 인정하지 않는, 자신의 측면만 담아내는 그릇으로 만들지 않도록, 다시 말해서 집단원들이 자신의 고통을 집단에 내놓을 수 있도록 유도합니다(예: 존, 당신 내면의 어떤 부분이 그토록 아담에게 관심이 있도록 만듭니까?). ③ 아담의 체면을 지키는 방식으로 아담의 행동 이면의 의미를 해석함으로써, 집단이 단순히 투사적 동일시에 사로잡히지 않고 새로운 각본을 만들 수 있도록 합니다(예: 아담이 얼마나 취약하다고 느끼는지를 모두가 기꺼이 보고자 하기 전까지 아담이 얼마나 의식적으로 집단의 피드백을 무시해야 할까요?). ④ 아담의 행동과 다른 집단원들의 과거 행동을 연결하는 언급을 하여 하위집단을 촉진하고 희생양을 만드는 경향을 막습니다(예: 이는 제인이 집단에서 계속 늦게 옴으로써 우리의 관심을 끌고자 했던 때를 떠올리게 하는군요). ⑤ 집단상담자로서의 당신에 대한 유용한 정보를 알게 되도록 해 준 어려운 내담자로서의 아담의 역할에 대해 감사를 표합니다(예: 제가 이처럼 가장 공격적인 행동을 얼마나 잘 다룰 수 있는지를 평가할 수 있도록 해 준 아담에게 집단은 감사해야 합니다).

Elizabeth L. Shapiro, Ph.D.

참고문헌

Gans, J. S., & Alonso, A. (1998). Difficult patients: Their construction in group therapy. *International Journal of Group Psychotherapy, 48*, 311-326

 우리의 내연관계를 정리하기

[수퍼바이저 선생님께]

저는 35세에서 55세 사이의 남자 네 명과 여자 네 명으로 이루어진 혼성 집단을 맡고 있습니다. 이 집단은 5년째 이어져 왔고, 집단원 몇 명은 적어도 2년 이상 집단에 참여해 왔습니다. 저희 집단계약에는 자신의 감정을 행동이 아닌 말로 표현하고, 집단 밖에서 따로 사회적인 만남을 갖지 않기로 하는 등의 약속이 포함되어 있습니다. 최근 저는 잭(Jack)과 폴라(Paula)가 서로에게 많은 관심을 보이는 데다 심지어 집단에서 종종 서로에게 추파를 던진다는 것을 눈치챘습니다. 저는 그들이 내연관계를 맺고 있다고 생각합니다만 심증일 뿐 물증은 없습니다.

그들이 자꾸 서로의 눈을 들여다보며 수줍은 듯 웃는 모습을 보고 둘이 그런 사이라는 것을 믿게 되었습니다. 다른 집단원들도 잭과 폴라가 서로에게 이성으로서 끌리는 것 같다고 말했지만, 그들은 아니라고 하며 단지 서로 좋게 생각할 뿐이라고 합니다. 몇몇 집단원은 이런 연애 놀음을 즐기는 것인지 집단에서 큰 웃음과 성적 농담을 하곤 합니다. 저는 그들이 유쾌하게 즐기는 것은 존중합니다. 하지만 또한 무슨 일이 일어나고 있는 것인지, 또 집단이 그 일과 연관되어 있는지가 궁금합니다.

한 달 전, 잭과 폴라가 집단이 시작되기 바로 전에 커피숍에서 같이 나오는 것이 목격되었습니다. 잭을 4개월 동안 마음에 두고 있었던 수잔(Susan)이 이 사실을 밝혔을 때, 잭과 폴라는 거기서 일부러 만난 것이 아니라 우연히 마주친 것이라고 말했습니다. 3년 동안 싱글로 지내 오던 중 집단에 참여하게 된 48세의 빌(Bill)은, 자기도 언젠가 집단에서 누군가를 사귈 수 있을 것이라는 희망을 품을 수 있도록 잭과 폴라가 실제로 사귀었으면 좋겠다고 말하면서 그 둘에 대한 환상을 품습니다. 제가 집단 밖에서의 만남은 계약

위반이라고 지적하자, 빌은 만약 자신이 집단에서 좋아하는 사람을 만나게 되면 그녀와 사귀기 위해 집단에서 나가겠다고 말했습니다.

2주 전에 연극성 성격인 35세 린다(Linda)가 성공한 CEO이며 유부남인 레온(Leon)에게 끌린다고 말하자 집단 내의 성적 긴장감이 고조되었습니다. 그녀는 '정말 흥분되는' 곳으로 그와 함께 휴가를 떠나고 싶다고 말했습니다. 레온은 얼굴이 붉게 상기되어 자기는 행복한 결혼생활을 누리고 있다고 말했습니다. 이는 집단의 관심을 다시 잭과 폴라에게 돌려놓았습니다. 집단원들은 잭과 폴라가 집단이 끝나고 정기적으로 만나서 (사실 그들은 집에 갈 때 같은 지하철을 탑니다.) 다른 집단원들에 대해 이야기할 것으로 생각합니다. 잭과 폴라는 계속해서 집단 밖에서의 만남을 강하게 부인하고 있습니다.

저는 집단의 환상이 단순한 환상이 아니며 잭과 폴라가 부적절한 관계를 맺고 있다고 생각합니다. 제가 이들의 관계를 어떻게 다뤄야 할까요? 집단원들에게 '비밀과 거짓말'을 말하도록 격려하려면 어떻게 해야 할까요? 만약 그들의 연애가 사실로 밝혀지면 그들에게 집단을 떠나라고 해야 할까요? 제가 집단의 이러한 격렬한 감정을 담아내지 못한다면 그것들이 폭발해 버릴까 봐 두렵습니다. 더 최악의 걱정은 폴라와 잭이 사귀다가 헤어져 버리면 많은 집단원이 집단에서 탈락할 수도 있다는 것입니다.

[상담자에게 (1)]

"집단원들에게 '비밀과 거짓말'을 말하도록 격려하려면 어떻게 해야 할까요?"라는 기본적인 질문은 당신의 딜레마에만 국한되지 않고 정신분석 치료에서 일반적으로 나타나는 질문입니다. 비밀을 지키고 거짓말을 하려는 경향은 해당 주제에서 집단원들이 수치심과 죄책감을 느끼는 정도와 그들이 집단에서 안전감과 소속감, 그리고 수용감을 느끼는 정도와 관계가 있습니다. 성적인 주제를 솔직하게 이야기할 수 없는 것이 주로 수치심과 죄책감의 작용과 관련된다면, 다른 주제들을 솔직하게 이야기할 수 없는 것은 자신이 취약하고 상처받기 쉽다는 느낌, 굴욕감, 낮은 자존감의 작용과 관련됩니다. 이는 모든 집단에서 종종 다루어져야 합니다.

우리의 첫 번째 의무는 정직함과 안전감을 집단의 문화로써 제공하고 유지하도록 돕는 것입니다. 집단의 두 가지 덕목인 정직함과 안전감 사이에 최적의 균형을 잡는 것이 말처럼 쉽지는 않지만 말이지요. 이를 위해서는 버텨주기와 담아내기의 맥락 안에서 환상과 충동에 대한 다양한 방어를 해석하는 것이 중요합니다. 또한, 혹시 안전감이 없는 것은 아닌지, 그리고 상담자가 안전감에 기여하는 바에 대해 집단원들이 어떻게 인식하고 있는지를 질문하는 것도 중요합니다. 오늘날 우리는 전통적인 쟁점인 성(性)과 공격성만큼은 아닐지라도 자기애적 취약성과 같은 쟁점에 관심을 기울이고, 예전보다 더 빨리 치료초기에 취약성을 다루는 방향으로 가고 있습니다.

잭과 폴라가 실제로 내연관계에 있든 아니든, 당신과 다른 집단원들은 그들이 그렇다고 생각합니다. 게다가 다른 집단원들은 어떻게든 타인과 성적인 관계를 맺고 싶다는 것을 인정했습니다. 따라서 저라면 이 맥락에서 '부적절한'이라는 말은 굳이 필요 없으므로 '부적절한 내연관계'를 빼고 그냥 "나는 잭과 폴라가 내연관계를 맺는 것을 상상하게 됩니다."라고 간단하고 직설적으로 말할 것입니다. 저는 치료계약서와 그것이 있는 이유를 집단에 상기시킬 것입니다.

그다음 저는 집단과정과 개인이 그 과정에 기여한 몫과 관련하여 실제 관계와 상상 속의 관계를 분석하려고 노력할 것입니다. 이때 오이디푸스 콤플렉스에서의 욕망 및 불안 자체를 다루고 그것들이 집단에서 반복되는 양상을 다루는 한편, 온전한 대상관계와 부분적 대상관계, 즉 오이디푸스 콤플렉스 역동에서 형제자매 간의 근친상간 역동에 대해 분석할 것입니다.

특히 기본 가정 중 하나인 짝짓기[1)]의 해석이 중요한데, 이에 대해 저는 성적인 느낌이 우울성 불안에 대한 조증방어로써 작용한다고 이해합니다. 여러 집단원들에 대한 정보가 충분치 않아서 집단원 한 명 한 명이 이러한 연결과정을 각자 어떻게 드러내고 있는지 정확한 의견을 제시할 수는 없습니다. 잭이 부인하면서 분노하는 것은 별 문제가 아닙니다. 그러나 슬픔을 피하는 방법으로 분노를 이용하여 감정적이 된다면, 저는 집단원들이 어떤 것에 슬픔을 느끼는지에 대해 매우 궁금해할 것입니다. 현재의 이러한 교착 상태가 변화하기까지 직면과 해석 및 그에 대한 반응을 작업하는 일은 몇 달 또는 몇 주가 걸릴 수도 있습니다.

만약 제 추측이 집단에서 맞다고 밝혀지면 직면과 명료화, 해석을 곁들이면서 잭과 폴라에게 관계를 끝내라고 말할 것입니다. 만약 그 말을 따르지 않는다면 집단을 떠나라고 말하겠습니다. 다른 사람들까지 집단을 그만둔다고 하면 그러라고 하세요. 하지만 아마도 그런 일은 없을 것입니다. 집단은 적정 인원수보다 적게 유지되겠지만 언젠가는 다시 복구될 것입니다. 만약 그렇게 되지 않으면, 경우에 따라서는 이 이상한 과정을 부추기느니 차라리 전체집단을 종결하는 것이 더 낫습니다. 집단원들의 신뢰와 믿음의 문제가 해결되기 전까지는 집단에 새로운 집단원을 들이면 안 됩니다. 또한, 집단원을 적절하게 선별할 수 있고 그 수를 유지할 수 있을 만큼 충분한 인원을 의뢰받을 수 없다면 저는 집단을 종결시킬 것입니다. 저는 현대 도시 생활에서 이러한 활동이 아예 쓸모없거나 바람직하지 못한 것이라고 치부하려는 것은 아니며 실제 사교클럽이나 결혼정보업체가 주선하는 모임이라면 이렇게 눈 가리고 아웅이라도 집단을 진행하는 것이 더 낫겠지만, 이는 제가 제공하려고 하는 치료와는 거리가 먼 것입니다.

잭과 폴라를 종결시킬지를 마지막으로 결정하기 전에, 저는 그들을 일대일로도 만나고 삼자대면으로도 만날 준비를 할 것입니다. 저는 집단회기가 진행되는 짧은 기간 내에 모든 집단원을 일대일로 만날 것이고 최소한 만나려는 제안이라도 할 것입니다. 저는 또한 잭과 폴라가 커플상담을 받도록 선배 상담자에게 의뢰하거나 각자 일대일로 다른 두 명의 선배 상담자에게

1) 역자 주: 짝짓기(pairing)란 비온(Bion, 1961)이 주장한 기본적 가정 중 하나의 개념이다. 비온은 집단의 작업을 막는 비정상적인 행동은 세 가지의 기본적 가정들의 지배를 받는다고 했는데, 이는 순서에 따라 의존(dependency), 투쟁-도주, 짝짓기다. 짝짓기의 기본적 가정은 집단 안에서 두 명 사이에서만 배타적인 응집력을 만들어 집단의 작업에 방해가 된다(Akrivou et al, 2006 참고).

개인상담을 의뢰할 것입니다.

저라면 집단과 다양한 집단원에 대한 저 자신의 역전이에 관해 동료에게 자문할 것입니다. 그들의 행동은 자신의 '자료'를 이해하고 말로 표현하지 못한 저에 대한 반응이라 생각되기 때문입니다. 그런데 집단 안팎에서의 짝짓기에 대한 제 추측의 진위가 확인되지 않은 채 계속 저에게 의심이 남는다면 이것이 문제를 일으킬 수 있으므로, 이런 경우 최대한 빨리 동료에게 상담을 받을 것입니다.

제가 이렇게 권고하는 데에는 어떤 배경과 이론을 근거로 하는 것일까요? 집단분석에서 제가 활용하는 임상적 기술을 다른 곳에서 설명한 적이 있습니다(Hopper, 2003a, 2003b). 위니컷(Winnicott, 1975)은 '관리'와 '치료'를 구분했습니다. 관리와 치료 사이에 늘 접점이 있긴 하지만 각각 임상적으로 노력하는 영역은 다릅니다. 때로 관리와 치료의 차이점은 경계를 시험해 보기 전에는 뚜렷하게 드러나지 않습니다. 관리를 잘한다고 훌륭한 치료경험이 보장되지 않는 것도 맞지만, 관리가 형편없다면 훌륭한 치료경험을 제공하기는 어렵습니다. 훌륭한 관리의 필수요소는 경계를 잘 유지하는 것입니다.

흔히 정신분석으로 알려진 모든 치료와 마찬가지로, 분석적인 집단상담의 기본 원칙 또한 모든 환상이나 생각, 느낌은 말로 표현될 수 있지만, 그것들을 집단 외의 다른 시간과 공간에서 실연화하면 안 된다는 것입니다. 사실 이상적으로는 환상과 생각, 느낌을 미묘한 비언어적 의사소통으로든 형편없는 충동조절로든 어떤 형태로도 집단 내에서 실연화해서는 안됩니다. 물론 언어적 · 비언어적 의사소통은 굉장히 강력할 수 있고 아마 어떠한 행동이나 실연화의 형태보다 더 강력하리라는 것을 압니다. 시작할 때부터 이 규칙을 확실히 하는 것이 중요합니다. 또한, 그 규칙의 이유를 설명하는 것도 중요합니다. 제 경험상 얼마 지나지 않아 이 경계는 어떤 방식으로든 시험당하기 마련인데, 그렇게 될 때까지는 대부분의 사람이 그 이유를 제대로 이해하지 못할 것입니다. 결국에는 신생아와 아이들은 부모님을 전부 다 자기 것으로 소유할 수 없다는 것을 듣게 되며, 나중에 그들이 그 이유를 이해하고 수용한다 하더라도 그렇게 되기 훨씬 이전부터 이미 그 점은 권위와 힘으로 표현되고 강요됩니다. 교양 있는 삶이란 실연화를 일반적으로 막고, 특히 특정 인물들을 향한 성적이고 공격적인 환상과 충동을 실연화하는 것을 구체적으로 제한하는 규칙들에 바탕을 두는 것입니다.

이러한 맥락에서 상담자와 다른 집단원들은 서로 성적이거나 다른 관계들을 맺는 것이 금기시되어 있습니다. 문제는 퇴행단계에서 많은 사람이 때때로 환상 속의 삶을 실연화하는 것을 스스로 멈추지 못하고, 어떤 사람들은 사실상 매 순간 그러하며 이와 관련하여 통찰이나 대화치료의 다른 특성들을 활용할 수 없게 된다는 것입니다. 이렇게 의사소통에 기반을 둔 통찰이 실패하면 관리를 통해 금기를 유지해야 합니다. 우리가 제공하는 치료를 활용할 수 없는 사람들의 경우에 이러한 관리는 치료의 종결을 불러올 수도 있습니다. 하지만 대부분의 경우에 관리는 치료를 유지하고, 전체로서의 집단과 특정 내담자들이 성숙할 수 있는 시기를 지속시켜 줍니다.

하지만 한 가지 질문이 남습니다. 필수적인 치료적 동맹을 이루지 못하는 사람은 어떻게 해야 할까요? 수년에 걸쳐 저는 그들은 제가 제공하는 치료에 적절한 경우가 아니며 그들은 저를 통해 치료될 수 없다는 생각을 하게 되었습니다. 저는 제가 이해하고 도울 수 없다면 다른 누구도 불가능할 것이므로 모든 사람을 고치고 구원해 주려는 최고의 열정을 가지고 계약의 경계에 맞서야 한다는 것을 더는 믿지 않습니다. 그러한 열정은 기본적으로 전능하고 거창한 환상을 바탕으로 하며, 궁극적으로 도움이 되기보다는 해를 끼치게 됩니다. (그렇다고 이러한 경우에서 역전이 문제가 절대 생기지 않는다거나 동료 상담자가 더 잘하지 못할 것이라는 점을 암시하려는 건 아닙니다.) 집단상담의 맥락에서 집단에 남아 있는 내담자들은 대부분 더 안전감을 느끼고 더 잘 신뢰하기 때문에, 대화치료를 지탱하는 문화를 형성하고 유지하는 능력이 더 뛰어나고 그것을 치료적으로 활용할 줄 아는 사람들입니다.

Earl Hopper, Ph.D.

참고문헌

Hopper, E. (2003a). *The social unconscious: Selected papaers*. London: Jessica Kingsley.

Hopper, E. (2003b). *Traumatic experience in the unconscious life of groups*. London: Jessica Kingsley.

Winnicott, D. W. (1975). *Collected papers: Through paediatrics to psycho-analysis*. London: Hogarth Press.

[상담자에게 (2)]

당신이 가장 먼저 해야 할 일은 당신과 당신의 집단이 이 불안정하고 괴로운 시기를 잘 헤쳐 나갈 것이라는 자신감을 갖는 것입니다. 이러한 결말을 위해서 전체로서의 집단을 보도록 권장합니다. 지금 일어나는 일은 집단 전체에 영향을 미치고 있습니다. 각 사람의 내면과 상호관계에서 무슨 일이 벌어지고 있는지 집단원들이 이해하도록 돕는 것이 당신의 일입니다.

당신의 딜레마는 집단상담자에게 복잡하고 많은 문제를 일으킵니다. 답변을 드리기에 앞서 잠깐 저의 배경을 밝히겠습니다. 저는 집단상담자로 활동한 지 30년이 되었고 집단상담 이론과 실제를 25년간 가르쳐 왔습니다. 저의 이론적 입장은 정신역동, 대인관계, 체계 이론에 바탕을 둡니다. 제 기본 원칙은 허용적인 호기심을 활용하여 생각과 감정, 행동의 의미를 묻는 것입니다. 저는 집단원들이 어떤 주제든 다 함께 비판단적인 호기심으로 볼 것이므로 무엇이든지 이야기할 수 있겠다고 믿을 수 있는 환경을 조성하고자 합니다. 저는 집단상담에서의 느낌과 감정을 매우 민감하게 조율합니다. 내담자들은 때로 감정을 경험하고 표현하는 것에 저항하기 때문에, 저는 이 저항들을 탐색하고 이해하며 감정의 경험과 표현을 더 많이 할 수 있도록 집단을 다룹니다(Cohen, 1997). 그리고 최근에는 생각 및 감정과 연관된 신체와 신체적 경험과 조율하게 되었습니다. 저는 제 스스로 알아차림에 도움이 될 것 같은 시점에 신체언어와 관련된 감각을 점검하며 스스로의 상태를 살펴봅니다.

저는 체계론적 관점에서 집단상담을 해 왔습니다. 저는 특히 무의식 과정의 작용이 특정 주제가 이야기되는 것을 막는다고 의심되면 전체로서의 상호작용을 관찰하여 읽어 줍니다. 이러한 힘들을 알아차린 뒤 모두에게 밝히는 이유는 집단원들은 집단상담자와 달리 전체로서의 집단을 볼 수 없기 때문입니다. 집단이 교착상태에 빠지는 대부분의 경우에는 반-치료적 힘이 작용하기 마련입니다.

당신의 딜레마에 대한 저의 답변은 크게 네 부분으로 나누어집니다. 첫째, 집단의 발달 단계가 집단원과 집단상담자에게 끼치는 영향, 둘째, 당신의 계약서와 그것이 집단에 미치는 영향, 셋째, 집단의 기본적인 추측에 대한 비온(Bion, 1959)의 짝짓기 개념, 넷째, '어려운' 내담자의 정의입니다.

집단에 참여한 경험이 2년 이하인 집단원들이 많은 이 집단은 비교적 새로운 집단입니다. 집단에 존재하는 활발한 갈등을 볼 때 이 집단이 투쟁-도주 단계에 있음을 알 수 있습니다. 당신이 집단의 발달단계와 단계별로 당신과 집단원들이 받을 영향에 대해 잘 안다면, 각 주제가 발생할 때 적절한 맥락으로 다룰 수 있고 집단이 씨름하고 있는 주제와 그 이유를 정상적인 것으로 받아들일 수 있을 것입니다.

잭은 당신이 자기와 다른 집단원들에게 집단 밖에서 무엇을 해도 되는지를 말할 권리가 없다고 말로 암시하여 당신의 권위에 명백하게 도전하고 있습니다. 제가 이해하기로 당신의 집단원들은 집단 밖에서의 만남이 계약위반이라는 것에 대해 동의했습니다. 법적인 용어인 '계약서'라는 용어를 쓰면 집단 발달 단계 중 투쟁-도주 단계에서 그리고 잭과 같이 자율성과 개별화에 갈등을 가지고 있는 사람에게는 저항을 일으킬 것입니다. 당신은 계약서라는 단어 선택과 의미가 주는 충격을 고려했어야 합니다. 저는 '집단동의서'라는 단어를 선호합니다. 저는 집단원들에게 '집단 밖에서 집단원들 사이에서 일어난 그 어떤 관련된 상호작용이든 집단 안에서 토론할 것과 집단을 치료목적으로 활용할 것'에 동의하도록 요청합니다.

지금으로서는 당신이 잭이든 집단원들 누구에게든 집단 밖에서 무엇을 해도 되는지 말할 권리가 없으므로 잭이 옳습니다. 집단동의서는 집단이 따라야 하는 지침이라는 것을 집단에 상기시킬 수 있습니다. 물론 사람들은 집단 밖에서 접촉할 것입니다. 중요한 점은 사람들이 집단원 둘이서나 여러 명 사이에서 일어난 일은 무엇이든지 집단 내에서 이야기할 수 있어야 한다는 것입니다. 저는 집단동의서에 저항이 제기되면 교육적인 설명을 합니다. 이 경우에 저라면 집단 밖에서 만난 것을 집단 안에서 이야기하지 않는 하위집단의 구성원들이 집단의 화합을 방해하고 응집력을 저해한다고 설명할 것입니다.

기본적인 짝짓기 가정(Bion, 1959)을 다루기 위해서 저는 다른 집단원들이 잭과 폴라에 대한 환상과 그 환상이 가지는 목적을 말하도록 촉진할 것입니다. 저는 "잭과 폴라가 부적절하게 즐기고 있다고 상상하는 편이 자기 자신의 내적인 투쟁 및 감정적인 고통을 직면하는 것보다는 훨씬 쉽겠군요."라고 말할 것입니다. 저는 잭과 폴라가 실제로 내연관계임이 맞는지를 밝혀내는 데에 너무 치중하지 않겠습니다. 실제 그런 관계라면, 때가 되면 알려질 것입니다. 집단원들이 그것을 알아낼 수 있다고 당신이 믿는다는 것을 집단이 느낄 필요가 있습니다. 여기에는 급할 것이 없습니다. 이곳은 자기를 알고, 자기가 다른 사람들과 맺고 있는 관계를 더욱 잘 알기 위해 함께 노력하는 훌륭한 사람들이 모인 집단입니다.

집단을 진행하다 보면 '어려운 내담자'를 찾아내거나 이름을 붙이고 싶은 마음이 들기 쉽습니다. 저는 간스와 알론소가 '어려운' 집단원은 집단원들과 리더의 합작으로 만들어진다고 한 것에 동의합니다. 또한, 실즈(Shields, 2000)는 '문제를 일으킬 성향'은 집단에 희망과 창의성을 불러온다고 주장합니다. 당신의 집단에서는 행동이 나타나고 있고, 집단은 호기심을 가지고 이 행동을 다루고 있지 않습니다. 어떤 집단원들은 자신의 감정을 느끼기보다는 밖으로 행동화하고 싶어 할 것입니다. 이것이 바로 우리가 어렵다고 느끼는 집단원의 특징 중 하나입니다. 저는 당신이 집단원들을 자신이 가진 문제를 집단에서 보여 주고 있는 사람들로 보기를 바랍니다. 그들은 자신을 집단상담에 참여하게 만든 문제들을 집단에 드러내기로 한 약속을 지키고 있는 것입니다.

당신은 잭이 당신에게 도전하고 분노를 직접 표현하도록 촉진해야 합니다. 집단원들이 당신에게 화가 났을 때 당신은 얼마나 편안해합니까? 만일 편안하지 않거나 당신의 집단원들이 당신에게 화를 직접적으로 표현하는 일이 거의 없다면 수퍼비전을 받으면서 이 문제에 대해 작업하기 바랍니다. 집단원들 특히 잭은 당신에게 직접 화를 표현함으로써 안전감을 느끼는 것이 매우 중요합니다. 다른 집단원들은 그가 화가 나서 반박하는 것을 볼 수 있고, 당신은 이러한 그의 모습에 대해 집단원들이 어떻게 이해하는지를 물어볼 수 있습니다. 집단원들은 잭의 가족사를 알고 있어서 그의 전이 실연화가 무엇을 뜻하는지를 잭이 이해하도록 도울 수도 있습니다. 집단에서의 행동을 이해하고 지켜보는 데에 초점을 맞추는 것이야말로 당신이 제공할 수 있는 것입니다. 저는 이 태도를 감정표현 '담아내기'라고 부릅니다. 결국, 당신이 의미를 탐색한다면 당신은 담아내게 될 것입니다. 집단원들은 점점 자신에 대해 호기심을 가지게 되고, 자신의 감정을 행동화하는 것보다는 이해하는 것에 더 흥미를 느낄 것입니다.

저는 당신이 이렇게 깊은 감흥을 불러일으키고 도전적인 주제를 다루는 즐거움을 알게 되기를 바랍니다. 집단상담자로서 제 목표는 사람들이 그들 자신과 다른 사람들 및 관계에 대해 배우도록 도우면서 기쁨을 느끼는 것입니다.

Suzanne L. Cohen, EdD, CGP, FAGPA

참고문헌

Bion, W. (1959). *Experiences in groups*. New York: Basic Books.

Cohen, S. I. (1997). Working with resistance to experiencing and expressing emotions in group therapy. *International Journal of Group Psychotherapy, 47*, 443-458.

Gans, J. S., & Alonso, A. (1998). Difficult patients: Their construction in group therapy. *International Journal of Group Psychotherapy, 48*, 311-326.

Shields, W. S. (2000). Hope and the inclination to be troublesome: Winnicott and the treatment of character disorder in group therapy. *International Journal of Group Psychotherapy, 50*, 87-103.

복잡한 방어

개 관

도로시(Dorothy)는 오즈로 가는 길에 양철 나무꾼과 겁쟁이 사자, 허수아비를 만난다. 이들은 모두 자신들이 한 부분씩 부족하다고 생각한다. 그들의 모험은 각자의 부족한 측면을 채우기 위한 여행으로 볼 수 있다. 집단에서 함께 말이다! 집단상담은 내담자들이 자기의 부분들을 재건하기 위한 것이다. 그러나 자신의 참아 낼 수 없는 부분을 받아들이는 과정은 아플 수 있으므로, 내담자들은 자신의 이러한 부분을 종종 다른 집단원이나 집단상담자에게 투사함으로써 자신을 방어한다. 다른 집단원이나 리더가 이 투사를 받아들이면 '내 자신이 아닌' 느낌을 경험하게 되는 방식으로 느끼거나 행동할 수 있을 것이다. 이러한 투사적 동일시의 과정은 집단 심리치료에서 가장 복잡한 것 중 하나다.

'투사적 동일시와 실연화 해결하기'에서 로버트 웨버(Robert Weber)는 이러한 방어개념의 역사를 검토하고 이 개념을 둘러싼 혼란을 탐색하며, 그 개념이 집단상담에서 가지는 의미와 역할을 설명하고자 한다.

첫 번째 딜레마인 '성격장애 B군 때문에 미칠 지경입니다.'에서는 한 집단원이 매주 다른 집단원을 말로 공격하면서 지금 일어나는 일에 대한 상담자의 해석을 거부하자 상담자는 극심한 무력감을 느낀다. 수퍼바이저인 하일렌 더블린(Hylene Dublin)은 바람직한 집단사전준비는 '집단의 분노와 투사를 온화하게 받아들이고' 집단원들이 자신의 행동을 성찰하는 과정에 참여하게 하기 위한 것이라고 하였다. 캐시 울먼(Kathy Ulman)은 희생양을 만드는 행동을 이해하기 위해 대상관계적인 관점을 활용하고, 해결책으로서 상담자들이 적당한 경계를 유지하고 비판단적인 호기심을 가지도록 조언하였다.

'진짜 전문가들 한번 일어나 보실까요?'에서 상담자는 자신의 집단원들이 점점 수동적으로 되어 가면서 그들에게 조언해야만 할 것 같은 느낌을 받는다. 앨런 갈버(Allan Galber)와 마샤 바니셀리(Marsha Vannicelli)는 투사적 동일시가 작용하고 있다고 답변하였다. 갈버는 (전통적인 정신분석처럼) 연상을 따라가기보다는 감정을 따라가며 자기조절 및 상호조절에 초점을 맞추는데, 이는 내담자–상담자 간의 상호작용은 함께 구성되는 것이라고 믿기 때문이다. 반대로 바니셀리는 집단에서 일어난 역전이에 초점을 맞추면서, 먼저 역전이를 분석한 후 집단에서 투사적 동일시 과정에 대하여 해석할 것을 권한다.

'연쇄 희생양'에서 상담자는 출산휴가 중인 다른 상담자로부터 만성 우울증 환자 집단을 의뢰받고서 새로운 내담자들을 집단에 들이고 싶어 하지만, 새로운 사람이 올 때마다 집단이 '불타오르는' 것을 본다. 수퍼바이저 데이비드 알트펠드(David Altfeld)는 기존의 상담자를 상실하여 일어나는 느낌과 불안정감을 강조하고, 집단이 새로운 상담자에게 안심하려면 그 전에 이러한 감정과 불안을 분명히 표현하고 훈습해야 한다고 말한다. 보니 부첼레(Bonnie Buchele)는 이러한 내담자들에게 건강해진다는 것은 그들이 그렇게나 애착을 가진 바로 그 공동체, 즉 그 집단의 상실을 일으킬 수밖에 없다는 역설을 제시한다.

투사적 동일시와 실연화 해결하기

서 론

투사적 동일시 개념은 정신분석 문헌에서 가장 유용하고, 불분명하며, 혼란을 주는 발상 중 하나다. 먼저 투사적 동일시는 유용하다. 왜냐하면 이는 흔하게 일어나는 친숙한 현상이자 임상가들에게 어려움을 주는 현상을 설득력 있게 설명하기 때문이다. 그리고 투사적 동일시는 불분명하다. 왜냐하면, 이는 본래의 이론적인 맥락에서 떨어져 나와서 종종 '모든 대인관계 현상을 위한 캐치프레이즈'로 사용되었기 때문이다(Hinshelwood, 1991, p. 196). 마지막으로 투사적 동일시는 혼란을 준다. 왜냐하면 이것이 고유하게 구별되는 임상적인 현상인지 아니면 단순히 투사와 동일시 각각을 합친 것에 불과한지가 명확하지 않기 때문이다(Crisp, 1986; Finell, 1986; Goldstein, 1991; Meissner, 1980, 1987). 그럼에도 불구하고 임상가들은 투사적 동일시의 개념을 적용함으로써 결정적이고 중요한 난제를 밝히고 이해하고 다루어 왔으며, 투사적 동일시가 개념적으로 유용하고 경험적으로 타당하다는 사실은 개인상담(Grotstein, 1981; Ogden, 1979, 1982)과 커플상담(Morrison, 1986; Rutan & Smith, 1985; Zinner, 1976; Zinner & Shapiro, 1972), 가족상담(Dicks, 1967; Zinner & Shapiro, 1972) 및 집단상담(Grinberg, 1973; Grinberg, Gear & Liendo, 1976; Horwitz, 1983; Malcus, 1995; Masler, 1969)에서 입증되고 있다.

모든 정신분석적인 발상과 마찬가지로 투사적 동일시는 클라인(Klein, 1946, 1955)이 정의하고 명명한 이후 계속 발전하고 있으며, 클라인학파 이론(Hinshelwood, 1991)과 비온의 집단 이론(Bion, 1961)에서 '주춧돌'로서 부각되고 있다. 이번 장에서는 역사적으로 진화한 투사적 동일시 개념을 집단상담에서 변형한 것을 중심으로 검토할 것이다. 이번 장에서는 ① 투사적 동일시 개념의 역사를 간단하게 요약하고, ② 이론적 혼동과 갈등을 설명하며, ③ 집단상담 맥락에서 개념의 변형을 추적하고, ④ 집단상담에서 투사적 동일시의 활용원리에 대해 논의할 것이다.

투사적 동일시 개념의 간략한 역사

투사적 동일시 개념은 멜라니 클라인(Melanie Klein)이 편집-분열적 자리에 대한 개념을 발전시키던 가운데 유아분석의 맥락에서 처음 만들어 낸 것이다. 발달초기에 유아는 "개인적인 분열과 단절의 환상, 나쁜 가슴과 성기 및 그 유독한 물질로부터 박해당하는 환상, 불안정한 '좋은' 대상의 감질나는 환상, 무한한 욕심과 시기의 환상 등 질서나 안전감이 없는, 클라인이 묘사한 바로는 무서운 꿈처럼 현란한 유아의 세계(Eisold, 1985, p. 330)"를 경험해야 한다.

클라인의 작업은 '정신분석의 현대적 발전에 커다란 전환점 중 하나'였다(Ganzarain, 1977, pp. 442-443). 그녀는 프로이트학파의 궤도에서 초자아를 출발점으로 삼았는데, 이때 초자아란 '유아가 최초에 부모와 맺는 전체-대상관계를 동일시와 내사를 통하여(Ibid)' 보호하는 것이라고 보았다. 이러한 출발점에서 발전시킨 '내적 대상'과 '내적 세계'에 대한 클라인의 이론이 대상관계 이론의 기초가 되었다.

프로이트(Freud)가 연구하고 칼 아브라함(Karl Abraham)이 추후 더 발전시킨 투사의 개념들은 클라인이 투사적 동일시 개념을 형성하는 데 기초가 되었다. 프로이트는 투사는 하나의 방어로서, '한 개인의 생각이 어떻게 다른 사람에 의해 비롯되고, 그렇게 하여 편집증을 만들어 낼 수 있는지'를 설명한다고 보았다(Freud, 1895/1966, p. 209). 아브라함(Abraham, 1927)은 "투사 후에 회복적인 내사가 뒤따르는 주기"를 관찰했다(Hinshelwood, 1991, p. 180). 아브라함에게 투사는 '내적 대상을 세상에 투사하는 것' 혹은 '초자아의 외재화'를 의미했다(pp. 180-181). 클라인은 프로이트와 아브라함의 개념을 자신만의 개념으로 통합하려 했으나, 임상적으로 관찰한 결과 "대상과 자기의 일부가 모두 투사되고 있었다."는 결론을 내렸다(Hinshelwood, 1991, p. 181).

클라인은 유아가 엄마와의 관계에서 자신의 공격성과 씨름하기 시작하는 편집-분열적 자리 시기 동안 투사적 동일시가 나타난다고 보았다. 이 시기에 아이는 딜레마를 경험하게 된다. 한편으로 아이는 자기의 대표적 나쁜 부분인 공격적 충동에 대해 불안해하므로, 이 부분을 자기의 좋은 부분과 분리하려고 시도한다(즉, 투사적 동일시의 '분리' 부분). 그리고 아이는 나쁜 부분을 타인(엄마)에게 주입하여 제거하려 한다(즉, 투사적 동일시의 '투사적' 부분). 다른 한편으로 아이는 이런 나쁘고 공격적인 부분을 타인(엄마)에게 주입하였기 때문에 위험하고 파괴적일 것 같은 타인(엄마)의 공격성이 자신을 위협하는 것에 대해 두려워하고 피해의식을 가지게 된다. 타인(엄마)이 투사를 수용할 수 있고 (즉, 투사적 '동일시' 의 동일시 부분) 소화해 줄 수 있다면, 아이는 이런 나쁘고 공격적인 부분을 점점 되찾고 통합하여 이러한 딜레마를 해소하게 된다.

비온(Bion, 1957)은 병리적인 투사적 동일시와 정상적인 투사적 동일시를 구분함으로써 개념을 발전시켰다. 그는 투사적 동일시의 두 가지 대안적인 목적을 강조하였다. 첫 번째 목적은 고통과 원하지 않는 내적 경험, 생각, 감정을 다른 사람에게 투사하여 자기로부터 제거하고, 이러한 경험, 생각, 감정에 대한 통제감을 얻으려는 것이다. 두 번째 목적은 혼자서는 견딜 수 없고 말할 수도 없는 내적 경험에 대해 의사소통할 수 있도록 타인의 마음상태와 감정을 만들어 내기 위한 것이다.

다음의 예는 집단상담에서 이런 편집-분열적 환상이 나타나는 것을 묘사하고 있다.

> 집단에서의 첫날 밤, 주저하는 새 집단원이 어떤 꿈에 관해 이야기했다. 꿈에서 멋진 열대 연못 같은 곳에 뛰어들었는데 그 연못의 수면에 닿는 순간 연못이 '부유물 찌꺼기'로 덮여 있다는 것을 알아차렸다. 역겨움을 참

고 계속 헤엄치다가 뭔가 떠다니는 물체에 부딪히긴 했는데 그것은 알고 보니 '똥'이었다. 상담자도 집단도 그 의미를 놓치지 않았으며, 심오한 불편감과 깊은 침묵이 흐르다가 마침내 한 집단원이 "우리도 저 사람과 같아요!"라고 반응했다. 새로운 집단원의 무의식은 자신과 다른 집단원들에게 중요한 치유적인 주제를 포착해 냈다. 자기를 방어하느라 타인을 경멸하게 하는 불신과 편집증 때문에 친밀하고 사랑하는 관계를 맺을 수 없다는 것이었다.

투사적 동일시와 상반되는 이론

투사적 동일시 연구가 발전함에 따라 이론가들은 그 의미와 작용에 있어 상반되는 이론을 만들어 냈다. 호위츠(Horwitz, 1983)는 투사적 동일시를 '내가 접해 본 어떤 정신역동 개념보다 더 규정하기 힘들고 혼란스러운 개념(pp. 260-261)'이라고 말했다. 혼란의 중심에는 두 가지 질문이 있다. 첫째, 투사적 동일시에 관여하는 사람은 한 명인가 두 명인가? 둘째, 동일시가 일어나는 상황의 본질은 무엇인가?

한 명이 관여한다고 보는 입장 중 한 관점에 따르면, 동일시하는 사람은 투사를 당하는 사람이 아니라 투사를 하는 사람이다(Grotstein, 1981; Segal, 1964). 그리고 투사시킨 것과의 동일시를 통해 그것과의 필수적인 접촉을 유지한다. 마찬가지로 투사적 동일시에 한 명이 관여한다는 입장인 월버그(Wolberg, 1977)는 앞의 주장과는 달리 투사하는 사람이 동일시를 투사한다고 주장한다. 예를 들어, 아동은 공격적인 부모와 동일시하여 공격적인 느낌을 느끼는데, 이러한 공격성을 견딜 수 없어서 제3자에게 투사하고 공격적이라는 이유로 제3자에게 앙갚음을 할 수도 있다.

두 명이 관여한다고 개념화하는 입장에서는 두 가지 견해가 지배적이다. 첫째, 투사하는 사람이 투사하고, 투사를 받는 사람은 그 투사에 동일시한다. 다른 말로 표현하면 "그 인격의 분리된 측면을 투사받는 사람은 그 투사된 인격의 속성을 지닌 사람이 된다(Rutan & Smith, 1985, p. 198)." 둘째, 투사하는 사람과 투사를 받는 사람 간의 상호관계를 강조한다(Grotstein, 1981; Ogden, 1982; Shapiro & Carr, 1991; Zinner & Shapiro, 1972). 사피로와 카(Shapiro & Carr, 1991, p. 24)는 이 역동의 과정을 여러 단계로 나누었다.

① 우리 자신의 불편한 측면을 투사하거나 부정함.
② 우리가 부정하려는 측면과 일치하는 요소를 가진 다른 사람을 (공감적 공명을 통하여) 발견함.
③ 그 사람은 의식적으로든 무의식적으로든 투사된 요소를 자신의 일부분으로 받아들이려고 함.
④ 우리 자신과 그 사람 사이에 지속적인 관계가 발전하며, 그 관계에서 투사는 무의식적인 공모 때문에 유지됨.
⑤ (우리가 부정한 인격을 소유한 것으로 보이는) 그 사람 의식적으로는 우리 자신과 다르다고 여기지만, 투사된 특성을 대리 경험하게 해 주는 무의식적인 관계는 유지함.
⑥ 투사된 특성이 그 사람 것이라고 뒷받침할 만한 감정이나 행동을 그로부터 이끌어 내기 위하여, 조종하는 행동을 무의식적으로 고안하여 활용함.
⑦ 투사된 특성과 상반되거나 그 특성을 무효로 할 수 있는 그 사람의 실제 측면에는 선택적으로 주의를 기울이지 않음.
⑧ 투사의 상호보완 - 두 참여자 모두의 투사

셰이(Shay, 2002)는 이 개념을 직접적으로 정의한다. 심리 내적 긴장이 대인 관계상의 갈등(더 정확히 표현하면 대인 간 상호작용)이 된 것이다. 짐에 대한 비유를 사용하여 셰이는 투사적 동일시 과정을 이렇게 표현한다. "이 짐은 내 것이 아니야! 나는 이 짐이 내 것이라고 생각 안 해. 그런데 네가 이 짐을 나르고 있는 건 볼 수 있어. 아, 이 짐은 네 것이구나! 나는 이 짐이 네 것인 걸 알겠고, 너는 이 짐을 네 소유물인 것처럼 나르고 있어. 그리고 난 이 짐이 참 추한 것 같아. 여기에 대해 네가 뭐라고 말 좀 해 보지?" 셰이(shay, 2001)는 다른 저서에서 투사적 동일시라는 용어의 의미가 너무 혼란스럽기 때문에 자신이 만든 '투사적 구인(projective recruitment)'이라는 용어로 완전히 대체해야 한다고 주장한다.

집단상담 맥락에서의 투사적 동일시

비온은 『집단의 경험』(1961)에서 클라인학파 이론을 해석하고, 집단의 맥락에 투사적 동일시 개념을 적용하였다. 그의 관찰을 따르면 편집-분열적 단계에서 유아가 위협을 겪듯이, 집단에서도 심각하고 중대한 퇴행이 일어나서 집단원들과 집단상담자를 위협한다. 그는 이 위협을 '정신병적 불안'이라고 이름 붙였다. 호위츠(Horwitz, 1983, p. 277)는 집단을 위협하는 수많은 힘을 다음의 몇 가지로 분류한다. 집단정서의 전염효과, 개별성과 자율성에 대한 위협, 초기 가족갈등의 재현, 그리고 시기, 경쟁심, 경쟁의 보편화 등이다.

비온은 집단이 이러한 불안을 가라앉히고 집단의 세계를 구축하기 위한 시도로서 집단의 기본 가정 중 방어기능을 활용한다고 보았다(Bion, 1955, 1961; Eisold, 1985; Rioch, 1970). 집단이 집단 과업에 집중하도록, 즉 '작업집단'으로서의 기능을 유지하도록 집단상담자는 의존, 투쟁-도주 역동, 짝짓기 등 기본 가정 방어들을 다루어야 한다.

비온(Bion, 1959, 1970)은 집단작업을 하면서 담아내기-담겨지기 모델을 만들었고, 투사적 동일시의 해결에서 담아내기 기능의 중요성을 언급하였다. 투사적 동일시 과정을 '소화'하기 위한 그릇을 제공해 주는 것이 바로 집단상담자와 전체로서의 집단이며(Ogden, 1982), 이로써 치료적 성장의 기반이 마련된다. 집단상담자와 다른 집단원들이 그 생각과 감정을 점차 '언어, 침묵, 비언어 및 준언어적인 행동 등의 형태'로 반복하여 표현함에 따라,

해당 집단원은 그러한 생각과 감정을 감당할 수 있게 된다(Billow, 2003, pp. 114-115).

빌로우(Billow, 2003)는 비온의 이론을 다음과 같이 정리한다. "개인과 집단의 발전에 대한 비온이 이론의 주춧돌은 사회적 의사소통 맥락에서 성숙해지는 …… 생각……이다. 개인의 성장과 성숙을 위해서는 자기 자신, 상대방과 집단이 소통하는 방식에 대해 담아내기를 해 주어야 한다. ……(달리 말하면) 사람이 감정을 발달시키고 경험에서 배우기 위해서는 사회적 수용력을 발휘하여 다른 사람의 담아내는 마음과 서로 교류해야 한다. 사람들의 사회적 담아내기는 …… 감정과 생각을 의미 있게 만들어 주는 능동적인 참여다(pp. 111-115)." 그 결과 '발달초기의 반복적인 정서적 경험과 관련되어, 자아의 고립되었거나 분열되었거나 미발달된 측면을 발견하면서부터' 새로운 이해와 의미가 나타난다. 즉 "모든 의미의 형성은 담아내고 담겨지는 과정이 필요하다(Billow, 2003, p. 129)."

모리슨(Morrison, 1986)은 담아내기의 기능을 다음과 같이 간략하게 설명한다.

> ① 투사과정에서의 공격, 비난, 이상화에 대하여 자동적 반응을 늦춤. ② (투사하는 사람과 투사받는 사람 모두가) 투사에 담긴 의미를 성찰하도록 함. ③ 투사받는 사람의 의도적 반응을 변화시킴. ④ 투사하는 사람이 이해하고 재내면화할 수 있도록 이러한 변화에 대하여 소통하게 함(p. 71).

다음에 제시할 두 명의 초심 집단상담자의 사례는, 기본 가정 중 투쟁-도주 역동이 주는 '넋이 나갈 정도로' 극적인 충격과 그에 수반되는 투사적 동일시를 성공적으로 담아내는 모습, 그리고 리더와 전체로서의 집단이 그 투사적 동일시를 소화하는 모습을 보여 준다.

> 두 명의 초심 집단상담자가 수련과정에서 치료집단을 공동리더로 이끌

게 되었다. 수퍼바이저와의 회의에서 그들은 여러 수련생 집단상담자가 이끄는 집단에 오래도록 참여해 왔던 집단원들로부터 자신이 무능력하고 무시를 받는 것 같은 느낌을 받는다고 토로했다. 이 두 명의 집단상담자는 회의 시간에 무엇을 하거나 말하면 좋을지 모른 채 '말없이' 앉아 있게 되었다. 수퍼바이저와 이 점에 관해서 이야기하면서 그들은 집단원들도 매우 비슷한 느낌을 경험하고 있다는 사실을 이해하고 인식하게 되었다. 추후 회기에서 집단원들은 해마다 리더가 어김없이 바뀌는 상황에 대해서 아무 말도 하지 않으면서 얼마나 스스로 무력하다고 느끼는지를 리더들에게 확실히 보여 주기 시작했다. 그들은 또한 자신이 느끼는 바나 말하는 것은 중요하지 않으며, 그들이 속한 병원체제 내에서 자신이 무시받고 무력한 존재라고 느꼈던 리더들과 같은 감정을 느꼈다.

투사적 동일시와 집단에서의 실제

비온(Bion, 1955)이 클라인학파의 관점을 집단역동의 맥락에 적용한 이래, 많은 저자는 클라인학파의 투사적 동일시를 집단상담에 적용하는 방법을 논의해왔다. 마슬러(Masler, 1969)는 "우선 자기 정신 내부의 특정한 구조적 요소, 즉 원초아나 자아, 초자아 일부를 투사하고는 마치 집단이 그 투사된 심리내적 구조를 나타낸다는 듯이 집단에 반응하는(p. 442)" 집단원으로부터 투사적 동일시의 역동을 관찰하였다. 1970년대에 클라인학파의 이론과 집단에서의 투사적 동일시에 대해 강조하는 몇몇 다른 논문이 출판되었다(Ganzarain, 1977; Grinberg, 1973; Grinberg, Gear, & Liendo, 1976; Wolberg, 1977).

호위츠(Horwitz, 1983)는 투사적 동일시가 분명 중요한데도 관련 논문이 상대적으로 부족한 점을 두고 고민하였다. 1980년대 이래 더 많은 저자가 집단상담의 개념을 이해하고 치료적으로 더욱 잘 활용할 방안을 찾으면서 이에 대해 다루었다(Billow, 2003; Clark, 1997; Eishold, 1985; Ganzarain, 1992; James, 1984; Malcus, 1995; Morrison, 1986; Rogers, 1987; Schain, 1980; Zender,

1991). 이 장의 나머지 부분에서는 이러한 연구가 특히 실연화라는 중요한 개념을 만들어 냈다는 점에서 집단 실제에 갖는 함의를 이끌어 낼 것이다.

1) 집단과정에서의 실연화와 투사적 동일시

1973년, 그린버그(Grinberg)에 따르면 "태어난 순간부터 개인은 집단원으로서 기능한다. 최초의 집단인 가족은 그의 반응패턴을 조건화하며, 이러한 패턴은 이후에 그가 속하는 모든 집단과 맺는 관계에 영향을 미치는데, 여기에는 그가 집단원으로 참여할 수 있는 치료집단도 포함된다. …… 추후 의사소통의 기초를 형성하는 가족 상호작용의 역동 중 하나는 투사적 동일시에 달려 있다. 리더가 집단에서 끊임없이 작동하는 동일시 기제를 알면 집단의 역동과 움직임을 이해하는 데 매우 큰 도움이 된다. …… 치료집단의 퇴행적인 분위기 (안에서는) ……다른 집단원들에게 맡겨지는 역할이 생긴다. 그 역할을 받아들일 수도 있고, 거부하게 되면 투사적 동일시를 통해 또 다른 집단원에게 그 역할이 맡겨지며(p. 145)" 이렇게 해서 실연화가 일어난다.

'실연화'가 치료적 용어로 등장한 것은 1970년대와 1980년대 사이이며 (Eagle, 1984; Kohut, 1977; McLaughlin, 1987) 이는 "양자 관계에서 서로의 행동 결과로서 양쪽 모두가 경험하는 사건"을 뜻한다(McLaughlin, 1998, p. 80). 이글(Eagle, 1984)은 실연화를 "초기 갈등 및 외상과 관련된 소재를 완벽히 극복하려는 목적에서, 비교적 안전한 치료상황에서 이러한 소재를 다루려는 무의식적인 시도"로 이해해야 한다고 말했다(p. 103). 이 글의 개념화는 목적이라는 개념을 포함하고 있다(즉, 완벽하게 극복하려는 목적). 이러한 주장은 앞서 나온 코헛(Kohut, 1977)의 관찰과도 상통한다. "이러한 활동(행동-생각)은 퇴행의 단계가 아니라 ……거의 완성된 전진운동 ……앞으로 향한 움직임인 …… '개척실험'을 구성한다. 즉, 이 실험들은 개척정신의 사고과정의 **실연화**(구체화)다(pp. 36-37, 강조 부분 추가)."

투사적 동일시와 같은 실연화는 방어기능이나 소통기능을 해 주는 쌍방향적 상호 영향과 목적을 가지며, 효과적으로 이해되고 관리된다면 치료목적으로도 쓰일 수 있다. 집단상담자는 이러한 실연화가 발생할 것을 예측하고 그것을 활용할 준비를 해야 한다. 실제로 실연화는 무의식적 역동의 외적 발현, 즉 투사적 동일시의 열매다. 집단상담자는 자신의 정서반응을 잘 알아차리고, 투사적 동일시와 그것의 실연화를 다루기 위해 자신의 정서반응을 활용해야 한다.

2) 집단에서 투사적 동일시의 발현

실연화를 통하여 투사적 동일시는 무수히 많이 발현되지만, '대변인' 현상(Ganzarain, 1977; Rutan & Stone, 2001b)과 '희생양(Gadlin, 1991; Ganzarain, 1977; Kahn, 1980; Malcus, 1995; Scheidlinger, 1982; Rutan & Stone, 2001a; Toker, 1972)' 이 두 가지가 특히 자주 나타난다. 이 역할들은 집단과 집단상담자 및 각 집단원들의 정신역동적인 욕구가 상호작용한 결과로 추측된다(즉, 투사적 동일시 과정을 통하여 위험한 추동과 정서를 회피하여 자기와 집단을 보호하려는 상호적이고 정서적인 영향). 요컨대 '대변인'은 집단이 불안과 두려움 때문에 스스로 표현할 수 없는 생각과 감정을 집단을 대신하여 대변한다. 대변인 역할의 사례는 다음과 같다.

> 수잔(Susan)은 밝은 성격의 성공적인 전문직 여성으로, 곧잘 자기연민적인 인생담을 길게 늘어놓는 버릇이 있었다. 그녀는 얼마 지나지 않아 집단의 굶주림을 담아내는 역할을 맡았고, 다른 집단원들이 분명 가지고 있으면서도 수치스럽게 회피해 온 나약함과 취약성을 표현하는 '대변인'이 되었다. 다른 여성 집단원인 조앤(Joan)은 매주 그녀를 향한 경멸이 커지는 것을 느꼈다. 개인상담 회기에 조안은 애정에 굶주린 수잔에 대해 집단상담자에게 불만을 표했고, 수잔이 자기의 욕구를 채우려는 강렬한 열망을 스스로 깨닫지 못한다면 차라리 수잔이 집단을 떠나기를 원했다. 조앤의 이러한 욕구는 수년 전 가족의 역동 때문에 자립적인 자기충족으로 대

체되어 왔다. 마침내 투사적 동일시의 역동을 해석하고 '역할고정'의 가능성을 줄일 기회가 생겼다. 두 여성은 더욱 가까워졌고 서로의 매우 유사한 삶의 경험을 존중하고 감사하게 되었다.

집단상담자가 집단과 다른 집단원들이 자신의 분리되고 투사된 부분을 다시 자신의 것으로 인정하도록 돕지 않는다면, 성경 속의 개념인 '희생양'은 원치 않는 생각과 감정의 짐을 지고 광야로 쫓겨나게 된다. 이것이 해결되지 않을 경우 적어도 두 가지의 원치 않는 결과가 일어난다. 첫째, 이 역할을 맡은 사람은 불공평한 짐을 짊어지도록 요구받을 것이고, 결국은 집단에서 쫓겨날 것이다. 둘째, 다른 집단원들은 투사적 동일시 이후 자신의 추진력과 감정이 고갈되기 때문에 '(자신의) 모든 인격적 자질을 충분히 활용'하는 것을 더는 못할 수도 있다(Ganzarain, 1977, p. 443).

이러한 역동은 경계들에 대한 침투의 증가와 집단의 정서적 전염(Redl, 1942, 1980) 및 집단상담자 및 구성원의 '유의성(valency)', 즉 특정 역할을 맡으려는 성향 및 경향에 의해 강화된다. 자신의 대상 세계를 되풀이하려는 개인의 욕구는 레들(Redl, 1963)이 '역할흡입'이라고 명명했던 것을 만들어 낸다. 간자라인(Ganzarain, 1992)은 레들의 역할흡입이 "투사적 동일시에 의해 매개된다. ……이는 정서적 전염의 거시적인 변종이다. ……그러나 이에 반해 투사적 동일시는 표현되거나 의식되는 대신 부정되고 투사되며 분열된 무의식을 '잡아챈다'는 점을 지적한다(p. 17)." 간자라인은 이어서 이 역동을, 자신을 대변하기 위해 배우를 찾는 인물처럼 공연하고 있는 집단 구성원의 내부대상 ……집단의 공기 중에 부유하고 있으며, 어떤 집단원이 자기의 화신이 되어 실제 집단의 상호작용에서 자기를 대표할 수 있는지를 찾는 그 집단의 내부대상의 모임이라고 기술한다(p. 17)."

조지(George)는 집단상담자로서 더 성장하기 위하여 참여한 수련집단에서 '희생양'이 되도록 정해져 있었다. 그는 주로 성적으로나 다른 여러 측면에서 학대를 당했던 여성들과 작업했는데, 실제 그의 성격과 태도는 분명 그렇지 않았으나 민족적인 배경 때문에 '마초같이' 보이게 되었다. 규모가 큰 수련집단의 대부분은 여성이었고, 그들 대다수가 성폭력을 당한 적이 있었다. 며칠 동안 이어지는 집단이었는데, 조지가 여성들의 주요 대화상대가 되기까지는 오랜 시간이 걸리지 않았다. 그에게는 적대적이고 여자를 혐오하며 지극히 남성적인 남자의 투사가 덮어씌워졌다. 조지는 평소에 그러한 투사를 다루는 데에 수준 높은 경험과 지식이 있었으므로 처음에는 이 상황을 잘 감당해 냈다. 하지만 여기서 투사가 투사적 동일시로 바뀌어 너무 심각해졌기 때문에 결국 그는 더 이상 적대심이 가득한 투사를 받는 사람이 되고 담아내는 그릇이 되는 것을 버틸 수 없다고 직접적으로 솔직하게 말했다. 여성들은 그의 부탁에 응하여 자신의 투사를 재흡수할 수 있었고, 이로써 트라우마가 유발시킨 감정을 훈습하고 그를 희생양으로 만들지 않았으며, 그와 자신이 모두 가지고 있는 여러 복잡한 생각과 감정이 통합되도록 하였다.

클라인, 비온, 그리고 집단에서의 치료적인 변화

"투사적 동일시를 통한 의사소통은 집단 생애에 없어서는 안 될 부분이고, 종종 심리적 성장을 위한 효과적인 방법을 제공한다(Rogers, 1987, p. 99)." 집단상담에서의 중요한 목표 중 하나는 자기의 모든 부분을 통합하는 것이다. "성공적일 때 최종 결말은 방어적인 투사적 동일시가 소통하는 투사적 동일시로 변화하는 것이다(Ganzarain, 1977, pp. 442-443)."

집단이라는 환경은 '성격 중에서 가장 두려운 부분', 즉 대상과 자기 자신을 향한 사랑하는 감정을 방해하여 관계를 오염시키는 측면과 연결을 맺는 환경이다(Schain, 1980, p. 329). "내담자들이 자신의 병적인 투사로부터 자신의 관계들을 보호하도록 돕기" 위해서 투사적 동일시를 해석하는 것은 꼭 필요하다(Schain, 1980, p. 327). 그 후 이것이 훈습될 때 집단원들은 '박해받는 느낌으로부터' 해방감을 느낄 수 있으며, 자신이 손상했던 부분을 회복시키고 현실에서든 환상에서든 친밀한 관계를 맺을 수 있다(Schain, 1980, p. 327). 만일 집단상담자가 이 과정을 촉진하지 않는다면 치료는 사기가 꺾이고 진전이 저해되며, 투사적 동일시는 수그러들지 않고 계속되고, "생각과 감정의 알아차림은 일어나지 않는다(James, 1984, p. 209)."

말쿠스(Malcus)는 투사적 동일시와 관련하여 이 과정을 전반적으로 설득력 있게 서술한다. 집단상담의 목표는,

> ……집단원들이 보다 더 차분하고 균형 잡히고 실제적인 대상관계와 대인관계를 맺도록 돕는 것이다. 이 목표를 향해 진보하면서 집단원들은 투사된 부분을 되찾고, 심리 내적 분열을 통합시키며, 자기 자신과 다른 사람들에 대한 균형 잡힌 시각을 발달시키며, 초기의 평가절하와 이상화에 덜 지배받게 된다. 치료집단은 집단원들의 분열, 투사, 환상 및 정신적 기능의 생애 초기 방식을 불러일으키고, 담아낼 수 있도록 풍부한 자극을 제공한다. 이러한 초기 작용들을 불러일으키고 활용하는 것은 배우고 성장하는 데 필요한 전제조건이다. 이러한 목표를 위하여 집단상담자는 전체 집단의 모성전이, 분열, 투사적 동일시 및 그때 결과적으로 나타나는 간접적인 희생양을 탐색하고 해석해야만 한다. 상담자는 또한 담아내기, 버텨주기, 충분히 좋은 엄마와 적절한 좌절 등의 필수기능을 모집단이 수행할 수 있도록 도와주어야 한다(Malcus, 1995, p. 62).

Rorbert Weber, Ph.D., CGP, FAGPA

참고문헌

Abraham, K. (1927). A short study of the development of the libido. In K. Abraham (Ed.), *Selected papers on psycho-analysis* (pp. 418-501). London: Hogarth.

(Original work published 1924)

Billow, R. M. (2003). *International Library of Group Analysis*. Vol. 26: Relational group psychotherapy: From basic assumptions to passion (M. Pines, Ed.). New York: Jessica Kingsley.

Bion, W. R. (1955). Group dynamics: A re-view. In M. Klein, P. Heimann, & R. Money-Kyrle (Eds.), *New directions in psycho-analysis* (pp. 440-477). New York: basic Books.

Bion, W. R. (1957). Differentiation of the psychotic from the non-psychotic personalities. *International Journal of Psycho-analysis, 38*, 266-275.

Bion, W. R. (1959). Attacks on linking. *International Journal of Psycho-Analysis, 40*, 308-315.

Bion, W. R. (1961). Experiences in groups and other papers. New York: Basic Books.

Bion, W. R. (1962). A theory of thinking. *International Journal of Psycho-Analysis, 43*, 306-310.

Bion, W. R. (1970). Attention and interpretation. London: Tavistock.

Clark, A. J. (1997). Projective identification as a defense mechanism in group counseling and therapy. *Journal for Specialists in Group Work, 22*, 85-96.

Crisp, P. (1986). Projective identification: An attempt at clarification. *Journal of the Melanie Klein Society, 4*, 47-76.

Dicks, H. V. (1967). *Marital tensions*. New York: Basic Books.

Eagle, M. N. (1984). A reformulation of the psychoanalytic theory of therapy: the work of Weiss, Sampson, and their colleagues. In M. N. Eagle (Ed.), *Recent developments in psychoanalysis: A critical evaluation* (pp.95-106). New York: McGraw-Hill.

Eisold, K. (1985). Recovering Bion's contributions to group analysis. *American Journal of Psychoanalysis, 45*, 327-340.

Finell, J. (1984). Projective identification: Mystery and fragmentation. *Current Issues in Psychoanalytic Practice, 1*, 47-62.

Finell, J. (1986). The merits and problems with the concept of projective identification. *Psychoanalytic Review, 73*, 104-120.

Freud, S. (1966). Draft H-paranoia. In J. Strachey (Ed. and Trans.), *Standard edition of the complete psychological works of Sigmund Freud* (vol. 1, pp. 206–212). London: Hogarth Press. (Original work published 1895)

Gadlin, W. I. (1991). On scapegoating: Biblical-classical sources, group psychotherapy, and world affairs. In S. Tuttmann (Ed.), *Psychoanalytic group theory and therapy: Essays in honor of Saul Scheidlinger* (pp. 27–44). Madison, CT: International Universities Press.

Ganzarain, R. (1977). General systems and object-relations theories: The usefulness in group psychotherapy. *International Journal of Group Psychotherapy, 27,* 441–456.

Ganzarain, R. (1992). Effects of projective identification on therapists and group mates. *Group Analysis, 25,* 15–18.

Goldstein, W. N. (1991). Clarification of projective identification. *American Journal of Psychiatry, 148,* 153–161.

Grinberg, L. (1973). Projective identification and projective counter-identification in the dynamics of groups. In L. Wolberg & E. Schwartz (Eds.), *Group Therapy: 1973* (pp. 145–153). New York: Intercontinental Medical Book Corporation.

Grinberg, L., Gear, M. C., & Liendo, E. C. (1976). Group dynamics according to a semiotic model based on projective identification and counteridentification. In L. R. Wolberg & M. Aronson (Eds.), *Group Therapy: 1976* (pp. 167–179). New York: Stratton Intercontinental.

Grotstein, J. S. (1981). *Splitting and projective identification.* New York: Jason Aronson.

Hinshelwood, R. D. (1991). Projective identification. In R. D. Hinshelwood (Ed.), *A dictionary of Kleinian thought* (pp. 179–208). London: Free Association Books.

Horwitz, L. (1983). Projective identification in dyads and groups. *International Journal of Group Psychotherapy, 33,* 259–279.

James, C. (1984). Bion's "containing" and Winnicott's "holding" in the context of the group matrix. *International Journal of Group Psychotherapy, 34,* 201–214.

Kahn, L. S. (1980). The dynamics of scapegoating: The expulsion of evil. *Psychotherapy: Theory, Research and Practice, 17,* 79–84.

Klein, M. (1946). Notes on some schizoid mechanisms. *International Journal of Psycho-Analysis, 27,* 99–110.

Klein, M. (1955). On identification. In M. Klein, P. Heimann, & R. Money-Kyrle (Eds.), *New directions in psychoanalysis* (pp. 309–345). New York: Basic Books.

Kohut, H. (1977). *The restoration of the self.* New York: International Universities Press.

Malcus, L. (1995). Indirect scapegoating via projective identification and the mother group. *International Journal of Group Psychotherapy, 45,* 55–71.

Masler, E. G. (1969). The interpretation of projective identification in group psychotherapy. *International Journal of Group Psychotherapy, 19,* 441–447.

McLaughlin, J. T. (1987). The play of transference: Some reflections on enactment in the psychoanalytic situation. *Journal of the American Psychoanalytic Association, 35,* 557–582.

McLaughlin, J. T. (1998). Clinical and theoretical aspects of enactment. In S. J. Ellman & M. Moskowitz (Eds.), *Enactment: Toward a new approach to the therapeutic relationship* (pp. 77–91). Northvale, NJ: Jason Aronson.

Meissner, W. W. (1980). A note on projective identification. *Journal of the American Psychoanalytice Association, 28,* 43–68.

Meissner, W. W. (1987). Projection and projective identification. In J. Sandler (Ed.), *Projection, identification, projective identification* (pp. 27–49). Madison, CT: International Universities Press.

Morrison, A. P. (1986). On projective identification in couples' groups. *International Journal of Group Psychotherapy, 36,* 55–73.

Ogden, T. H. (1979). On projective identification. *International Journal of Psycho-Analysis, 60,* 357–373.

Ogden, T. H. (1982). *Projective identification and psychotherapeutic technique.* Northvale, NJ: Jason Aronson.

Redl, F. (1963). Psychoanalysis and group psychotherapy: A developmental point of view. *American Journal of Orthopsychiatry, 33,* 135–147.

Redl, F. (1980). Group emotion and leadership. In S. Scheidlinger (Ed.), *Psychoanalytic group dynamics: Basic readings* (pp. 15–68). New York:

International Universities Press. (Original work published 1942)

Rioch, M. J. (1970). The work of Wilfred Bion on groups. *Psychiatry, 33,* 56-66.

Rogers, C. (1987). On putting it into words: The balance between projective identification and dialogue in the group. *Group Analysis, 20,* 99-107.

Rutan, J. S., & Smith, J. W. (1985). Building therapeutic relationships with couples. *Psychotherapy: Theory, Research, Practice, 22,* 194-200.

Rutan, J. S., & Stone, W. N. (2001a). Expressions of affect in group psychotherapy. In J. S. Rutan & W. N. Stone (Eds.), *Psychodynamic group psychotherapy* (3rd ed., pp. 229-258). New York: Guilford Press.

Rutan, J. S., & Stone, W. N. (2001b). Mechanisms and processes of change. In J. S. Rutan & W. N. Stone (Eds.), *Psychodynamic group psychotherapy* (3rd ed., pp. 74-100). New York: Guilford Press.

Schain, J. (1980). The application of Kleinian theory to group psychotherapy. *International Journal of Group Psychotherapy, 30,* 319-330.

Scheidlinger, S. (1982). Presidential address: On scapegoating in group psychotherapy. *International Journal of Group Psychotherapy, 32,* 131-143.

Segal, H. (1973). *Introduction to the work of Melanie Klein.* New York: Basic Books. (Original work published 1964)

Shapiro, E. R., & Carr, A. W. (1991). *Lost in familiar places.* New Haven, CT: Yale University Press.

Shay, J. (2001). My problem with projective identification. *Northeastern Society for Group Psychotherapy Newsletter, 23,* 1-2.

Shay, J. (2002, June). *Projective identification goes to the movies.* Presented at the Northeastern Society for Group Psychotherapy. Wellesley, MA.

Toker, E. (1972). The scapegoat as an essential group phenomenon. *International Journal of Group Psychotherapy, 22,* 320-332.

Wolberg, A. R. (1977). Group therapy and the dynamics of projective identification. In W. R. Wolberg & M. L. Aronson (Eds.), *Group Therapy: 1977.* New York: Stratton Intercontinental Medical Book Corporation.

Zender, J. F. (1991). Projective identification in group psychotherapy. *Group Analysis, 24,* 117-132.

Zinner, J. (1976). The implications of projective identification for marital interaction. In H. Grunebaum & J. Christ (Eds.), *Contemporary marriage: Structure, dynamics and therapy* (pp. 293–308). Boston: Little, Brown.

Zinner, J., & Shapiro, R. (1972). Projective identification as a mode of perception and behavior in families of adolescents. *International Journal of Psycho-Analysis, 53,* 523–530.

성격장애 B군 때문에 미칠 지경입니다

[수퍼바이저 선생님께]

집단상담을 하면 할수록 개인상담을 하면서 방어에 대해 알게 된 것을 집단 작업에 적용하기에는 매우 제한적이라는 점을 깨닫게 됩니다. 저는 많은 동료들처럼 상담센터에서 집단상담자로 일을 시작했고, 상담센터를 나오면서 그 집단을 데리고 나와 개인적으로 맡았습니다. 그러나 개인상담 경험을 충분히 쌓았다고 생각했기 때문에, 센터에 있을 때나 센터를 나온 후에도 집단상담에 대한 실제적인 훈련을 받지 않았습니다. 개인상담에서는 대체로 더 건강한 내담자를 만났기 때문에 저는 억압, 승화, 투사와 같이 좀 더 높은 차원의 방어에 익숙해져 있었습니다. 그러나 집단상담, 특히 지금 다루는 환자들이 원초적이고 그중 다수가 성격장애 B군(극적이고-변덕스러운 성격장애 군집)에 속하는 이 상황에서, 저는 종종 제 능력의 한계를 느낍니다. 집단원들 사이에서 벌어지는 강렬하고 변화무쌍한 경험은 저를 당혹스럽게 합니다. 이 상황은 예측 가능한 감정을 가진 개인상담 내담자들을 상담실에서 만날 때와는 굉장히 다릅니다.

몇 년 전에 한 집단을 맡은 적이 있는데 그 집단에서 어떤 일이 벌어졌는지 제대로 이해하지 못했기에, 사례개념화에 대해 도움을 받고자 합니다. 그때 저는 여러 개의 공이 동시에 오가는 탁구경기의 관찰자가 된 듯했습니다. 집단의 배경에 대해 설명하겠습니다.

남녀 여덟 명의 구성된 이 집단은, 세 명만이 처음부터 끝까지 집단에 쭉 참여하고 나머지는 들어왔다 나갔다 하는 와중에도 2년 동안 지속되었습니다. 저의 개인상담 내담자였던 집단원은 한 명도 없었으나 대부분 집단원은 다른 곳에서 개인상담을 받은 경험이 있습니다. 연령은 20세에서 38세까지 다양하고, 대부분 우울 및 불안을 동반한 전형적인 성격장애 스펙트럼 내에서 진단을 받았습니다. 집단에 수년간 함께 해 온 여성들의 경우 특별히 경계선, 연극성 혹은 의존성 성격장애를 가지고 있는 반면 남성들의 경우는 전형적으로 자기애성 혹은 강박증 진단을 받았습니다. 여성으로서 저는, 성별에 대한 편견이 진단에 영향을 미칠 수 있다는 점을 고려하는 편이지만 그 집단원들에 대한 진단들은 정확해 보였습니다. 집단원 중 집단 밖에서 건강한 대인관계나 연애관계를 가지고 있는 사람은 거의 없었습니다.

거의 매 회기마다 한 명씩 돌아가면서 이전 회기에서 뭔가 비열하거나 이기적이거나 둔감하게 말했다고 비난받는 과정이 반복되었습니다. 문제의 집단원 한 명이 저지른 잘못을 여러 명의 집단원이 캐내는 동안에는 불평을 토로하는 자기들 스스로도 불과 몇 주 전에 비슷한 상황에 처했었다는 사실조차 전혀 떠올리지 못하는 것 같습니다. 예를 들어, 안나(Anna)와 베키(Becky)는 이상형에 부합하면서 정력까지 좋은 남자를 찾고 싶다고 키득거렸으면서도, 빌(Bill)이 역겨운 성차별적 발언을 했다며 비난하는 식입니다. 남자들을 포함한 나머지 집단원들은 빌 혼자만 이 집단에서 유일한 성차별주의자인 것처럼 느끼도록 내버려 둔 채 안나와 베키의 편을 듭니다. 집단원들이 자신의 성차별적인 생각을 억압하고 빌에게 투사하고 있는 것 같다고 제 의견을 얘기하자, 집단원들은 제가 빌에 대한 명백한 사실을 부인하고 있을 뿐만 아니라 그에게 호감을 느껴 그를 보호하기 위해 나머지 집단원을 부당하게 비판하고 있다며 격렬하게 반발하였습니다. 사실 제가 그에게 매력을 느낀 건 맞지만 그 말을 절대로 한 적도 없고, 그것을 표현했다고도 생각하지 않습니다.

저의 억압-투사 해석을 거부당한 이후, 저는 주로 조용히 앉아 위축되고 무력감도 느꼈습니다. 이 때문에 몇몇 집단원은 이 집단이 충분히 안전하지 못하다고 느끼고 공격당할까 봐 두려워 일찍 집단을 떠나게 된 것 같습니다. 게다가 이들의 조기종결 때문에 안정감이 더 사라졌으나, 여기에 대해 제가 이야기하면 이 집단이 저에 대한 신뢰를 잃어 간다는 점이 기정사실이 될까 봐 무서워서 거의 아무 발언도 하지 못했습니다. 실제 그 일이 서서히 현실에서 벌어졌던 것 같기도 합니다. 왜냐하면 제가 출산휴가를 간 동안 중단되었던 집단은 제가 돌아와서도 제대로 재개되지 못했고, 집단원이 두 명밖에 남지 않았을 때 결국 집단을 종결했기 때문입니다. 무슨 일이 일어난 것인지 확실하게는 모르지만, 매 회기 진행상이나 전반적으로 이 집단이 효과가 없다는 것은 분명히 느꼈습니다. 어떤 의견이든 달게 받겠습니다.

[상담자에게 (1)]

우선 당신의 집단 경험이 얼마나 좌절스럽고 실망스러웠는지 깨닫는 것부터 시작합시다. 초심 집단상담자들은 이러한 경험을 하고 나면 집단이 효과가 없다는 결론을 내게 됩니다. 그러나 당신의 경험을 이해하면 우리는 다른 결론에 도달할 수 있을 것입니다. 먼저 당신의 딜레마를 어렵게 만드는 복잡한 요소부터 살펴봅시다. 당신의 위축감, 무력감, 당신이 감정표현을 숨기게 만드는 요소들이 해당될 것입니다.

제 의견의 맥락적인 이해를 돕기 위해 제 이론적 지향이 어떻게 변화되어 왔는지 설명하겠습니다. 초기에 저는 정신과 외래클리닉에서 정신분석 집단수련과 수퍼비전을 받았습니다. 후에 환경치료와 입원환자 집단상담도 경험했습니다. 대상관계, 자기심리학 및 상호주체적 이론에 좀 더 영향을 받았습니다. 또한 저는 얄롬(Yalom, 1995)이 발표한 대인관계 이론에도 영향을 받았습니다. 간과하지 말아야 할 점은 전체로서의 집단이라는 개념인데, 이는 당신이 앞서 설명한 것과 같은 전체 집단현상이 나타났을 때 취해야 할 행동에 대해 알려 줍니다.

당신의 정서적 위축과 무기력은 집단이 건강한 유대와 안전감을 형성하는 것을 어렵게 하는 데에 지대한 영향을 미쳤음이 틀림없습니다. 유대란 사람들 사이에 "나를 알아 주고 돌봐 주고 이해해 주는 것 같아서 안전하다고 느낄 수 있을 정도로" 서로 연결된 느낌(Billow, 2003a, p. 83)을 포함합니다. 집단의 발달초기에 집단의 연결성과 안전감에 대한 주제가 다루어지지 않고서는 집단의 발달이 이루어질 수 없습니다. 자신의 감정이나 행동에 책임지는 집단원들이 별로 없으면 집단은 피상적이고 회피적인 단계에서 멈춰 버리고 맙니다.

당신의 불안과 무력감은 집단에 의해 당신 안에서 유발된 투사적 동일시의 요소일 수도 있습니다. 지스킨드와 자샤(Ziskind & Zasa, 2003)는 "집단원들이 아직 감당할 수 없는 자신의 일부분을 우리가 대신 버텨주기를 원해서, 그것을 무의식적으로 우리에게 주입할 수밖에 없게 되는 시기"를 서술합니다. 이 모든 것은 집단현상으로서 반드시 집단 내에서 검토되어야 합니다. 치료적 동맹과 안전감이 아직 형성되지 않은 상태에서 집단원들은 너무 성급한 개인적인 해석을 잘 수용하지 않습니다. 다이스(Dies, 1994)는 경험이 부족한 상담자는 "해석을 제공하여 더 이상의 노력을 안 하게 만들고(p. 67)" 자신의 의견을 집단원들이 즉시 받아들이지 않으면 그 의견을 고수하기를 주저한다고 합니다. 아마도 당신의 해석은 비판이나 자기애적인 상처로 받아들여졌을 것입니다. 맥켄지(MacKenzie, 1994)는 "선의가 부족하다거나 개인적인 약점이 있다 등의 비판적 접근은 불필요하게 집단원들에게 적대감을 불러일으키거나 진행을 방해한다."고 언급했습니다(p. 53).

당신은 집단원들이 거의 대부분 다른 곳에서 개인상담을 받고 있다고 밝혔으나 집단에 의뢰된 이유, 개인상담을 집단 이전에 시작했는지의 여부, 개인상담자들과 당신 사이의 의사소통의 특성 등에 대해서는 전혀 언급하지 않았습니다. 얄롬(Yalom, 1995)은 개인환자들은 종종 감정의 전이가 너무 강렬하거나 방어적으로 고립될 때 집단상담에 의뢰된다고 합니다. 집단원들의 개인상담에서 상담자와 관계가 어떠했는지 그리고 그것이 집단상담의 참여에 어떻게 영향을 미치는지 아는 것은 중요합니다. 때로 집단상담자와 개인상담자 간에 분열이 일어나기도 하고 특히 이를 상담자들이 자각하지 못하면 작업이 더욱 힘들어집니다. 상담자들 간의 의사소통에 대한 동의는 당연히 집단의 시작단계에서 이루어져야 합니다.

또한 예비 집단원들이 상담집단에 속할 준비가 얼마나 잘 되어 있는지 고려해야 합니다. 집단원들과 초기 치료동맹을 형성하는 것의 중요성은 명백하게 제기되어 왔습니다. 집단에 들어오는 것의 불안을 다루고, 예비 집단원들에게 집단이 얼마나 그들에게 유용한지 이해하게 돕는 것, 즉 그들 고유의 문제와 목표를 집단참여와 관련된 조작적인 용어로 바꿔 말해 주는 것은 필수입니다. 치료과정에 대해 배울 수 있는 기회가 집단 내에 항상 충분히 있는 것은 아닙니다. 낯선 사람들로 가득 찬, 비구조화되고 모호한 상황에 들어가는 것은 불안을 고조시키고 퇴행을 일으킵니다. 이것은 전이반응을 강화시키지만, 그 결과 야기된 불안의 수준은 '자신의 스트레스 대처를 방해하는' 경향이 있습니다(Yalom, 1995, p. 290). 예비 집단원들의 불안을 알아차리고 그들을 적절하게 준비시킬 필요성을 잘 인식하면, 집단원들의 중도탈락이나 집단에서의 불상사가 줄어듭니다.

또, 사전면접에서 중요한 것은 집단원들이 집단의 과정을 검토할 책임을 나누어 맡게 하는 것입니다. 심리상담 집단을 참여할 때의 핵심요소는 지금-여기에서 일어나는 과정에서의 감정과 생각을 표현할 책임을 지는 것이라고 생각됩니다. 집단 초기에 이러한 기대되는 바를 명확히 전달하면, 나중에 집단의 행동화를 멈추게 하고 지금 무엇이 일어나고 있는지 설명하고 이해하도록 집단참여를 끌어낼 수 있을 것입니다.

집단원들의 비난과 질책이 시작된 시점이 집단의 발달단계 중 어느 국면이었는지 아는 것도 중요할 것입니다. 버나드(Bernard, 1994)는 집단의 갈등을 얼마나 잘 다루느냐는 집단의 발달수준을 얼마나 아는가에 달려 있다고 충고합니다. 저는 아마도 당신 집단은 '폭풍', '분화' 혹은 '갈등, 지배, 배신' 등 다양한 이름으로 일컬어지는 단계 동안 나타나는 경쟁적인 문제로 몸부림치고 있었다고 생각합니다.

집단원들은 자신의 우월함을 드러내고, 집단 내에서 높은 서열을 차지하고 존경을 얻기 위한 시도로 다른 사람의 '나쁜' 점을 부각시켰습니다. 그들이 당신이 빌에게 반했기 때문에 성차별주의자라는 주장으로부터 그를 감싸 준 것이라고 비난한 것을 보면, 이 가설이 근거가 있음을 알 수 있습니다. 이는 집단원들에게 쏟는 당신의 관심을 둘러싼 시기와 경쟁을 분명하게 나타냅니다. 당신의 임신에 대한 주제 역시 이러한 성차별적, 또는 성적인 문제를 자극했습니다. 당신이 임신했고 그래서 떠날 수도 있다는 점은 경쟁심을 증가시켰을 뿐 아니라 집단원들에게 쏟는 당신의 관심에 대해 더 신경쓰게 만들었습니다.

여기서 필요했던 것은(모든 초심 집단상담자들이 겪는 어려움이기도 합니다만) 집단원들의 분노와 투사를 온건하게 견디는 것과 이것이 개인적인 특성이 아니라는 점을 깨닫는 것, 그들의 다른 관점과 갈등을 탐색하여, 서로 달라도 괜찮고, 오히려 그게 필요하다는 것을 정당화시켜 주는 것입니다. 또한, 당신이 목격하는 집단의 과정을 집단이 함께 검토하도록 참여시키는 것도 필요합니다. 예를 들어, "우린 지금 분노에 차서 도움이 되지 않는 방식으로 서로의 잘못을 주목하는 패턴에 갇혀 있는 것처럼 보이는군요. 우리가 집단원으로서 서로에게 좀 더 도움이 되기 위해서 이 패턴을 함께 이해할 수 있지 않을까 하는 생각이 듭니다."라고 말할 수도 있습니다. 버나드(1994)는 명시적인 갈등은 상당한 개인 내적 깨달음으로 이끄는 반면, 어떤 갈등은 때때로 무기력과 절망을 불러오면서 집단의 존속 여부에 위협을 끼칠 수 있다고 합니다. 단지 상대에게 상처를 주는 방식으로 분노를 표출하는 것과 집단의 모든 구성원이 분노를 통해 배우기로 하는 목표 사이에는 차이가 있습니다.

따라서 빌에 대한 집단원들의 우려에 대하여 당신은 이렇게 말할 수 있습니다. "여러분의 이야기는 제가 빌을 더 감싸는 것처럼 느끼고 있다는 말로 들리는군요. 제가 이러한 감정을 조장하는 데 무엇을 했고 또 무엇을 하지 않았는지 궁금합니다." 이것은 당신을 향한 부정적인 감정이 수용되도록 하며, 다른 집단원들에게 분노를 대치시킬 필요를 줄일 것입니다.

감정적으로 자극된 집단이 상호작용할 때 집단원들은 종종 "격렬한 경험을 차단하기 위한 노력으로" "그 동요를 외부로 투사하여 공격이나 통제 당하게 만들고, 이는 곧 잘못된 의사소통과 오해, 혼란의 위험을 가중시키며, 그들이 가장 두려워해서 서툰 방식으로 방어하려고 애쓰는 바로 그 무질서

(anarchy)를 촉발시킵니다(Billow, 2003b, p. 340)." 당신이 다루기를 꺼려한 결과 불안은 가중되었고, 이 패턴은 더 무시무시해질 뿐이었습니다. 당신이 표현하지 못한 이 문제를 집단은 점점 더 위험한 것으로 경험하게 되었습니다. 저항하는 환자나 집단에 도전한다는 것은, 즉 공감적인 조율을 유지하고 '긍정적인 치료적 동맹을 유지하는 동안 개인 내 역동을 탐색하는' 방법을 찾는 것입니다(Bernard, 1994, p. 133).

당신도 알다시피 효과적인 집단 심리치료를 실천하기 위해서는 개인작업 훈련만으로는 얻기 힘든 전문지식, 통찰, 자기인식이 필요합니다. 불행히도 많은 상담자는 이처럼 복잡한 집단을 다룰 만큼 준비를 잘 갖추려면 교육적인 지도, 지속적인 집단 수퍼비전이나 자문, 그리고 집단 경험이 있어야 한다는 점을 잘 알지 못합니다. 이러한 요소들은 유능한 집단상담자로서 성공적으로 성장하기 위해 필요합니다.

Hylene S. Dublin, MSW, LCSW, CGP, FAGPA

참고문헌

Bernard, H. S. (1994). Difficult patients and challenging situations. In H.S.Bernard & K.R.MacKenzie (Eds.), *Basic of group psychotherapy* (pp. 123-156). New York: Guilford Press.

Billow, R. M. (2003a). Bonding in group: The therapist' s contribution. *International Journal of Group Psychotherapy, 53*, 83-110.

Billow, R. M. (2003b). Rebellion in group. *International Journal of Group Psychotherapy, 53*, 331-351.

Dies, R. R. (1994). The therapist' s role in group treatment. In H. S. Bernard & K. R. MacKenzie (Eds.), *Basic of group psychotherapy* (pp. 60-99). New York: Guilford Press.

MacKenzie, K. R. (1994). The developing structure of the therapy group system. In H. S. Bernard & K. R. MacKenzie (Eds.), *Basic of group psychotherapy* (pp. 35-59). New York: Guilford Press.

Rosethall, L., (1993). Resistance and working through in group psychotherapy. In H. I. Kaplan & B. J. Sadock (Eds.), *Comprehensive group psychotherapy* (3rd ed., pp. 105-115). Baltimore; Williams & Wwilkins.

Yalom, I. D. (1995). *The theory and practice of group psychotherapy* (4th ed.), New York: basic Books.

Ziskind, E., & Zasa, M. (2003). The therapist' s wish to be liked. *The Group Circle, August/September, 2003*, 1 & 8.

[상담자에게 (2)]

당신이 최소한의 집단상담 훈련만 받았다면 집단상담이 감당이 안 된다는 느낌을 받는 건 당연합니다. 집단원들의 기능수준과는 상관없이 심리상담 집단을 이끈다는 것은 개인의 정신병리뿐만 아니라 집단역동도 이해하는 것을 포함합니다. 많은 이론가는 집단이 개인의 행동에 영향을 미칠 가능성이 있음을 관찰해 왔습니다(Rutan & Stone, 2001). 르봉(LeBon, 1985, 1920)과 맥두걸(McDougall, 1920)은 집단은 퇴행을 촉진할 수 있으며 가끔은 파괴적이고 군중심리적인 행동도 조장할 가능성이 있다는 것을 지적했습니다. 그러나 맥두걸은 또한 집단이 조직화되어 있고 정확하게 정의한 목표를 가지고 있다면 행동에 긍정적인 영향을 미칠 수도 있음을 인식했습니다.

집단상담을 효과적이고 독특한 치료환경으로 만들 수 있도록 개인의 행동에 영향을 미치는 것은 바로 집단의 힘입니다. 모든 치료, 그중에서도 알다시피 집단상담은 퇴행을 조장합니다. 리더는 집단상담장면에서 의도적인 환경을 만들어 내어 집단원들이 새로운 방식으로 자신을 드러내게 유도합니다. 이 퇴행과 노출은 성장과 변화를 수반하지만 또한 집단원들을 모욕감과 수치를 느끼는 상태에 노출시킵니다. 집단원들을 상처와 지나친 노출에서 가능한 한 많이 보호하는 것이 바로 집단상담자의 의무입니다. 집단상담자가 훈련도 받지 않은 상태에서 조직화와 구조화, 개입을 제공함으로써 퇴행하는 집단의 에너지를 호기심과 학습을 촉진하는 방향으로 이끌어 내기란 매우 어려운 일입니다. 게다가 성격장애 내담자들은 방어 구조의 통합이 형편없고, 강하고 퇴행적인 감정을 쉽사리 행동으로 나타내며, 대개 남의 영향을 받기 쉬운 '극적이고-변덕스러운' 부류이므로 이들로 이루어진 집단을 이끈다는 것은 더더욱 어려운 일입니다.

저는 당신의 집단에서 어떤 일이 있었는지를 대상관계적 관점으로 개념화할 것입니다. 이 관점에 따르면 "집단상담의 과업은 집단원들 내면의 대상관계를 의식화하는 것입니다. 그 관계들은 집단원들끼리의 관계로 나타나기도 하고, 상담자와의 관계로 외면화되기도 하고, 집단원들이 집단에 가지고 온 문제를 통해 반영되기도 합니다(Rice, 1992, p. 38)." 대상관계 이론의 관점을 활용하여 집단은 더 예측 가능하고 안전한 분위기를 만들 수 있도록 구조와 응집력, 규범이 있어야 한다고 믿습니다. 이런 분위기 안에서 집단원들은 자신에게 내면화되어 현재 타인과의 경험의 기초를 이루는 과거의 가장 어려웠던 관계로 퇴행하고 그 관계를 재현할 수 있기 때문입니다. 집단을 위해 '품어 주는 환경(Winnicott, 1989)'을 조성해 주는 것이 집단상담자의 역할입니다.

집단의 상담자는 집단의 한계를 정의해 주는 지침을 발전시킴으로써 구조를 제공합니다. 집단의 응집력은 집단원들에게 긍정적인 집단의 결속입니다. 집단상담자는 집단을 하나의 실재하는 개체라는 긍정적인 용어로 지칭함으로써 집단응집력을 발달시킬 수 있습니다. 집단상담자는 또한 바람직한 행동을 모범으로 보여 주거나 집단의 지침에 도전하는 집단원의 행동에 반응함으로써 생산적인 집단의 규범이 발전하도록 도울 수 있습니다. 예를 들어, 집단상담자는 무단결석을 비난하기보다는 질문을 하거나 그 결석에 대하여 집단의 탐색을 격려하는 방식을 통해 호기심 어린 태도를 보여 줄 수 있습니다.

당신의 집단에서 반복적으로 나타나는 역동을 탐색하기 위해 이렇게 이론적 요소를 활용해 본 결과, 집단이 희생양 패턴에 걸려 있음을 깨달았습니다. 집단원들이 퇴행할 때 그들은 내면화된 좋은 대상과 나쁜 대상을 분리합니다. 그리고 그중 받아들일 수 없는 부분을 집단과 집단상담자와 서로에게 투사합니다. 불가피하게 집단 내에서 일어난 적대감은 탐색되기보다는 서로를 비난하는 방식으로 행동화되어 왔습니다. 한 집단원이 다른 집단원의 투사를 받아들여서 다른 집단원이 기대하는 행동이나 감정, 태도를 다시 반사하는 방식으로 집단원들은 투사적 동일시에 빠지게 됩니다.

때로는 집단상담자도 집단원 한 명 또는 여러 명이 던진 투사에 반응하여 평소답지 않게 행동하도록 이끌림으로써 집단의 투사적 동일시에 엮일 수 있습니다. 당신은 집단의 투사적 동일시에 휘말려서 그들이 당신에게 던진 무능하다는 느낌의 투사를 받아들였기 때문에 집단에서 얼어붙은 듯한 느낌을 받았을 것입니다. 당신이 공격성을 담아낼 수 없을 것 같고 너무 어렵다고 느끼자, 집단은 안전하지 못하고 통제할 수 없을 것 같은 느낌을 받았습니다. 어떤 집단원은 이 혼돈과 안전감의 부재로부터 자신을 보호하려고 집단을 그만두었습니다. 아마도 집단원들은 무슨 일이 일어났고 무엇이 달라질 수 있는지 탐색하고 이해할 기회도 없이 자신의 초기 대상관계를 반복했을 것입니다.

당신의 사례를 본 후 제일 먼저 궁금했던 것은 '집단을 위해 어떠한 지침이 정해졌는가' 입니다. 저는 집단 지침이 집단의 뼈대라고 생각합니다. 그것들은 집단이 그 안에서 기능할 수 있도록 틀을 정해 줍니다. 앞서 언급했듯이 명확한 집단지침이 없다면 집단원들은 어리둥절하게 되며, 그들의 퇴행적 에너지는 파괴적인 방향이 될 수 있습니다. 집단 사전면접 동안 저는 각각의 예비 집단원들과 함께 그들이 따르기로 동의해야 할 지침을 검토해 봅니다. 집단지침에는 매주 오는 것, 늦지 않는 것, 회기가 끝나기 전에 나가지 말 것, 감정을 행동이 아닌 말의 형태로 표현하는 것, 제때 상담비를 지불하는 것, 관계를 사교적으로 만들지 말고 치료적으로 유지하는 것, 집단원들의 신원에 대한 비밀을 유지하는 것 등을 포함합니다. 이 지침 중 당신의 딜레마와 가장 관련 있어 보이는 것은 집단원들이 자신의 감정을 행동이 아닌 말로 표현해야 한다는 것입니다. 집단원들은 다른 사람들을 비난하고 비판하면서 자신의 부정적인 면을 다른 사람에 투사하고, 이해와 탐색이 가능하도록 말로 적대적 감정을 표현하기보다는 공격성을 행동화하였습니다.

당신의 딜레마에 대해 제가 두 번째로 생각한 것은 호기심과 탐색에 관한 집단규범 발달이 현저하게 부족했다는 것입니다. 저는 집단에서 일어나는 모든 일에 대해 호기심을 가져야 한다는 집단규범을 자리 잡게 하려고 처음부터 노력합니다. 심지어는 이러한 작업의 일환으로, 집단에서의 모든 행동에는 의미가 있으며 집단에서 관찰되는 행동 이면에 숨어 있는 감정을 이해하는 것이 우리의 목표 중 하나라는 점을 집단 사전면접에서부터 밝힙니다. 저는 "만약 당신이 저에게 화가 난다면, 집단을 그만두는 것처럼 행동에 옮기지 말고, 집단에 나와서 그걸 말하세요."와 같은 예시를 줍니다. 제가 당신이었다면 제 해석을 평가절하하는 반응에 대해 호기심을 가지고 개입했을 것입니다. 집단원들이 제 의견을 거부하고 비난하고 있는 것을 지적하고, 우리의 행동 이면에 우리가 말하지 않은 어떤 감정이 숨어 있는지 함께 궁금해할 수 있게끔 도울 것입니다.

세 번째로, 당신의 사연에서 눈에 띄는 것은 집단상담자인 당신을 향한 부정적 전이에 대해 당신이 전혀 언급하지 않고 있다는 것입니다. 대상관계 이론에 따르면, 집단상담자가 해야 할 중요한 역할 중 하나는 집단이 퇴행함에 따라 보일 수밖에 없는 공격성과 분리를 담아내는 것입니다(Rice, 1992). 성격장애 집단원이 있는 집단의 경우 그렇지 않은 집단보다 좀 더 빠르고 강렬하게 분리와 부정적 투사로 퇴행하는 경향이 있습니다. 집단이 진행됨에 따라 집단상담자와 집단원들이 서로에게 전이대상 역할을 해 주겠지만, 집단 초반에 안정감이 형성되기 전이라면 저는 부정적인 감정을 모두 저에게 끌어들임으로써 더 약한 집단원을 보호하고자 애쓸 것입니다. 또한 제 가정에 따르면 희생양은 부정적으로 내사된 대상으로부터 대치시킨 분노를 상징합니다. 한 명의 집단원이 모든 부정적 투사를 받는 것을 막기 위해서 저는 비판하고 깎아내리는 감정을 모두 제 자신에게 쏟도록 유도합니다.

이러한 작업의 예로 제가 당신의 집단을 이끈다면, 집단이 매주 집단원한 명씩을 비열하고 이기적이고 둔하다고 비난하면서 몰아내고 있는데 사실 그런 부정적인 감정은 집단상담자인 저에게 느낄 법한 것이 아니냐고 말할 것입니다. 상황이 어찌되었든 저는 제 필요를 충족시키기 위해 출산휴가를 가면서 그들을 떠난 것이니까요. 저는 출산휴가와 관련된 소재들을 활용하여 분노와 실망을 제게 돌릴 수 있는 여러 기회를 찾을 것입니다. 임산부에게 분노를 표현하는 것이 사회적으로 금기시되기 때문에, 임신한 상담자에게 그들의 부정적인 전이를 표현하는 것은 더욱 어려웠을 것입니다. 많은 관심을 필요로 하고 버림받는 느낌에 익숙한 집단원들에게 임신한 상담자라는 존재는 격렬한 경쟁심과 시기심을 불러일으켰을 것 같습니다.

당신의 딜레마에서 네 번째로 주목할 부분은 당신의 무능감에 대한 인내입니다. 저라면 그 무능감을 수퍼비전 동료와 함께 나눴을 것입니다. 그들은 제가 투사적 동일시를 알아차리고 평소 제 치료능력을 다시 활용할 수 있도록 도와줄 것입니다. 그리고 희생양을 다루는 데 도움이 될 만한 다른 치료기법을 찾아봤을 것입니다. 그 기법 중 하나로, 집단에게 행동을 멈추고 잠시 이 상황에서 머물러서 지금 이 순간 어떤 감정을 느끼고 있는지에 대하여 생각해 보라고 했을 것입니다. 그들이 왜 그리도 특정 인물에게 강한 감정을 가지는지 궁금해할 수 있게 만들 것입니다. 명확하고 끈기 있게 개입을 해서 집단원들로 하여금 잠시 상황에서 물러나 자신의 의식적이고 무의식적인 느낌과 행동 간의 관련성을 살펴볼 수 있게 해 준다면, 아무리 어려운 성격장애 사람이라도 좀 더 스스로를 돌아볼 수 있게 되고 자신의 행동에 대한 통찰을 기를 수 있을 것입니다.

Kathleen Hubbs Ulman, Ph.D.

참고문헌

LeBon, G. (1920). *The crowd: A study of the popular mind.* New York: Fisher,

Unwin, (Original work published 1895.)

McDougall, W. (1920). *The group mind*. New Work: Putnam.

Rice, C. A. (1992). Contributions from object relation theory. In R. H. Klein, H. S. Bernald, & D. L. Singer (Eds.), *Handbook of contemporary group psychotherapy: Contributions from object relations, self psychology, and social systems theories*. Madison, CT: International Universities Press.

Rutan, J. S., & Stone, W. N. (2001). *Psychodynamic group psychotherapy* (3rd ed.). New York: Guilford Press.

Winnicott, D. W. (1989). *Playing and reality*. New York: Routledge.

진짜 전문가들 한번 일어나 보실까요

[수퍼바이저 선생님께]

제가 전문가가 맞는지 모르겠습니다. 제가 한 집단에서 보인 리더십에 대해 점점 더 혼란스러워지고 있습니다. 집단상담에서 변화의 주체는 집단, 그리고 집단과정이라는 사실을 알고 있지만 지금 제가 처한 상황에서는 집단원들이 모두 저에게 '정답'을 바랍니다. 심지어는 당황스럽게도 제가 하고 있는 말에 자신이 없을 때조차 집단원들에게 정답을 줄 수밖에 없는 느낌을 받습니다. 어쩌다 이 지경까지 오게 되었는지 그 과정을 정확히 재구성할 수 없다는 것이 저를 괴롭힙니다. 더 중요한 것은, 과정을 묘사할 수는 있지만 이해할 수는 없다는 점입니다. 당신이 저의 전문가가 되어 주시기를 부탁드립니다.

이 집단의 집단원들은 19세에서 35세의 남녀 일곱 명으로, 대학 졸업, 직업 유지, 연인관계의 지속 및 친한 우정관계 지속 등에서 어려움을 겪는 사람들로 구성되어 있습니다. 저는 흰머리가 좀 있는 58세이지만, 젊은 사고방식을 유지하고 있습니다. 집단을 시작한 지 1년 정도 되었는데, 최근까지는 구성원 수와 출석은 꽤 안정적이었습니다. 흥미롭게도 집단원 중 다섯 명은 아버지가 폭력적이거나 부재했으며, 이들 중 상당수와 또 다른 두 명의 집단원은 과보호 성향을 가진 어머니 밑에서 자란 이력을 가지고 있습니다. 이들 개개인은 적절한 발달과제의 성취 면에서 또래보다 뒤처져 왔습니다. 잘은 모르겠지만 저는 이 집단을 매우 따뜻하게 대해서 '미스터 로저스(Mr. Rogers)' 라고 불릴 정도였고, 저는 그게 무척 즐거웠지요.

일반적으로 제 리더십 스타일은 가끔 연결시켜 주는 말, 불안을 달래 주는 말, "당신이 겪은 걸 생각하면 그렇게 느끼는 건 당연합니다."라는 식의 공감적인 말을 하는 것 외에는 집단원들끼리 서로 이야기하고 반응할 수 있도록 기다려 주는 편입니다. 처음 한두 달 제가 뒤로 빠져 있는 동안 집단은 대체로 에너지가 거의 없이 축 처지고 힘이 없어 보였습니다. 설상가상으로 몇몇 집단원, 특히 그중 한 명이 사탕처럼 달콤한 조언을 제시했는데, 상당수는 듣는 사람도 이미 시도해 봤을 만큼 상식적인 수준이거나 듣는 사람이 따를 수 없을 것이 명백한 조언이었습니다. 저는 마치 장님이 장님을 이끄는 것만 같은 상황을 경험했고 이를 그냥 넘기기 어려웠기 때문에 더 이상 가만 있지 않았습니다.

집단이 진행되는 동안 여기저기서 저는 인생경험을 더 많이 해 본 입장에서 제 조언이 녹아 들어간 발언을 종종 했습니다. 저는 집단원들이 불안과 실패의 고통을 견디는 법을 배워서 성장할 때까지 참고 기다려 주지 못하고, 그들이 성공하도록 직접 돕고 있는 제 자신을 발견하고 놀랐습니다. '아버지의 날' 이 가까워 온 어느 저녁 저는 몇몇 집단원이 아버지와 다시 연락할 수 있도록 도와주다가, 우리 부부가 별거하던 기간 동안 제 두 아들이 저를 떠났었지만 그 일을 극복하고 더 친밀한 관계로 발전할 수 있었다고 제 이야기를 털어놓았습니다.

그런 뒤에 이어진 세 번의 회기 동안, 한 집단원이 곤란한 주제를 꺼낼 때마다 다른 집단원들은 매우 수동적이 되고 종종 저를 가만히 쳐다보는 것을 알아차렸습니다. 이것이 도움을 간청하는 것처럼 느껴져서 저는 거기에 응해 주었습니다. 그러나 이어지는 몇 주 동안 집단원들이 제 조언과 지지에 귀를 기울이지 않을 뿐 아니라 어떤 집단원도 자존감이 향상되었다고 보고하지 않는다는 것을 알게 되었습니다. 말은 하면서도 제 조언에 대해서는 귀 기울이지 않는 현상은 점점 더 커졌습니다. 실상 제가 전문가라고 믿고 싶어 하고, 그렇게 전문가 역할을 떠맡았던 것이 무언가 역효과를 내고 있습니다. 이 부분에 대해 도와주실 수 있습니까?

[상담자에게 (1)]

당신에게 자문이 필요하다는 신호를 알아차린 것에 대해 경의를 표합니다. 당신의 혼란은 중요한 신호입니다. 당신이 이끌고 있는 집단은 다른 집단과는 다르고, 집단이 고통과 불안을 견디는 것을 배우는 것에 대해 당신이 조바심 나는 것은 당신에게 적절하지 않습니다. 이것은 투사적 동일시의 과정이 작동하고 있을지도 모른다는 것을 시사합니다.

투사적 동일시 과정은 집단원들이 참을 수 없는 감정을 투사하는 것에 당신이 압력을 받아 반응하는 것에서 볼 수 있습니다. 당신은 스스로의 반응을 강렬하고, 예측 불허하고, 갑작스러우며 근거를 명확히 알 수 없는 것으로 경험할 것입니다. 이 투사에 대한 당신의 반응(실연화)은 변화를 촉진하는 요인에 대한 당신의 견해와 일치하지 않습니다. 당신은 정답을 제시하도록 강요당하는 것 같고, 당황스럽고 화가 나며 뭐가 뭔지 모르겠다고 느낍니다. (저도 마치 장님이 장님을 이끄는 것만 같은 상황을 경험했습니다.)

당신의 감정이나 행동이 당신 자신에게 익숙하지 않더라도, 상호작용에서 당신의 주관성이 주는 영향을 제거할 수는 없을 것입니다(Maroda, 1999; Orange, Atwood, & Stolorow, 1997). 앞서 언급했듯이 투사적 동일시와 실연화는 서로 별개의 사건으로 개념화되고, 그것들이 존재하지 않을 때 상호작용의 순간이 일어난다고 합니다(Aron, 1996). 저는 집단원과 집단의 상담자가 "상호적으로 그들의 관계를 형성(Aron, 1996, p. 213)"하며 "상호작용은 잠재적인 재구성이 지속적으로 일어나는 과정에서 나타나는 것(Beebe & Lachmann, 2002, p. 224)"이라고 믿습니다. 저는 관계적인 관점의 정신분석학적 집단심리치료를 훈련받았기 때문에, 치료적 대화는 상담자와 그 집단원에 의해 구성되고, 각자는 '시시때때로' 서로에게 영향을 준다고 봅니다(Beebe & Lachmann, 2002, p. 207). 저는 주로 연상(전통적인 심리분석에서 많이 사용하는 방법)보다는 감정을 추적하는 편입니다. 그리고 자기 스스로와 상호 간의 규정을 위한 시도의 일환으로 행동을 설명합니다. 저는 또한 상호주관적 이론에 영향을 받았는데, 이 이론은 정서란 조직요소(organizing factor)로서, 개인의 경험에 의미를 제공한다고 봅니다(Stolorow, Atwood, & Orange, 2002).

어떤 주제나 과업을 염두에 두고 집단을 시작하는 건 흔한 일입니다. 저는 당신의 기대가 정확히 무엇이었는지(예를 들어, 더 전문가가 될 수 있는 기회?) 그리고 집단원들을 어떻게 준비시켰는지 알고 싶습니다. 일반적으로 집단을 시작할 때에 당신은 뒤에 물러나 있기보다는 더욱 적극적으로 임할 필요가 있습니다. '성공하는 데 어려움을 겪는' 집단원들이 집단을 책임지기를 어려워할 때 당신은 좌절하게 됩니다. 그들은 인생에서 실패감을 느끼는 것에 익숙해져 있습니다. 감히 그들이 무엇을 더 희망할 수 있을까요?

당신은 당신의 좌절을 완화시키려고 행동했던 것이지, 집단과 자신의 감정을 탐색하기 위한 신호로 활용하지 않았습니다. 대신 당신은 고통스러운 감정을 다룰 필요는 없다고 집단원들에게 전달했는데, 이것은 마치 과보호하는 엄마가 참을 수 없는 감정으로부터 자녀들을 보호함으로써 그들을 돕고자 하는 것과 같습니다.

당신은 자기조절과 상호조절을 관찰하고, 집단원들의 자기조절과 상호조절을 추측하며, 그 둘을 비교해야 하는 입장입니다(Beebe & Lachmann, 2002). 당신만 집단을 '축 처지고 힘이 빠졌다고' 느꼈습니까? 저라면 다른 집단원들도 비슷한 경험을 하고 있는지 언어적, 비언어적 표현들을 찾아보았을 것입니다. "지금 저만 이 집단이 둔하고 지루하다고 느끼는 건가요, 아니면 여러분도 그렇게 느끼나요?"라고 질문했을 것입니다.

저는 조언을 하려는 사람에게 조언을 하기 전에 자신이 무엇을 느꼈는지를 탐색해 보라고 직접적으로 시도해 볼 것입니다. 저는 제 자신의 느낌을 길잡이로 활용합니다. 내가 좌절감이나 두려움이나 무기력 또는 유사한 감정들을 느꼈는가? 그들도 그런 감정을 느꼈는가? 저는 감정을 인식하고, 명명하고, 견디며 표현하는 것을 배우는 치료과정을 시범적으로 보여 줄 것입니다. 조언을 받은 사람에게 그 조언이 얼마나 도움이 되는지 직접 말해보도록 직면할 것입니다. 이것은 집단원들이 그들의 좌절과 두려움, 구원받는 것에 대한 욕구에 관해 말할 수 있는 문을 열어 줄 것입니다. 더 좋은 조언을 하는 것은 때로 정서를 드러내지 않게 제한합니다.

저는 무엇이 당신을 뒤로 물러나 있고 싶게 만들었는지 궁금합니다. 제가 더욱 궁금한 것은 집단이 '집단원들이 기대했던 대로 진행되었는가?'입니다. 그들은 만족스러워 했습니까? 그들은 다른 누군가에게 도움이 된다고 느꼈습니까? 그 감정들은 익숙해 보였습니까? 저는 그들이 일상에서 집단으로 가져온 경험들이 집단 안에서 재경험되고 있는지를 물어볼 것입니다. 만약 그렇지 않다면 왜 아닌 것인지? 저는 우리 사이의 어려운 상호작용을 함께 이야기할 수 있다는 메시지를 전달하고자 애쓸 것입니다. '부재하는 아버지'로서 있는 한 이 일을 할 수 없습니다.

로저스와 같이 '똑똑하고 헌신적인' 전문가인 것처럼 보이는 것이 당신에게는 중요한 것 같습니다. 집단은 당신이 갈망하는 것을 당신에게 선사했고(Gabbard, 1995; Shay, 2001) 동시에 그들의 무능한 느낌은 점점 커졌을 것입니다(Maroda, 1999). 당신에게는 집단을 좌절시키고, 화나게 하고, 실망시키고, 시기하게끔 만드는 것보다는 이 편이 더 낫다고 느껴질 것입니다. 저는 당신이 미해결된 자기애 혹은 '효과적인 상담자 되기(Ziskind & Zasa, 2003)' 에 앞서, 인기를 얻고 싶은 소망에서 벗어나고자 애쓰기보다는 존경받는 쪽을 더 원하지 않았는지 궁금합니다.

당신의 만족감은 집단원들이 표현하지 않은 감정에 대한 신호입니다(Maroda,1999). 집단은 당신이 공감과 진정성을 바탕으로 강렬한 감정을 알아차려 주고 참아 주며 반응해 주는 것을 필요로 합니다(Preston & Shumsky, 2002). 당신은 집단에서 집단원들의 소망과 좌절을 탐색하고, 다르게 될 수도 있다는 희망을 제시해 줄 수 있는 절호의 기회를 맞았습니다. 당신의 전문성은 간극을 메워 줄 수 있는 '디딤돌을 창조해 내는' 기술에 달려 있습니다(Gehrie, 2002, p. 20). 변화에 있어서 집단과의 상호작용은 통찰이나 해석보다 더 큰 역할을 합니다(Aron, 1996).

'아버지의 날' 에 있었던 집단회기는 집단원들이 강렬한 감정의 신호를 보내고 있음을 보여 주는 또 다른 예이고, 상호작용을 할 수 있는 기회입니다. 소극적으로 쳐다보기만 하는 집단원들의 반응은 강렬한 감정으로부터 뒤로 물러났음을 드러냅니다. 집단의 관심을 비언어적 의사소통에 집중시키고 그것이 무엇을 의미하는지 물어본다면 더 깊은 수준의 이해에 도움이 됩니다. 집단원들은 아마도 그들의 아버지뿐만 아니라 당신과도 멀어지는 느낌을 받았을 것입니다. 제가 집단상담자라면 그들이 자신의 감정으로부터 혹시 저를 보호한 것이 아닌지 그들에게 물어볼 것입니다. 그리고 제가 하고 있는 것과 제가 하고 있지 않은 것 중 무엇이 그 현상에 기여하는지 물어볼 것입니다.

당신이 아들과 멀어졌던 이야기를 집단원들에게 개방하고 싶다면, 집단원들이 이해할 수 있는 방법으로 당신의 감정적 경험을 나눌 수 있도록 준비가 되어 있어야 합니다(Maroda, 1999). 의도적인 자기개방은 집단원들에게 안정감을 제공해야 합니다(Orange, Atwood, & Stolorow, 1997). 감정이 배제된 채로 사실만을 말한 당신의 의사소통은 집단이 정서를 내어놓기에 안전하지 않다는 것을 전달했습니다. 이후에 있었던 집단원의 결석은 그들이 집단 안에서 느끼는 불편감이 커졌음을 의미합니다.

집단원들은 자신들이 서로에게 그리고 당신에게 영향을 미치고 있고 스스로 그렇게 힘이 없지 않다는 것을 알 필요가 있습니다. 이러한 메시지는 "당신이 그 사람과 멀어진 이야기를 나눠 준 것이 제 마음에 깊이 남습니다. 당신은 어떻습니까?" 혹은 "제 아들은 제게 아주 중요하고, 그 아이와 떨어져 있는 시간이 제겐 고통이었습니다. 저는 상처받았고 화가 났으며, 이 감정들을 건설적으로 나누는 법을 찾기가 참 어려웠습니다."와 같은 형식으로 전달되어야만 합니다. 집단이 계속 유지되기를 원한다면, 당신은 스스로에 대해 좀 더 나눌 준비가 되어 있어야 합니다.

집단과정에 대한 개입은 집단원들이 당신의 리더십에 도전하기를 꺼리고 있으며, 당신을 그들 자신에게 중요한 다른 대상으로 대체하고자 하는 욕망을 드러내고 있음을 알려 줍니다. 부재하거나 학대하는 아버지는 어마어마

한 상대입니다. 원치 않는 공격성이나 적극성을 당신에게 투사하고 수동적이고 의존적으로 반응하는 것이 그들의 해결책이었습니다. 당신은 전이 안에 있는 소망과 두려움을 해석해 줄 수 있습니다. 그리고 당신은 관계 이론에서 말하듯이 상호 구성되기보다는 집단과 별개로 존재하는 듯 보이는 당신의 역전이에 대해 탐색해 볼 수 있습니다.

그리고 다시 말하지만, 저는 전문가가 아닙니다.

Allan H. Gelber, Ph.D., CGP

참고문헌

Aron, L. (1996). *A meeting of minds: Mutuality in psychoanalysis*. Hillsdale, NJ: Analytic press.

Beebe, B., & Lachmann, F. (2002). *Infant research and adult treatment: Co-constructing interactions*. Hillsdale, NJ: Analytic Press.

Gabbard, G. (1995). Countertransference: The emerging common ground. *International Journal of Psycho-analysis, 76*, 475–485.

Gehrie, M. (2002). Heinz Kohut memorial lecture. In A. Goldberg (Ed.), *Progress in self psychology* (vol. 18, pp. 15–30). Hillsdale, NJ: Analytic Press.

Maroda, K. (1999). *Seduction, surrender, and transformation: Emotional engagement in the analytic process*. Hillsdale, NJ: Analytic Press.

Orange, D., Atwood, G., & Stolorow, R. (1997). *Working intersubjectively: Contextualism in psychoanalytic practice*. Hillsdale, NJ: Analytic Press.

Shay, J. (2001). My problem with projective identification. *Northeastern Society for Group Psychotherapy Newsletter, 23*, 1–2.

Shay, J. (2002, June). *Projective identification goes to the movies*. Presented at the Northeastern Society for Group Psychotherapy. Wellesley, MA.

Stolorow, R., Atwood, G.E., & Orange, D.M. (2002). *Worlds of experience*. New York: Basic Books.

Ziskind, E., & Zasa, M. (2003). The therapist's wish to be liked. *The Group*

Circle, August/September, 2003, 1&8.

[상담자에게 (2)]

당신의 딜레마에 대답해 주고 싶지만 당신을 위한 전문가 역할을 받아들이면 당신에게 하지 말라고 할 바로 그 일을 정작 제가 하는 게 될까 봐 걱정이 됩니다. 진짜 전문가는 상담자가 아닌 내담자입니다. 상담자의 역할은 내담자 스스로가 자신의 문제에서 전문가라는 점과 함께, 이러한 관점으로 자신을 보는 데에 생기는 저항을 이해하도록 돕는 것입니다. 당신이 집단원에게 해 주어야 할 일, 즉 스스로 이미 알고 있는 것을 잘 활용하도록 당신을 서서히 이끄는 일은 이런 글로써는 불가능하겠군요. 대신 제가 해 줄 수 있는 것은 정신역동적 입장을 지향하는 치료자의 관점으로 한번 조언을 주는 것입니다. 그래요, 제 조언은 다음과 같습니다.

당신은 집단원들이 당신에게 답을 달라고 의지했다고 했습니다. 어쩌면 여기서의 문제는 집단원들이 당신을 전문가로 봤다는 것 자체가 아니라(여러 측면에서 볼 때 저도 당신이 전문가일 거라고 생각합니다), 어떤 방면의 전문가인지에 대해 집단원들 쪽에서(그리고 당신 쪽에서도) 혼동이 있었다는 점입니다. 당신은 집단과정을 이해하는 데 전문가이며, 당신과 집단원들이 지금 일어나고 있는 일을 집단을 통해서 배울 수 있도록 경험과 훈련을 통해 익힌 많은 기법을 활용하는 방면에서 전문가입니다. 그러나 당신은 '인생의 전문가' 혹은 '조언의 대가' 가 아닙니다. 당신의 인생경험이 풍부하듯 집단원들의 인생경험도 풍부합니다. (흰머리가 있는 분들이 들으면 못 견딜 얘기일 수도 있지만) 일반적인 통념과는 달리 나이와 지혜가 꼭 상관이 있는 것은 아니니까요.

인생에서 뭔가 해내지 못한다는 공통점을 가진 사람들이 모인 집단은(특히 그중 여러 집단원이 양육자였던 엄마에게 과하게 의존했던 이력이 있는 집단이라면) 전문가로 하여금 자신의 문제를 대신 해결하려고 뛰어들도록 유도할 것입니다. 집단원들은 이렇게 유도하는 과정을 통해 일시적으로는 집단상담자의 보살핌을 받아 짧은 만족감을 얻으면서도, 동시에 자기 할 일을 효과적으로 해내지 못하는 집단상담자를 보면서 자신의 실패경험을 내면에서 되살려 낼 것입니다. 복잡한 개념을 너무 짧게 말했군요. 더 자세히 설명해 보겠습니다.

당신은 집단원들이 과잉보호하는 엄마 밑에서 자란 이력이 있으며, 당신을 '미스터 로저스'라는 너무나 듣기 좋은 호칭으로 불러 주었다고 했습니다. 당신이 집단 안에서 사용한 여러 종류의 개입(연결시키는 말, 불안을 달래주는 말, 공감적인 말)에 대한 당신의 묘사를 종합해 보면, 그들이 당신에게 유도한 보살펴 주는 엄마(과잉보호하긴 하지만)의 역할을 당신도 즐겨 왔던 것으로 보입니다. 당신의 발언들은 먹여 주기를 기다리고 있는 의존적인 집단원들에게 주는 달콤한 음식과 엄마의 젖과 같이 들렸을 것입니다. 집단원들은 기다리는 동안 축 처지고 힘이 빠졌고, 그 상태에 지쳐 버리자 당신은 그들에게 먹이를 주었습니다. 우리는 이것을 집단원들의 모성전이에 대한 당신의 반응으로부터 나온 역전이로 이해할 수 있습니다. 당신이 집단원들이 불안과 실패의 고통을 견디는 법을 배워서 성장할 때까지 참고 기다려 주지 못하고, 집단원들이 스스로 무엇을 하고 있는지 볼 수 있도록 촉진시키기보다는 '떠먹여' 주는 자신을 발견한 것은 어찌 보면 당연합니다.

게다가 또 하나의 역전이(투사적 동일시)가 작동하고 있는 것 같습니다. 시작단계에서 집단원의 수동적이고 의존적인 태도와 에너지의 결핍 때문에 집단이 고착상태에 있을 때, 당신은 그 안에서 집단원들의 입장이 되어 성공할 수 없을 것이라고 그들처럼 느끼게 된 것 같습니다. 마찬가지로 당신은 만족이 지연되는 것을 견디지 못하고 너무 이른 성공(실패 경향이 있는 사람들 다수가 취하는 전략으로서, 뒤이은 실패로 이끄는 역효과를 가짐)을 추구하도록 유도되었을 것입니다. 이토록 진부한 실패전략 때문에 당신은 아버지의 날에 그 불운한 자기개방을 하게 된 것 아닐까요? 바로 이 특정한 '나는 전문가' 조치는 자연스럽게 집단상담자에게 무기력하게 의존하는 현상을 더 증가시킨 것으로 보입니다(더불어 집단원들을 낮추면서 당신 자신을 좋아 보이게 했다는 것에 분노를 일으켰을 수도 있습니다).

당신이 희망을 심어 줄 수 있는 건강한 역할모델로 보인 것이 사실 이 집단에게는 인생에서 자신은 못하는 것을 남들은 다 해낸다는 점을 부각시킴으로써, 남들과 비교하며 사는 인생에서 한 번 더 실패한 느낌을 준 것입니다. 당신만의 집단기술이나 재능에 대한 코멘트가 늘어날수록 집단원들의 집단참여는 감소하고 참석은 더 제한되고 자존감은 감소했을 것입니다. 이것은 마치 집단원들이 이렇게 말하는 것과 마찬가지입니다. "당신이 그렇게 대단하다면, (우리는 분명히 그렇지 않기에) 그 일은 당신이 할 수 있겠군요!"

당신은 (일찍이 유도된) 실패에 대한 두려움 때문에 스스로를 일시적으로 보호할 수 있게 과장되고 거대한 역할을 맡아 방어했지만, 이는 장기적인 관점에서는 당신이 빨리 전환시켜 피하고 싶은 그 감정으로 당신을 오히려 더 밀어 넣을 뿐입니다. 당신이 떠맡은 적극적인 '전문가' 역할의 다른 측면과 마찬가지로, 어느 정도 자축의 성격을 가진 자기개방 역시 당신에게 투사되었고 지독히도 떨쳐 내고 싶은 실패의 감정에서 빨리 벗어나기 위한 시도였을 수 있습니다. 당연히 이 떨쳐 내기의 과정이 역효과를 내어 당신을 투사적 동일시의 연쇄작용이라는 늪으로 더 밀어 넣었고, 이 때문에 당신의 실패한 것 같은 느낌은 더 심해졌겠지요.

그럼 이제부터 투사적 동일시의 교착상태가 드러났을 때 집단상담자들을 해방시켜 줄 몇 가지 가능한 개입을 살펴보겠습니다. 무언가 잘 돌아가지 않고 있다는 것을 느끼는 그 순간 당신은 즉각적으로 반응할 필요가 있습니다. 첫 번째 반응은 당신이 무엇을 느끼고 있으며 무엇이 유도되었는지를 이해하는 작업을 적극적으로 해야 할 것입니다. 가끔은 이것만 잘 이해하더라도 집단상담자는 투사적 동일시의 교착상태에서 충분히 빠져나올 수 있습니다. 하지만 어떤 집단상담자들은 더 나아가 이러한 투사적 동일시에 대한 해석을 다음과 같이 집단에 제공하려고 합니다(Vannicelli, 1992, p. 225). "저는 여러분이 저에게 성공을 잘하지 못하는 것이 얼마나 고통스러운 느낌인지 이해해 달라고, 또 여러분이 많이 느끼듯이 내가 몰두하고 있는 뭔가

가 잘 안 풀리는 경험을 같이 겪어 달라고 요청하는 것 같아요."

당신이 전문가나 조언을 주는 사람의 역할에 놓였다는 것을 처음으로 인식했을 때나 당신에게 과도하게 의존하는 집단원들을 처음 알아차렸을 때 적극적으로 개입을 했다면 빠른 전환이 더 일찍 일어날 수 있었을 것입니다. 당신은 "전 여러분의 질문에 관심이 있고 답하는 것도 즐겁기는 하지만, 답을 주다 보면 이 방에서 저만이 모든 답을 아는 오직 한 사람이라는 생각이 강화될까 봐 걱정이 됩니다. 이러한 생각은 여러분에게 해로운 것이고 이 공간에서의 경험을 평가절하하게 된다고 생각합니다."라고 말할 수 있습니다. 또한 당신은 그들의 질문에 대해 "왜 당신은 이렇게 똑똑한 여덟 명의 집단원 중에서 제가 당신의 질문에 가장 잘 대답할 사람이라고 생각합니까?" 혹은 "제게 전문가 역할을 맡기는 것이 집단에 어떤 효과가 있을까요? 그리고 그렇게 하면서 집단은 스스로 무엇을 잃게 될까요?"와 같이 당신만의 추가질문으로 반응할 수도 있습니다.

수년간 제가 해 온 개입에서 미루어 보건대 저는 특정한 종류의 전문성을 제공하는 것에 더 적극적이었던 것 같습니다. 즉, 집단이 생각해 볼 수 있는 과정의 측면을 부각시키도록 돕는 점화질문(framing question)을 통해서지요. 저는 또한 상담실에서 일어나는 것에 대하여 다른 가설들을 더 자극할 수 있게 구성한 가설 또는 저의 직감을 그들에게 제안합니다. 저는 이 방에 있는 많은 똑똑한 관찰자 중 한 명일 뿐이고, 가능성 있는 하나의 가설을 제공할 뿐이며, 마찬가지로 훌륭한 다른 가설도 존재할 수 있음을 믿는다는 메시지를 함께 전달할 것입니다. 이것이 제가 당신에게 주는 조언이고, 제 조언이 당신의 또 다른 아이디어를 자극할 수 있기를 바랍니다.

Marsha Vannicelli, Ph.D.

참고문헌

Vannicelli, M. (1992). Removing the roadblocks: *Group psychotherapy with substance abusers and family members*. New York: Guilford Press.

연쇄 희생양

[수퍼바이저 선생님께]

3년 전 저는 출산휴가를 떠난 레지던트에게서 남녀 혼성집단을 넘겨받았습니다. 저는 그 집단을 이어받기 전까지는 집단 경험이 없었지만, 그 기회가 온 것에 흥분했고 선배 집단상담자에게 수퍼비전을 받았습니다. 처음에는 집단에 남자 세 명과 여자 한 명이 있었는데 모두가 만성 우울증 개인력이 있었으며, 자기애성 아니면 의존성 성격장애를 가지고 있었습니다. 연령대는 50대에서 60대였고 수년간 계속 직업이 없거나 무능력했습니다.

저는 우리 집단을 홍보하는 데 많은 시간을 쏟은 결과 두 명의 다른 집단원이 영입되었습니다. 페넬로페(Penelope)는 양극성 기분장애와 경계선 성격를 가진 여성이었고, 스티브(Steve)는 우울증을 앓았던 적이 있는 분열성 성격의 남성이었습니다. 원래 집단원인 재닛(Janet)이 급성 자살 충동으로 입원한 후 집단을 떠나기 전까지는 모든 것이 괜찮았습니다. 저는 그녀에게 집단으로 돌아오라고 했지만 그녀는 돌아오지 않기로 결정했습니다. 거의 동시에 저의 수퍼바이저가 병에 걸려서 휴직했고, 저는 수퍼비전을 받지 못했습니다. 저를 도와주셨으면 좋겠습니다.

집단이 교착상태에 있었던 지난 몇 달 동안, 깊은 작업은 거의 이뤄지지 않은 채 그들의 일상에 대한 피상적인 대화만 오갔습니다. 저는 집단역동의 변화를 기대하면서 다른 여성 집단원을 새로 집단에 영입하기로 마음먹었던 것인데, 지금까지 누군가를 집단에 정착시키는 것은 잘 되지 않고 있습니다. 첫 번째 여성은 첫 회기 후 도망가 버렸습니다. 그녀는 회기 내내 쉴 새 없이 말했고, 지금 무슨 일이 일어나고 있는지에 대한 해석을 하려고 그녀의 말을 끊으려 했으나 잘 되지 않았습니다. 첫 번째 여성이 떠난 후에 집단원들은 3주 동안이나 그녀에 대하여 계속 이야기하면서 제가 그녀를 참여시켰던 이유가 '집단에 뭔가 불러일으키기 위해'라고 확신했습니다. 제가 참여시킨 두 번째 여성은 6주간 함께했고, 집단이 자신에게 효과가 없다고 불평하면서 집단을 떠났습니다. 그녀는 자신의 외상경험을 개방했는데 집단은 당시에는 이야기를 경청했으면서도 이후부터는 절대로 그녀가 개방한 내용을 입에 올리지 않았습니다.

세 번째로 집단에 참여한 여성인 크리스티나(Christina)는 빠르면서도 교묘한 방식으로 희생양이 되어 3개월 만에 집단을 떠났습니다. 크리스티나가 합류하기 시작했을 때 페넬로페는 집단에 새로운 사람이 들어온 것이 전혀 안전하게 느껴지지 않는다며 6주 동안 말을 하지 않았습니다. 전직 변호사였으나 현재는 실직상태이며, 자기애적 성격을 가진 토니(Tony)는 구직 실패에 대해 장황하고 따분한 독백을 늘어놓곤 했습니다. 이 기간 동안 애완고양이가 백혈병에 걸렸다는 제시(Jesse)는 토니가 말을 하지 않을 때면 자기가 그 기회를 잡아 고양이에게 먹이를 먹여 주고 주사를 놓아 주는 것이 어떤지에 대해 세세한 이야기를 섬뜩하게 말했습니다. 스티브는 이 모든 이야기를 팔짱을 끼고 눈을 감고 한 마디도 하지 않은 채로 듣고 있었습니다. 새로운 집단원인 크리스티나가 자신의 문제에 대해서 말하기 시작할 때마다 집단은 그녀를 무시하고 토니의 구직활동으로 화제를 돌렸습니다. 저는 우리가 이 시간을 공유하는 것이 얼마나 어려운지에 대해 그리고 집단이 커져 가면서 각 집단원이 개인의 시간을 거의 갖지 못한다고 느끼는 것에 대해서 언급을 하며 개입하려고 노력했습니다. 크리스티나는 좌절하며 집단을 그만두었고 저는 아직 다른 집단원을 구하지 못했습니다. 저는 또 다른 집단원이 희생양이 되어 집단을 떠나게 될까 봐 두렵습니다.

이 일이 재닛의 자살시도와 제 수퍼바이저의 휴직이 동시에 발생한 것과 뭔가 연관이 있다는 것은 짐작하겠지만 대체 무슨 일이 일어나고 있는 건지 확실히 알 수 없습니다. 또한 형제간 경쟁에 대해서도 궁금합니다. 페넬로페는 남자 형제가 네 명이고 자매는 없습니다. 그녀가 여자 집단원을 집단에서 쫓아내는 걸까요? 제가 그들의 저항을 어떻게 다루어야 할까요? 제가 비난하지 않고 어떻게 희생양에 대해 말할 수 있을까요? 저는 그들이 새로운 여성 집단원에 대해 수동-공격적 자세를 취하는 것에 화가 나고 새로운 집단원을 찾는 데 지쳤습니다. 저를 도와주시기 바랍니다.

[상담자에게 (1)]

경험이 상당하더라도 집단을 진행하는 것은 충분히 어려운 일이고, 다른 사람의 집단을 맡는 것은 더욱 어려울 수 있습니다. 부모 역할을 맡은 집단 상담자는 자신의 아이를 돌보기 위해 이 집단을 버렸고 이는 집단경험에 여러 수준의 파문을 일으켰습니다. 집단은 곧 삼중의 과업이 생겼습니다. 즉, ① 그들의 내면아이를 돌보던 상담자를 상실한 것에 대해 애도하는 것. ② 거절당해서 생긴 분노와 상처를 표현하는 것. 이것을 거쳐야만 충분히 안정감을 느끼게 되기 때문입니다. ③ 그리고 당신이 그들을 돌볼 만한 충분한 역량과 능력을 가지고 있는지 의심을 표현하는 것입니다. 새로운 상담자가 들어왔을 때 안정감의 결핍은 가장 중요한 부분입니다. 당신이 이 주제를 꺼내지 않았기 때문에 작업이 되지 않은 것 같습니다.

그러므로 당신이 집단에 들어갔을 때 집단은 발달적으로 고착될 것이고, 앞서 말한 감정을 털어놓을 공간을 주기 전까지는 작업이 진행될 수 없습니다. 부모의 유기에 이어 자녀 양육에 미숙한 양부모가 불청객처럼 나타나면, 집단의 통합이 위협받고 불안과 안전감이 사라지게 됩니다.

각각의 집단원은 만성적인 우울증 진단을 받았으며, 대부분이 중년이고 실직상태에 직업적으로 무능력하며 사회 변두리에서 어렵게 적응하고 살아가고 있습니다. 따라서 낮은 자존감, 자신감 결여, 무가치감이 집단원들 사이에 만연해 있습니다. 이러한 감정이 버림받았다는 스트레스와 결합되면 자신이 뭔가 잘못해서 거부당한 것이라는 집단환상을 일으킬 수 있습니다. 이를 해석하고 이해하며 분명히 표현하고 탐색할 필요가 있습니다.

당신은 집단이 목표와 활기가 없고 두서도 없는 이 상태의 근본 원인이 집단의 크기 때문인 것으로 보고, 그것에 초점을 맞춰 문제를 해결하려고 애썼습니다. 당신의 접근은 집단에 새로운 생명을 불어넣는 것이었습니다. 새로운 집단원, 즉 바로 이들을 버림받게 만든 이유인 새로운 생명체를 데려옴으로써 말이지요. 그들은 그것을 받아들이지 않을 것입니다. 진행 중인 집단구조가 변화하고 있는 상황에서 새로운 집단원이 들어오면, 새로운 사람을 흡수해야 하는 부담이 생기고 이는 집단을 방해합니다. 집단원들이 스스로 균열이 생기고 버림받았다고 느끼는 한, 새로운 대상을 기존의 것에 통합할 수 없을 것입니다.

집단이 스스로를 더 심한 충격으로부터 방어하고 안정화시키기 위해 채택한 다양한 사건과 방어전략을 살펴보도록 합시다. 가장 먼저 다뤄야 할 주요한 사건은 재닛이 자살을 시도하여 입원했으며 집단에 다시 들어오기를 거부한 사건일 것입니다. 전체로서의 집단 관점에서 재닛은 아마도 집단에서의 모욕감과 상실에 대한 반응으로 집단에게 자기파괴적인 감정경험을 표출했던 것 같습니다. 이 관점에 따르면 집단원들은 기존 레지던트 상담자를 상실한 것에 대하여 스스로를 비난했습니다. 집단원들은 이전 상담자의 지속적인 돌봄과 관심을 받을 만한 가치가 없었습니까? 그들이 어떠한 방법으로 그녀를 제거한 것입니까? 상담자가 정말 집단원들을 좋아했다면 아기를 가졌어도 잠시 휴직했다가 복귀했어야 하는 것 아닙니까? 이러한 생각들이 표현되지 않고 남아 있었습니다. 만성 우울증 환자에게 자살사고는 흔합니다. 그리고 아마도 재닛은 집단의 순교자 역할을 떠맡아 실연화한 것 같습니다. 그녀는 스스로를 집단에서 추방하고 다시 합류하는 것을 거부함으로써 확실히 집단상담자가 간 길을 좇았습니다. 아마도 그녀는 잃어버린 집단상담자-엄마와 함께하는 판타지를 가졌을 것입니다. 이상하게도, 당신의 수퍼바이저가 당신을 버렸을 때 인생은 당신에게 아주 유사한 상실과 유기의 시나리오를 주었습니다. 아마 집단은 무의식적으로 당신의 감정을 읽었기 때문에 안정감의 결핍을 더 크게 느꼈을 것입니다. 상호 주관적 입장에서 수퍼바이저가 당신을 버렸을 때 어떤 감정을 느꼈는지 그리고 그것을 집단에서 어떻게 다뤘는지를 아는 것은 흥미 있는 일이 될 것입니다.

새 집단원에 대해 말해 볼까요? 당신의 묘사에 따르면 그녀는 끊임없이 이야기했고, 집단은 그러도록 내버려 두었으며 당신은 말을 중지시킬 수 없었다고 했습니다. 그녀가 집단을 떠난 후 그들은 그녀가 '집단 안에서 무언가를 강하게 불러일으키기 위해' 집단에 들어왔다고 해석했고, 제 생각에는 정확한 해석인 것 같습니다. 그녀가 합류한 상황에서 보다 나은 접근방법은 그녀의 수다가 집단을 어떻게 돕고 있으며 집단에게 어떤 기능을 하고 있는지에 집중할 수 있도록 집단을 움직이는 것입니다. 일에 책임을 지게 하는 것보다 일을 하게 하는 것이 종종 더 효과적이기도 합니다. 개인 자체보다 집단의 자원을 움직이는 것이 더 효과적인 것처럼 말입니다.

다음 일련의 사건들은 집단이 어떻게 딜레마를 다루려고 하는지 더 분명하게 보여 줍니다. 크리스티나가 등장하자 희생양을 만드는 방어전략이 딜레마를 해결하는 방법으로서 부각되었습니다. 집단원들이 크리스티나를 원치 않게 되면서, 크리스티나는 원치 않은 아이가 된 집단원들의 느낌을 상징하게 되었습니다. 이것은 집단장면에서 일어나는 투사적 동일시의 좋은 예입니다. 집단원들은 크리스티나를 무시하고 부적절감과 환영받지 못하는 느낌을 느끼게 함으로써 자신의 감정을 그녀에게 투사했습니다. 제시의 아픈 고양이를 보살피는 것에 대한 설명은 '섬뜩한 세세한 이야기'를 알려 줬겠지만, 동시에 집단이 진짜로 필요로 하고 원하는 것은 그들의 생명을 유지하기 위해 손으로 먹여 주고 특별히 보살펴 주는 것이라는 점을 묘사하기도 했습니다. 같은 관점에서 이해하면 토니의 구직 실패는 상담자가 문제를 해결하는 방법을 찾는 것에 실패하도록 집단이 계속 버티고 있는 상황을 보여 줍니다.

당신은 당신이 직면한 저항의 속성과 집단원들을 비난하지 않고 어떻게 이것을 설명할 것인지에 대해 여러 가지 질문을 언급했습니다. 우리는 이전에 수많은 기법과 관련된 주제에 대해 논의했으나, 당신의 질문은 간접적으로 이론적인 지향점에 대한 주제를 제기합니다. 즉, 어떤 이론을 지향하는지에 따라 집단에서의 개입방향이 달라집니다. 저의 이론적 지향은 이 상황을 전체로서의 집단으로 개념화하는 것입니다. 저는 집단을 투쟁하면서도 저항하는 힘을 발생시키며, 성장과 안정 모두에 초점을 둔 생존단위로 봅니다. 그리고 개인의 행동, 상호작용, 환상, 기억 등 개인작업에서 개인이 집중하는 심리적인 삶의 수많은 영역을 통해 그 힘이 상징적으로 표현됩니다. 저는 집단에서 개인의 주제들을 다룰 때에도 동시에 집단이 경험하는 수준을 알아차리고자 애씁니다. 최종 분석에서 저는 각자의 반응을 일으킨 집단원들의 전이나 과거 사건의 발견뿐 아니라 집단원들이 서로 감정적으로 충만한 경험을 가졌는지 관심을 가집니다. 저는 이번 수퍼비전에서 특히 전체로서의 집단 관점에서 사건을 바라보는 것에 더욱 초점을 맞추겠습니다. 또한, 집단원들 개개인에 대해 진단하는 것은 서로를 향해 활력과 자발성을 띠고 서로에게 관심을 표현하는 법을 배울 수 있는 집단의 상호작용에 비하면 중요하지 않다고 생각합니다.

이에 대해 제 접근은 대상관계 이론과 체계 이론에 기초를 둔 것으로, 집단이 자기의 트라우마 사건을 어떻게 다루는지 이해하기 위해 투사적 동일시와 집단 무의식 개념을 채택하겠습니다. 희생양은 투사적 동일시 개념이 가진 훌륭한 표현입니다. 크리스티나에 대한 집단의 반응처럼, 집단원들이 자기 자신의 모습 중 나쁘고 원치 않으며 억압된 어떤 측면을 없애 버리기 위해서 그러한 원하지 않는 감정을 담아낼 누군가를 선택하고 그 사람을 비난하고 공격하는 것을 뜻합니다. 그 감정을 의식한다면 불안이 매우 심해질 것입니다.

새로운 집단원을 찾으려는 당신의 시도는, 의도는 좋았더라도 집단원들에게 미묘한 무의식적 역투사적 동일시로 보였을 수 있습니다. 그들을 불충분한 사람(인원수상으로)으로 보는 것은 앞서 말한 것처럼 그들의 부족하다는 느낌을 강화시켰고, 이것의 바탕에는 집단을 더 효과적으로 운영하기에 스스로 부족한 것 같다는 당신 자신의 느낌이 투사되어 깔려 있습니다. 이것은 투사적 동일시가 집단원 사이에서, 집단원으로부터 집단상담자에게, 또는 집단상담자로부터 집단원이나 전체로서의 집단에 작용할 수 있다는 집단 장의 상호 주관적 특성을 보여 주는 사례입니다.

마지막으로, 집단을 운영할 때는 우리가 얼마나 안다고 생각하든 우리는 모두 취약하며 성취하고 또 잃어버리는 한계가 있다는 사실을 기억하는 것이 중요합니다. 우리는 경험을 축적해 가고 필요할 때 동료들에게 도움을 받으면서 계속 노력하고 성장해 가는 것입니다.

David A. Altfeld, Ph.D., CGP, FAGPA

[상담자에게 (2)]

저는 정신분석가로서 개인과 집단역동을 이해하기 위해 대상관계와 전체로서의 집단 이론을 우선적으로 사용합니다. 대상관계 이론은 관계패턴에 대한 이해를 증진시키며 각 개인의 내적 작동을 이해하는 데 도움이 됩니다. 기본 가정을 포함하여(Rioch, 1970), 전체로서의 집단 개념(Horwitz, 1986)은 종종 어떤 무의식적 집단역동이 작동하고 있는지 발견해서 당신이 복잡한 딜레마와 같은 수많은 어려운 지점에서 벗어나도록 도와줍니다.

당신의 집단은 대단히 흥미로운 집단 구성과 역사를 가지고 있으며, 과거에 집단에 있었던 일들로 인한 상실의 고통과 공포에 대항하여 스스로를 방어하고 있습니다. 출산휴가 탓에 기존의 상담자를 잃고, 자살위기 가운데 있던 재닛이 무섭고 갑작스럽게 떠나고, 질병으로 인해 예기치 않게 간접적으로 수퍼바이저를 잃고, 한 여성은 1회기 만에 예고도 없이 도망가고, 그리고 이때쯤에는 집단의 책임도 있긴 하지만 아무튼 두 번째 여성과 크리스티나까지 떠났으니, 유기가 수많은 곳에서 일어난 셈입니다. 유기에 대한 공포 때문에 새로운 집단원에게 에너지를 쏟기가 꺼려졌을 것입니다. 그런데 당신의 딜레마를 개념화하는 또 다른 복잡한 방법이 있습니다.

이 상황을 이해할 수 있는 세 가지 방법이 갑자기 떠오르는군요. 이 모든 일은 '만성적으로 실직상태이거나 수년간 직업적으로 무능했던' 사람들의 집단에 일어났습니다. 따라서 기존의 집단은 구직을 원하는 사람들의 동질집단이라고 볼 수 있습니다. 그들을 한데 모으고 응집력을 높인 것은 (실직과 무능함) 바로 가장 거대하고 극복하기가 가장 어려운 저항이었습니다. 실업상태를 극복하고 나아진다면 집단을 떠나는 위험을 감수해야 하고 그러면 같은 상처를 가진 집단 사람들과의 유대감, 정서적 지지를 받을 수 있는 자원, 또는 자살로부터의 보호 등 그나마 가진 몇 안 되는 것들을 잃게 됩니다. 아마도 크리스티나는 현재 상황의 변화에 대한 위험과 위기를 대변했을 것입니다. 즉, 집단원들은 새로운 집단원을 거부하는 방식을 통해 자신의 유기공포와 집단상실의 가능성에서 스스로를 방어합니다. 이러한 거부는 새로운 집단원을 무시하고 희생양 삼고 실연화하는 행동을 통해 발생합니다.

제가 이해하기로는 희생양 만들기란, 집단원들이 자신의 한 부분을 가장 취약한 집단원에게 투사한 다음 그 집단원(즉, 자신의 투사된 부분)과 동일시하여 연결을 유지하고, 스스로의 내적 갈등을 제거하기를 무의식적으로 희망하여 그 집단원을 공격하는 전체 집단의 방어입니다(Horwitz, 1983). 어떤 사람이 희생양으로 선택되는 이유는 그가 어딘가 취약하기 때문만이 아니라, 상호작용에 참여하기 위해서 갈등을 외부로 드러낼 개인적 필요가 있기 때문입니다. 크리스티나는 집단에 합류했을 때 다른 집단원들의 성장하고 변화하고 싶은 일부분을 대표했지만 동시에 그들은 너무 성장해 버리면 보살핌 받지 못할 것이라는 두려움도 가지고 있었을 것입니다. 페넬로페가 집단에서 안전감을 느끼지 못하므로 말하지 않겠다고 했을 때, 그녀는 수동적으로 크리스티나를 공격하면서 집단의 대변인인 양 행동했습니다. 토니와 제시, 스티브가 크리스티나를 방치하고 페넬로페에게 맞서지 않은 것을 보면 그들 역시 크리스티나를 희생양으로 만드는 데 동참했던 것으로 이해할 수 있습니다.

희생양에 대한 개입은 언제나 집단수준에서 시작하는 것이 가장 좋습니다. 예를 들어, 크리스티나 같은 사람이 말을 하는데 아무도 그녀에게 대답하지 않을 때, 당신은 그녀의 말을 멈추게 한 후 여기 있는 누구라도 지금 그녀가 고백한 것과 유사한 경험이 있는지 물어볼 수 있습니다. 그러고 나서 페넬로페가 방 안에 있는 새 집단원 때문에 안정감을 느끼지 못한다고 말한다면, 당신은 같은 경험을 하고 있는 사람이 또 있는지 물어볼 수 있습니다. 당신이 집단수준에서 작업을 시작하면, 탐색이 진행되는 동안 희생양이 된 사람은 대체로 조용히 있을 수 있습니다. 집단원들은 자기들이 무슨 일을 하고 있는지 스스로 발견할 수 있고 아니면 당신이 그것을 해석해 줄 수도 있습니다. 희생양이 집단의 작업을 내버려 두지 않을 경우 잠시만 듣고 있어 달라고 요청해야 합니다.

또 다른 설명은 집단이 원래의 상담자와 재닛에 의해 거절당하고 버림받은 것에 대한 분노와 고통을 새로운 집단원에게 전치시키고 그들을 거부했다는 것입니다. 우리는 이것을 실연화라고 부릅니다. 새로운 여성을 받아들이는 것이 새로운 남성을 받아들이는 것보다 더 어려워 보인다는 점이 이 가설에 무게를 실어 줍니다. 페넬로페는 집단의 대변인 역할에 가장 적격인 인물로 보이는데, 그녀의 인생에서 자매와의 경쟁이 중요한 역할을 했기 때문입니다. 따라서 그녀는 이와 관련된 갈등을 유발하는 상황에 더욱 반응했던 것입니다.

세 번째로 가능한 해석은, 재닛을 상실한 두려운 경험으로부터 당신이 집단원들을 지켜 내지 못했다는 사실에 집단이 두려움과 분노를 느끼고 있다는 것입니다. 그들은 투쟁-도주 기본 가정의 행동을 통해서 소멸의 공포로부터 스스로를 방어하고 있습니다(Bion, 1961). 그들은 당신과 당신을 나타내는 것이라면(예를 들어, 의미 있는 작업이나 새로운 집단원) 그것이 무엇이든지 간에 대항하여 싸울 것입니다. 집단원들은 당신이 재닛의 자살 시도와 집단 이탈을 막지 못했으니 집단원들이나 집단도 살아 있게 해 주리라 신뢰할 수 없는 사실을 무의식적으로 경험했기 때문입니다. 게다가 수퍼바이저에게 버림받은 후 당신의 효능감이 떨어진 것이 그들의 경험과의 역전이로 투영되었을 수도 있습니다.

이렇게 어려운 상황에서 당신은 무엇을 해야 할까요? 저라면 집단원을 새로 들이기 전에 먼저 이 모든 상실에 대해 집단원들이 느끼는 감정을 탐색할 수 있도록 촉진할 것입니다. 임신이라는 이유로 상담자를 잃는다는 건 어떤 경험일까요? 아이를 가진 사람에게 화를 내는 것은 매우 어려운 일입니다. 자살충동 때문에 집단원을 떠나보낸다는 건 어떤 의미일까요? 당신이 끊임없이 새 집단원을 데려오는 것에 대해 그들은 어떤 감정을 느꼈을까요? 그들은 새로운 집단원을 어떻게 경험했을까요? 두 번째 여성의 트라우마 경험을 듣는 것은 어떠했을까요? 너무 혼란스럽지 않았을까요? (저라면 또한 새 집단원들의 병리가 너무 '생생해서' 이 집단에 위협적일 것 같다는 느낌에 집중했을 것입니다.) 그들은 당신에게 어떤 감정을 느낄까요? 무엇이 전이의 상태일까요?

탐색을 해 나갈수록 어떤 이론적 설명이 현재 상황에 가장 적합하며 그에 따라 어떻게 개입해야 하는지를 더욱 잘 이해하게 될 것입니다. 당신이 집단에서 정보를 얻을 때까지 제가 제시하는 이론적 설명은 단지 추측일 뿐입니다. 새로운 집단원을 데려오기 전에 당신은 왜 지금 집단이 정체되었는지에 대한 개념을 잡고 한동안 그것을 훈습해야 합니다. 기존 집단원들이 수년간 함께해 왔으므로 어느 정도 훈습을 했다고 하더라도 새로운 사람을 받아들이는 것이 어려울 수 있습니다.

당신은 집단에 들어올 집단원이나 기존 집단을 어떻게 준비시켰는지 언급하지 않았습니다. 저라면 천천히 조심스럽게 움직일 것입니다. 저라면 예비 집단원 각자의 어려움에 대한 기초적인 이해를 끝내고 견고한 치료적 동맹의 기초를 다지기 위해 예비 집단원들과 사전회기를 최소한 네 번 이상 가질 것입니다. 새로운 집단원들에게는 이 집단도 나름대로 준비할 시간이 필요하다는 것을 말해 줄 것입니다. 집단이 당신의 말을 들을 준비가 되면, 그때 제가 앞으로 함께하게 될 예비 집단원들을 만났으며 언제 집단에 합류할지 알려 주고(이 날짜는 시작 전후에 차질이 없도록 미리 정해져야 합니다), 집단이 이 발달과정을 처리할 수 있도록 최소한 여섯 번의 회기를 더 가질 것입니다. 그리고 새 집단원들에게 집단이 방 안의 새로운 사람에게 적응하려면 워밍업을 하는 데 시간이 걸릴 것이라는 점을 자상하게 안내할 것입니다.

상호 주관적 모델을 이용한 상담자의 자기개방은 당신이 지금 힘들어하고 있는 치료동맹을 강화하는 데 도움이 될 것입니다(Lichtenberg, Lachmann, & Fosshage, 1996). 구체적으로 말하면, 당신이 집단을 교착상태라고 느꼈기 때문에 새로운 집단원을 영입하여 '무언가 불러일으키려' 한 것이라는 집단의 상상이 틀린 건 아니지만, 당신이 그렇게 한 것은 집단원을 농락하려던 것이 아니라 돕기 위한 의도였습니다. 그들이 당신에게 분노를 표현할 때와 같은 적절한 시점에 당신의 주관적 경험을 개방하는 것은 매우 유용한 개입입니다. 그러한 개입을 통해 그들은 자신이 느낀 것이 맞지만 그 밑의 의도는 본인의 상상과 달랐다는 것을 이해하고 안도할 것이기 때문입니다. 그런 뒤에 당신은 지금 무슨 일이 일어나고 있는지를 이해하기 위해 함께 노력해 보자고 집단원들을 초대할 수 있습니다. 진정성이야말로 치료동맹을 굳건하게 만드는 것이니까요.

마지막으로, 당신은 정식으로 집단훈련을 받은 적이 없다고 말했습니다. 그것이 사실이라면, 훈련을 받으면 당신은 더 자신감을 가질 수 있을 것입니다. 그러면 수퍼바이저가 없어지는 사태에도 어느 정도 대비가 됩니다. 제 경험상으로는 어떤 이론적 틀을 따르느냐보다 어떤 이론적 틀을 가지고 있다는 사실이 더 중요합니다. 그러면 이처럼 어려운 상황이 발생할 때 당신 혼자서든 수퍼바이저와 함께이든 충분히 생각할 수 있는 틀을 갖추게 될 것입니다. 행운을 빕니다!

Bonnie Buchele, Ph.D., CGP, DFAGPA, ABPP

참고문헌

Bion, W. R. (1961). *Experiences in groups.* New York: Routledge.

Horwitz, L. (1983). Projective identification in dyads and groups. *International Journal of Groups Psychotherapy, 33*, 259-279.

Horwitz, L. (1986). An integrated group centered approach. *Psychotherapist's case book.* San Fransisco: Jossey-Bass.

Lichtenberg, J., Lachmann, F., & Fosshage, J. (1996). *The clinical exchange.* Hillsdale, NJ: Analytic press.

Rioch, M. J. (1970). The work of Wilfred Bion on groups. *Psychiatry, 33*, 56-66.

파괴적인 힘

개 관

서로 긴밀하게 연결된 집단에 속하는 것은 만족스럽고 편안할 수 있으나, 이렇게 동질적인 집단에서조차도 갑작스러운 변화가 생길 수 있다. 소설 『파리대왕(Lord of the Flies)』에는 절망적인 상황이 펼쳐지는데, 섬에 고립된 아이들은 자신들을 보호하기 위해 뭉쳐 지낸 지 얼마 지나지 않아 집단 내의 어두운 세력에 의해 전멸할 위기에 처한다. 상담실 안에서 우리가 진행하는 집단이 문자 그대로 전멸할 위험에 빠질 확률은 희박하지만, 파괴적이거나 유해한 상호작용은 일어나기 마련이다. 이러한 집단원들의 상호작용과 감정은 우리의 이해나 통제가 불가능할 정도로 빠르게 퍼질 수 있다. 파괴적인 힘이 집단에서 작동할 때면 폭발하거나 전멸해 버릴 것만 같은 위협이 집단에 퍼지기도 하고, 때로는 집단상담자의 실수로 인해 더 촉발되기도 한다.

모리스 닛선(Morris Nitsun)은 '집단에서의 파괴적인 힘'에서 이 '반(反)-집단' 힘을 결정하는 요인과 그 힘을 다룰 수 있는 방법에 대해 초점을 두고 자세히 설명하고 있다.

첫 번째 딜레마인 '처음 만나는 자유의 뻐꾸기'에서 상담자는 너무나도 다른 성격을 가진 집단원들로 인해 해체 직전에 놓인 집단의 종결을 받아들여야 하는 곤란에 처한다. 이본 아가자리안(Yvonne Agazarian)은 이 상황을 자신이 고안한 체계 중심 치료의 관점에서 설명하면서, 집단원들의 자각되지 않은 하위집단화와 혼란스러운 의사소통 규범의 우연한 발달에 주목한다. 월터 스톤(Walter Stone)은 자기심리학 모델을 활용하여 내담자가 아닌 상담자에게 초점을 두고 있다. 그는 집단을 어렵게 하는 데 있어서 집단원과 공조했을 수도 있는 상담자를 초대하여 상담자 자신의 개인적인 불안과 두려움을 탐색할 수 있도록 한다.

다음으로 '집단상담을 원하는 분 있으십니까'에서는 집단상담에 경험이 없는 병원 관계자들과 환자들이 불안감으로부터 자신을 보호하기 위해 집단상담을 실시하는 것에 대한 생각만으로도 저항하는 모습을 보인다. 이런 상황에 굴복하지 않고 니나 필드스틸(Nina Fieldsteel)과 앤서니 조이스(Anthony Joyce)는 파괴적인 힘의 해독제로서 집단상담에 대한 설득력 있는 믿음을 활용할 것을 권한다. 필드스틸은 역동적이고 체계적인 관점에서, 역기능적인 체계를 대신하기 위해 '협력적인 관심의 분위기를 창조'할 필요가 있음을 강조하고 있다. 조이스는 연구자의 관점에서, 훈련되지 않은 집단상담자의 당연한 불안과 걱정에 상담자가 주의를 기울인다면, 그와 관련된 탄탄한 연구결과를 통해 그들을 설득할 수 있을 것이라 말한다.

마지막으로 세 번째 딜레마인 '가라앉는 우울'에서는 상담자가 자살사고가 있는 집단원의 우울증에 사로잡혀서 다른 집단원들의 욕구를 충족시키지 못하고 있다. 리처드 빌로우(Richard Billow)는 비온의 열정의 3부작 개념을 사용하여 치료에 파괴적인 내담자를 다루는 기법에 대해 조명한다. 제리 간스(Jerry Gans)는 집단을 안전하지 않게 만드는 것은 내담자가 아니라 상담자라고 우려를 표시하며, 이는 부분적으로는 분노, 특히 살인적인 감정을 포함한 역전이로 인해 상담자의 시야가 가려졌기 때문이라고 본다.

집단에서의 파괴적인 힘

이 장은 모든 심리치료 형태 중에서 가장 힘들고 복잡한 것이 바로 집단상담이라는 전제에서 시작한다. 집단상담에서 파괴적인 감정은 집단과 상담자에게 매우 도전이 될 수도 있는 방식으로 증폭될 수 있다. 나는 이러한 현상에 대해 '반(反)-집단(Nitsun, 1991, 1996)' 이라는 용어를 사용해 왔으며, 여기에서는 반-집단 개념의 틀 안에서 집단의 파괴적인 과정에 대해 탐색하고자 한다. 이 글의 목적은 집단상담자들이 자주 맞닥뜨리게 되는 어려움을 타당화하고 현실적인 관점을 촉진하며 이 강력한 치료 매개물의 건설적인 잠재력을 강조하는 데 있다.

배 경

집단상담에 대한 문헌에서 집단의 파괴적인 과정이라는 개념은 그 영역이 모호하다. 집단상담을 운영할 때의 문제점이 확실하게 인지되어 왔다고 하더라도, 집단에 적대적인 힘이 강한 영향을 미치고 치료작업을 방해한다는 점은 축소되거나 무시되거나 심지어 부인되어 왔다. 이는 강점과 잠재력을 강조하고자 노력하는 최근의 심리치료 접근의 결과라고 이해될 수도 있지만, 집단상담에서 파괴적인 과정을 무시하는 것은 다음의 몇 가지 측면에서 기회를 놓치는 것이다. ① 집단의 파괴적인 과정을 인지하면 집단상담을 약화시키기보다 강화시킬 수 있고, ② 파괴적인 과정을 이해하고 전환시키기 위해 노력하는 것이 심리치료에서 중점적인 부분이 되며, ③ 파괴적인 과정들이 집단에서 어떻게 다루어질 수 있으며 그것이 임상가들을 어떻게 고무시킬 수 있는지를 알게 되고, ④ 이러한 어려움에 대해 공개적으로 소통할 수 있게 한다.

집단상담의 문화는 이러한 과정에 대해 보다 열린 인식을 갖는 방향으로 점차 변화하고 있으며, 이러한 변화는 1994년 셔머(Schermer)에 의해 집대성되었다. 셔머는 우리가 이제 "무질서, 혼돈, 죽음, 공격성과 알아차리지 못함 등은 모든 살아 있는 체계로서의 집단의 중요한 측면이다(p. 31)."라는 합의에 도달했다고 제시하였다. 내 생각에는 여전히 합의되어야 할 부분이 많이 남아 있다. 아직 확인되지 않았지만 파괴적인 과정은 집단의 생존에 가장 큰 위협을 초래할 수도 있다. 우리의 집단과 우리 자신에게 일어나는 이러한 과정에 충실하게 관여하는 것은 선택의 문제가 아닌 우리의 책임이다.

1) 역사적 배경

집단상담은 영국과 미국에서 각기 다소 다른 전통을 따르고 있다. 나의 집단상담은 영국의 전통에 기반을 두고 있기 때문에 이 글에서 주로 영국의 전통에 초점을 두면서 미국의 발달을 비교하며 참고할 것이다.

영국에서 20세기 중반 이후 집단상담은 폴크스(Foulkes)와 비온(Bion)이 서로 대립구도를 세우며 양대산맥을 이루었다. 문헌에서 설명되고 있듯이(Brown, 1985) 이들은 집단에 대해 매우 다른 두 가지 관점을 대표하였다. 치료집단에 대한 폴크스의 관점은 긍정적이고 확장적이었으며, 이상적이라고 말해도 좋을 만큼 집단을 소통적이고 치유적이며 혁신적인 것으로 보았다. 반대로 비온은 집단은 퇴행적이고 파괴적인 과정에 사로잡혀 있으며, 집단의 과업은 기본 가정에 의해 보통 파괴된다고 보는 어두운 관점을 가지고 있었다. 이러한 두 가지 접근은 서로 매우 극단적으로, "대립구도(Dews, 1987)"에 가까운 위치를 차지하고 있다. 여기서 이와 같은 현상의 긍정적이고 부정적인 가능성은 문화적 차원과 제도적 차원에서 일어난 분열의 영향력 아래에 있어서 통합을 이루기가 더 어려웠다. 이 예시에서 분열은 파괴적인 것이 아니라 한계를 짓는 것으로 볼 수도 있다. 이 대립구도는 하나의 이론이나 다른 이론에 대한 충성을 내포하며, 우리의 사고와 임상 실제에 영향을 주는 이론적인 논쟁의 한가운데에서 집단이 분열되는 상징적인 과정을 보여 주기 때문이다.

나는 1980년대에 폴크스의 관점에 충실하게 집단분석가로서 훈련을 받았다. 나는 파괴적인 과정이 유용하다는 사실을 자주 경험하였는데도 그 당시에는 집단의 파괴적인 과정에 대한 진지한 논의는 강하게 배제되고 있었다. 이에 대한 나의 고민과 그것이 임상 실제에 주는 함의는 내가 이후에 반-집단 개념을 형성하는 데 좋은 자원이 되어 주었다. 내가 연구를 하고 있을 때 다른 분석가들도 나와 비슷한 고민을 겪고 있는 것으로 보였다. 로버츠(Roberts, 1991)와 프로저스(Prodgers, 1990) 같은 연구자들은 모두 집단분석가로서, 집단의 적대적이고 파괴적인 측면에 대해 목소리를 냈다. 그와 동시에, 타비스톡(Tavistok) 병원에서 수련을 받아 비온에게 영향을 받은 집단상담방식을 더 엄격하게 고수하였던 몇몇 분석가가 전체로서의 집단 접근, 즉 분석적인 거리를 두고 각 집단원에 대해 덜 강조하는 분위기에서 이루어지는 접근이 좋지 않은 임상결과를 초래하였다고 제시되는 증거에 의해 보다 유연한 관점을 갖기 시작하였다(Malan, Balfour, Hood, & Shooter, 1976). 통합의 가능성이 대두된 것이다.

영국에 비해 미국 문헌에서는 집단의 파괴적인 과정에 관해 대립되는 두 관점을 덜 획일적이고 덜 극단적으로 서술하고 있다. 그러나 다이스(Dies, 1992)는 집단상담의 주요 학파를 검토한 결과, 미국에서는 가지각색의 모델로 인해 상당한 이론적 혼란이 초래되고 전반적으로 통일성이 부족하다는 결론에 도달하였다(아마 이는 영국에서의 지능적인 반-집단의 다른 형태를 반영하는 것이다). 게다가 미국의 집단상담이 영국에서 건너온 것이라 하더라도 미국의 집단상담은 집단 그 자체보다는 집단에서의 개개인에 더 초점을 맞추는 특징이 있다. 반 스쿨(Van Schoor, 2000)은 이는 미국이 개성과 자기 결정권을 강조하고 심리적인 발달에 있어 집단을 이차 영역으로 격하시키는 문화를 가지고 있기 때문이라고 해석한다. 이 관점이 논쟁의 여지는 있지만, 이러한 주제는 새로운 형태의 심리상담을 만들기 위한 긍정적인 시도를 헤치며 나아온, 집단에 대한 상반되는 관점을 설명하는 데 도움을 줄 수 있다. 예를 들어, 집단상담의 창시자 중 한 명인 슬라브슨(Slavson)은 역설적이게도 전체로서의 집단은 반-치료적이라고 보았으며, 호위츠(Horwitz, 1991)에 따르면 울프(Wolf)와 슈워츠(Schwartz)는 집단을 치료적인 독립체로 여기는 이단적인 흐름을 없애는 숙청운동을 벌였다.

이후 미국에서의 집단상담은 여전히 전체로서의 집단접근의 유용성에 대해 의구심이 계속 있기는 하였지만, 얄롬(Yalom, 1995)의 공헌을 건설적으로 반영하여, 과정에 대한 낙관적인 관점을 채택하게 되었다. 그러나 집단상담자들은 점차 집단의 부정적인 측면을 이해될 수 있고 건설적으로 다뤄질 수 있는 과정의 필수요소로서 수용하기 시작하였고(예: Gans, 1989; Ormont, 1984), 전체로서의 집단접근의 가치를 인정하기 시작하였으며, 특히 하위집단이 형성되는 것으로 인한 영향이 자각되었을 때 그 가치가 빛을 발하였다(Agazarian, 1997). 동시에 여전히 집단의 파괴적인 잠재력에 대한 불안은 남아 있었으며, 이러한 현상을 바라보는 하나의 틀을 제공할 수 있는 통합된 이론이 없는 상황이었다.

반-집단

반-집단 개념은 영국의 폴크스학파의 전통인 집단의 파괴적인 과정을 무시하거나 경시하는 것에 대한 대응과, 전반적인 집단상담 관련 문헌에 내재되어 있는 분열과 역설에 대한 대응으로서 만들어졌다.

나는 기본적으로 이 이론에 동의하였고 임상경험이 내 생각에 더욱 불을 지폈다. 실무에 종사하는 집단분석가이자 1974년에서 2011년까지 영국 국민보건서비스의 심리학 및 심리치료 부서의 대표로 역임하면서, 나는 종합적인 집단상담서비스 개발의 가능성과 문제점에 대해 특별히 관심을 가졌다. 나는 집단을 만들고 유지하는 것은 언제나 어렵다는 것을 알게 되었다. 근본적으로, 도움을 필요로 하는 내담자들은 집단상담이 아닌 개인상담을 원했다. 집단에 참여할 것을 권유하면 때로 두려움과 의심을 보였다. 여기에서부터 반-집단이 시작되었다. 이러한 모습은 국민보건서비스(NHS)에서 수행한 집단상담에 대한 태도 연구에서 확인할 수 있다. 보든(Bowden, 2002)은 내담자들이 집단상담보다 개인상담을 압도적으로 더 선호하는 것은 집단상담에 대한 부정적인 인식이 만연해 있는 것과 관련되어 있다고 보았다. 내담자들의 태도와 더불어, 나는 동료 교수들 또한 집단상담에 대해 의심의 눈길로 바라보고 있다는 것을 알게 되었다. 기관 차원에서 운영되는 집단에 대해 사람들은 종종 양가적인 태도를 보였고, 집단이 파괴적인 방해행위에 취약할 것이라고 간주하였다. 이는 집단 외부에 존재하는 반-집단 형태이지만, 그럼에도 미묘하고 노골적인 방식으로 집단의 과업을 방해할 우려가 있었다.

반-집단은 본래 비판적 원리, 즉 집단에 대한 적대성을 비방어적으로 인식하고자 하는 폭넓은 훈련과 시도로서 집단상담에 대한 기존의 전통적인 낙관주의에 도전하면서 형성된 것이다. 반-집단의 개념을 구체화하고, 쉽게 확인되고 범주화된 고정된 현상으로 이해하는 경향이 있어 왔기 때문에, 나는 반-집단의 위상을 비판적 원리로서 강조하고 싶다. 동시에 반-집단 개념은 집단의 파괴적인 과정이 발생하는 기원과 드러나는 모습을 이해하기 위한 설명적인 패러다임일 뿐만 아니라, 집단에 적대적인 과정과 관련된 집단의 자료를 이해하기 위한 기술적인 틀을 제공한다.

반-집단을 규정하기 위한 시도로서 나는 다음의 복잡한 과정을 강조해 왔다. 첫째, 과정은 집단마다 천차만별이다. 둘째, 반-집단은 잠재된 형태와 명백한 형태가 있다. 셋째, 반-집단은 개인수준, 하위집단수준 및 전체로서의 집단수준에서 일어나며, 이들 수준은 체계적으로 연결되어 있는 것처럼 보일 수도 있다. 넷째, 반-집단은 집단 내부의 공격성과 관련되지만, 집단을 향한 공격성과도 관련이 있다. 어떠한 집단에서라도 반-집단을 이해하기 위해서는 이러한 복잡성을 고려해야 하며, 체계적이고 분석적인 관점에서 현상을 고려해야 한다.

반-집단의 결정요소

반-집단은 집단원들의 조합을 포함한 집단 자체, 집단의 맥락과 환경, 집단상담자의 세 가지 기본 요소로 이루어진다. 나는 이러한 각 차원에 대해 이전에도 글을 써 왔지만, 이러한 요소들이 선형적이기보다는 순환적인 특성을 나타내고 서로 다른 수준 사이에 반향이 일어난다는 점에 대해 갈수록 감명을 받고 있다. 집단은 매우 상호 주관적인 영역으로, 그 안에서 이러한 다른 맥락이 모여 잠재적인 반-집단을 만들어 낸다. 하지만 설명을 위해서는 세 가지 각 요소를 차례로 설명하는 것이 유용할 것이다.

1) 집단 내의 결정요소

어느 정도 반-집단 과정은 집단원들의 욕구(즉, 그들의 소망, 바람, 갈망)와 집단원으로서 지켜야 하는 사항(이는 각 집단원의 욕구충족을 막게 될 수 있음) 사이에서 피할 수 없는 갈등이 일어난다. 이 딜레마는 비온(Bion, 1961)이 개인을 '자신의 집단성(groupishness)을 위해 스스로와 싸우는 집단적인 동물(p. 168)'이라고 표현한 고전적인 진술로 요약된다. 개인적인 욕구에 대한 좌절감은 집단상담을 통해 공통성의 가치와 타인과 반영하고 교류하는 잠재 가능성을 배우는 것으로 대치될 수 있다(Foulkes, 1964). 그럼으로써 좌절감은 어느 정도 사라진다. 그러나 어떤 상황에서는 좌절이 더 심해지고 집단은 개인적인 욕구에 해롭다고 느껴진다. 보통 건설적으로 다루어질 수 있는 일반적인 집단의 긴장감은 부정적이고 파괴적인 비용을 초래하게 되며, 부적절하게 다루어지거나 부적절하게 해결될 경우에는 집단과 집단의 치료과업을 증가시키고 손상시킬 수 있다. 집단 내에서의 경험한 대부분의 반-집단 요소(Nitsun, 1996)는 이러한 견지에서 이해될 수 있다. 예를 들어, 전멸에 대한 두려움과 자기애적인 상처에 대한 두려움이 각각 집단 내의 개인이 느끼는 불안의 측면들을 표현한다고 생각해 보라. 또한 일대일 관계에서의 좌절이 발생한다. 이는 이상화된 관계에 대한 갈망(이는 종종 개인상담에 대한 선호 아래에 놓여 있다)이 여러 명의 타인과 시간과 공간을 놓고 경쟁하는 상황으로 인해 좌절되는 것이다.

반-집단과 연결되는 몇 가지 부가적인 과정은 다음과 같다.

(1) 파괴적인 경쟁심과 질투 질투와 경쟁심이 보편적인 것이고 집단관계에서 가장 자연스러운 표현임에도 불구하고, 그 감정들은 담지 못할 때 심화되며 파괴적으로 실연화될 수 있다.

(2) 의사소통의 실패 집단상담자들은 언어적인 의사소통을 매우 중시하는 경향이 있다. 언어적 의사소통은 필수적인 것이지만 집단에서 이해를 촉진하기보다는 오해와 조율의 실패를 일으킬 수 있다는 한계를 지닌다. 언어는 결함이 있고 오해의 소지가 많으며, 연결되기보다는 분리시킬 수 있다(Stern, 1985). 나는 언어적인 상호작용이 촉진을 일으키기보다는 해가 되고 집단을 망치는 이러한 상태를 '오염시키는 의사소통(Nitsun, 1996)' 이라고 부른다.

(3) 연결에 대한 공격 이것은 비온(Bion, 1959)이 만들어 낸 가치 있는 개념으로서, 생각과 감정 및 행동 사이의 연결을 공격하고 집단을 유지시키는 연결을 손상시키게 되는 엄청난 불안과 심리적 위협의 상태에 놓이는 경향성을 의미한다.

(4) 투사적 동일시 투사적 동일시가 집단의 각 집단원들에게 서서히 미치는 은밀한 영향과는 별개로, 집단 자체에 대한 보다 광범위한 형태의 투사적 동일시가 존재할 수도 있는데, 이 경우 집단은 '나쁘고' 안전하지 못하며 쓸모없는 것으로 여겨지며 대상으로서의 집단이 폄하된다. 반-집단은 집단에 대한 부정적인 투사를 통해 일어난다.

(5) 욕구의 표현 나는 최근 집단에서 욕구를 표현하는 것과 관련하여 생각을 발전시키고 있다. 나는 집단원들이 개인적인 욕구를 개방적으로 표현하고 공유하는 것이 가능할 때에 집단의 작업이 잘 이루어진다고 본다. 여기에는 넓은 의미에서의 욕구 및 보다 구체적으로 성적인 욕구도 포함된다. 친밀감에 대한 욕구를 집단에서 어떻게 다룰 것인가는 간단하지 않으며, 그러한 욕구가 억압되고 방해된다면 좌절감과 실망에 덧붙여 욕구의 소외가 발생할 수 있고, 욕구의 소외는 반-집단의 발달에 기여하게 된다. 페어베언(Fairbairn, 1952)에 따르면 집단은 반-리비도적인 대상이 되는 것이다.

2) 맥락 내의 결정요소

집단은 기관, 병원, 현장 등의 환경에서 일어난다. 환경은 고유한 매트릭스를 가지고 있으며 환경 자체가 긍정적이거나 유해할 수도 있다. 집단이 진보하는 것은 이 매트릭스의 지지에 달려 있다. 환경 내의 부정적인 태도는 다른 형태로 나타날 수 있다. 집단의 치료기능에 대한 의심과 불신, 닫힌 문 너머에서 무슨 일이 일어나고 있는지에 대한 호기심, 집단에서 제외되었을 때 느끼는 질투심, 가치로운 작업으로 느껴질 때의 시기심 등으로 말이다. 어떤 식으로든 집단은 집단에 참여하고 있는 사람뿐만 아니라 집단 밖의 사람에게도 강한 감정을 불러일으키기 마련이다. 위니컷(Winnicott, 1965)은 새로운 집단을 만드는 것은 적대와 공격이 일어나는 기회가 된다고 가정하였다.

외적 맥락에서 일어나는 반-집단 태도가 집단의 효과를 약화시킬 수 있다. 이는 어떤 기관 안에서 적대적인 집단원이 고의적으로 집단을 방해하는 것과 같이 직접적으로 일어날 수도 있고, 또는 집단에서 어려운 시기를 보내고 있는 내담자에게 집단을 계속하라고 격려하지 않는 것과 같이 간접적으로 일어날 수도 있다. 이와 같은 많은 예를 통해 '환경적인' 반-집단이 해로운 영향을 미칠 수 있으며, 집단이 이미 깨질 위기에 있을 때 특히 그러하다는 것을 알 수 있다. 외적인 맥락에서 발생하는 반-집단 역동을 규명하는 것은 집단 내부에서 무엇이 일어나고 있는지를 이해하고 관리하기 위해서 반드시 필요할 것이다.

3) 상담자의 결정요소

집단상담자들은 자신이 반-집단 반응이 될 수도 있으며 집단 내의 파괴적인 실연화에 기여할 수도 있다는 사실을 자각하고 있어야 한다. 자신이 선택한 직업임에도 집단상담자는 자신의 집단관계에 대한 미해결된 문제를 품고 있을 수 있다. 심지어는 집단에서 자신의 문제를 해결하기 위한 시도로 이 직업을 선택했을 수도 있다. 그런 이러한 해결책은 거의 성사되지 않는다. 명백하게 드러나는 반-집단은 상담자 자신의 내적인 반-집단을 촉발할 수 있다. 상호 주관적인 영역으로서의 집단은 상담자가 의식적으로 개입할 때만이 아니더라도 상담자에 의해 끊임없이 영향을 받으며, 상담자의 기여에 대해 신중하게 고찰해 볼 필요가 있다.

자신의 고유한 권리를 가진 한 사람으로서 상담자가 직면하게 될 구체적인 도전은 다음과 같다.

> ① 집단에서 위기와 위험에 대한 불안, ② 집단에서의 생존에 대한 두려움, ③ 실패와 비판에 대한 두려움, ④ 사랑받고 싶은 자기애적인 소망, ⑤ 유기와 함입에 대한 두려움, ⑥ 통제와 권위의 상실에 대한 두려움.

이것들은 상담자가 집단에서 겪는 특징적인 어려움을 모두 드러내고 있다고 하겠다.

상담자의 반-집단이 정확히 어떻게 집단의 영역에 들어가느냐는 상담자 개인과 특정 집단의 역동에 따라 달라진다. 예를 들어, 상담자의 반-집단은 무의식적으로 집단원을 잘못 선별하는 것으로 드러날 수 있고, 이는 집단에 어려움을 초래하여 반-집단적인 기대가 옳다는 것을 확인하게 될 수 있다. 상담자의 반-집단은 집단에 지장을 주고 위협적인 사건에 대한 역전이 반응으로서 표현될 수도 있다. 상담자는 이러한 행동을 하는 집단에 대해 두려워하고 심지어 미워하게 될 수도 있다. 상담자의 반-집단은 집단에 대해 적절한 조직적인 지지를 확립하는 데 실패하는 것으로 나타날 수도 있다. 이는 상담자에게 무력감과 절망감을 가져다준다. 이 모든 것은 잠재적으로 문제가 될 수 있다. 갈등과 분노 또는 절망이 높아져 있는 상태의 집단은 특별한 담아내기가 필요한데, 자신의 반-집단과 싸우고 있는 상담자는 그러한 담아내기를 제공하기 어려울 수 있기 때문이다.

집단의 발달에 대한 반-집단의 영향

반-집단으로 대표되는 많은 것은 집단관계에서 자연스러운 표현으로 보일 수 있다는 것을 인식하는 것이 중요하다. 의심, 경쟁, 적대감, 질투 등은 매일의 집단과정에서 일어난다. 이러한 표현은 집단의 생애에 활력을 불어넣으며, 집단이 충분히 응집력 있고 건설적으로 유지되는 한 집단의 치료적인 발달에 기여할 수 있다. 이러한 과정을 부인하고 억압한다면 기능적이기보다는 역기능적인 집단을 만들어 낼 수도 있다. 만일 이러한 '정상적인' 집단 과정이 집단의 긴장과 부조화 시기를 촉발시킨다는 점에서 반-집단으로 보인다면, 이는 기능적이거나 '자연스러운' 반-집단으로 설명될 수 있다. 하지만 이것은 내가 말하는 역기능적이거나 '병리적인' 반-집단과는 구별된다. 집단에서의 부정적인 흐름은, 특히 그것이 집단 자체를 향하는 흐름일 경우 집단에서 정체, 경직 및 해결할 수 없는 갈등을 일으킬 수 있다. 분열과 붕괴가 시작될 수 있고, 집단의 생존이 위태로워질 것이다.

그러나 극단적인 상황에서조차 집단은 과정을 통해 유지되고 깊어지며 강화될 수 있다는 희망이 있다. 이에 따라 나는 반-집단의 치료적인 잠재 가능성에 대한 특별한 입장을 취하게 되는 것이다. 정서발달에 대한 변증법적인 관점(Ogden, 1992)에 따라, 나는 반-집단이 집단의 창의적인 특성에 대하여 상보적이고 힘을 더해 주는 관계에 있다고 생각한다. 여기에는 몇 가지

양상이 존재한다. 반-집단은 눈에 보이지 않지만 탐색과 이해를 통해 접근할 수 있는 외상적인 과거의 관계경험도 포함하기 때문에, 반-집단 안에 담긴 치료적인 성장의 싹이 존재한다. 게다가 파괴적인 과정을 담아내고 그 과정에서 살아남기 위한 투쟁은 반복되는 외상과 분열에 대한 두려움을 상쇄시켜 주므로 확신을 준다. 이것은 위니캇(Winnicott, 1974)이 '대상의 사용'에 대한 자신의 관점과 연결지어 '창조적 파괴'라고 명명한 것과 유사한데, 유아는 일차 양육자를 향한 공격성을 통해 분리와 독립을 발견한다는 것이다.

반-집단 다루기

집단의 부정적이고 잠재적으로 파괴적인 과정을 다루는 것은 많은 집단상담자에게 부담이 된다. 이 주제는 이전에 출간된 문헌(Nitsun, 1996)에서 광범위하게 다루어졌다. 그 과업은 반-집단이 내가 앞서 언급하였듯 기능적이냐 역기능적이냐에 따라 달라진다는 점을 먼저 밝힐 필요가 있다. 필요에 의해 단순화된 구별이라도 소개해 보겠다. 기능적인 반-집단의 경우에는 감정표현을 개방적으로 끌어내는 개입과 일반적인 임상관리 및 담아내기 개입을 결합하면 대체로 충분하지만, 역기능적이거나 병리적인 반-집단에서는 보다 적극적인 개입이 필요하다. 취하는 개입의 형태는 집단의 환경에 따라 달라지겠지만, 반-집단 과정을 관리하는 광범위한 지침을 몇 가지 제시한다.

1) 경계관리

반-집단은 종종 경계침범과 관련된다. 반-집단은 경계침범의 원인일 수도 있고, 결과일 수도 있으며, 혹은 둘 다일 수도 있다. 이것은 때로 감지할 수 없을 만큼 미세하지만 점점 커지게 된다. 상담자는 뜻하지 않게 경계위반에 붙잡힐 수도 있고, 경계위반의 모든 함의를 깨닫지 못하고 결탁할 수도 있다. 경계와 관련된 사건을 최소화하기 위해서는 상당한 주의가 요구되며, 역기능적인 반-집단이 발생하면 경계를 다시 세우고 강화하기 위해 적극적으로 개입할 필요가 있다.

2) 반-집단의 소재 파악하기

나는 인식되거나 다뤄지지 않은 상당한 긴장과 적대감에 의해 전체로서의 집단이 해를 입는 상황을 '방어적인 응집(defensive agglomeration)'이라는 용어로 설명해 왔다. 방어적인 응집은 약하거나 손상된 그릇으로서의 전체 집단에 대한 투사를 촉발시킬 수 있고, 집단을 반-집단적인 특성으로 물들일 수도 있다. 더 구체적인 수준에서 반-집단의 소재를 파악하는 것이 근본적으로 요구된다. 반-집단은 집단 내의 개인적 수준, 양자관계수준 또는 하위집단수준에 존재할 수 있다. 반-집단은 또한 집단 외부의 유해한 환경에 있을 수도 있고, 상담자 내면의 부정적인 과정을 반영할 수도 있다. 반-집단을 해체하기 위해서는 이러한 각 수준과 그와 관련된 가능한 연결을 명확히 파악해야 한다.

3) 외상 확인하기

반-집단이 집단원들의 삶에서 숨겨진 외상을 담아내고 드러낸다는 가정에 근거하여, 이 외상의 특성을 밝혀내는 것이 필요하다. 집단에서 과거의 외상이 얼마나 넓게 펴져 있는가? 집단에서 집단원들의 외상의 경험을 연결시켜 주는 유사성이 있는가? 그리고 집단원들은 외상의 환기에 어떻게 함께 반응할까? 이것은 어떻게 집단에서 상처를 회복시키기보다는 반복하게 만드는 방식으로 일어나는가? 외상으로 인한 수치심, 슬픔, 절망 및 분노를 나눌 뿐만 아니라 외상경험을 확인하고 자각하는 것은 온정적인 집단작업의 일부이며, 역기능적인 반-집단을 치료경험으로 전환시키는 중요한 측면이다.

4) 연결 짓는 기능을 유지하기

나는 집단의 통합과 발달에 필수인 인지적 및 정서적 연결의 전반적인 과정을 설명할 때 '연결 짓는 기능'이라는 용어를 사용한다. 집단은 연결의 매트릭스다. 집단은 연결로 짜인 단체다. 반-집단은 이러한 연결에서 벗어나고자 하는데, 그 방식은 앞서 설명했듯이 연결에 대한 공격(의존과 친밀에 대한 강한 두려움에서 비롯된 연결에 대한 두려움과 증오로 인해 만들어진 과정)이라는 비온의 개념과 유사하다. 집단이 연결을 유지할 수 없거나 유지하고 싶어 하지 않을 때 상담자가 생각과 말과 제스처를 통해 연결을 계속 유지하는 것은 필수적이다.

5) 상담자의 지지자원

역기능적인 반-집단은 상담자에게 방해가 되고 상담자의 사기를 꺾는 영향을 미치기 때문에, 상담자는 전문적인 지지를 받는 것이 매우 중요하다. 정기적으로 개인 수퍼비전 또는 동료 수퍼비전을 받는 형태도 좋고, 아니면 최소한 어려움을 겪고 있는 시기에 그러한 지지를 찾는 것이 중요하다. 내가 보기에 집단상담자들은 때로 그러한 지지가 부족하거나 실패, 부적절감 및 무력감과 관련된 수치심으로 인해 지지를 피하기도 한다. 하지만 혼자서 계속 나아간다면 더 큰 절망을 경험하고 집단에서는 반-집단의 총체적인 연합체가 발달할 것이다. 막혀 있고 역기능적인 집단과정에 대해 다른 관점을 접하고 수퍼비전을 받는 것은 매우 중요하고 효과적인 방법이다. 앞서 언급하였듯이 상담자의 부정적인 역전이는 과정에서 매우 중요하게 고려되어야 한다.

결 론

이 장에서는 반-집단이 집단생애의 복잡성과 불확실함을 일깨워 주는 집단의 파괴적인 과정에 대한 접근으로서 나타났다. 반-집단은 상당한 방해와 손상을 줄 가능성이 있지만 동시에 이러한 과정을 담아내고 전환시킬 수 있다는 희망을 제시하며 집단과 상담자에게 힘을 실어 주고 있다.

Morris Nitsun, Ph.D.

참고문헌

Agazarian, Y. M. (1997). *Systems-centered therapy for groups*. New York: Guilford Press.

Bion, W. R. (1959). "Attacks on Linking" in *Second thoughts* (1967). London: Heinemann.

Bion, W. R. (1961). *Experiences in groups*. London: Tavistock.

Bowden, M. (2002). Anti-group attitudes at assessment for psychotherapy. *Psychoanalytic Psychotherapy, 16*, 246-258.

Brown, D. (1985). Bion and Foulkes: Basic assumptions and beyond. In M. Pines (Ed.), *Bion and group psychotherapy*. London: Routledge and Kegan Paul.

Dews, P. (1987). *Logics of disintegration: Post structuralist thought and the claim of critical theory*. New York: Verso.

Dies, R. R. (1992). Models of group psychotherapy: Sifting through cofusion. *International Journal of Group Psychotherapy, 42*, 1-17.

Fairbairn, W. R. D. (1952). *Psychoanalytic studies of the personality*. London: Tavistock.

Foulkes, S. H. (1964). *Therapeutic group analysis*. London: Allen and Unwin.

Gans, J. S. (1989). Lostility in group psychotherapy. *International Journal of Group Psychotherapy, 39*, 299-516.

Horwitz, L. (1991). The evolution of a group-centered approach. In S. Tuttman, (Ed.), *Psychoanalytic group theory and therapy*. Madison, CT: International Universities Press.

Malan, D. H., Balfour, F. H. G., Hood, V. G., & Shooter, A. M. N. (1976). Group psychotherapy; a long-term follow-up study. *Archives of General Psychiatry, 33*, 1303-1315.

Nitsun, M. (1991). The anti-group: Destructive forces in the group and their creative potential. *Group Analysis, 24*, 7-20.

Nitsun, M. (1996). The Anti-group: Destructive forces in the group and their creative potential. London: Routledge.

Ogden, T. H. (1992). The dialectically constituted/decentred self of psychoanalysis II. *International Journal of Psycho-Analysis, 73*, 613-626.

Ormont, L. R. (1984). The leader' s role in dealing with aggression in groups. *International Journal of Group Psychotherapy, 34*, 553-572.

Prodgers, A. (1990). The dual nature of the group as mother: The uroboric container. *Group Analysis, 23*, 17-30.

Roberts, J. (1991). Destructive phases in groups. In J. Roberts, & M. Pines, (Eds.), *The Practice of Group Analysis*. London: Routledege.

Schermer, V. L. (1994). Between theory and practice, light and heat. In V. L. Schermer & M. Pines, (Eds.), *Ring of fire*. London: Routledge.

Stern, D. (1985). *The interpersonal world of the infant*. New York: Basic Books.

Van Schoor, E. P. (2000). A sociohistorical view of group pschotherapy in the United States. *International Journal of Group Psychotherapy, 50*, 437-454

Winnicott, D. W. (1965). *The family and individual development*. London: Tavistock.

Winnicott, D. W. (1974). The use of an object and relating through identifications. In D. W. Winnicott, *Playing and Reality*. London: Pelican.

Yalom, I. D. (1995). *The theory and practice of group psychotherapy* (4th ed.). New York: Basic Books.

처음 만나는 자유의 뻐꾸기

[수퍼바이저 선생님께]

저는 제가 집단을 분열에서 구해 낼 수 있을지 잘 모르겠습니다. 그리고 제가 이 지경에 이르기까지 무엇을 잘못했는지, 집단의 종결이 주는 고통을 완화시키기 위해 지금 할 수 있는 방법이 있는지, 또는 어쩌면 집단을 유지하기 위해 제가 뭔가 할 수 있는 일이 있는지에 대해 선생님의 생각을 듣고 싶습니다. 제가 몇 가지 실수를 했다는 것을 이미 알고 있기 때문에 이 이야기를 하기가 부끄럽습니다만, 어떤 일이 일어났는지 아셔야 할 것 같아 말씀드립니다.

저는 5년간 집단상담을 이끈 경험이 있고, 제가 무엇을 하고 있는지를 드러내는 것이 부끄러운 마음도 있어서 사실상 어떤 수퍼비전이나 자문도 받지 않았습니다. 저는 이 집단을 2년 전에 여섯 명의 집단원들과 함께 시작했습니다. 두 명은 저의 개인상담 내담자였고, 네 명은 다른 상담자에게 의뢰받었습니다. 첫 3개월이 지난 뒤 외부에서 의뢰된 네 명 중에서 세 명이 중도 탈락하였고, 저는 제 내담자 중 두 명과 외부에서 다른 두 명을 추가로 영입하여 다시 인원수를 여섯 명으로 만들었습니다. 이 집단은 남녀혼성의 개방집단이고, 정신역동적 집단이며, 집단원들은 25세에서 55세까지로 우울장애, 공황장애, 양극성장애, 자기애적 특성을 지닌 경계선 성격장애와 반사회성 성격장애를 포함한 다양한 진단을 가진 내담자들입니다. 이것이 아마 제가 처음 선로를 이탈하게 된 지점인 것 같습니다.

저는 최대한 빠른 시간 내에 집단에 착수하고 싶었기 때문에, 잠재적인 위험이 있다는 것을 알고 있는 집단원들을 선발하였고 연령대의 범위 차를 20세에서 30세로 넓혔습니다. 그래서 저는 38세의 반사회적 성격장애 내담자인 잭[영화 〈뻐꾸기 둥지 위로 날아간 새〉에 나오는 잭 니콜슨(Jack Nicholson)

을 생각하시면 될 것 같습니다]을 집단에 받았습니다. 잭은 그가 자기의 목적을 위해 사람들을 어떻게 이용하는지에 대해 대인관계적인 피드백을 받을 수 있기를 바라며 집단에 의뢰된 사람입니다. 또한 집단을 처음 시작할 때 45세의 경계선 성격장애 내담자인 안젤리나[영화 〈처음 만나는 자유〉의 안젤리나 졸리(Angelina Jolie)를 생각하시면 됩니다]가 있었는데, 안젤리나는 저의 개인상담 내담자로 전반적인 불행감과 관계 유지에 무능함을 겪고 있었습니다. 가장 나이가 많은 집단원은 그레고리[영화 〈앵무새 죽이기〉의 그레고리 펙(Gregory Peck)을 생각하시면 됩니다]인데, 그는 55세의 변호사로서 우울과 사회적 고립으로 인해 그의 상담자로부터 집단에 의뢰되었습니다. 제가 이 세 명을 언급한 이유는 이들이 과하게 폭발적인 행동을 많이 보이고 다른 집단원들은 방관자가 되어 지켜보고 있기 때문입니다. 안타깝게도 저는 이 상황을 너무 오래 방치해 온 것 같습니다.

집단을 처음 시작하는 주에 잭과 안젤리나는 종종 서로 다투고 서로를 비난했으며, 상대방에 대한 경멸을 표현했습니다. 안젤리나는 자기도 거의 매주 잭이랑 싸우느라 집단에 별 도움이 안 된다는 것은 인식하지 못한 채, 잭이 집단을 망치는 장애물이라고 생각했기 때문에 개인회기에서 잭을 이 집단에 들인 것에 대해 저에게도 분노하고 있었습니다. 잭과 안젤리나가 격렬하게 부딪힐 때 다른 세 명의 집단원은 집단이 자기에게 맞지 않는다고 선언하고 일찍 집단을 떠났는데, 그레고리는 그들과 달리 관계를 끊지 않고, 단지 철수하는 행동으로 반응하였습니다. 물론 그가 너무 우울해서 집단을 그만둘 수 없기는 했지만 말입니다. 안젤리나와 잭은 집단에 남아 있으면서 자기인식이나 증상의 변화에서 거의 발전을 보이지 않았고, 그들의 만성적인 갈등으로 인해 집단에 새로 들어온 사람들은 마치 회전문으로 들어왔다가 나가듯이 2개월이라는 집단의 계약기간이 지나자마자 집단에서 도망쳤습니다. 제 내담자들은 집단에서는 거의 이야기하지 않았지만, 저에게 개인적으로 와서 집단의 분위기가 '잭과 안젤리나의 레슬링'이 된 것에 대해 불만을 표현했습니다. 그들은 집단에 참여하는 것이 그들에게 최선의 이익이라고 제가 계속해서 설득했기 때문에 집단에 남아 있습니다.

지금은 저의 개인상담 내담자 세 명과 잭을 포함하여 총 네 명의 집단원이 있고, 예전에 제 집단에 내담자들을 소개해 줬던 의뢰처에서 더 사람을 소개받을 여지는 거의 사라져 가고 있습니다. 회기를 거듭할수록 집단원들이 집단에서 아무런 이득을 얻지 못하고 있다는 이야기가 희미하게 올라오고 있으며, 저도 그들의 말에 거의 동의가 되기 시작하면서 자신감이 흔들리고 있습니다. 선생님은 이 집단의 장애요소들에 대해 어떻게 이해하고 계신가요? 그 요소들의 영향력이 너무 강력해서 집단이 살아남기가 어려울까요?

[상담자에게 (1)]

저는 체계 중심 이론의 관점에서 설명을 드리겠습니다. 체계 중심 이론은 살아 있는 인간 체계에 대한 이론에서 출발했습니다. 이론이 먼저이고 실제가 그다음인 것이지요. 이론을 실제에 적용하고자 할 때 저도 그랬듯 그 방법들이 매우 다르고 낯설게 느껴진다는 점에서, 이론에서 출발한 체계(theory-driven system)는 참 어렵습니다(Agazarian, 2000).

정신분석적이고 역동적인 집단상담자로서 저는 언제나 '제3의 귀'를 집단역동에 맞추어 두면서 집단을 따라갔습니다. 집단에서 방어적이거나 부적응적인 반응이 일어나는 경우, 저는 그 반응의 이면에 있는 집단역동을 조명하는 것을 목표로 삼고서 전체로서의 집단이나 집단원들을 다루고자 했습니다. 집단원들이 이 안에서 부적응적인 패턴을 반복하려는 충동을 느끼고 통찰을 통해 그것을 알아차릴 수 있는 환경으로 집단과정을 활용하도록 촉진했습니다.

그와 대조적으로, 체계 중심 이론에서는 집단원들이 행동화하게 되기 전에 오랜 패턴을 반복하려는 충동에 대해 동시에 탐색하기를 촉진하고, 이러한 탐색을 촉진하는 집단체계를 집단원들이 발달시키기를 격려합니다. 이 체계 중심 이론으로 옮겨 오면서 저는 이론을 실제에 적용시켜 줄 집단의 규범을 발달시키기 위해 선견지명을 발휘해야 했습니다. 그래서 저는 규범이 자리 잡기 전에 집단과정에 개입하기 시작했습니다. 방법에 있어서 매우 어려운 변화였던 셈이지요(Agazarian, 1997, 2002).

체계 중심 이론 집단에서 의사소통 규범은 첫 몇 분에 의해 영향을 받습니다. 집단원들은 방어적인 모호함, 쓸데없는 반복 및 많은 사람이 즐겨 사용하는 "네…… 하지만……."을 포기해야 합니다. 체계 중심 이론 집단과 심리역동 집단의 가장 큰 차이는 해석이 아주 적거나 전혀 없고, 설명도 없고, 질문도 없다는 것입니다. 이 세 가지 의사소통은 사람들이 그들 자신과 타인들로부터 멀어지게 만듭니다. 모든 해석은 투사와 마음 읽기(mind-reads)로 간주되는데, 이는 마음을 읽히고 있는 집단원에게 그 내용이 맞는지 확인될 필요가 있는 것입니다. 설명은 그 사람이 그 문제에 대해 알지 못하는 것을 탐색하는 대신에 이미 알고 있는 것을 설명합니다. 질문은 그 사람 자신의 내면에서 무엇이 질문을 일으키는지를 찾아내는 대신에 그냥 대답을 찾는 방법입니다.

또 다른 신속한 체계 중심 이론 개입은 의사소통 패턴 자체에 대한 개입입니다. 대부분의 집단원은 적극적인 집단원에게는 말을 더 많이 하고 수동적인 집단원에게는 말을 더 적게 하며, 자기와 같은 생각을 표현하는 집단원에게 말을 더 많이 하고, 그렇지 않은 집단원에게는 말을 더 적게 합니다. 이는 사람들이 기능적이지 않은 예측 가능한(전형적인) 하위집단들로 모이는 패턴을 재빨리 형성시킵니다. 반대로, 체계 중심 이론에서는 기능적인 하위집단을 만드는 방법으로 집단원들이 서로 공감에 참여하도록 하고, 집단의 주제의 한 측면을 탐색할 때, 다른 하위집단은 다른 측면을 탐색하기 전에 첫 번째 측면이 끝날 때까지 기다리도록 합니다. 이러한 작업방식은 서로 다른 하위집단들 사이의 갈등을 수반하고 탐색하는 과정에서 집단원들은 서로의 작업을 기반으로 삼을 수 있으며, 갈등은 서로 다른 관점에서 이해되고, 전체로서의 집단으로 통합이 촉진됩니다.

체계적인 관점에서 볼 때, 잭과 안젤리나는 같은 하위집단, 즉 '싸우는' 하위집단에 속해 있습니다. 집단의 작업은 집단현상의 양 측면을 모두 탐색해야 할 것입니다. 싸우려는 충동(잭과 안젤리나의 하위집단)과 싸움으로부터 도망치려는 충동(다른 집단원들의 하위집단)이 그것입니다. 하위집단을 기능적으로 경험하면서, 집단원들은 자신의 충동을 실연화하는 대신에 그 충동에 대해 탐색할 수 있는 더 좋은 기회를 갖게 됩니다.

기능적인 하위집단화의 규범은 집단원들은 그들이 이야기하지 않으려 는 어려운 주제들을 더 쉽게 이야기할 수 있도록 만듭니다. 예를 들어, 이 집단에서 생긴 집단에 대한 불만은 집단 밖으로 향하거나 집단원의 개인상담 회기에서 다루어집니다. 이는 집단원들과 집단이 집단의 중요한 주제를 수면 위로 다룰 수 있는 기회를 빼앗는 것입니다. 예를 들어, 잭과 안젤리나의 반복되는 싸움에 대한 불만과 같은 주제 말입니다. 집단의 문제를 집단 밖에서 다루면 집단원들의 무력감과 무능감이 커질 것이며, 그러면 집단원들이 포기를 하거나 집단을 떠나게 될 것입니다.

이 집단은 싸움으로 빠르게 이동하는 것처럼 보입니다. 체계 중심 이론 관점에서 보면, 도피단계를 건너뛰고 곧바로 싸움으로 이동하는 경향성이 의미하는 바는 다음과 같습니다. 집단원들은 아직 서로의 공격을 개인적으로 받아들이지 않으면서 '어떻게' 싸우는지를 배우지 못했을 뿐만 아니라, 도피단계 불안(그들의 부정적인 예상, 마음 읽기 및 과거의 두려운 경험으로 인한 불안)을 조절하는 기회를 가지지 못했다는 것이지요(Agazarian, 1999). 따라서 너무 빨리 싸우는 것은 도피방어를 증가시키기 쉽고, 공격성을 분노, 비난, 불평 및 다른 방어로 표출함으로써 공격성에서 얻을 수 있는 경험과 정보를 잃기 쉽습니다.

아마도 이 집단에서 가장 좌절을 주는 요소는 집단원들이 스스로 또 서로 고통스러운 역할을 반복하고 있다는 것입니다. 체계 중심 이론에서 집단원들은 과거의 역할이 현재에 반복되고 있는 서로에 대한 반사반응과, 자기에 대한 진실한 관계(이는 호기심, 경이 및 반응하려는 충동에 대한 탐색을 허용합니다)의 차이에 대해 일찍 학습하게 됩니다. 모든 집단원이 자신의 충동을 탐색하면 어떤 집단원도 표적 대상이나 동일시된 집단원 또는 희생양이 되지 않습니다.

불행하게도 잭과 안젤리나는 서로의 표적 대상이었습니다. 체계 중심 이론의 관점에서 잭과 안젤리나가 실제로 같은 하위집단에 속한다는 것을 아는 것이 중요합니다. 그들이 이 주제를 탐색하기 위해 필요한 담아내기가 제공되지 않는다면, 그들이 서로 어떤 중요한 과거의 관계를 반복하고 있다는 사실과 그것을 행동화할 완벽한 파트너를 골랐다는 사실을 인식하는 것은 매우 어려울 것입니다. 체계 중심 이론에서는 이것을 역할 갇힘(role-lock)이라고 일컫습니다. 역할 갇힘이란 각 집단원이 자신의 역동을 변화시키고자 집단에 찾아왔는데 그 역동이 서로에게 반복이 되는 관계 속에 갇혀버리는 것을 의미합니다. 그들의 역할 갇힘은 집단에 대해서도 역할을 합니다. 역할 갇힘은 집단이 탐색을 지나치게 무서워하거나 집단의 파괴적인 힘과 같은 집단역동을 담아내는 그릇으로서 기능합니다. 통찰을 위한 이러한 강렬하고 생생한 잠재력이 역동 속에 있는데도 잭과 안젤리나가 통찰을 위해 탐색하기보다 자기 자신과 집단에 행동화를 했다는 것은 매우 불행한 일입니다.

그레고리가 철수한 것 또한 공격성에 대한 전형적인 우울증 환자의 반응이 반복된 것일 수 있습니다. (우울증의 한 요인이 보복적인 충동을 자기에게 돌리는 방어라고 할 때, 도피하는 하위집단 또한 그들이 탐색하고자 한다면 통찰을 얻을 수 있는 가능성이 높습니다.) 다른 세 집단원은 그레고리의 도피 하위집단에 속합니다. 그들이 장을 떠나면 우리는 그들이 강력하게 행동화를 했던 것인지 아니면 보편적인 상식선에서 고착되고 기능적이지 못한 집단을 떠난 것인지 알 수 없게 됩니다. 어쩌면 둘 다일 수도 있겠지요.

체계 중심 이론과 역동치료의 또 다른 차이점은 집단원들을 둘러싼 주제들이 틀 지워지는 방식에 있습니다. 그동안 틀은 집단원들의 조합이 집단의 과정에 영향을 미치는 중요한 요소라는 것을 시사한다고 여겨졌습니다. 체계 중심 이론의 시각에서는 집단을 형성한다는 것은 구성원을 선택하는 것이라기보다 의사소통 규범을 설정하는 것이라고 봅니다. 따라서 연령과 진단의 범위는 그 자체가 문제로 여겨지지 않습니다. 집단원들이 너무 달라서 서로 의사소통을 하는 것이 어려울 정도가 아니라면 말이지요(그런 경우는 제 경험으로 볼 때 극히 드뭅니다). 이 집단의 특정한 조합은 행동화를 일으킬 잠재 가능성이 높습니다. 하지만 행동화 가능성을 다루는 것은 집단에서 언제나 중요한 일이며, 특히 경계선 성격장애를 가진 사람들에게 중요합니다[그리고 경계선 성격장애자는 규범을 담아내는(contain) 것에 대해 특히 민감합니다]. 체계 중심 이론에서는 대안으로 집단원들이 한편으로는 행동화하려는 충동(방어)과 행동화를 통해 방어하고자 하는 충동, 감정 또는 갈등이 무엇인지 사이의 갈림길을 탐색하도록 촉진합니다. 이는 진단명과는 관계없이 모두를 위한 효과적인 담아내기입니다.

사례에 대해 묘사한 내용에서는 몇몇 집단원은 상담자의 개인상담 내담자이고, 다른 집단원들은 다른 상담자로부터 의뢰되었다는 주제가 집단에서 다루어졌는지가 드러나지 않습니다. 집단에서 이 주제를 작업하지 않고서는 집단원들이 집단의 긴장을 자신의 개인상담 회기로 돌리는 것을 피하기 어려울 것입니다. 집단상담자와의 다른 역할관계에 대한 문제를 표면화시키는 데 실패하는 것은 특별한 존재 또는 특별하지 않은 존재가 되는 것에 대한 갈등을 탐색할 수 있는 기회를 놓치는 것이며, 잭과 안젤리나가 표현하고 있는 집단원들 사이의 긴장감을 높이는 데 분명 기여할 것입니다.

저의 최종 조언은 다음과 같습니다. 상담자는 수퍼비전을 받는 것을 꺼려했습니다. 저는 이에 대해 상담자가 이전에 어떤 수퍼비전 경험을 하였기에 생존이 위태로운 집단을 이끄는 것에 대한 무력감과 고통, 좌절을 견뎌 내고 있는 것인지 궁금합니다. 상담자가 부적응적인 치료관계에 대한 통찰을 얻기 위해 다른 전문가에게 자문을 구하지 않는다는 것이 윤리적인 문제입니까? 잘 조율하는 수퍼바이저는 수퍼바이지를 멸시하지 않으며, 집단이 곤경에 처한 치료 주제들에 대한 통찰에 집중하고, 그들의 삶의 목표와 연결시키는 타고난 건강한 욕구를 저해하는 힘이 무엇인지 밝혀낼 것입니다.

Yvonne M. Agazarian, EdD, CGP, FAGPA

참고문헌

Agazarian, Y. M. (1997). *Systems-centered therapy for groups*. New York: Guilford Press.

Agazarian, Y. M. (1999). Phases of development in the systems-centered group. *Small Group Research, 30*, 82-107.

Agazarian, Y. M. (2002). A systems-centered approach to individual and group psychotherapy. In L. Vandecreek & T. Jackson (Eds.), *Innovations in clinical practice: A source book* (vol. 20). Sarasota, Florida: Professional Resource Press.

Agazarian, Y., & Gantt, S. (2000). *Autobiography of a theory*. London: Jessica Kingsley.

[상담자에게 (2)]

당신은 정말 집단에서 심각한 문제를 겪고 있으시군요. 저는 자기심리학적인 관점에서 당신의 상황에 대해 도움을 드리고자 합니다. 제가 자기심리학에 관심을 가진 지는 20년도 더 되었지만 저는 어떤 단일한 이론도 완벽하다고 생각하지는 않습니다. 저는 집단 중심의 갈등(Whitman & Stock, 1958)을 살펴보는 것을 매우 선호하고, 비온의 기본 가정 이론, 투사기제, 그리고 더 최근에는 상담에 있어서 상담자가 기여하는 측면에 분명하게 초점을 맞추는 상호주관성 개념을 선호합니다. 치료과정에서의 교류(transaction)는 서로 함께 구성하는 것이며 단순히 내담자의 과거 관계를 빈 스크린에 투영하여 반복하는 것이 아닙니다. 상담자가 상호작용을 하든 침묵하든 관계없이 상담자는 치료분위기에 기여하게 되며, 자신의 태도로 인한 의도치 않은 결과가 집단에서 발생할 수 있다는 가능성을 끊임없이 고려할 필요가 있습니다(Stone, 2001).

당신이 말한 딜레마의 몇몇 측면에 대해 살펴보기 전에 먼저 제가 저의 수퍼비전 접근에 대해 말씀드리겠습니다. 당신은 숙련된 상담자이므로, 저는 당신이 비유적인 의사소통과 집단역동 및 집단과정의 측면들에 대해 익숙할 것이라고 가정하겠습니다. 저는 기본적으로 역전이에 초점을 둘 것입니다. 그 역전이를 통해 집단을 계획하고 실시하고 이끄는 당신의 경험의 총체에 대해 말하고자 합니다.

첫째, 저는 '왜 지금' 당신이 자문을 구하러 온 것인지를 검토하고 싶습니다. 집단의 생존에 대해 당신이 걱정하는 것은 이해합니다만, 당신이 지금 이 시점에 도움을 구하도록 기여한 다른 주제들이 있습니까? 당신이 좌절을 더 오래 견디도록 만든 다른 요인이 있었습니까? 지금이 당신이 자문을 구하기를 걱정해 왔다는 것을 나눌 만한 적절한 시점인가요? 아니면 더 기다리고 싶으신가요? 다음으로, 당신은 어떤 도움을 받고 싶으십니까? 이것은 '자문동의(consultative agreement)'라고 말합니다. 그 틀을 명확하게 하지 않으면 자문이 만족스럽지 못하거나 비효과적으로 이루어질 수 있습니다. 이것이 사무실에서의 자문이라면 당신이 추가 자문회기를 원하는지를 회기 말미에 함께 결정할 수 있을 것입니다.

당신이 도움을 요청한 것을 보면 당신은 집단의 구성이 문제라고 인식하고 있습니다. 당신이 말한 문제점 목록은 진단범주, 연령대, 그리고 당신의 개인상담에서 온 집단원들(연합치료)과 다른 상담자로부터 온 집단원들(연대치료)이 함께 있다는 것 등입니다. 이러한 과한 걱정은 집단을 빨리 시작해야 한다는 부담에 대한 결과입니까? 결론적으로 말해서 신중한 선택이었습니까, 아니면 지원자의 준비도가 간과된 것입니까? 당신의 설명을 보면 선별된 집단원 중 몇 명은 중도 탈락되거나 반-집단의 대표자가 될 위험이 높아 보입니다. 자기심리학적 용어를 쓰면, 당신은 공감적이지 못하고, 무감각하거나 조종적인 사람들을 집단에 포함시켰다고 느끼고 있습니다. 그러한 사람들은 만족스러운 상호작용을 제공하고 자기 대상의 욕구를 충족시킬 수 있는 집단의 형성을 방해할 수 있습니다(예를 들어, 양극성 성격장애 또는 반사회성 성격장애).

당신은 진단명에 주목하고 있는데, 그래서 당신이 DSM에 지나치게 많은 영향을 받아 왔을 수 있습니다. 진단이 당신에게 어떤 의미가 있었습니까? 이러한 상황은 사전 준비과정에서 집단원들의 관계양식을 탐색하는 것을 간과했다는 뜻입니까? 당신이 "이것이 아마 제가 처음 선로를 이탈하게 된 지점인 것 같습니다."라고 말했듯 말입니다. 이것은 확실히 당신의 선택을 둘러싼 어떤 감정들이 있었다는 것을 시사합니다. 그렇다면 저는 진단이 당신이 집단을 이끄는 경험에 어떻게 영향을 미쳐 왔는지가 궁금하군요.

또한 당신은 당신의 평소 집단에서 집단원들의 연령차보다 무려 열 살이나 더 많은, 30세 차이의 연령대가 집단에 해로울 수 있다는 염려에 대해 언급했습니다. 이러한 연령대의 확장이 문제라는 환상이 아닌가 합니다. 저는 여기에 어떤 역전이가 개입되었는지가 궁금하군요. 당신은 책에 나오는 내용을 "그렇게 하지 마십시오."라는 뜻으로 해석했을 수도 있지만, 당신의 선택은 집단을 빨리 형성하고 싶은 소망을 반영한 것일 수도 있습니다. 책의 지침들이 당신의 수치심을 강화하고 자극했을 수 있습니다.

수년 전 미국집단심리치료협회 콘퍼런스에서 집단상담 시연을 할 당시, 누구를 집단에서 빼고 싶고 누구를 집단에서 계속 지키고 싶은지 상상을 해 보라는 질문을 받았습니다. 그것이 계기가 되어 저의 역전이 반응에 대해 검토해 보게 되었습니다. 집단을 구성하는 것에 대한 당신의 딜레마를 다루는 데 있어서도 마찬가지의 기회가 될 것 같군요.

다른 관점에서는 당신은 다른 상담자들이 본 내담자들을 당신의 집단에 포함시키는 문제에 대해 걱정하고 있습니다. 분명 당신은 이러한 내담자들이 중도 탈락되는 패턴으로 인해 곤란해하고 있습니다. 이는 당신과 집단에 의미가 있습니다. 당신은 동료들 사이에서의 당신의 평판에 대해 걱정하십니까? 그것이 당신의 다른 집단에서의 주제입니까? 이 연대치료에 대해 공개적으로 논의한 적이 있습니까? 집단원들은 어떻게 생각합니까? 집단원들은 누가 가장 사랑받는 아이인지, 누가 엄마의 반짝이는 시선을 받는지(거울전이) 혹은 누가 융합되거나 이상화할 수 있는 대상이 아무도 없다고 여기고 있는지(이상화된 전이)에 대해 그들이 신경 쓰고 있습니까? 물론 편애나 무시로 해석될 수도 있는 개입에 대해 당신이 돌아볼 수 있다면 도움이 될 것입니다. 또한 이러한 질문들을 다룰 때에 집단원들의 관점에서 바라보는 것도 필요합니다. 기법적으로 말씀드리면, 저는 저의 몇 가지 생각을 나누는 것을 통해 이 상황을 다룰 것입니다. 예를 들어, "당신들이 내가 편애를 한다고 생각하는지 궁금하네요."라고 말입니다. 당신은 '옳을' 필요는 없습니다. 오히려 당신이 할 일은, 집단원들이 말하기 어려워하고 거의 알아차리지 못하는 자기들의 모습에 대해 돌아볼 수 있도록 하는 대화에 집단원들을 참여시키는 것입니다.

또 다른 질문을 드리면, 당신의 내담자가 아닌 집단원들과 어떤 동의를 하였습니까? 그들의 치료에 대해 그들의 개인상담자와 논의하는 것에 대해 허락을 받았습니까? 문제가 발생하는 것에 대해 당신이 깨어 있기 위해 그들의 개인상담자와 논의하는 것이 도움이 되리라 생각합니까? 아니면 당신이 수퍼비전을 주저하는 것과 비슷합니까? 당신은 집단과정의 문제점을 잭과 안젤리나의 다툼에 대한 집단원들의 반응이라고 생각하며, 그레고리의 행동은 상황을 철수로서 회피하는 그의 일상적인 반응이 실연화된 것으로 조명하고 있습니다. 당신이 (아마도 그레고리와 마찬가지로) 너무 오래 가장자리에 머물러 있었다고 언급한 것에 대해 당신이 탐색해 보았으면 좋겠군요. 두 사람의 갈등이 시작될 때 당신의 정서적인 반응은 어떠했으며, 어떻게 변화되었습니까? 더 잘 떠오르는 몇 가지 특정한 경험을 설명해 주실 수 있겠습니까? 이 집단에서의 당신의 '활동'을 당신의 다른 집단에서의 활동과 비교해 보는 것이 도움이 될 것입니다.

당신은 잭과 안젤리나의 관계를 어떻게 개념화해 왔습니까? 저는 그러한 갈등은 기저에 깔린 유혹과 욕망(사실 그들은 서로에게 강렬하게 마음이 끌립니다)에 대해 자각하지 못하도록 하는 자기방어적 전략이라고 생각합니다. 만약 이것에 대해 집단에서 직접적으로 말한다면 어떤 일이 일어날지 상상해 보면 어떻습니까? 물론 짝짓기 역동은 전체로서의 집단(그리고 상담자)이 그

과정에 기여하고 있다는 것을 시사합니다. 당신은 그들의 관계를 미묘하게 함께 구성해 나갈 수 있었습니까?

이것이 사무실에서의 자문이었다면 저는 이제 당신의 수퍼비전 경험에 관한 피드백을 요청할 것입니다. 제가 말한 것에서 제가 당신의 딜레마를 정확하게 이해하지 못한 부분이 있습니까? 그렇다면 우리의 협력작업을 더 풍성하게 만들기 위하여 그 '오해'에 대해 제가 이해하도록 도와주실 수 있으십니까? 이러한 방식으로 저는 제가 적절하고 유용하다고 믿는 치료 태도에 대해 모델링을 합니다. 슈워버(Schwaber, 1995)를 인용하자면, 수퍼바이저(또는 상담자)의 관점이 아무리 다를지라도, 우리의 관점은 우리 자신의 것일 뿐임을 인정하는 것이 아무리 어렵다 할지라도, 우리는 수퍼바이지(내담자)의 정서상태를 이해하기 위해 노력해야 하는 책임이 있습니다.

이러한 맥락에서 저는 당신의 감정과 그 감정들이 당신의 딜레마에 기여하였을 가능성에 관심을 집중했습니다. 당신의 감정을 명료화하는 작업을 통해 무엇이 당신을 지금의 상황으로 오게 했는지를 이해하고, 이 어려운 과정을 성공적으로 조정해 나갈 수 있기를 기원합니다.

Walter N. Stone, MD, CGP, FAGPA

참고문헌

Schwaber, E. A. (1995). Towards a definition of the term and concept of *interaction*. *International Journal of Psycho-Analysis, 76*, 557-564.

Stone, W. N. (2001). The role of the therapist' s affect in the detection of empathic failures, misunderstandings and injury. *Group, 25*, 3-14.

Whitman, R. M., & Stock, D. (1958). The group focal conflict. *Psychiatry, 21*, 269-276.

특별히 Esther G. Stone의 유익한 조언에 감사한다.

집단상담을 원하는 분 있으십니까

[수퍼바이저 선생님께]

저는 숙련된 집단상담자로서 최근 저의 상담소에서 집단상담 프로그램을 실시해 달라는 요청을 받았습니다. 저는 집단상담이 얼마나 강력한 치료방법인지 알고 있기 때문에 기대로 들떴습니다. 저희 클리닉의 상담자들은 모두 사례가 꽉 차 있었기 때문에 내담자들의 대기자 리스트가 길었습니다. 지난 반년 동안 저는 이 상담자들에게 집단상담의 효과에 대해 이야기해 왔고, 집단상담을 암시해 왔으며, 그들의 개인상담 내담자들 중 적절한 사람에게 집단상담을 권유해 왔습니다. 게다가 대기자 목록에 있는 내담자들에게 우리가 단기 집단상담을 시작할 것이니 참여하도록 권유했고, 그 이후 개인상담이나 집단상담으로 옮겨 갈 수도 있으며, 만약 적절한 경우에는 더 장기적인 집단상담으로 옮길 수도 있다고 했습니다.

문제는 의뢰를 해 줄 수 있는 상담자들과 의뢰된 많은 내담자가 모두 믿을 수 없을 만큼 큰 저항을 보였다는 것입니다. 한 상담자는 직설적으로 자기는 집단상담을 부차적인 치료라고 생각하기 때문에 절대로 내담자들을 집단에 의뢰하지 않을 것이라고 말했습니다. 우리는 기본적으로 수입이 낮은 내담자들과 작업을 하는데, 그녀는 그들이 더 부유한 내담자만큼 동등한 치료(즉, 개인상담)를 받아야 한다고 여겼습니다. 또한 우리 상담자들은 생산성을 높일 필요가 있기 때문에, 수입을 얻을 수 있는 내담자 시간을 잃어버릴까 두려워 그들의 개인상담 내담자들을 집단으로 의뢰하고 싶어 하지 않았습니다. 우리는 그들에게 직접 자신의 집단을 운영할 수도 있다고 말했습니다. 또한 집단에 온 각 내담자마다 시간당 30분의 생산성을 낸다고 말했습니다. 즉, 집단에 네 명만 있어도 절반의 시간에 2배의 생산성을 발휘할 수 있다는 뜻입니다. 하지만 그래도 그들은 집단에 내담자를 의뢰하지 않으며 스스로 집단을 운영하는 것도 거절하고 있습니다.

의뢰된 내담자들 또한 집단에 대한 생각에 저항을 보이며, 개인상담을 받고 싶다고 주장합니다. 이러한 시점에 상담자들을 위한 집단상담 훈련 프로그램을 지원하지 않았다는 점에서 병원의 관리자 또한 저항적입니다. 지금까지 우리는 두 집단밖에 열지 못했으며, 각 집단은 살아남기 위해 고군분투하고 있습니다. 중도탈락은 흔한 일이고, 집단에 의뢰를 하는 상담자들은 어려운 내담자들을 땅바닥에 버리는 용도로 집단을 사용하고 있습니다. 많은 내담자는 심각한 성격장애를 가지고 있어서 집단을 혼란스럽고 불안정하게 만드는 경향이 있습니다. 집단상담자들은 혼란의 정도가 심해 무력감을 느낀다고 보고합니다.

저는 병원의 직원들과 관리자가 협력을 해 주지 않는 것에 대해 좌절스럽고 그 이유가 궁금합니다. 그들의 저항을 어떻게 다루어야 할까요? 그들이 집단상담의 중요성과 효과를 알 수 있도록 어떻게 도울 수 있을까요? 병원의 관리자가 집단상담 프로그램을 사들이도록 할 수 있는 가장 좋은 방법은 무엇일까요? 내담자들과 상담자들을 집단에 무선 배정하여 무슨 일이 일어나는지를 지켜볼까요? 모든 병원 직원이 집단을 운영하도록 하거나 심지어 집단상담의 힘에 대해 알게 되도록 T-집단에 반드시 참여하게 해야 할까요?

[상담자에게 (1)]

당신은 정말 딜레마에 빠졌군요. 다양한 양가감정과 저항의 그물에 걸려 문제는 어디에서 시작할 것이냐가 되었습니다. 당신은 누가 왜 집단상담을 원하는지를 모르는 채로 병원에서 집단상담 프로그램을 시작해 주기를 요청받았습니다.

정신분석가로서, 그리고 정신역동적 집단상담을 하는 사람으로서 저는 당신이 우선 저항을 직면해야 한다고 말하고 싶은 유혹을 느낍니다. 하지만 저는 체계 이론과 체계(각 개인은 그 안에서 움직입니다)의 중요성에 대해 인식하고 있기 때문에 다른 우선사항을 제시하고자 합니다. 당신은 역기능적인 체계에 빠져 있거나, 이 상황에서는 역기능적인 행동을 격려하는 체계에 빠져 있습니다. 당신이 저항을 다룰 수 있게 되기 전에, 몇 가지 기본적인 변화를 위해서 체계에 대해 작업할 필요가 있습니다.

직원들에게 새로운 프로그램이 소개된 방식은 그 프로그램이 인식되는 방식에 영향을 미칠 수 있습니다. 관리자가 집단상담 프로그램을 시작하는 것에 대해 직원과 이야기를 했나요? 이 혁신적인 변화에 대한 이유에 대해 언급될 필요가 있습니다. 또한 '생산성'과 기관의 금전적인 관심사뿐만 아니라 내담자들의 요구와 집단상담의 가치에 대해서도 공개적으로 논의될 필요가 있습니다.

상담자에게 그가 충분히 훈련받지 못한 형태의 치료를 실시하라고 요청하는 것은 비윤리적인 것으로 간주됩니다. 직원들은 집단상담에 대해 정보가 없거나 잘못된 정보를 가지고 있는 것 같습니다. 이는 이 중요한 치료방법에 대한 적절한 훈련이 부족하다는 뜻이지요. 당신은 훈련의 필요성에 대해 관리자와 논의할 수 있었습니까? 관리자는 직원들이 추가적인 훈련을 받을 기회를 제공했습니까?

의사결정 과정에 직원들의 분명한 참여가 없었다는 점과 제안된 변화에 대해 아무런 준비가 없었다는 점으로 인해 당신에게 놓인 과업이 더욱 어려워졌습니다. 이는 관리자가 당신이 시작하자고 제안한 그 프로그램에 대해 어느 정도 양가감정을 가졌으리라는 것을 암시합니다. 또한 이 병원이 지금의 특별한 위기가 오기 전까지는 집단상담을 가능한 치료양식으로 고려하지 않았다는 사실을 볼 때 그들이 양가감정을 가지고 있음이 분명하다고 생각합니다.

이 병원에서 집단상담 프로그램이 성공적으로 운영되기 전에 두 가지 과제가 달성되어야 합니다. 첫 번째 과제는 집단상담자가 전체 병원, 관리자, 직원과 각각 또 함께 작업하고, 집단상담 프로그램을 시작하자고 초기에 결정했을 때 일어났던 일에 대해 어떻게 느꼈는지를 다룰 필요가 있습니다. 이러한 문제에 대해 충분히 이야기되고 난 뒤에야 저항을 다룰 수 있을 것입니다. 그러면 내담자들을 위한 최선의 치료를 발전시키기 위해 협조적으로 고민하는 분위기를 만들 수 있을 것입니다.

이것은 엄청난 과제처럼 보일 수도 있지만 제안된 변화들이 실제로 잘 이루어지려면 반드시 필요한 것입니다. 당신과 협력할 수 있기 이전에 직원들과 관리자들이 함께 협력적으로 일할 수 있어야 합니다. 당신이 그들이 잘 기능하는 집단이 되도록 돕는다면 그들의 진짜 집단상담 첫 경험은 당신과 함께 작업하는 것이 될 것입니다. 이 과정에서 당신은 집단의 효과성에 대해 가르치고 실제로 보여 줄 수 있을 것입니다.

두 번째 과제는 직원들과 작업하여 집단상담에 대한 그들의 이해를 높이고, 가능하다면 새로운 기법을 학습하는 것에 대한 흥미를 자극하는 것입니다. 그러면 상담자들은 이 새로운 치료방식에 대한 더 많은 정보, 훈련 및 수퍼비전 교육이 필요하다는 것을 알게 될 수 있습니다. 내담자들이 집단에 참여하는 것을 승낙하지 않았던 것은 놀라운 일이 아닙니다. 그들의 상담자가 집단상담을 '부차적인' 치료라고 보았기 때문에 그들도 똑같이 느낄 수밖에 없습니다.

현재 집단의 상태는 집단상담에 대한 이해가 부족하다는 것을 말해 주고 있습니다. 누가 집단에 들어가야 하는지, 내담자가 언제 집단상담으로 옮기는 것이 가장 도움이 되는지 그리고 내담자들이 집단을 위해 어떻게 준비되어야 하는지 등의 모든 질문이 고려되어야 합니다.

더 깊이 있는 집단상담 훈련에 대한 관심을 자극할 수 있는 몇 가지 방법이 있습니다. 예를 들어, 당신의 지역에서 열리는 집단상담학회의 콘퍼런스에 참여하도록 권할 수도 있습니다. 학회에 참여하거나 콘퍼런스에서 집단을 경험해 보는 것이 직장에서 처음 경험하는 것보다 더 쉬울 수도 있습니다. 다른 집단상담자를 초대하여 병원 내에서 세미나를 열 수도 있고, 동료들과 함께 독서집단을 시작할 수도 있습니다.

또한 당신이 이야기한 것처럼 경험과 훈련이 부족하기 때문에, 현재 집단을 운영하고 있는 상담자들을 위한 집단 수퍼비전을 시작할 수도 있을 것입니다. 이를 통해 상담자들이 집단과정과 그것의 효과를 직접 경험할 수 있습니다. 엄청난 과제라고 느껴질 수도 있지만 이것은 매우 중요한 일입니다. 당신은 동료들에게 매우 직접적인 방법으로 집단이 어떻게 이루어지고 어떻게 효과를 낼 수 있는지를 보여 줄 수 있을 것입니다. 이것이 그들의 첫 번째 실제 집단경험이 될 것입니다.

동시에, 관리자와 직원들이 이 새로운 방법으로 함께 일하고 당신과도 함께 일할 준비가 된다면 당신의 집단상담 프로그램은 매우 성공적일 수밖에 없습니다. 또한 이것은 매우 큰 과업이므로 체계 밖에 있는 누군가로부터 자문을 받는 것도 유용할 것입니다. 당신은 이 일에서 지지가 필요할 것입니다.

Nina Fieldsteel, Ph.D., FAGPA

[상담자에게 (2)]

당신은 정말 어려움에 처해 있군요. 당신은 병원 관리자들의 분명한 지지하에 집단상담 프로그램을 개발하라는 요청을 받았습니다. 그리고 동시에 관리자는 병원의 직원들이 집단상담에 대해 기본적인 훈련을 받을 수 있는 여유시간이나 기회를 주지 않고 있습니다. 이러한 입장과 프로그램에 대한 직원들의 저항 사이에서 바람직하지 않은 공모가 존재하는군요. 따라서 관리자의 동기를 가장 먼저 명확하게 하는 것이 중요해 보입니다. 집단 프로그램에 대해 그들이 관심을 표현한 것은, 내담자들을 위해 집단상담의 접근이 실현 가능하고 유용하다는 믿음을 반영하고 있는 것입니까? 아니면 단순히 비용을 절감하는 것(더 많은 내담자에게 서비스를 제공하기 위해 직원들의 시간을 적게 사용하는 것)에 대한 관심을 반영할 뿐입니까? 만약 그 의도가 '수지 결산'만을 위한 것이라면, 집단이 부적절하게 사용되고 직원들이 그들의 기술이 저평가되고 있다고 느끼며 내담자들은 형편없는 대우를 받고 있다고 느낄 가능성이 커질 것입니다. 대신 집단상담 치료를 도입하는 것이 병원에 오는 내담자들에게 유익하다는 믿음이 있어야 하고, 관리자가 이러한 신념에 대해 병원 직원들에게 명확하게 전달해야 합니다. 결국 병원의 서비스와 집단상담 접근을 통합하는 것의 실제적인 장점을 깨닫게 되는 결과가 따라올 것입니다.

이러한 직원들의 합의를 발전시키기 위해서는 집단상담 접근의 효과성, 실현 가능성 및 효율성에 대해 충분한 시간을 들여 논의해야 합니다. 이러한 맥락에서 당신은 관리자가 경험적인 연구 결과에 관심을 갖도록 할 수 있습니다. 이에 대한 최근의 검토는(Burlingame, MacKenzie, & Strauss, 2004; Folkers & Steefel, 1991; Fuhriman & Burlingame, 1994; Piper & Joyce, 1996; Tillitski, 1990) 통제조건과 비교하여 집단상담의 효과성에 대한 증거를 강조하고, 개인상담과 비교하여 집단상담이 대등함을 강조합니다. 또한 내담자의 호소문제, 조건 및 장애의 범위에 따라 어떤 집단상담이 효과적이라고 검증되었는지를 강조합니다(Burlingame et al., 2004; Piper & Joyce, 1996). 연구를 잘 살펴보면 어떤 집단상담 접근(예: 인지행동적, 정신역동-대인 관계적, 심리교육-지지적 접근)이나 형태(예: 단기, 개방형)가 당신의 병원 환경에 가장 적합한지에 대한 정보를 얻을 수 있을 것입니다.

효율성과 관련하여, 파이퍼, 도빠네, 비앙브뉘와 가랑(Piper, Debbane, Bienvenu & Garant, 1984)의 연구를 살펴볼 수 있습니다. 상담자 입장에서, 단기 집단상담 형태(여덟 명의 집단원들과 90분씩 24회기)에서 내담자당 상담시간은 4.5시간이 소요되지만, 단기 개인상담 형태(50분씩 24회기)에서는 21.6시간이 소요됩니다. 따라서 상담자가 집단상담 형태를 활용하면 상당한 시간을 절약하는 것이지요. 내담자 입장에서는 집단상담은 36시간의 치료를 제공하는 데 비해 개인상담은 21.6시간의 치료를 제공합니다. 따라서 집단원들은 개인상담 내담자들보다 더 많은 '정량'의 치료를 받는 것입니다. 당신은 어쩌면 집단원들은 상담자로부터 개인상담 내담자들과 같은 정도의 관심을 받을 수 없다고 말할 수도 있습니다. 어떤 점에서는 사실이지만, 집단상담은 동료 집단원들의 작업으로부터, 또 집단원들의 피드백으로부터 도움을 받을 수도 있습니다(즉, 치료적인 주체로서의 집단기능인 것이지요).

관리자가 확실한 지지를 보이고 관련 연구를 철저하게 검토하였음에도 불구하고, 상담자와 내담자들이 집단상담 프로그램을 실시하는 것에 대한 저항을 보일 수도 있습니다. 당신은 집단상담이 개인상담에 비해 '부차적인' 치료로 여겨지고 특히 수입이 낮은 내담자에게 차별적으로 제공될 때 그러하다는 인식이 공유되고 있다고 말했습니다. 앞서 언급한 연구결과 (즉, 개인상담과 집단상담이 동등한 효과를 제공한다는 것)는 그러한 가정이 아무런 경험적인 근거가 없다는 것을 알려 줍니다. 게다가 집단상담은 동료로부터의 수용, 칭찬, 보편성 및 응집력 등의 경험을 제공하기 때문에 수입이 적은 내담자들은 실제로 집단상담에서 더 잘 작업할 수 있을 것입니다. 이와 같은 경험은 편안함을 높일 수 있고, 일반적으로 중산층인 개인상담자와의 관계에서보다 더 편안함을 줄 수 있겠지요(Sadock, 1985).

집단상담을 활용하는 것에 대해 상담자들이 저항하는 것은 내담자들이 저항하는 것보다 프로그램 개발에 있어서 더 큰 장애물입니다(즉, 전자가 최소화된다면 후자는 더 쉽게 다루어질 수 있습니다). 당신이 설명한 것과 같이, 당신의 병원은 대기자가 매우 많고, 내담자의 호소문제가 무엇이든 관계없이 개인상담을 유일한 치료방법으로 선택하고 있습니다. 병원 직원들의 경험의 폭이 매우 좁다는 것을 보여 줍니다. 결론적으로 그들의 개입 레파토리를 확장시키려는 어떠한 제안도 그들에게는 유능한 상담자라는 자기상에 대한 위협으로 인식될 수 있습니다. 그들은 전문가가 이끄는 집단을 관찰하는 기회, 더 숙련된 동료와 함께 집단을 공동 진행하는 기회, 그리고 지도감독을 받는 집단상담 실습에 참여하는 경험이 필요합니다. 또한 집단을 이끌기 위해 무엇이 요구되는지를 고려하기 위한 충분한 시간과 정보가 필요합니다. 전문적인 콘퍼런스(예: 미국집단심리치료협회)의 워크숍과 경험집단을 통해 그러한 기회를 제공받을 수 있습니다. 또한 병원 관리자는 숙련된 집단상담자와 계약하거나 그를 채용하여 직원들을 위한 내부훈련을 제공할 수 있습니다.

집단진행과 관련된 기법적인 기술을 발전시키는 것과 별개로, 상담자들은 개인상담에서 집단상담으로 옮겨 가는 것에 대한 불안을 다룰 필요도 있습니다.

> 상담자가 집단상담에서 더 통제력이 작다는 것은 의심할 여지가 없습니다. 유사하게, 상담자는 집단에서 개별성이 사라지고 이해가 줄어든다고 느낄 수 있습니다. 상담자는 또한 집단에서 더 많이 노출되고(사생활의 문제), 비판과 공격을 더 받기 쉽다고 느낄 수 있습니다(안전감의 문제). 따라서 상담자는 ……개인상담에 비해 집단상담의 경우 더 큰 불안과 불편감을 경험합니다(Piper & Joyce, 1996, p. 323).

이러한 주제들은 매우 협력적인 수퍼비전 관계 안에서 다루어지는 것이 가장 좋습니다. 또한 집단 프로그램을 개발하는 일에 착수하는 상담자들에게 동료 수퍼비전 모임은 이상적입니다. 지지와 이해의 기회를 제공하는 것과 함께 동료 집단은 치료 프로그램에 관여된 상담자들의 응집력과 의욕을 강화시키는 수단이 될 수 있습니다.

내담자들이 집단상담에 저항하는 것도 비슷한 맥락에서 일어나는 것입니다. 따라서 통제감, 개별성, 이해, 사생활, 안전감 등의 지각된 상실 또는 실제적인 상실에 대한 주제들로 인해 집단원들은 개인상담 내담자들보다 더 큰 불안을 예상하고 실제로 경험하곤 합니다. 그래서 집단에서 이러한 주제에 대해 상담자가 민감하게 반응하고 신중하게 관리하는 것이 매우 중요합니다. 하지만 더 중요한 것은 상담자가 내담자를 집단상담을 위해 조심스럽게 준비시키는 것입니다. 준비과정에서 앞에서 언급한 것들과 같은 두려움을 다루어야 하고, 내담자의 기대를 명확히 하고, 집단상담의 과정 및 그 과정에서 내담자의 책임에 대한 큰 틀을 제공하고, 집단 경험의 기본 규칙과 일반적인 위험에 대해 고려해야 합니다(Brabender, 2002; Vinogradov & Yalom, 1989 참조). 새 집단상담 프로그램에서, 준비과정이 자연스러워질 때까지는 이러한 주제들에 관해 자문과 수퍼비전을 받는 것이 중요할 것입니다.

집단상담 프로그램을 개발하는 초기 단계에서는 집단이 어떻게 활용될 수 있는지에 대해 구체화하는 것이 중요합니다. 이를 위해서는 당신의 병원 이용자들의 치료요구 및 그 내담자들에게 현재 제공하는 서비스를 검토해야 합니다. 그러한 검토를 통해 당신의 환경에서 가장 유용할 집단이 무엇인지를 규정하는 데 도움이 될 것입니다. 예를 들어, 동질한 집단(예: 집을 떠나 대학으로 가는 전환기의 젊은이들, 우울한 노인들, 사별이나 식이장애를 겪고 있는 내담자들)이라면 집중적인 단기접근이 적절할 수 있습니다. 대신 지속적인 관찰이 필요한 만성적인 내담자가 다수라면, 정신과적인 지원이 병행되는 개방형 지지집단이 적절할 수 있습니다. 마지막으로 대인관계 문제를 가지고 있는 잘 기능하는 내담자들에게는 통찰 중심의 집단을 개발할 수 있습니다.

만일 다양하고 양립할 수 없는 목표를 추구하는 집단을 실시하려고 한다면 상담자들은 정말로 자신이 무능하다고 느끼게 될 것입니다. 실시될 집단에 대해 명확히 함으로써 그러한 감정을 줄일 수 있고, 상담자들의 유능감을 높일 수 있습니다. 실제로, 공동치료 모델을 통해 직원들은 그 프로그램에서 처음 실시되는 집단에 대해 배우고, 집단에 대한 책임을 공유할 수 있게 됩니다. 내담자들의 변화를 작은 단위의 척도로 평가하면 이러한 초기 집단의 효과성에 대한 증거를 얻을 수 있고, 새 프로그램이 바른 방향으로 나아가고 있다는 지표가 될 수 있습니다.

그렇다면, 일반적으로 말해서 만일 당신이 병원의 관리자와 상담자 직원들에게서 집단상담을 지지하는 합의를 이끌어 낼 수 있다면, 이러한 태도가 이제는 내담자들에게 전달될 것입니다. 집단을 위해 내담자들을 준비시키는 데에 주의를 기울이고, 집단운영과 관련된 상담자의 염려에 대해 다루고, 구체적인 임상환경과 비교하여 집단상담 접근법의 적절성과 효과성에 대해 지속적으로 모니터링한다면 집단상담 프로그램은 원만하게 개발되고 결국 프로그램 스스로 잘 유지될 것이라고 확신합니다.

Anthony S. Joyce, Ph.D.

참고문헌

Brabender, V. (2002). *Introuduction to group therapy*. New York: Wilely.

Burlingame, G. M., Mackenzie, K. R., & Strauss, B. (2004). Small-group treatment: Evidence for effectiveness and mechanisms of change. In M. J. Lambert (Ed.), *Bergin and Garfield s Handbook of psychotherapy and behavior change* (pp. 647-696). New York, NY: John Wiley & Sons, Inc.

Folkers, C. E., & Steefel, N. M. (1991). Group psychotherapy. In C. S. Audstad & W. H. German (Eds.), *Managed health care: The optical use of time and resources* (pp. 46-64). Washington, DC: American Psychological Assciation.

Fuhriman, A., & Burlingame G. M. (1994). Group psychotherapy: Research and practice. In A. Fuhriman & G. M. Burlingame (Eds.), *Handbook of group pyschotherapy: An empirical and clinical synthesis* (pp. 3-40). New York: Wiley.

Piper, W. E., Debbane, E. G., Bienvenu, J. P., & Garant, J. (1984). A comparative outcome study of four forms of psychotherapy. *Journal of Consulting and Clinical Psychology, 52*, 268-279.

Piper, W. E., & Joyce, A. S. (1996). A consideration of factors influencing the utilization of time-limited, short-term group therapy. *International Journal of Group Psychotherapy, 46*, 311-328.

Sadock, B. J. (1985). Group psychotherapy, combined individual and group psychotherapy, and pyschodrama. In H. I. Kaplan & B. J. Sadock (Eds.), *Comprehensive textbook of psychiatry IV* (pp. 1403-1426). Baltimore, MD: Williams & Wilkins.

Tillitski, L. (1990). A meta-analysis of estimated effect sizes for group versus individual versus control treatments. *International Journal of Group Pyschotherapy, 40*, 215-224.

Vinogradov, S., & Yalom, I. D. (1989). *A concise guide to group psychotherapy*. Washington, DC: American Psychiatric Association.

가라앉는 우울

[수퍼바이저 선생님께]

어떤 집단원이 집단에서 유일하게 심각한 우울을 겪고 있다면 집단에서 치유될 수 있을까요? 수년 전에 저는 집단상담은 심각한 우울을 비롯한 사실상 모든 장애를 위한 효과적인 치료라고 주장했었지만, 이제는 여기에 의문이 들고 있습니다.

저희 집단은 다섯 달 동안 만났고, 남녀 여덟 명으로 구성된 개방형 장기 집단으로 규정되었습니다. 우리는 다섯 명으로 시작했고 곧 한 명이 추가되었으며 그 이후로는 아무도 새로 들어오지 않았습니다. 집단원들은 대체로 직업적 성취나 통찰 지향적 측면에서 잘 기능하고 있었습니다. 그들은 모두 자신의 잠재력을 극대화시키는 데에 어려움이 있어서 의뢰되었습니다. 즉, 그들은 모두 본인의 기준으로 볼 때 저성취자(underachiever)들이었던 것이지요. 그중 세 명은 사업가 대표로서 성인기에 주의력결핍장애(ADD)로 진단받았는데, 이것이 그들의 직업활동을 방해했습니다.

첫 두 회기는 '첫인사'를 위한 회기로서, 집단원들은 자신의 삶에서의 가벼운 문제에서부터 적당한 문제까지 이야기를 나누었습니다. 이 집단에서 유머가 보편적이어서 모두가 유머를 즐겼지만, 스스로 수줍음이 많다고 말했던 초음파 치료사 엘리자베스(Elizabeth)만은 예외였습니다. 아이 둘을 키우기 위해 육아휴직 중이었던 엘리자베스는 3회기에 그녀의 내성적인 성격에 대해 더 질문을 받았습니다. 많은 탐색 끝에 엘리자베스는 지난 두 달간 심각한 우울증세를 경험해 왔고, 자살만이 자기의 유일한 선택지라며 자살 기도도 자주 했다고 말했습니다. 엘리자베스는 6개월 된 아기에게 수유를 하는 중이었기 때문에 항우울제를 복용하기 꺼려 했고, 남편에게도 우울증에 대해 숨겼습니다. 집단은 우려를 표하고 지지와 조언을 주었으며, 개인상담을 받고 신경정신과 약물을 복용해 보라고 압박을 가했습니다. 이처럼 광범위한 주목을 받자 엘리자베스는 죄책감을 느끼게 되었습니다. 그녀는 감사하다고 표현했지만 집단이 다른 문제로 넘어가기를 바란다고 주장했고, 집단은 그렇게 했습니다.

다음 몇 회기 동안 집단원들은 자신의 정신상태가 변화가 없다고 보고했던 엘리자베스의 상태를 확인하면서 매 회기를 시작했습니다. (저는 엘리자베스가 자살할 가능성은 없다고 생각했고, 그녀는 자발적으로 입원하는 것을 분명하게 거부했습니다.) 저는 집단의 좌절을 명백하게 느꼈지만 그 점에 대해 언급하지는 못했습니다. 무가치한 짐이 되고 있다는 엘리자베스의 자기인식을 더 악화시킬 수도 있다는 두려움 때문이었습니다. 이후 회기에는 집단은 엘리자베스의 근황을 묻는 것을 피할 수 있는 방법을 찾아냈고, 마치 그녀가 집단에 없는 것처럼 철저하게 행동했습니다. 그러나 분명한 것은, 유머와 성공적인 상황을 공유함으로써 표현되었던 집단의 활기도 잠잠해졌다는 것입니다.

저는 엘리자베스의 우울증에 인질로 잡혀 있는 듯한 경험을 했고, 집단 또한 같은 느낌을 받았으리라 짐작합니다. 하지만 엘리자베스를 도망치거나 악화되는 상황으로 밀어 넣지 않으면서 이 점에 대해 소통하기 위해서 어떻게 해야 하는지는 여전히 모르겠습니다. 그래서 제가 집단에 참여했던 방식은, 지금 생각해 보니 엘리자베스를 보호하는 데에 공모하는 것이었습니다. 하지만 이것 역시 실패하고 말았습니다.

다음 달에 한 집단원이 일정상의 이유로 집단을 종결하겠다고 공언했고, 바로 다음 회기에는 금전적인 이유로 종결하겠다는 선언이 뒤따랐습니다. 저는 이러한 결정들에 대해 그들이 '다른 집단원들'의 어려움과 고통스러운 경험에 노출되는 것에서 도망치는 것이고, 아마 그들 자신의 어려운 경험로부터 도망치는 것일 수도 있다고 해석했지만, 그러한 해석은 아무런 효과가 없었습니다. 엘리자베스는 아무 말도 하지 않았습니다.

2주 뒤 다른 두 명의 집단원이 인원수와 관련하여 집단에 불만이 있다고 표현했습니다. 그들의 주장에 따르면, 처음 두 명이 떠난 후에 집단원이 겨우 네 명밖에 남지 않았고, 이는 너무 적은 인원이기 때문에 집단을 그만두어야겠다고 결론을 내렸습니다. 저는 그들을 막을 수가 없었습니다. 그리고 남은 두 집단원인 엘리자베스와 다른 여성은, 각자에게 최선이라고 느껴지는 대로 행동해야 한다고 말했습니다.

무엇을 해야 할지 거의 알지 못한 채로 저는 집단을 해체했고, 실제 말하기로는 제가 집단원들을 몇 명 더 모아 보는 동안 집단이 잠시 휴식을 갖는 것이 좋겠다고 권했습니다. 저는 또한 엘리자베스에게 개인상담자를 만나라고 종용했지만 그녀는 또다시 거절했습니다. 저는 두 명의 집단원에게 집단을 다시 시작하자는 전화를 절대 하지 않았습니다. 하지만 엘리자베스에게는 2주 뒤에 그녀의 정신상태가 어떤지를 물어보기 위해 한 번 전화를 했습니다. 그녀는 "괜찮다."고 보고했지만 그 외의 것들은 거의 드러내지 않았습니다. 되돌아보면 이 집단의 구성이 애초에 시작할 때부터 이렇게 될 운명이었던 것인지, 아니면 제가 택할 수 있었던 다른 길이 있었던 것인지 궁금합니다.

[상담자에게 (1)]

우리는 우리 가운데 소통이 되지 않는 엘리자베스를 발견합니다. 집단은 그녀를 안으로 초대합니다. 엘리자베스는 우려와 지지, 의미를 제공하려는 집단의 시도와 연결되기를 거부합니다. 그녀는 자살시도 가능성이 있거나 치명적인 우울의 상태입니까? 혹은 우울한 성격이거나 산후우울증을 겪고 있는 것일까요? 아니면 단지 언어적인 자원이 없고 자기 자신을 드러낼 만한 신뢰가 없는 상태에서 두 명의 어린아이에게 압도된 것입니까? 말 그대로 그녀는 개인상담, 당신과의 동맹, 상담자를 다 거절했으며, 따라서 집단에 퇴짜를 놓은 것입니다.

프로이트(Freud, 1917)가 설명한 프로파일에서, 엘리자베스는 세 가지 기본 감정(이 감정들은 사람들을 서로 연결시켜 주며 의미를 이끌어 냅니다.) 중에서 홍미와 사랑의 두 감정이 부재하는 프로파일에 들어맞습니다. 비온을 인용하면 '열정'의 3요소란, 사랑(L), 증오(H), 지식(K)에 대한 열망의 통합입니다(Billow, 1999, 2001, 2002). 그러나 엘리자베스는 거절당한 증오의 과잉을 보여 주면서 집단을 인질로 삼고, 모든 집단원이 침묵하고 물러나고 도망가도록 위협했습니다.

엘리자베스의 행동은 '반항의 정신상태(a mental constellation of revolt)'에서 비롯되는데, 이는 타인에게 복수하고 타인을 괴롭히는 것이 정당하다는 느낌입니다(Freud, 1917, p. 248). 비록 죄책감을 느끼고 고마워하는 척 하지만, 대신 그녀는 자신의 의도적인 무관심, 자신이 타인에게 미치는 악영향에 대한 무심함, 집단이 해체된 이후에도 '괜찮다'는 것에 대해 미묘한 만족감을 전달하고 있습니다. 엘리자베스는 마치 자기는 사랑하고 사랑받는 것을 원하지 않으며 타인을 알아 가고 자신을 알리는 것을 원하지 않는 것처럼 행동합니다. 엘리자베스는 미워하고 미움받기를 원하며, 이러한 바람은 집단과정을 통해 개방적으로 포용되거나 이해되거나 다루어지기보다는 은밀히 충족되었습니다.

특히 초기 집단의 집단원들은 확고하게 우울한 사람의 교묘한 반항책략을 다룰 수 있을 만큼 개념적으로나 정서적으로 무장되어 있지 못합니다. 그들은 자기가 알지 못하는 내담자에 대한 본능적인 흥미와 관심(L과 K)과 그들에게 알려지지 않을 그 같은 내담자를 향한 건설적인 증오(H) 사이에서 균형을 잡을 능력이 없습니다. 도전받지 않은 채로 있으면 엘리자베스와 같은 내담자는 집단원들 사이에서 싹트는 상호적인 의리와 애착을 뒤엎어 버릴 수 있고, 그러한 집단과정은 권력승계, 추방, 무정부 상태로 나아가게 됩니다(Billow, 2003).

이 예시를 통해서 우리는 우울증은 공격성을 스스로 자각하지는 못하지만 억압하고 있는 장애라는 것을 알 수 있습니다. 우울한 내담자에게 접근하고 그를 안도시키고 집단에 통합시키기 위해서 상담자는 내담자의 분리된 공격성을 지금-여기의 치료상황으로 연결시켜야만 합니다. 이를 위해서는 우선 그가 자신의 공격적인 느낌과 생각을 인식시키고 연결시키도록 해야 합니다. 당신은 다른 집단원들과 마찬가지로 그녀를 돌보고 이해하려는 욕구가 좌절되고 나서, 증오하고 증오 당하려는 충동에 휩싸이거나 이를 두려워할 수도 있습니다. 말츠버거와 부이(Maltsberger & Buie, 1973)는 상담자가 의식적인 가학적 욕망을 견딜 수 없는 정도와 상담자가 환자를 불쾌해하여 회피하려는 강렬한 정도 사이에 상관관계가 있다고 했습니다. 그러므로 공격욕구가 내담자의 내면에서 단절되었듯이 상담자의 내면에서도 단절되면, 그 집단원은 이해받지 못하고 접촉되지 못한 상태로 남게 됩니다. 저는 엘리자베스가 관심을 원하는 자기의 욕구에 대해 집단이 회피하는 것을 경멸했기 때문에 보살펴 주는 관심을 받았을 때 그녀가 '죄책감'을 느꼈을 것이라고 확신합니다.

다르게 말하면, 엘리자베스는 증오의 감정을 통할 때 일차적인 대상과의 연결이 가능하거나, 증오의 감정을 통해서 그 연결을 만들고자 하는 것 같습니다. 상담자가 그녀를 돌보는 전문가로서의 책임을 굳게 고수하는 모습을 보자마자 엘리자베스는 박해받는다고 느껴서, 상담자를 위협하거나 도발할 것입니다. 즉, 엘리자베스는 사람들의 애정 어린 돌봄과 연결시키기 위해 분노를 활용할 치료적 '열정'의 기회를 제공하고 있는 것입니다(LHK).

이것이 어떻게 실행될 수 있는지 상상해 보세요.

초기개입

상담자: 엘리자베스, 어떻게 되어 가고 있는지 당신이 우리에게 말해 주는 것이 중요해요.

엘리자베스: (명령에 고통스러워하면서) 싫어요. 저는 괜찮다고 말했어요.

상담자: 나는 안 괜찮아요. 나는 당신을 걱정하고, 집단도 당신을 걱정해요. 만약 내가 꼭 필요하다고 믿는 대로 나를 개인적으로 만나지 않을 거라면(Yalom, 1995), 당신을 위해 관심을 가질지 말지, 가진다면 어떻게 가져야 하는지 제가 평가할 수 있도록 해 주어야 합니다.

엘리자베스: 저는 정말 불편해요.

상담자: (단호하게) 이해합니다. 하지만 당신은 다른 사람들까지도 걱정하고 불편하게 만들고 있어요. 나는 당신에게 함께 작업할 수 있는 시간을 어느 정도 주겠지만, 당신은 우리에게 어떻게 되어 가고 있는지에 대해 감이라도 알려 줘야 합니다.

회기의 후반부나 다음 회기에서

상담자: (엘리자베스의 침묵이 걱정되어) 엘리자베스, 당신은 정말로 불행해하고 도움을 거절하려고 애쓰고 있어요. 그렇게 하려면 집단에는 왜 오는 거죠?

엘리자베스: 전 짐이 되고 싶지 않아요.

상담자: 당신은 조용한 부담입니다. 우리를 참여시키게 만듦으로써 우리를 부담스럽게 만들죠.

엘리자베스: (격분해서) 전 괜찮다고요. 저는 여러분의 관심을 고맙게 생각해요. 아무도 저를 걱정하실 필요가 없어요.

상담자: 사람들이 동의하는지 한번 봅시다. (다른 집단원들은 대부분 관심과 우려를 표현할 것이고, 이는 엘리자베스가 방어를 벗게 만들 것이다.) 당신은 자기가 무엇을 하고 있는지 깨닫지 못할 수 있지만, 당신은 이 집단에 엄청난 통제력을 행사하고 있어요. 당신은 사람들이 당신을 다루지 못하게 하려고 하겠지만, 집단이 당신의 고통과 수행에 대해 무시하는 것은 불가능해요.

엘리자베스: 저는 집단을 떠나야 할 것 같네요.

상담자: 당신은 그렇게 쉽게 저를 좌절시키려는 겁니까?

엘리자베스: 아니에요. 선생님 문제가 아니라 제 문제에요. 저는 이렇게 많은 관심을 받는 것에 대해서 죄책감이 들어요.

상담자: 난 매우 자기중심적입니다. 모든 것을 개인적으로 받아들이죠. 나는 당신이 집단을 무시하고 있고, 나도 그중의 하나라고 느껴요. 나는 당신이 우리를 상처 입히고 싶어 한다는 생각이 들기 시작하고 있어요.

당신을 무시함으로써 누가 당신에게 상처를 주었습니까?

저는 분노나 정화, 환기 등을 일으키기 위해서가 아니라, 엘리자베스가 무엇을 하고 있고 왜 하고 있는지를 그녀와 집단이 이해하도록 관심을 끌기 위해 개입할 것입니다. 물론 그것은 이차적인 이득이 될 수도 있겠지만 말입니다. 프로이트(Freud, 1919, p. 157)가 시사했듯이, 엘리자베스가 저에게 솔직하게 도전하는 등 자신의 분노를 활용한다면, 예후가 좋을 것이라고 생각합니다. 제 경험에 따르면, 때로 집단은 이 과업에 처음 착수할 때, 내담자의 불안해하는 보조자아로서 기능하고, 알아차리고 돌보아 주는 맥락으로 그녀의 공격성(그리고 저의 공격성)을 가져옵니다.

공격성을 완화시키기 위한 집단의 노력

집단원: 엘리자베스, 리처드는 당신의 문제를 도와주려고 요즘 어떤지 물어보는 거예요.

상담자: (좌절하여) 엘리자베스는 저를 어떻게 해야 할지 모르게 만드네요.

집단원: 당신은 그렇게 인내심이 없거나 성미가 급하면 안 돼요.

엘리자베스: 괜찮아요.

상담자: 음, 그래요. 저는 비난받는 걸 안 좋아하는 것 같네요.

집단원: 사람들은 문제를 가지고 있어요. 그게 우리가 여기에 있는 이유죠.

상담자: 그래서 당신은 엘리자베스의 문제가 뭐라고 생각하고, 그 문제들이 당신과는 어떻게 연결될 수 있지요?

어떤 우울한 사람들은 상담자가 비판, 불만 또는 직접적인 공격으로 인해 리더가 두려워하지 않거나 상처받받지 않거나 죽지 않는다는 것이 분명해질 때 자신의 무의식적인 죄책감에 대해 편안해지고, 집단에서 자기 자신에 대해 관심을 가지기 시작합니다. 내담자가 확고하고 공평하게 다루어지고 취약하거나 두려운 대상으로 취급받지 않을 때, 그들은 유머, 장난삼아 시시덕거리기, 아이러니, 호기심과 같은 자기 성격의 사회적인 영역들을 드러내기도 합니다.

그러나 엘리자베스와 같은 내담자들은 자신의 생존을 다른 사람들이 책임지도록 고집할 수도 있고, 마치 자기가 이미 죽기라도 한 듯이 행동할 수도 있으며, 일상으로 돌아가려는 치료적인 노력을 좌절시키기도 합니다(Hendin, 1981). 모든 내담자는 모든 상담자를 좌절시킬 수 있으며, 상담자들은 자신의 동기, 기법, 힘에서의 한계를 인정해야만 합니다. 내담자의 침묵, 언어적 또는 비언어적 분노, 경멸 등으로 표현되는 진 빠지는 상호작용이 오고 간 뒤 저는 이렇게 말할 수 있습니다. "좋아요. 내가 졌어요. 오늘은 당신이 이겼습니다. 나는 아무짝에도 쓸모없는 개똥 같은 놈이에요."

치료에 파괴적인 내담자를 치료할 때 상담자들은 무가치하고 쓸모없다는 느낌에서 오는 죄책감, 그러한 느낌을 일으키는 내담자를 증오하는 것에 대한 죄책감에 대해 비교적 편안하게 느껴야 합니다. 집단상담자의 최우선 목표는 자기 자신을 보전하는 것으로, 이는 기능적이고 상호 관계적인 의식 및 무의식을 보전하는 것을 뜻합니다(Billow, 2003). 상담자의 정신상태가 가라앉아 간다면 우울한 집단원은 익사할 것이며, 때로는 집단도 함께 익사할 것입니다.

Richard M. Bilow, Ph.D.

참고문헌

Billow, R. M. (1999). LHK: The basis of emotion in Bion' s theory. *Contemporary Psychoanalysis, 35*, 629-646.

Billow, R. M. (2001). The class that would not read: Utilizing Bion' s affect theory in group therapy. *International Journal of Group Psychotherapy, 51*, 309-326.

Billow, R. M. (2002). Passion in group: Thinking about loving, hating, and knowing. *International Journal of Group Psychotherapy, 52*, 355-372.

Billow, R. M. (2003)

Freud, S. (1917). Mourning and melancholia. *Standard Edition, 14*, 239-260.

Hendin, H. (1981). Psychotherapy and suicide. *American Journal of Psychotherapy, 35*, 469-480.

Maltsberger, J. T., & Buie, D. H. (1973). Countertransference hate in the treatment of suicidal patients. *Archives of General Psychiatry, 30*, 625-633.

Yalom, I. D. (1995). *The theory and practice of group psychotherapy* (4th ed.). New York: Basic Books.

[상담자에게 (2)]

당신의 딜레마에서 당신은 세 가지 질문을 던집니다. 만약 한 집단원이 심각한 우울을 겪고 있고, 그렇게 우울한 사람이 집단에서 혼자인 경우에 집단상담을 통해 치료될 수 있는가? 이 집단의 구성상 시작부터 이렇게 될 운명이었는가? 집단상담자로서 택할 수 있었던 다른 방법이 있었을까?

이 질문들에 답변할 때 제가 집단을 이끌 때 하듯이 저는 두 가지 기본 전제를 깔고 있는 다원적인 개념적 입장을 가정합니다(Havens, 1987, pp. 328-330). 첫째, 저는 그 어떤 특정한 이론에 의해 좌우되기보다는 제 내담자의 욕구에 좌우되는 느낌을 받습니다. 하지만 동시에 둘째, 저는 모든 이론과 방법들에 높은 가치를 두며, 주어진 임상상황의 요구에 맞추어 이러한 방법들을 적용합니다.

이 임상사례와 관련하여, 저는 이해를 돕고 가능한 개입방안을 생각하기 위해 신정신분석학파(Horney, 1950), 정신역동 이론(Rutan & Stone, 2001) 및 집단역동 이론(Scheidlinger, 1980)을 상기했습니다.

첫 번째 질문이 제기된 근본 방식이 최종적인 답변을 드리기 어렵게 만드는군요. 어떤 집단과, 우울이 심각한 어떤 사람을 말씀하시는 것인가요? 설명하신 집단에서 엘리자베스는 지나치게 손상되어 집단에서 적절한 도움을 받기 어려운 것 같습니다. 그녀는 신생아와 맏이를 돌보고, 남편에게 우울증을 숨겨야 하는 결혼생활을 하는 데 압도되어 있었기 때문에, 애초에 집단원을 선별하는 시기부터 개인상담이나 부부상담에 더 적합한 내담자였을 수도 있습니다. 이러한 가능성을 고려해 보셨습니까? 아니면 그저 집단의 자리를 채우거나 집단원의 성비를 맞추려고 그녀에게 집단상담을 제안했습니까? 만약 이러한 실수 중 하나를 저지른 것이라면, 집단에서 엘리자베스가 겪는 어려움과 그녀로 인해 집단이 겪는 어려움이 함께 결합된 것 같습니다(Gans & Alonso, 1998).

새로운 집단은 이미 확립되고 안정된 집단과는 확연하게 다릅니다. 여기서 다루는 집단 같은 새로운 집단은 소수의 군중과 더 비슷해서, 이렇게 모인 개개인이 집단이 되기 위해서는 신뢰와 안전감, 응집력을 쌓아 가야만 합니다. 새로운 집단에서 집단의 구조가 안정되기 전까지 리더는 한 집단원의 불균형적인 병리(특히 그 사람의 안전이 관련되어 있다면 더더욱)에 주의를 기울여야 합니다. 과정 내에서 파괴적인 힘, 즉 반-집단이 일어나는 결과로 인해 다른 집단원들은 충분히 굶주리거나 방치된 느낌을 받을 수 있습니다(Nitsun, 1996). 견딜 수 있는 집단구조가 아직 없다는 사실은 이러한 힘을 치료적으로 관리할 수 없게 하고, 이는 조기종결이나 집단 자체의 소멸로 이어질 수도 있습니다.

나머지 제기된 질문에 대한 답변으로, 저는 이 집단의 구성이 처음부터 운명이 결정된 것은 아니라고 생각합니다. 또한 당신은 좀 더 바람직한 결과로 이끌 수도 있었을 다른 방법을 택할 수 있었다고 생각합니다.

제가 어떻게 이러한 결론에 이르게 되었는지 살펴보는 게 도움이 될 것 같습니다. 저는 당신이 집단에 대해 설명하는 내용을 읽으면서 당신에게 화가 나고 비판적인 마음이 되었습니다. 이러한 반응을 처리하면서 그 감정 밑에는 제가 당신이 운영하는 집단의 구성원이라면 안전감을 느끼지 못할 것 같다는 느낌이 있었다는 것을 깨달았습니다. 이것을 깨닫고 저는 집단원들 또한 당신에게 안전감을 느끼지 못했을 것이라고 추측하게 되었습니다.

당신의 집단에서 무슨 일이 일어났는지를 개념화할 수 있는 다른 방식을 제공하고, 당신이 취할 수 있었던 다른 개입을 알려 드리겠습니다. 저는 집단 문화, 집단원의 소개, 투사적 동일시, 역전이 등을 포함하여 많은 집단역동을 언급할 것입니다.

이 집단의 문화는 존재보다는 행위에 더 가치를 두는 것 같고, 이는 당신이 선호하는 것에 영향을 많이 받았을 것입니다. 당신은 엘리자베스의 우울증에 대해 집단이 성공하기를 선호하는 것 같습니다. 성공이라는 단어가 두 번 언급되었음에도 불구하고 '고통스러운 경험'이라는 개념은 20주째인 집단에서 18주에 처음으로 등장했습니다. 게다가 집단이 엘리자베스에게 '우려를 표하고 지지와 조언을 주었으며, 개인상담을 받고 신경정신과 약물을 복용해 보라는 압박'을 주었다고는 하지만, 그녀의 정서적 고통을 탐색하고 나눈다는 언급은 없습니다.

엘리자베스가 스스로를 우울한 사람으로 나타내는 현상을 이해할 수 있는 다른 방식들이 있습니다. 집단이 그렇게 고려해 보도록 당신이 도와주지 못했던 방식이지요. 엘리자베스의 증상은 아마 우연이 아닐 겁니다. 다른 대부분의 질병이 발생하는 것과 마찬가지로 엘리자베스의 우울증 역시 그녀의 과거사, 성격, 방어의 근본적인 측면과 관련되어 있습니다. 아마도 그녀는 원가족 내에서 아프고 난 뒤에 도움을 거절하는 방식으로 주의를 끄는 법을 학습했을 것입니다.

엘리자베스의 소개에 대한 집단의 반응도 다양한 방식으로 개념화될 수 있습니다. 아마도 그녀는 다른 집단원들이 그와 같이 되는 것을 소망하면서도 동시에 두려워하는 '내담자'였습니다. 당신의 성별을 듣지는 못했지만, 집단이 무의식적으로 남자 상담자에게 여자 내담자를 치유해 달라고 '데려다 바치는' 현상은 드물지 않습니다. 이러한 방식으로 집단원들 역시 궁극적으로 당신에게 치유를 받는 환상을 행동화하는 것입니다. 집단은 또한 상담자에 대해 간접적으로 더 알아내는 방식으로 엘리자베스를 '사용'하고 있을 수도 있습니다.

집단이 배운 한 가지는 당신이 엘리자베스의 우울증의 (뚜렷한) 심각성으로 인해 두려워하고 있다는 것이고, 아마 이것이 당신이 방에 있는 내담자가 엘리자베스밖에 없는 것처럼 그녀에게 집중을 하는 경향을 설명해 주는 것 같습니다. (우리는 다른 집단원들의 어려움에 대해 아무것도 알지 못한다는 점을 주목하세요.) 당신의 역전이 어려움과 그로 인해 유발된 반응은 결국 집단을 두렵게 했습니다. 이러한 반응에는 ① 엘리자베스가 아니었다면 "좋은" 집단이었을 텐데 마치 엘리자베스가 망치고 있다는 듯이 행동하는 것, ② 엘리자베스의 우울증에 인질로 잡혔다는 느낌, ③ 반동형성(Gans, 1989)을 통해 돌봄(효과가 없을 수밖에 없는)으로 바꾼, 엘리자베스에 대한 무의식적인 분노, ④ 엘리자베스집단 희생양으로 만듦으로써 분노를 행동화시킨 것, ⑤ 엘리자베스를 참여시킬 하위집단을 찾는 등 엘리자베스를 진정으로 보호할 수 있는 방식으로 개입하는 데 실패한 것(Agazarian, 1997), ⑥ 엘리자베스의 자살 가능성 수준을 잘못 판단한 것 등이 있습니다.

전체로서의 집단해석(Borriello, 1976)은 지정된 내담자 역할에서 엘리자베스를 해방시키고, 다른 집단원들이 자신의 투사를 소유하고 자신의 어려움을 다룰 수 있도록 했을 것입니다. "이 집단은 엘리자베스가 집단에서 모든 병리를 독점하고 있다고 믿고 싶어 하는 것 같군요."와 같은 해석은 이와 같은 집단 발달단계에서 매우 자주 특징적으로 나타나는 원시적인 투사적 동일시를 다루는 데 유용했을 것입니다. 투사적 동일시의 무의식적 기제에 있어서, 이 사례의 경우 집단원들과 당신도 자신의 병리를 지정된 '아픈' 집단원에게 투사합니다(Horwitz, 1983). 투사에서는 투사하는 사람들이 투사대상으로부터 거리를 두지만, 투사적 동일시에서는 투사하는 사람들은 그 병리가 '아픈' 집단원에게 있고 자신에겐 없다고 확신하면서 그 사람을 고치려는 시도로서 아픈 집단원을 가깝게 돌보게 됩니다. 양육하는 가슴의 이미지와 연합된 엘리자베스가 가장 아픈 집단원으로서 경험된다는 사실은 엄청난 모순입니다.

초기에 이 새로운 집단은 당신의 유능감에 대한 환상을 지키기 위해 동료 집단원을 희생시키는 일에 결탁할 필요가 있었을 것입니다. 그러나 곧 이러한 책략조차 그들의 불안을 충분히 잡아 주지 못했고, 두려움에 사로잡힌 네 명의 집단원들은 집단을 떠나려는(도망가려는) 욕구를 합리화합니다. 아마도 그들의 고별은 엘리자베스를 희생양으로 만든 공모에 대해 잘못 이해하고 죄책감을 느끼는 것 때문에 더 가속되었을 것입니다.

제가 이 임상사례에서 가장 문제라고 느끼는 점은 당신 자신의 분노, 아마도 거의 살인적이었을 그 느낌에 접촉하지 않은 채로 남아 있다는 것입니다. 비록 모든 사람이 각자의 맹점을 가지고 있기는 하지만, 저는 당신이 자문을 구하려 했다는 것에서 희망을 봅니다. 또한 당신이 개인상담을 받는 것을 고려해 보기를 권합니다. 적극적인 자문과 치료가 없다면 취약한 내담자에게 무심코 해를 끼칠 위험이 있습니다.

Jerome S. Gans, MD, CGP, FAGPA, DFAPA

참고문헌

Agazarian, Y. M. (1997). *Systems-centered therapy for groups*. New York: Guilford Press.

Borriello, J. F. (1976). Contrasting models of leadership in group psychotherapy: The group-as-a-whole model. *International Journal of Group Psychotherapy, 26*, 149-161.

Gans, J. S. (1989). Hostility in group psychotherapy. *International Journal of Group Psychotherapy, 39*, 499-516.

Gans & Alonso (1998).

Havens, L. (1987). *Approaches to the mind*. Cambridge, MA: Harvard University Press.

Horney, K. (1950). *Neurosis and human growth*. New York: Norton.

Horwitz, L. (1983). Projective identification in dyads and groups. *International Journal of Group psychotherapy, 33*, 259-279.

Nitsun, M. (1996). *The Anti-group: Destructive forces in the group and their creative potential.* London: Guilford Press.

Rutan, J. S., & Stone, W. N. (2001). *Psychodynamic group psychotherapy* (3rd ed.). New York & London: Guilford Press.

Scheidlinger, S. (Ed.). (1980). *Psychoanalytic group dynamics.* New York: International Universities Press.

강렬한 상담자 반응

개 관

영화 〈밥(Bob)에게 무슨 일이 생겼나〉에서 밥은 악몽 같은 내담자가 된다. 처음에는 순응적이었으나 그의 상담자가 여름휴가를 떠나자 그는 공포에 질려서 휴가 내내 상담자를 스토킹하고 괴롭힌다. 상담자인 마빈(Marvin) 박사는 점점 밥의 행동 때문에 좌절하고 분노하여 결국 어느 한 시점에 이르러서는 실제로 그를 때려눕히겠다고 생각한다. 영화가 유쾌하긴 하지만 상담자들은 대부분 밥과 같은 내담자가 일으킬 수 있는 강력한 느낌을 경험했을 것이다.

'강렬한 상담자 반응을 담아내고 활용하기'에서 엘리노어 카운셀만(Eleanor Counselman)은 역전이의 역사를 되짚고 보편적인 역전이 반응을 열거하며 집단상담에서의 역전이 자원들을 다룬다.

'변호사님, 제가 무능합니까' 에서는 상담자가 서로 다르게 기능하는 두 집단을 하나로 합친 뒤 한 집단원이 그의 유능함에 대해 도전하자 가학적이고 살인적인 분노와 씨름하게 된다. 샐리 바로우(Sally Barlow)와 숀 테일러(Shawn Taylor)는 상담자에게 집단상담은 효과가 있으며 집단상담에서 성공을 가져오는 요인은 신중한 사전 선별과 준비라는 점을 검증한 연구를 상기시킨다. 다음으로 마카리오 히랄도(Macario Giraldo)는 라캉(Lacan)의 시각을 활용하고 우화를 들어 답변을 구성하면서 욕망을 해방시키는 것은 분석가와 피분석자의 상호 주관적인 만남임을 주장한다.

'두려움과 혐오'에서는 집단원들이 상담자를 비난하자 상담자는 수치스럽고 모욕당했다고 느끼면서 자신이 만든 집단인데도 매우 두려워하게 된다. 수퍼바이저 배리 헬프만(Barry Helfmann)은 상담자가 자신의 욕구를 충족시켜 주길 원하는 집단원들의 투사적 동일시에 사로잡혔다고 본다. 그는 상담자가 보다 효과적으로 반응할 수 있도록 역전이를 처리하기 위해 지속적으로 수퍼비전을 받을 것을 권한다. 로버트 클라인(Robert Klein)은 상담자의 역전이를 인정하지만 집단원들이 집단이 붕괴될 것이라는 두려움 없이 상담자에 대한 분노를 계속 표현하고 탐색할 수 있도록 허락할 필요가 있다고 확신한다. 결국 '아무리 집단이 상담자를 전복시키고 파괴하기를 바란다 해도 그들은 또한 우리를 필요로 하며, 우리를 보호하고 보전하려고 한다.'는 것이다.

'견딜 수 없는 것을 견디기'에서는 한 집단원이 집단에서 공개적으로 편견을 표현해서 상담자에게 강한 역전이 반응을 유발하는데, 상담자는 이 집단원과 계속 작업을 해야만 하는지 의문을 가진다. 수퍼바이저 앨런 엘펀트(Allan Elfant)는 집단에서의 지난 7년간의 정치적 공정성이 집단을 둔하게 만들었으며, 이 집단원 덕분에 집단은 '활기찬 집단 참여, 상호작용과 질문'이라는 귀한 기회를 갖게 되었다고 주장한다. 해럴드 버나드(Harold Bernard)는, 첫째, 상담자가 그 내담자에 대한 공감을 잃었는지, 둘째, 내담자가 집단분위기를 회복할 수 없을 만큼 망쳤는지를 고려해 보라고 제안한다. 그는 이 상황이 내담자에게나 집단에 파괴적일 잠재 가능성이 있다고 본다.

강렬한 상담자 반응을 담아내고 활용하기

상담자들은 사람이다. 그들도 감정이 있으며 때로는 자신의 내담자에 대해 강렬한 정서적 반응을 경험하곤 한다. 집단상담에서 상담자는 집단원, 하위집단 또는 전체집단에 대하여 강렬한 반응을 경험하므로 상황이 더욱 복잡해진다. 한때 상담자 반응은 분석을 통해 넘겨야 하는 경험이라고 인식되었던 적이 있지만, 현대의 정신역동적인 입장에서는 상담자의 반응을 건설적인 것으로, 나아가 심지어 치료관계의 핵심 측면으로서 가치를 두고 있다. 이 장은 상담자 반응에 대한 정신역동적 입장의 발달에 대해 리뷰하고, 상담자 반응이 집단역동에 미치는 특정한 효과에 대해 검토할 것이며, 집단상담에서 보편적인 상담자 반응을 몇 가지 소개하고 효과적인 담아내기와 활용에 대해 논의하도록 하겠다.

나는 프롬 라이히만(Fromm-Reichmann, 1950; Hayes, 1995 재인용)과 컨버그(Kernberg, 1984)가 상담자 반응에 대해 정의한 바와 같이, 상담자 반응을 가장 광범위한 의미에서의 '역전이'라는 용어로 지칭할 것이다. 이는 내담자에 대한 상담자의 모든 의식적 및 무의식적 반응을 의미한다. 여기에 나는 치료집단을 하는 중에 또는 치료집단과 관련하여(개별 집단원, 양자관계, 하위집단 또는 전체집단) 경험하게 되는 그 어떤 강력한 인지적, 정서적, 행동적 반응도 모두 포함시킨다. 다시 말하면, 나는 '집단사건'의 일부(개별 집단원의 행동을 포함하여)와 상담자의 성격이 만나는 교차지점에 의해 만들어지는 반응에 초점을 둘 것이다. 항상 그런 것은 아니지만 대부분의 경우 강렬한 상담자 반응은 개인 또는 집단 역동과 상담자의 자기 및 대상관계 사이의 상호작용에서 일어난다. 상담자 반응은 거대한 주제이기 때문에 나는 공동 리더십이나 상담자의 외부의 삶(질병, 가족문제 등), 그리고 집단 밖에서 상담자와 집단원들에게 영향을 미치는 커다란 체계의 사건(병원이나 상담소의 정책 또는 9 · 11 사건 등)에 의해 촉발되는 반응은 여기서 다루지 않기로 한다.

효과적인 상담자들은 자신의 반응을 꾸준히 처리한다. 그들은 대인 간 역동에 참여하는 동시에 즉시 그것을 관찰할 수 있음이 틀림없다. 이 장에서 내가 논의할 정서적 반응은 그 반응들의 존재나 부재를 통해, 또는 상담자를 놀라움으로 사로잡거나 상담자 내면에서 강하게 낯선 경험('저건 내가 아니야.' 등)을 일으키는 방식을 통해 부각된다.

정신역동 집단상담에서 역전이가 중요한가? 보통 집단상담에서는 내담자와 상담자 간의 전이-역전이 관계가 개인상담에서만큼 강렬하게 나타나지는 않지만, 집단상담에서의 다중적인 전이와 역전이는 모두 중요한 학습을 위한 기회가 된다. 나는 로스(Roth)가 "집단상담자들은 복잡한 개인 및 집단 역전이 역동을 분석할 수 있는 능력을 통해서만 집단을 분석할 수 있다(1990, p. 287)."고 한 말에 동의한다.

역전이의 역사

프로이트는 기본적으로 역전이를 극복해야 할 필요가 있는, 치료의 장애물로 보았다. 그는 역전이를 내담자에 대한 분석가의 전이라고 보았으며, 1911년 융에게 "우리는 우리의 형편없는 신경증이 우리를 미치게 만들도록 내버려 두어서는 절대 안 된다(Gabbard, 1999)."고 편지를 썼다. 프로이트는 그의 긴 경력을 통틀어 역전이라는 주제에 대해서는 거의 다루지 않았다. 역전이에 대한 이러한 관점은 20세기 중반부터 바뀌기 시작했다. 위니컷(Winnicott, 1949)은 '객관적 역전이'라는 개념을 제안했는데, 여기서 상담자는 내담자에게 다른 모든 사람과 마찬가지로 반응한다. 즉, 내담자의 특별한 전이나 상담자의 분석되지 않은 과거에 대한 반응이 아닌 것이다(위니컷의 객관적 역전이라는 개념은 특히 '거울의 방' 기회가 있는 집단상담과 관련되는 것 같다. 많은 전이와 역전이 작업에 대한 가능성이 존재하기는 하지만, 방 안의 여섯 명 또는 여덟 명이 모두 한 집단원에게 똑같은 반응을 한다는 것은 그 반응에는 분명한 현실적 기반이 있다는 것을 나타낸다). 다음 해에 폴라 하이만(Paula Heimann, 1950; Gabbard, 1999 재인용)은 상담자의 반응은 극복해야 할 장애물이 아니라 치료를 위해 중요하고 유용한 것일 수 있다는 혁신적인 주장을 펼쳤다.

랙커(Racker, 1968)는 역전이에 대한 독창적인 글에서 역전이를 '일치적 역전이'와 '상보적 역전이'로 구분하였다. 일치적 역전이는 내담자와의 공감적 동일시다. 루탄과 스톤(Rutan & Stone, 2001)은 이를 '유사한 정서(parallel affect)'라고 부르는데, 상담자는 내담자가 말로 표현할 수 없는 것을 공감적으로 경험하기 때문이다. 유사한 정서에 대해 배울 때 가장 중요한 것은 그 사람의 몽상을 주의가 산만한 것이라고 일축하지 않고 그 몽상에 귀를 기울이는 것이다. 집단에서 리더는 각 집단원이나 전체로서의 집단에 대해 유사한 정서를 경험할 수 있다. 예를 들어, 상담자 입장에서 경험하는 지루한 느낌은 집단원들이 자각하지 못하는, 집단의 침체 경험과 공명하는 것일 수 있다. 유사한 정서는 집단이나 내담자 내부에서 부인된 것이 아니라 실재하는 것이 증폭되는 과정이다.

상보적 역전이란, 내담자가 자기의 일부를 부인하고 투사한 부분에 상담자가 동일시할 때 일어나는 현상이다. 이러한 경우, 랙커는 분석가 자신의 갈등이 활성화되는 것이라고 생각했다. 그린버그(Grinberg, 1979)는 상보적 역전이(내담자의 투사가 분석가의 무의식적인 갈등과 연결됨)와 '투사적 역동일시(분석가의 내사가 거의 내담자로부터 비롯됨)'를 구별하였다. 분석가를 채워지기 기다리는 텅 빈 그릇이라고 보지 않는 한, 후자의 개념이 가능하려면 분석가의 내면에 어떤 갈고리가 존재해야 한다.

컨버그(Kernberg, 1984)는 역전이를 시간적인 기준으로 고려할 수 있다고 생각했다. 컨버그는 단기적이거나 급성인 반응, 장기적이고 점진적으로 만들어진 왜곡 그리고 상담자의 성격병리에 근거를 둔 역전이 반응 등 세 가지 유형의 반응을 설명하였다. 역전이를 다루기 위해서 상담자는 내담자가 상담자에 대해 가지고 있는 현실적이고 비현실적인 관점을 구분해야 한다.

역전이가 분석되지 않으면 이 과정이 제한된다. 컨버그는 기법적인 중립성을 지키기 위해 아무리 노력하더라도 상담자의 성격은 어떤 치료에서든 불가피한 부분이라는 점을 강조했다. 사실 "내담자들은 분석가의 성격에서 튀어나온 돌기에 자신의 전이의 실을 건다(1984, p. 266)."

가바드(Gabbard)는 역전이에 대한 정신분석 연구들을 검토한 결과, 전통적인 입장과 클라인학파의 분석적 입장들이 "역전이는 분석가와 피분석자가 모두 기여하는 공동의 결과물이다."라는 합의에 수렴하고 있다고 결론을 내렸다(1995, p. 481). 비록 분석가는 내담자가 뽑은 역할에 끌려갈 수밖에 없지만, 또한 그 역할의 정확한 차원은 분석가가 결정한다.

집단상담의 역전이에 대한 이론들은 점차 역전이를 집단작업에 필요한 중요한 재료로서 강조하는 등, 비슷한 흐름을 따라 발전했다. 비온(Bion, 1961)은 정신역동적 집단상담 이론을 저술한 최초의 분석가로서, 전이와 역전이의 강력하고 무의식적인 존재과정에 대해 언급하였다. 이후 폴크스(Foulkes, 1964; Hayes, 1995에서 재인용)는 상담자 자신의 미해결된 갈등이 가져오는 효과를 가리키며, 모든 집단은 '상담자 자신의 갈등과 맹점을 반영하며, 상담자의 특징을 지닌다.' 라고 기술하고 있다. 보편적인 갈등의 예로는 인정받고 싶은 욕구, 힘과 권위에 대한 투쟁, 미해결된 가족문제, 분리 및 개별화에 대한 주제, 버림받는 것에 대한 공포(Hayes, 1995) 등이 있다. 더킨(Durkin, 1975; Tuttman, 1993에서 재인용)은 집단상담에 체계 이론을 적용하였고, 집단원들의 개인적인 역동과 전반적인 집단역동 간의 상호작용에 주목했다. 더킨은 전이와 역전이가 각 집단과 집단상담자 사이, 집단원들 사이(형제관계처럼) 및 전체로서의 집단에서 작동된다고 느꼈다. 시간이 지나면서 전이와 역전이는 집단상담에서 언제나 존재하는 것으로 여겨지게 되었다. 집단상담자는 서로 다른 집단원들로부터 그리고 전체로서의 집단으로부터 다중의 투사를 받고 역할을 배정받기 때문이다. 효과적인 집단상담자들은 많은 반응을 이해하고자 열심히 노력하며, 자기분석을 계속적으로 하는 것이 매우 중요하다.

보편적인 역전이 반응

보편적인 역전이 반응이란 무엇일까? 인간의 모든 정서가 역전이에 해당할 수 있다. 대부분의 상담자는 자기 자신이 친절하고 유능하며 합리적인 사람이라고 생각하고 싶어 하기 때문에, 보통은 증오, 수치심, 시기심과 같은 보다 어두운 정서가 문제를 일으킨다. 위니컷(Winnicott, 1949)은 역전이 중에서도 증오에 대한 논문을 썼는데, 증오가 분석과정의 일부임을 상담자들에게 상기시키고 있다. 비록 위니컷은 병리적인 내담자에 대한 '객관적 증오'에 초점을 두기는 하였지만, 동시에 증오는 신경증 치료의 일부라고 주장했다. 후자의 경우에 대해 위니컷은 분석가가 과거의 개인적인 문제들을 작업하고 나면, 대부분의 증오는 잠재적인 수준으로 남기는 하지만 '증오의 시간에 끝이 있을(the existence of the end of the hour, 1949, p. 71)' 뿐만 아니라 긍정적인 작업으로 승화된다고 하였다. 위니컷은 모성애뿐만 아니라 모성 증오에 대해 주장하였는데, 분석가는 엄마들이 그러하듯이 자신의 증오를 행동화하지 않고 견뎌야 한다고 하였다.

또 다른 강렬한 역전이 반응으로는 수치심이 있다. 때로는 수치심을 직접적으로 느낄 수 있고, 때로는 상담자의 분노나 웅대한 자기 및 완벽주의가 수치심을 방어한다. 한(Hahn, 1995)은 수치심은 상담자가 공공연하게 비난하지 않아도 유발될 수 있으며, 상담자는 집단이 그 분노를 더 개방적으로 표현하도록 촉진해야 한다고 강조했다. 집단상담자로서의 수치심을 경험한 것에 대해 쓴 맥냅(MacNab, 1995)의 글은 감동적인데, 그의 역전이는 자신이 집단의 구원자로서 치료의 어떤 장애물도 극복할 수 있어야 한다는 것이었다. 특정 집단원을 '구하지' 못했을 때 그는 실패했다는 수치심에 압도되었다. 간스(Gans, 1989)는 상담자 입장에서는 '모두에 대해 알고 모두를 치유'하고 싶은 의식적, 무의식적 욕구와 집단원들 입장에서는 전지전능한 상담자에 대한 소망 사이에서 역전이적인 상호작용이 일어난다고 언급했다. 마찬가지로 스타크(Stark, 1995)는 내담자들은 자신의 양육과정에서 부족했던 것을 (완벽한) 상담자가 줄 것이라는 소망을 가지고 있는데, 상담자가 그 끝없는 소망에 반응하게 될 위험이 있다고 보았다. 상담이 어린 시절의 상처를 온전하게 보상해 줄 수 없다는 불가피한 실망은 작업의 일부가 된다. 스타크는 부적절한 양육을 자주 경험했던 상담자는 이러한 '보상하기' 역전이에 취약하다고 지적하였다. 집단상담자는 이러한 역전이를 표현하는 방식으로서 집단회기가 시간을 넘기는 것을 허용하고, 집단원들이 집단에서 이탈하는 것(예: 휴가를 떠남)에 대한 감정을 회피할 수도 있다.

집단상담은 상담자의 수치심을 자극하기에 특히 적합하다. 이상화된 자기대상이 되고 싶다는 유혹이 개인상담에 비해 극대화된다. 나를 존경하는 여덟 명의 집단원 앞에서 완벽한 상담자이고 싶은 마음은 정말로 유혹적이다. 실패한다는 것은 정말로 끔찍하다. 보통 개인상담에서의 실수와 실패는 사적인 것으로 느껴지지만, 집단장면은 보다 공적인 노출이 되고 잠재적인 모욕감을 준다. 보통 초심 집단상담자들은 이 주제에 대해 매우 걱정한다. 상담비 청구상의 실수, 잘못된 해석, 순간적인 부주의 등이 다 집단의 먹잇감이 되고, 가학적인 집단은 상담자를 몹시 창피하게 만들 수 있다. 하지만 상담자의 수치심이 늘 상담자에 대한 것만은 아니다. 이는 수치심을 부인하는 집단이 일으키는 투사적 동일시이거나, 수치심과 투쟁하고 있는 집단과 공명하는 공감적 역전이의 결과로 인한 것일 수도 있다.

역전이는 다양성이라는 영역에서 작동할 수 있다. 상담자들은 인종, 성별이나 다른 차이점들에 근거하여 집단원들에 대한 무의식적인 기대를 가질 수도 있다. 예를 들어, 성별과 관련된 역전이로 인해 남자와 여자에게 무의식적인 기대를 다르게 가질 수도 있다(Bernardez, 1996). 집단상담자는 여자 집단원들에게는 슬픔, 부적절감, 다정함과 같은 '여성스러운' 표현을 기대하고, 남자 집단원들에게는 분노, 경쟁, 성욕, 힘과 같은 '남성적인' 표현을 기대할지도 모른다. 이러한 기대를 의식 수준으로 끌어내지 않는다면 집단원들이 자신의 사회적 역할에 순응하는 모습에 대해 탐색할 수 없을 것이다. 상담자들은 스스로 편견이 없는 사람이라고 생각하고 싶어 하지만, 사회화 훈련은 오래되고 뿌리가 깊은 것이다. 그러므로 아마 이 영역에서 불확실성을 유지하는 것이 현명할 것이다.

상담자의 강렬한 역전이는 외상집단을 이끌거나 정기적인 집단에서 외상경험이 있는 집단원을 치료할 때에도 일어날 수 있다. 외상을 다룰 때 역전이의 두 가지 주요 유형은 동일시와 회피다. 또한 상담자들은 흔히 가해자의 역할에 강하게 끌리는 경험을 할 수도 있다. 자이글러와 맥에보이(Xeigler & McEvoy)는 외상 생존자에 대한 역전이를 긍정적인 측면으로 보았다. 즉, '희생자의 과거 경험과 현재의 현실에 대한 통찰력 및 연민의 주요 원천이다. 그러므로 역전이 반응은 치료적인 개입을 근거 있고 시기적절한 방식으로 이끌기 위해 활용할 수 있는 길잡이가 된다(Xeigler & McEvoy, Klein & Schoermer, 2000, p. 117에서 재인용).' 그러나 그들은 대리적 외상이나 연민이 소진을 불러올 위험이 있음을 언급하고, 자기돌봄과 개인적인 성찰의 중요성을 강조하였다.

집단에서의 역전이의 근원

집단상담의 어려움 중 하나는 역전이가 다양한 근원에서 기인할 수 있다는 점이다. 로스(Roth, 1990)는 이에 대해 다음과 같이 요약했다. '특정한 집단상담 상황에서의 역전이는 특정한 집단상담자, 그 집단 내의 내담자들의 조합, 그 순간 그들의 특정한 상태, 상담자의 기법 이론과 리더십의 유형, 그가 집단장면에서 실제로 하고 있는 것들의 기능이다(p. 289).' 집단상담자들은 언어적 수준과 비언어적 수준(몸짓, 뉘앙스, 침묵, 지각 등)에서 다양한 자료 조각을 분석해야 하며, 다중 역전이는 사실상 집단의 모든 사건 속에 잠재되어 있다. 이처럼 복잡한 조합이 상담자의 역전이의 근거가 된다. 바니셀리(Vannicelli, 1989)는 이것을 하나의 악기에서 나오는 소리와 달리, 수많은 악기들로 구성된 오케스트라에서 일어나는 공명에 비유했다.

역전이의 근원을 심리 내적 근원과 집단역동으로 분리하는 것은 다소 인위적인 구별이고 지나치게 단순화시키는 것임에 분명하지만, 그럼에도 그 구별은 유용한 것으로 보인다.

1) 심리 내적 근원

미해결된 갈등을 자극함으로써 상담자의 문제들이 직접적으로 활성화되거나, 투사적 동일시를 통해 간접적으로 활성화될 때 심리 내적인 상담자 반응이 일어난다고 한다. 루탄과 스톤(Rutan & Stone, 2001)에 따르면 상담자들은 서로 다른 성격을 가지고 있고, 다른 전이를 다르게 품고 있다. 예를 들어, 어떤 사람은 사랑받고 이상화되기를 원하는 반면, 다른 사람들은 증오와 공격성을 더 편안하게 느낀다. '상담자가 강렬한 정서를 경험할 때 가장 먼저 살펴보아야 할 곳은 바로 자기다. 만일 상담자가 사랑, 증오, 시기심 등의 강렬한 감정에 스스로 사로잡혀 있는데, 그 이유가 내담자가 상담자 자신의 과거 중요하고 양가적이었던 인물을 연상시키기 때문임을 알게 된다면, 상담자는 그 감정에 대해 훈습할 책임이 있다(Rutan & Stone, 2001, p. 184).' 루탄과 스톤은 때로 집단이 상담자가 자신의 비정상적으로 강력하고 독특한 반응을 처음 알아차리도록 만드는 역할을 한다고 말했다.

투사적 동일시는 내담자가 스스로 부인한 자신의 측면을 상담자에게 투사한 뒤, 상담자로 하여금 그 투사를 받아들이도록 상당한 대인 간 압력을 주는 과정을 의미한다. 상담자는 투사를 담아내고 처리하면서, 궁극적으로는 내담자가 투사를 보다 온건한 형태로 다시 가져가도록 해야 한다. 집단상담자는 투사적 동일시가 집단원들 사이에서도 일어날 수 있다는 사실을 알아야 하고, 희생양 만들기 현상에 주목해야 한다. 일반적으로 투사적 동일시가 성공적으로 가능하려면 투사적 동일시를 받는 대상에게 '갈고리'가 있어야 한다고 알려져 있다. 가바드(Gabbard, 1995)는 "분석가가 역전이 반응을 마치 자신을 덮치는 낯선 힘과 같이 경험할 때조차도, 실제로 일어나고 있는 것은 내담자들의 대인 간 압력으로 인해 억압된 자기표상 및 대상표상이 활성화되었다는 것이다. 따라서 이처럼 자기의 억압된 측면이 나타나기 때문에 상담자의 친숙하고 일관된 자기에 대한 일상적인 감각이 흐트러지게 된다(p. 477)."

샌들러(Sandler, 1987, 1993, Gabbard, 1995에서 재인용)는 모든 강렬한 상담자 반응을 투사적 동일시(즉, 내담자에게서 유발된 것)라고 보는 관점에 대해 경고했다. 샌들러는 어떤 강렬한 상담자 반응은 역할에 반응적인 것이며, 투사적 동일시와는 달리 공감에 기초한 반영과정이라고 생각했다. 이 개념은 특히 집단 역전이에서 두드러지는데, 왜냐하면 집단은 가족역동을 재창조하며 집단원들은 리더가 개인 사적으로 중요한 역할을 맡도록 압력을 주기 때문이다.

로스(Roth, 1990)는 집단상담자가 다중의 공감적 동일시를 담아내는 문제에 대해 언급하였다. 상담자들은 자신에 대한 소망과 방어를, 현실에 기반한 대상관계와 유아적인 추동에 의한 대상관계 모두에 공감해야 한다. 그는 '분기점'이 필요하며, 그 분기점을 유지하기 위해서는 완전하게 확신하지 않는 성찰적인 태도가 핵심이라고 생각했다. 자기성찰적인 태도와 확신하지 않는 태도를 유지하지 못하면 역전이 반응을 하게 되는 것이다.

의식적인 자각 밖에 있는 전이와 역전이가 상호작용할 때 역전이의 실연화가 일어난다. 이는 작은 행동일 수도 있고, 비언어적인 행동일 수도 있다. 최근의 관계 이론과 상호주관성 이론들은 역전이의 실연화가 불가피할 뿐 아니라 유용하다고 본다.

집단계약 위반이 탐색되지 않는 것 또한 역전이 실연화의 예가 될 수 있다. 계약을 위반하는 것은 불가피하며, 계약위반에 대해 탐색하는 것이 정신역동적 집단 작업에서 핵심이 된다. 상담자가 위반에 대해 지적하지 않고 그것에 대해 호기심을 불러일으키지 않는 경우 실연화를 의심해 볼 수 있다. 이러한 행동화에 대해 이해함으로써 치료에 귀중한 통찰을 얻을 수 있다.

심리 내적 요소에 대해 마지막으로 덧붙이면 다음과 같다. 시간이 지남에 따라 상담자와 내담자 사이에서 루탄과 스톤(Rutan & Stone, 2001)이 '진정한 인간관계' 라고 불렀던 것이 발전한다. 그들이 함께 커피를 마시러 나간다는 뜻이 아니라, 그 관계 자체가 상담자에게 실제 감정을 일으킨다는 뜻이다. 내담자가 승리한다면 상담자는 진정한 행복을 느낀다(그러나 거기에 무언가 숨어 있지 않은지 살펴본다). 해결해야 하는 역전이와는 정반대로, 이러한 감정은 상담자라는 직업을 보람차게 만들어 준다.

2) 집단역동

헤이즈(Hayes, 1995)는 집단상담의 역전이와 관련된 연구들을 검토한 결과, 역전이에 기여하는 중요한 요소로서 집단구성과 집단단계를 꼽았다. 집단구성은 각 집단원, 하위집단 및 전체집단으로 이루어진다. 특정한 주제에 따라 구성된 집단(예: 성별, 외상, 약물남용)에서는 엄청난 역전이 소재들이 있다. 예를 들어, 바니셀리(Vanicelli, 1989)는 알코올중독자 자녀들의 집단을 운영할 때 강력한 역전이가 있을 수 있다고 하였는데, 모든 상담자가 어느 정도는 자신의 원가족에서의 역기능을 다루고자 애쓰는 '어른 아이'라고 보았다. 이러한 집단을 이끌기로 선택한 상담자들은 그렇게 하는 자신의 동기가 무엇인지 신중하게 생각해 보고, 특히 역전이의 신호를 경계해야 한다.

강렬한 리더 반응은 각자의 다른 주제들이 두드러지는 집단단계에서 일어날 수 있다. 집단의 사전 선별단계에서, 집단원들이 다 채워지지 않았을 때 상담자가 금지사항을 간과하고 잠재적인 집단원을 '유혹'할 때 발생할 수도 있다. 또한 다른 집단상담자의 경쟁 때문에 가장 인기가 많았으면 좋겠다는 강한 소망이 유발될 수 있다.

집단상담자가 각 집단원에게 기대하는 바가 역전이의 초기형태라 하겠다. 로스(Roth, 1990)에 따르면, 대부분의 내담자는 의식적, 무의식적으로 특정한 기대를 가지고 집단에 오며, 그러한 기대들은 대개 내담자 자신의 어린 시절과 미해결된 문제에 근거한 것들이다. 상담자들은 이러한 내담자들에게 상응하여 유발될 수도 있는 상담자의 기대, 즉 초기 역전이 반응을 자각할 필요가 있다. 초기 기대의 다른 예로는 기존의 집단을 인계받을 때에 일어날 수 있는 잠재적인 역전이를 들 수 있다(Counselman & Weber, 2002).

초기단계의 집단, 즉 '의존' 집단은 집단의 수동성과 필요한 존재가 되는 것을 둘러싼 상담자의 문제들을 자극할 수 있다. 초기단계의 집단에서 리더가 이상화되는 것은 보편적인 현상이며, 상담자들은 그 이상화를 믿고 싶다는 유혹에 강하게 이끌린다. 또한 이 단계의 집단원들은 서로 관계 맺는 것에 대해 종종 양가적인 마음을 가지는데, 상담자의 역전이는 그 양가감정을 회피하도록 내버려 둘 수 있다(Brabender, 1987). '투쟁-도주' 집단에서는 때로 어려운 상황에서 권위적인 반응이 촉발될 수도 있다. 자율성 향상을 위해 작업하고 있는 집단에서는 필요 없는 존재가 되는 것에 대한 두려움이 자극되고, 결과적으로(방어적으로) 리더의 활동을 증가시키기도 한다. 높은 수준의 친밀감을 획득한 집단은 상담자의 외로움을 만들어 낼 수 있다(Liebenberg, 2002). 한 집단원의 종결이나 전체집단의 종결을 맞이할 때는 역전이가 아닌 현실적인 반응뿐만 아니라 유기에 대한 주제와 그에 대한 방어가 자극된다. 브라벤더(Brabender, 1987)는 개인상담과 달리, 집단상담에서는 종결에 대한 상담자의 역전이가 종결 이후의 치료까지 이어져 영향을 미칠 수 있다는 점을 중요하게 상기시키고 있다. 리더가 떠난 집단원에 대한 역전이 반응을 남아 있는 집단원들에게 행동화할 수도 있다는 것이다.

역전이 다루기

역전이를 다루는 첫 번째 단계는 역전이 반응을 자각하게 되는 것이다. 물론 '강렬한' 반응을 구성하는 것은 다소 주관적이고 상담자의 일반적인 기능 방식에 따라 달라진다. 또한 반응하지 않는 것 또한 강렬한 반응일 수 있다는 점을 기억해야 한다. 바니셀리(Vanicelli, 1989)는 다음과 같은 지표들이 역전이의 가능성을 알려 준다고 하였다. 내담자에 대해 갑자기 또는 설명할 수 없이 느껴지는 태도의 변화, 내담자나 집단에 대해 압도되는 느낌을 받음, 소진되거나 막혔다고 느낌, 새로운 자료에도 불구하고 내담자와 집단에 대해 고정되게 반응함, 부적절한 정서적 반응, 치료계약에서의 변화(예: 상담자의 지각, 계약을 위반한 내담자를 눈감아 주는 것) 등이 그에 해당된다.

헤이즈(Hayes, 1995)는 집단상담에만 고유하게 존재하는 몇 가지 역전이 반응에 대해 설명하였다. 상담자들은 갈등에 대한 무의식적인 공포 때문에 집단의 상호작용을 과도하게 통제할 수도 있고, 통제욕구 때문에 집단장면에서 개인상담을 수행할 수도 있으며, 계약을 지키지 않거나 희생양 만들기에 동참할 수도 있다.

자각하는 것, 즉 상담자 자신의 정서, 신체적인 긴장, 주의분산, 연상 등을 알아차리는 것은 역전이를 밝히는 데 필수요소다. 많은 상담자는 명상, 요가, 일기 쓰기 및 개인상담 등을 통해 알아차림을 높이는 기술을 연습한다. 균형 잡힌 삶과 적절한 자기돌봄 또한 자각하고 담아내는 역량을 기르는 데 도움이 된다.

상담자들은 내적인 자각뿐만 아니라, 보편적인 상담자의 행동에서 벗어난 행동이 있는지 살펴보아야 한다. 집단계약과 경계에 대한 도전은 역전이가 드러난다는 보편적이고도 중요한 근거가 된다. 상담자가 집단에서 계약 위반에 대해 문제를 제기하지 않거나, 상담자 스스로 계약을 깨는 경우는 아마도 역전이에 의해 움직이는 것이다. 집단이 명확한 집단계약을 설정해 두고 있다면 불가피한 (그리고 예상되는) 계약위반에 대해 탐색할 수 있는 기반이 있는 것인데, 상담자가 이러한 기회를 회피한다면 그 이유를 스스로 자문해 보아야 한다. 개인상담에서는 계약이 덜 명확하기 때문에 때로 더 애매한 상황이 벌어질 수 있다.

또 다른 경우, 집단은 상담자의 반응이 이상하다고 지적할 것이다. 현명한 집단상담자라면 한 집단원이나 여러 집단원이 상담자의 반응에 대해 언급할 때 주의를 기울일 것이다. 집단에서는 역전이를 확인할 때 이러한 '합창'을 활용할 수 있다는 점에서 개인상담보다 장점이 있다. 또한 집단은 다음 사례와 같은 집단행동을 통해 간접적으로 의사를 밝히기도 한다.

한 집단상담자가 자신이 불가피하게 집단에 제시간에 도착하지 못하겠다는 사실을 깨달았다. 도착했을 때는 이미 10분 늦어 있었고, 상담자는 자신의 지각에 대해 매우 당황했다. 상담자는 연거푸 사과를 했고 무슨 일이 있었는지를 설명했다. 집단은 이해한다며 상담자를 안심시켰다. 그런데 그 후, 작업을 시도해도 집단과정이 자꾸 중단되는 것이었다. 상담자는 차분하게 생각해 본 결과, 자신의 사과가 집단의 불만과 화를 피하고 싶은 소망에서 비롯된 역전이라는 것을 깨달았다. 상담자는 자기가 너무 일찍 사과를 하는 바람에 그들이 억압한 감정이 없는지를 꺼내어 질문하였다. 그러자 많은 감정(비판, 화, 버림받은 느낌)이 올라왔고, 집단은 유용하게 작업을 이어 갈 수 있었다.

상담자는 반응의 근원이 내적인 것인지(오래된 문제가 자극받았거나), 외적인 것인지(내담자 또는 집단이 만들어 낸 정서), 또는 (가능성이 적긴 하지만) 진정한 관계에서 오는 것인지를 판단해야 한다. 만일 외적인 것이라면, 그 감정들은 공감적인 공명(empathic resonance)인가 아니면 투사적 동일시인가? 집단의 구성, 집단의 발달단계 또는 최근의 집단사건과 관련된 것인가? 이러한 반응들은 집단에서 너무나 많이 일어나기 때문에, 이와 같이 분석하는 것이 쉽지는 않다. 하지만 집단은 다른 집단원들에게 확인해 볼 기회가 있기 때문에 투사적 동일시를 작업할 수 있는 좋은 장소라는 점에서, 그 어려움이 상쇄된다고 볼 수 있다. 루탄과 스톤(Rutan & Stone, 2001)은 투사적 동일시가 매우 강력하기 때문에 상담자뿐만 아니라 대부분의 집단원도 그것을 경험하고 있을 것이라고 하였다.

역전이를 다루는 두 번째 단계는 '그 반응을 가지고 무엇을 할 것인가'다. 이 단계는 첫 번째 단계보다는 덜 중요하다. 역전이 작업의 핵심은 역전이의 근원을 밝히고 이해하는 일이기 때문이다. 바로 이 과정을 통해 집단과 집단의 다양한 집단원에 대한 새로운 정보가 드러난다. 따라서 역전이를 다룰 때 행하는(do) 가장 좋은 방법은 역전이와 함께 존재하는(be) 것이다.

역전이에 대해 논의할 때는 자기개방에 대해 반드시 언급해야만 한다(이 책의 제6장 참고). 물론 모든 상담자는 말, 옷차림, 사무실 인테리어 등을 통해 불가피하게 자기를 개방하고 있다. 하지만 감정을 개방하는 것은 더욱 복잡한 일이다. 감정의 개방은 임상적으로 유용할 수 있고(Counselman, 1997), 감정을 건강하게 나누는 것을 본 적이 없는 집단원에게 모델링이 되어 줄 수 있다. 상담자의 감정을 개방하지 않는 것이 부적절한 경우도 있다. 예를 들어, 내담자가 깊은 상실이나 커다란 기쁨을 경험할 때는 감정을 개방해야 한다. 하지만 대부분의 경우, 특히 상담자의 반응이 각 집단원들에게 다른 의미를 가질 수 있는 집단에서는 감정개방을 자제하는 것이 바람직하다. 대체로 정신역동 집단에서는 상담자의 자기개방보다는 전이적 투사에서 더 많이 배우게 된다.

윌프레드 비온(Wilfred Bion)은 역전이를 어떻게 다뤄야 하느냐고 누군가 질문을 하자, 다음과 같이 대답하였다. "저는 역전이를 자각하면 어떻게든 시도하고 역전이를 활용해 보려고 합니다(Roth, 1990, p. 288)." 이 대답이 우리 모두에게 좋은 조언이 될 것이다.

Eleanor f. Counselman, EDD, CGP, FAGPA, ABPP

참고문헌

Bernardez, T. (1996). Gender-based countertransference in the group treatment of women. In B. DeChant (Ed.), *Women and group psychotherapy* (pp. 400-424). New York: Guilford Press.

Bion, W. R. (1961). *Experiences in groups*. London: Tavistock.

Brabender, V. M. (1987). Vicissitudes of countertransference in inpatient group psychotherapy. *International Journal of Group Psychotherapy, 37*, 549-567.

Counselman, E. F. (1997). Self-disclosure, tears, and the dying client. *Psychotherapy, 34*, 233-237.

Counselman, E. F., & Weber, R. L. (2002). Changing the guard: New leadership for an established group. *International Journal of Group Psychotherapy, 52*, 373-386.

Epstein, L. (1977). The therapeutic function of hate in the countertransference. *Contemporary Psychoanalysis, 13*, 442-468.

Gabbard, G. O. (1995). Countertransference: The emerging common ground. *International Journal of Psycho-Analysis, 76*, 475-485.

Gabbard, G. O. (Ed.). (1999). *Countertransference issues in psychiatric treatment*. Washington, DC: American Psychiatric Press.

Gans, J. S. (1989). Hostility in group psychotherapy. *International Journal of Group Psychotherapy, 39*, 499-516.

Grinberg, L. (1979). Projective counteridentification and countertransference. In L. Epstein. & A. H. Feiner, (Eds.), *Countertransference* (pp. 169-193). New York: Aronson.

Hahn, K. (1995). Countertransference in group psychotherapy: Waking a sleeping dog. *International Journal of Group Psychotherapy, 45*, 521-535.

Hayes, J. A. (1995). Countertransference in group pschotherapy: Waking a sleeping dog. *International Journal of Group Psychotherapy, 45*, 521-535.

Kaplan, H. I., & Sadock, B. J. (1993). *Comprehensive group psychotherapy*. Baltimore: Williams & Wilkins.

Kernberg, O. (1984). *Severe personality disorders*. New Haven: Yale.

Klein, R. H., & Schermer, V. L. (2000). *Group psychotherapy for psychological trauma*. New York: Guilford Press.

Liebenberg, B. (2002). Faded photographs and pressed flowers: Reflections on the institute. *International Journal of Group Psychotherapy, 52*, 131-138.

MacNab, R. T. (1995). Public exposure of shame in the group leader. In M. B. Sussman, (Ed.), *A perilous calling: The hazards of psychotherapy practice* (pp. 110-125). New York: Wiley.

Roth, B. E. (1990). Countertransference and the group therapist' s state of mind. In B. E. Roth, W. N. Stone, & H. D. Kibel (Eds.), *The difficult patient in group* (pp. 287-294). Madison, CT: International Universities Press.

Rutan, J. S., & Stone, W. N. (2001). *Psychodynamic group psychotherapy* (3rd ed.). New York: Guilford Press.

Stark, M. (1995). The therapist as recipient of the patient' s relentless entitlement. In M. B. Sussman, (Ed.), *A perilous calling: The hazards of psychotherapy practice* (pp. 188–199). New York: Wiley.

Tuttman, S. (1993). Countertransference and transference in group. In H. I. Kaplan & B. J. Sadock (Eds.), *Comprehensive group psychotherapy* (pp. 98–105). Baltimore: Williams & Wilkins.

Vannicelli, M. (1989). *Group psychotherapy with adult children of alcoholics.* New York: Guilford Press.

Winnicott, D. W. (1949). Hate in the counter-transference. *International Journal of Psychoanalysis, 30*, 69–74.

변호사님, 제가 무능합니까

[수퍼바이저 선생님께]

제가 이끌고 있는 집단 중 한 집단에서 저는 지속적으로 무능감에 시달리고 있습니다. 이런 무능감은 저에게 흔치 않은 일이지만, 제가 했던 몇몇 개입은 제가 보기에도 나쁜 것까진 아니지만 서툴러 보여서, 무능감을 느낄 만하다는 생각이 듭니다. 이 집단에는 제가 스스로 떳떳하지 못하다고 말하게 만드는 무언가가 있는 것 같습니다. 이곳은 익명성이 보장되니 저는 이 경험에 대해 선생님과 나누고자 합니다. 이 일이 어떻게 벌어진 것인지 더 잘 이해하고 싶습니다.

이 집단은 매주 진행되고, 남녀 혼성의 열 명의 집단원으로 구성되어 있습니다. 저도 열 명이 많다는 것은 알지만, 열 명이 모두 오는 일은 거의 없습니다. 연령대는 25세부터 55세까지, 30세 정도 차이가 납니다. 사회복귀 훈련시설에 있고 양극성 장애를 겪고 있는 마리(Marie)부터, 실직으로 인한 우울증을 겪고 있는 변호사 짐(Jim)까지, 다양한 집단원으로 구성되어 있습니다. 이처럼 정신병리 수준이 심각한 내담자부터 꽤 기능이 되는 내담자까지 있어서, 집단원들이 자연스럽게 두 개의 하위집단으로 나누어졌습니다. 즉, 일상생활에서 잘 기능하지 못할 만큼 더 심각하게 손상된 하위집단과, 손상 정도가 덜하여 비교적 성공적으로 일상생활을 하고 있는 하위집단입니다. 제가 1년 전에 각각 세 명의 집단원으로 조기종결된 두 개의 집단을 합쳤기 때문에 지금 집단이 이렇게 되었다는 것을 인정해야겠습니다.

집단을 시작했을 때부터, 저는 이렇게 섞은 집단원들을 다루기가 어렵다는 것을 깨달았습니다. 저는 더 나은 개입이라고 생각하고 적당히 높은 수준의 은유를 썼더니, 어떤 집단원들은 못 알아들어서 혼란스러워하고, 어떤 집단원들은 깔보고 무시했기 때문입니다. 저는 전체집단에 말하고 있다는 느낌을 거의 받지 못했고, 더 중요한 것은 전체집단이 제 말을 듣고 있다는 느낌을 거의 받지 못했습니다.

그 뒤, 집단에서 가장 똑똑하고 논쟁하기를 좋아하는 집단원 짐이 일주일에 한 번씩 저의 개입에 도전하기 시작했습니다. 짐은 제가 그저 돈을 위해서 지나치게 큰 집단을 만들었다고 저를 비난했습니다(사실 짐의 말에 일말의 진실이 있기는 합니다). 그는 지나치게 똑똑하려고 노력하여 마리와 같은 집단원들을 어리둥절하도록 만들고, 자신이 회사에서 해고된 이유에 대해서는 이해하지 못하고 있습니다. 짐의 이런 모습으로 인해 저는 매우 화가 났지만 그 감정을 숨기려 노력했습니다. 전문가다운 태도를 보이며 마음을 계속 나눠 준 것에 대해 격려하면서 말입니다.

하지만 저는 거기서 멈추지 않았습니다. 한번은 다른 집단원들이 짐을 추격하도록 제가 미묘하게 부추기고 있는 것을 깨달았습니다. 저는 "저는 왜 우리 집단이 짐이 계속 발언권을 가져가도록 내버려 두는지 궁금합니다. 짐의 말에 동의한다는 것을 저에게 말하는 것이 꺼려지는 것입니까? 아니면 짐이 공격성으로 스스로를 난처하게 만들고 있다는 것을 그에게 말하는 것이 꺼려지는 것입니까?"라고 말했습니다. 이렇게 말한 뒤 저는 내적으로 움츠러들면서, 제가 무엇을 하고 있는 건가 생각했습니다. 안타깝게도 집단은 짐을 공격하면서 저에게 보상을 주었고, 짐이 저에 대해 공격하는 것은 시간낭비이며 자기들의 문제를 다룰 수 있는 충분한 시간을 주지 않고 있다고 말했습니다. 제가 정말 놀랐던 것은 마리가 종종 짐의 편을 들었다는 것입니다. 제가 늘 마리에게 따뜻함을 느꼈고 집단에서 그 마음을 표현했음에도 불구하고 말입니다. 순간적으로 저는 마리에게 배신감을 느꼈고 저를 변호해 준 다른 집단원들에게 고마움을 느꼈습니다.

몇 주가 지나지 않아 집단원들은 더 이상 저를 변호해 주지 않았고, 자기들이 진전이 없는 것에 대해 불만을 표현하는 방식으로 짐에게 동조했습니다. 짐이 밉살스럽게 표현할 때면 봉투를 찢는 칼로 그를 찔러 버리는 상상을 하게 됩니다. 저는 "이 집단은 제 말을 유용하게 잘 활용할 줄 모르는군요." 와 같은 개입을 쓰기 시작했습니다. 몇몇 집단원은 제가 화가 났다고 생각한다고 말했지만, 저는 그 말에 대해 아마 저나 다른 집단원에 대한 그들의 분노가 투사된 것이라고 전형적으로 해석했습니다. 저는 짐이 주동자라고 생각했기 때문에, 한 주 한 주 지나며 짐이 집단을 그만두기를 바라게 되었습니다. 매주 공포를 안고서 집단에 들어가서는, 분노와 무력감과 실패감을 안고 집단을 나오게 되었습니다. 제가 어떻게 여기까지 오게 된 것일까요? 저의 강한 감정을 숨기려고 노력했지만 집단에 명백하게 읽혀 버렸는데, 이러한 감정들을 어떻게 하면 좋을까요?

[상담자에게 (1)]

집단상담을 하는 우리 모두가 알고 있듯이, 집단상담은 복잡하여 승리를 가져오기도 하지만 잠재적인 함정 또한 존재합니다. 사실 우리는 실수를 할 수밖에 없기 때문에, 대부분의 훌륭한 집단상담자는 실수를 생산적인 방식으로 다루는 방법을 배워 왔습니다. 저희 두 명은 임상가이자 교수이자 연구자로서 당신의 딜레마에 대해 정신역동적 관점에서 답변을 드리겠습니다.

요점은 다음과 같습니다. 이 집단은 남녀 혼성의 성인 외래환자 집단이고, 매주 진행되던 기존의 두 집단이 합쳐진 것입니다. 한 집단은 기능수준이 높은 집단이고, 다른 한 집단은 기능수준이 낮은 집단입니다. 공포, 분노, 무력감, 실패감뿐만 아니라 숙련 상담자에게는 흔하지 않은 감정인 무능감이 듭니다. 집단원들은 불만족합니다. 진전이 별로 없습니다. 또한 기능수준이 높고 낮은 집단원들이 서로 맞지 않는다는 것이 분명합니다.

일단 집단상담은 효과가 있음을 증명하는 부인할 수 없는 증거를 말씀드리며 시작을 해야 할 것 같습니다. 적어도 당신이 쓸데없는 노력을 하고 있는 것은 아니라는 것이죠! 지난 100여 년간 집단상담은 상담자-리더의 영향, 집단구조, 집단원 역할, 집단원과 상담자 일반적 효과(공통요인), 상담자와 집단원의 특수요인 등(Barlow, Fuhriman, & Burlingame, 2000) 여러 각도에서 경험적으로 검토되었습니다. 이러한 모든 영역에서, 집단과정과 결과에 대한 연구에서 성공적인 집단상담의 요인을 검토할 수 있었습니다. 성공적인 집단상담이란 치료가 종결될 때까지 점점 나아지고, 계속 나은 상태로 유지되는 집단(성과가 6개월 후까지 유지)을 의미합니다. 연구의 관점 및 정신역동적 관점에서 볼 때 당신의 딜레마에서 주범은 무엇일까요?

집단구조

집단구성과 사전집단 훈련은 성공적인 집단에서의 핵심 이슈입니다. 집단원들의 집단경험을 위해 어떻게 그들을 준비시킬 수 있을까요? 누구를 집단에 의뢰할까요? 집단원들의 바람직한 조합은 무엇일까요? 언제, 어디서, 또 얼마나 오래 만날까요? 그 외에도 집단의 크기나 새로운 집단원을 추가하는 것에 대한 기대 등이 있겠습니다. 우리가 항상 이 요소들을 통제할 수 없기 때문에 이러한 구조적 요소들은 때로 간과되곤 합니다. 외래환자 심리치료 집단이 가장 효과가 있기 위해서는, 집단원들이 집단에 신중하게 의뢰되고, 집단의 인원수는 일곱~아홉 명으로 구성되고, 집단원들은 한 주에 1회, 1~2시간씩 만나며, 성실한 출석 및 집단에 참여하거나 종결하는 시기 등을 비롯하여 집단 안과 집단 밖에서의 행동의 경계가 명확해야 합니다.

아마 당신의 첫 번째 실수는 집단원들의 유익보다 당신의 편의를 위해 기존의 두 집단을 합쳤다는 것입니다. 발달수준이 다른 두 집단의 집단원들은 이러한 혼란에 다르게 반응했을 가능성이 큽니다. 기능수준이 낮은 집단원들에 대해 해석(성격패턴을 밝히고 관찰하는 것)하는 것은 너무 불안정할 것입니다. 당신의 인식되지 않은 강한 감정들 또한 불안정할 수 있고요. 당신은 각 집단원과 전체로서의 집단에 대한 반응을 분석할 뿐만 아니라, 이 하위집단에 대한 반응도 분석해야 합니다.

이 집단은 사전에 충분히 결합되지 못했습니다. 이러한 상황은 모든 기관과 사설상담소에서 일어나는 일입니다. 하지만 상담자가 모든 집단원을 다시 면접하고, 다시 구성되는 집단에서 무엇을 기대할 수 있는지에 대해 그들에게 말해 준다면, 결합된 집단의 응집성이 커질 수 있습니다. 당신은 정말로 '새 집단'을 시작하셨습니까? 더 깊은 작업으로 들어가기 전에 모든 집단원들이 일반적인 자기소개를 하고 집단형성단계를 거치는, 새 집단 말입니다. 이는 적절한 '소란(storming, 충돌하는 욕구를 다루는 것)'과 '실행(잠재된 동기를 검토하는 것)'을 위한 장을 마련해 줄 것입니다. 즉, 터크만(Tuckman, 1965)의 집단단계 용어를 사용하자면, '형성'과 '규범'이 적절하게 이루어지지 않는다면 갈등 다루기나 어려운 작업은 나올 수 없습니다.

당신이 겪고 있는 어려움 중 상당수는 이러한 구조상의 문제에서 비롯된 것입니다. 많은 집단상담자가 새로운 집단을 위해 집단원들을 준비시키는 데에 시간을 투자하기를 힘들어합니다. 그러나 연구에 따르면, 단 15분의 면접만으로도 내담자가 가장 다루고 싶어 하는 세 가지 주제 묻기, 이러한 목표를 위해 새로운 집단이 어떻게 도와줄 수 있을지를 내담자에게 말해 주기, 기능수준이 다른 사람들에 대한 자각 등을 비롯하여 내담자를 집단원 역할로 이끌기, 어느 부분에서 도움을 주고받을 수 있다고 기대할 수 있는지 말해 주기 등을 충분히 할 수 있다고 합니다. 물론 재구성된 집단은 여전히 차이가 있기는 하겠지만, 집단원들은 그러한 차이와 씨름할 수 있도록 더 준비가 될 것입니다. 이러한 작업에 2시간이나 3시간을 쏟을 만한 충분한 가치가 있지요.

집단역동

당신은 매우 솔직해질 수 있는 용기가 있습니다. 성공적인 심리치료를 위해 자문은 필수입니다. 실수의 놀라운 결과는 실수가 거의 언제나 행동화의 다양한 장을 드러낸다는 점입니다. 예를 들어, 서로 다른 발달수준에 있는 집단원들은 서로를 이해하기 위해 경쟁하며 욕구를 충족하려고 겨룹니다. 집단상담자는 그러한 환경에서 '최선을 다하며' 그 노력을 인정받는 대신에 공격을 당합니다. 부모-상담자가 자신의 욕구를 충족시켜 주지 않는다고 집단원들은 당신을 비웃습니다. 이 딜레마에서 짐은 당신의 실수를 정확하게 감지했을지도 모르지만, 그는 여전히 자신이 최근에 해고를 당한 것에 미숙하게 대처하고 있습니다. 짐은 당신도 해고되기를 바랄지도 모릅니다! 이것은 모두 무엇이 반복되는 것일까요? 각자가 대인 간 매트릭스로 가져오는 것이집단 과정을 풍부하게 만들고, 그것이 만남의 진정한 목적입니다. 아마 이 집단에서 집단원들은 당신의 욕구가 그들의 욕구보다 우세한 것에 너무 많이 자극받아서, 자기 자신이나 타인의 행동화를 관찰할 수 없고, 통찰을 가져올 수 있는 분석을 할 수 없게 되었습니다.

이미 이 상황에 놓인 이상 당신은 무엇을 고려해야 할까요? 모든 집단원을 다시 개별면담을 해서 새로운 집단에 대한 흥미를 이끌어 내는 것을 고려해 보십시오. 몇몇 집단원에게는 그 방법이 가능하지 않다면, 그들을 대기명단에 올리고 다른 집단이 구성될 때까지 개인상담으로 의뢰할 수도 있습니다. 이 방법이 현실적이지 않다면, 현재의 문제에 대해서 집단 내에서 논의를 시작해 보십시오.

당신은 과도하게 미안해하는 것과 부적절하게 방어적인 것 사이에서 세심한 균형을 지켜야 합니다. 예를 들어, 짐은 자신의 공격적인 감정과 너무 강력한 감정들로 인해 어려움을 겪고 있습니다. 당신이 너무 많은 책임을 지면 다른 집단원들뿐만 아니라 짐도 안전감을 느끼지 못할 것입니다. 당신이 너무 적은 책임을 지면 집단은 지금껏 해 왔던 대로 계속할 것입니다. 다음과 같이 말을 시작하면 됩니다. "상담자로서의 제 역할과 제가 최근에 한 몇몇 선택이 여러분에게 영향을 끼친 것 같습니다. 아시다시피 저는 두 집단을 하나로 합쳤고, 그래서 집단원 여러분은 스스로가 머릿수 채우기에 불과하다고 느끼셨을 수도 있습니다. 특히 마리와 짐이 저에게 불만이 있는 것 같고, 혹시 다른 분도 그러신지 궁금합니다."

이렇게 언급하면 집단원들이 다른 집단원들의 투사로부터 자신의 분노("왜 이 집단이 효과가 없는 거지?")와 시기심("왜 어떤 사람들은 나보다 나아 보이지?"), 행동화("왜 나는 여기서 똑같은 역할에 갇혀 있는 거지?")를 분리하도록 도울 수 있습니다. 그런 뒤 "여러분이 서로 다른 수준에 있을 수도 있지만, 서로를 위해 해 줄 수 있는 것이 있다고 생각합니다."라고 말하십시오. 그러면 이 집단의 독특한 특성 덕분에 집단원들이 서로 도움을 주고받을 수 있고, 서로가 매우 다를지라도 다른 사람들이 어떻게 생각하고 느끼는지를 배울 수 있다는 희망의 메시지가 전달될 것입니다. "그래도 여전히 우리가 너무 다르다고 생각한다면, 아마 우리는 이전처럼 두 집단으로 돌아가야만 하겠죠? 여러분이 그 모든 일을 할 필요가 없도록 하기 위해, 저는 제 동료들에게 집단원들을 더 많이 의뢰해 달라고 하겠습니다." 이는 집단원이 3명인 집단이나 관찰자가 있는 개인상담에서 종종 일어나는 일입니다.

짐의 문제제기는 타당한 것으로 보입니다. 아마 짐의 성격 특성의 일부는 '진실의 목소리'로서, 그것을 조절하지 못하고 진실을 퍼부어서 직장에서 문제를 일으켰을 것입니다. 이것은 작업하기에 정말로 좋은 주제입니다. 일단 집단이 현재 처한 상황에 대해 다시 돌아보고 보다 도움이 되는 집단으로 나아가도록 촉진하고 나면, 그 주제에 대해 훨씬 잘 작업할 수 있게 될 것입니다. 우리는 모두 분노와 역전이를 경험합니다. 중요한 것은 분노와 역전이를 행동화하지 않고, 분노와 역전이가 일어날 때 그것을 빨리 자각하여 집단원들을 생산적인 작업으로 이끌어야 한다는 것입니다.

Sally H. Barlow, Ph.D., CGP, ABPP, ABGP
Shawn M. Taylor, Ph.D.

참고문헌

Barlow, S., Fuhriman, A., & Burlingame, G. (2000). The therapeutic application of groups: From Pratt's "thought control classes" to modern group psychotherapy. *Group Dynamics, 4*, 115-134.

Tuckman, B. (1965). Developmental sequence in small groups. *Psychological Bulletin, 63*, 384-399.

[상담자에게 (2)]

이솝우화 「박쥐와 새와 짐승」을 아시나요? 날짐승 군대가 길짐승 군대와 싸울 준비를 할 때, 날짐승과 길짐승이 각각 박쥐에게 와서 자기들 편에 들어오라고 말했습니다. 그러나 박쥐는 망설이다가, 날짐승 무리에게는 "나는 길짐승이야."라고 말했고, 길짐승 무리에 가서는 "나는 날짐승이야."라고 말했습니다.

평화가 찾아왔습니다. 그 소식을 듣고 박쥐는 새에게 가서 새의 편이 될 수 있겠냐고 물었으나 새는 박쥐를 내쫓았습니다. 그리고 박쥐는 길짐승에게 가서 같은 질문을 했지만, 갈기갈기 찢기기 전에 도망쳐야만 했습니다. 박쥐가 말했습니다. "아! 이것도 아니고 저것도 아닌 사람은 친구가 없는 것이었구나!"

그러나 우리는 박쥐에게 이렇게 말해 줄 수 있겠지요. 새와 짐승이 박쥐 안에서 '부재하는 친구(absent friend)'를 본 것이라고요. 날짐승은 자기에게 짐승의 반쪽이 있다는 것을 알지 못했고, 길짐승은 자기에게 새의 반쪽이 있다는 것을 알지 못했습니다. 날짐승과 길짐승의 군대가 주저하는 박쥐와 짧게 만났던 경험이 그들이 평화를 맺는 열쇠가 될 수 있었을까요? 그렇다면, 우리는 박쥐도 억압되어서 날짐승인 동시에 길짐승인 자기의 진짜 본성을 알지 못했기 때문에, 친구가 없다는 잘못된 결론을 내렸다고 말할 수 있겠습니다. 아마 이 집단의 상담자 또한 날짐승과 길짐승 사이에 갇힌 박쥐와 비슷할 것입니다. 이런 상황에서 오직 한쪽 짐승으로만 존재하겠다는 해결책은 참 매력적이기는 하지만 치명적입니다.

라캉이 강조하였듯, 프로이트의 정신분석에서 내담자는 분석가를 '알 것으로 예상되는 주체(the subject who is supposed to know)'로 바라봅니다. 흔히 내담자는 상담자가 자신을 완전하고 충만한 자아, 충만한 자기로 만들어 줄 것이라고 기대합니다. 이는 라캉이 말하는 상상계지만, 라캉의 관점에서 볼 때 충만한 자기는 언제나 거짓자기입니다. 그것은 좋은 길잡이가 아닙니다. 사이렌의 부름이지요. 라캉은 상담자를 '욕망의 대상'이라고 봅니다. 그러나 이 욕망의 대상은 인간이 기본적으로 가지고 있는 존재의 결핍, 즉 일부는 존재하고 일부는 부재한다는 점을 알려 줍니다. 욕망은 근본적으로 타인의 욕망에 대한 욕망, 욕망되고 싶은 욕망입니다. 여기서 라캉이 말하는 것은 대상관계에서 실제 대상과 연결된 것이 아니라 대상의 결핍과 연결되어 있는 무의식적 욕망에 대한 것입니다.

우리가 자아 안에 있는 '스킬라와 카리브디스 사이(이쪽이든 저쪽이든 선택하기 어려운 상황에 놓였을 때를 이르는 말)'를 항해하도록 만드는 것은 상징계입니다. 고전적인 정신분석에서 말하는 것과 같이, 억압이 작동하는 영역은 단어와 상징 안에서입니다. 무의식 속에 감춰진 욕망을 해방시키는 해석은 분석가와 피분석가 사이의 상호 주관적인 만남입니다. "그 어떤 욕망이든 한번 다른 사람 앞에서 명명되어 형성되고 나면 완전히 그 용어의 의미로 인식됩니다(Lacan, 1988, p. 183)."

라캉의 관점에서 볼 때, 이 딜레마에는 매우 흥미로운 역설이 존재합니다. 한편에서 보면 이 집단의 형성과정에서 무언가가 빠졌습니다. 무언가가 부재합니다. 다른 한편에서 보면, 상담자 당신이 경험하듯이 집단에서 즉시적이고 긴급한 감정이 압도적인 존재를 드러냅니다. 당신이 매 회기 직전에 경험하는 공포감, 이 신체적인 감각은 라캉이 현실계라고 불렀던, 아직 정신적으로 처리되거나 상징화되지 않은 것을 의미하며, 이 딜레마의 경우에는 집단의 외상경험을 나타내는 것입니다.

라캉의 견해에 대해 간략하게 말씀드렸는데, 이러한 관점에서 딜레마를 바라봅시다. 먼저 당신은 "이런 무능감은 저에게 흔치 않은 일입니다."라고 말했습니다. 그래서 여기에 희망이 있습니다. 당신은 보통은 선한 새처럼 느낀다는 것이지요. 하지만 이제 이 집단에서 당신은 짐승처럼 느끼게 되었습니다. 당신은 이 모든 일이 어떻게 일어난 것인지 알고 싶어 합니다. 이것 역시 희망적입니다. 그리고 당신은 이 포럼이 익명의 공간이라는 것에 대해 기뻐합니다. 사생활을 보호하고자 하는 당신의 소망을 볼 때, 집단에서 짐승이 움직이기 시작함에 따라 자기의 안전에 대한 원초적인 위협을 느낀다는 것이 드러납니다. 물론 이 원초적인 자기애는 엄마의 유일한 욕망의 대상으로 존재하는 초기의 감각과 관련되어 있습니다. 나 외에는 아무도 없는 것이지요.

당신은 '전체집단이 내 말을 듣고 있다.' 고 느낀 적이 절대 없다고 말했습니다. 그런데 왜 그렇게 될 수밖에 없었던 것일까요? 결국 당신의 설명을 들으며 저는 최소 세 개 또는 네 개의 집단을 확인할 수 있습니다. 두 개의 집단은 각 집단에서 남은 세 명의 집단원들로 구성된 원래의 집단이고, 세 번째 집단은 이 집단에 더해진 네 명의 새 집단원이고, 네 번째 집단은 실제 열 명으로 구성된 전체집단입니다. 이 네 번째 집단은 전원이 출석하는 경우가 거의 없습니다. 이러한 결석은 이 집단의 구성에 실제적인 틈이 있다는 것을 나타냅니다. 또한 당신이 집단을 찾는 것뿐만 아니라, 집단원들도 상담자를 찾고 있다는 것을 의미합니다. 그들이 필요로 하는(비록 거짓된 것일지라도) 전체됨, 하나됨이 시작된다는 느낌을 줄 수 있는 상담자 말입니다. 어떻게 보면 이 네 집단에는 각기 다른 분석가가 있으며, 각기 다른 분석가 역시 각자 다른 집단을 가지고 있습니다.

게다가 여기서 더 복잡하게도, 당신은 자신의 '더 나은 개입'이 혼란이나 무시에 부딪쳤다고 느끼고 있습니다. 그래서 당신은 자기도 모르게 집단원들 사이에 경쟁적인 투쟁을 불러일으키는 데 일조했다고 저에게 말하고 있습니다. 물론, '집단에서 가장 똑똑한 집단원'인 짐은 당신에게 지혜를 전달하는 자로서의 자신의 지위가 짜릿하면서도 위험하다는 것을 어느 정도 이해하고 있으며, 자기가 당신의 유혹에 걸려들었다고 느끼면서도 동시에 그 유혹에서 벗어나고 싶어 하지 않습니다.

흥미롭게도, 당신과 짐 사이의 특별한 관계에서 비롯된 부산물로서, 마리는 당신에 대한 이상화에서 벗어나 짐의 편을 들게 되었습니다. 당신은 마리의 보호와 애정을 잃었다고 느끼고 있지요. 그래서 당신과 짐과 마리는 단순히 선택받은 사람들이 아니라 이 치료작업의 협력자로 거듭나기 위한 과정에서, 자신이 얼마나 특별한지(인식, 자기)를 확인하려고 투쟁하게 됨으로써 강력한 삼각관계에 얽혀 들었습니다.

당신과 이 집단원들이 경험하고 있는 외상은 무엇일까요? 당신은 잘 깨닫지 못하고 있는 것 같은데, 이 집단원들이 자신의 원래 집단에서 새로운 집단으로 옮겨 가는 것은 정말 어려운 일이었으며, 또한 완전히 새로운 집단원이었던 네 명에게는 이렇게 구성된 집단에 들어오는 것이 매우 혼란스러운 일일 수밖에 없었습니다. 이러한 일들은 외상적인 분리와 미성숙한 출생이 되어 당신을 불시에 덮쳤고, 모든 집단원을 바닥으로, 즉 거짓된 하나됨이라는 원초적인 자기애이자 이상화로 끌어내렸습니다. 의존성에 대한 기본 주제가 아직 안전하게 다루어지지 않았기 때문에, 이는 투쟁-도주와 짝짓기 역동(Bion, 1961)으로부터 집단의 형성을 보호하고자 하는 높은 수준의 공격성을 자극하게 됩니다.

당신은 "제가 어떻게 여기까지 오게 된 것일까요? 저의 강한 감정을 숨기려고 노력했지만 집단에 명백하게 읽혀 버렸는데, 이러한 감정을 어떻게 하면 좋을까요?"라고 질문했습니다. 이러한 질문은 전체집단을 위한 학습을 가능하게 하는 매우 좋은 질문입니다. 우화에서 박쥐의 망설임이 도움이 될 것 같군요. 그러나 이 질문은 매우 중요하며, 집단에 도움이 되기 위해서는 이론과 개입이 통합될 필요가 있습니다. 라캉은 자아를 믿지 않았지만, 우리가 분석이 아닌 심리치료를 할 때에는 자기(자아)에 세심하게 주의를 기울여야 하며, 그렇지 않으면 본질에 도달할 수 없습니다. 그 본질이란 바로 욕망입니다.

투사적 동일시는 제게 유용하고 타당한 개념이지만, 저는 그 개념으로 인해 상담자가 미성숙하고 도움이 되지 않는 해석을 하게 될까 봐 우려가 됩니다. 자문과 수퍼비전을 하면서 저는 심리치료 집단에 적용할 수 있는 유용한 교훈을 얻었습니다. 기본적인 사항은 개인 내적인 차원으로 파고들어가기 전에 그 갈등을 대인 간 수준에서 유지하기 위해 노력해야 한다는 점입니다. 그럼으로써 많은 가능성이 열리며, 리더는 집단원들의 가정에 도전할 수도 있고, 어리석다고 느끼지 않는 방식으로 행동할 수 있습니다. 그럼에도 절대 집단원이나 집단을 깎아내리지 않으며, 집단원들이 마음의 상처를 입고 공격적으로 대응하는 것을 촉발하지 않을 수도 있습니다. 그러면 상호 호혜적인 분위기가 조성되므로, "당신이 무슨 말을 하는지 알겠어요." 또는 "저는 그 때문에 좀 당황되네요." "하지만 지난 시간에 몇 명이 얘기했던 것과 이것이 어떻게 맞아 떨어지나요?" "당신을 그렇게까지 괴롭히는 것이 무엇인지 말씀해 주세요."라고 말하기가 쉬워지지요.

이 집단에서 그들이 이전의 집단에서 옮겨졌을 때 어떤 상실감을 경험했는지를 물어보는 것도 좋습니다. 그들은 현재의 불안감에 대해 그것이 통합되고자 하는 시도라고 여기고 있습니까? 아마 당신은 이 집단에서 일어나고 있는 많은 일로 인해 당황스럽고, 어렵지만 그 혼란스러움에 대해 내성을 키우고 있으며, 당황스러워하고 있는 다른 누군가가 또 있는지 궁금하다고 말할 수도 있겠습니다. 당신과 비슷한 상황에서, 어떤 상담자는 계속 답변을 하라는 압박을 받자 자기는 지금 이 집단에서 무엇이 일어나고 있는지 정말로 모르겠으며, 도움이 될 만한 무언가를 말하기 위해서는 시간이 더 필요하다고 했습니다. 또한 무슨 일이 일어나고 있는지 생각을 말해 달라고 집단원들을 초대합니다. 이러한 개입을 통해 집단에서 어려운 대화를 개방시킬 수 있습니다. 편지봉투를 찢는 칼로 짐을 찌르는 당신의 상상 속에는 무의식적인 과정에 대한 풍부한 자료가 담겨 있을 수 있습니다. 왜 봉투를 찢는 칼일까요? 왜 식사할 때 쓰는 칼이나 총이 아닐까요? 짐은 어쩌면 당신과 짐을 포함한 모든 집단원에 대한 중요한 자료를 담고 있는 일종의 편지가 아닐까요? 편지라는 단어를 들으니 무엇이 떠오르십니까? 혹시 살인적인 편지와 관련된 기억이 있으십니까?

당신이 우화에서 박쥐의 주저함을 간직할 수 있기를 바랍니다. 당신이 멈추어 서서 새이든 짐승이든 간에 그 빠진 요소가 무엇인지를 돌아본다면 당신의 인식 속에 무의식을 위한 자리가 만들어질 수 있습니다. 집단원들의 말이나 당신의 환상에 대한 언급을 잘 들여다보면, 집단의 대화를 특징짓는 상징계의 힘을 간직하고 있는, 살아 있는 편지를 발견할 수 있습니다. 당신과 집단을 칼로 찔러 버리거나, 집단의 죽음이라는 항상 존재하는 지배자의 팔에 당신을 던져 버릴 수도 있는 죽음의 본능 같은 편지 찢는 칼이 표상하는 외상적인 현실계에 인질로 잡히는 것보다는 이렇게 살아 있는 편지를 발견하는 편이 훨씬 나을 것입니다.

Macario Giraldo, Ph.D.

참고문헌

Bion, W. R. (1961). *Experiences in groups*. New York: Basic Books.

Lacan, J. (1988). *The seminar. Book I. Freud's papers on technique* (J. Forrester, Trans.). New York: Norton.

두려움과 혐오

[수퍼바이저 선생님께]

제가 집단상담자로서 가장 어려움을 크게 느끼는 부분은 바로 언어적으로 공격당하는 것입니다. 저는 현재 6개월째 개방형 집단을 운영하고 있는데, 이 집단을 매우 강렬하게 경험하고 있습니다. 저는 35세의 여성으로서, 다들 개인상담 경험이 풍부한 젊은 전문가로 구성된 세련된 집단을 이끌고 있기 때문에 저의 두려움은 현실적인 두려움이라고 생각하실 것 같습니다. 하지만 저는 정말이지 심각하게 두려움을 경험하고 있습니다. 달력에서 월요일이 휴일인 날이 언제인지를 확인하며 집단회기를 취소할 수 있는 날이 있는지를 살펴볼 정도입니다.

뿐만 아니라 저는 두려움을 느끼면 눈물이 나는데, 집단이 저의 이런 모습을 보게 될까 봐 무섭습니다. 한번 그랬던 적이 있습니다. 그때는 루안(LuAnn)이라는 집단원이 마치 제가 집단원인 것처럼 저에게 따뜻한 위로를 해 주었고, 리사(Lisa)라는 집단원은 저를 공격한 집단원을 공격했습니다. 당시에 남자 집단원인 빌(Bill)과 제이크(Jake)는 그들이 빨리 발전하지 않는 것에 대해 말했는데, 데이먼(Damon)은 그것에 대해 제가 피드백을 한 내용이 '진부한 멘트' 라며 저를 공격하였고, 집단이 겪고 있는 어려움에 대해 저를 다시 비난했던 것입니다. 나머지 세 명의 여자 집단원은 침묵했습니다.

전형적으로 저는 집단을 시작할 때 침묵을 지키는데, 데이먼은 아마 "이것 보세요. 시작할 때 이렇게 하는 건 잘못된 거란 말입니다. 상담자는 우리를 더 이끌어 주어야 합니다. 여기서 우리가 무엇을 해야 할지 우리는 모르지 않습니까. 그렇지 않나요 여러분?" 이라고 말할 것입니다. 그러면 루안은 자신이 어려움을 겪고 있는 직장에서의 문제에 대해 설명하면서 집단에 조언을 구하고, 조언을 받아 갈 것입니다. 저는 이렇게 조언을 주는 방법이 현명한 방법은 아니라고 생각하면서도, 제가 입을 열면 눈물을 흘리게 될까 봐 굳어 버린 채로 아무 말도 하지 못합니다. 그래서 저는 집단원들이 멈추고 저를 쳐다보지 않기를 바라면서 스스로를 추스를 것입니다. 보통은 작업이 계속 이어지지만, 빌과 제이크는 때로 지루하게 느끼는 것 같습니다. 제 마음의 동요가 마침내 가라앉고 나면 저는 몇 가지 언급을 할 것입니다. 진부한 표현을 피하기 위해 노력하면서 말입니다. 하지만 저는 너무 불안하기 때문에 진부한 말을 또 하게 됩니다. 그러한 모습에 대해 누군가에게 도전을 받게 되면, 전체집단도 그 사람의 말에 동의하는지를 물어보겠지요. 그리고 보통 전체로서의 집단은 보다 일상적이고 안전한 대화로 방향을 틀게 되겠지요. 때로는 모욕감을 느끼고 저에게 도전한 집단원에게 분노가 일어나겠지만, 저는 이미 침묵을 지키는 제자리로 돌아가 있을 것입니다. 감사하게도 몇몇 집단원은 치료과정에 매우 능숙해서, 제가 없어도 작업을 진행해 나가고, 그래서 집단이 계속됩니다. 그러나 저는 이러한 두려움과 분노의 순환 속에서 제가 전혀 도움이 되지 못한다고 느끼며, 저로부터 초점을 멀리 떨어뜨리려고 하는 순간들로 인해 흐름이 끊기곤 합니다.

이 단계에서 저는 이와 같은 순환에 갇혀 버린 것 같다고 느끼고 있습니다. 집단이 저를 마치 그들이 알아서 나아가려고 애쓰는 동안 돈을 받고 시간을 재는 존재로서만 바라보도록 만든 것 같습니다. 데이먼과 빌, 제이크가 불평하지 않고 루안이 피상적인 길로만 가려고 하지 않았더라면 저는 이 집단이 잘 기능하고 있다고 스스로를 설득했을지도 모릅니다.

집단을 이끌기에는 저의 반응들이 너무 강력한 것은 아닌지 궁금합니다. 저는 제가 너무 두드러지고 노출되어 있으며 위험한 상황에 처해 있다고 느끼고 있어서, 개인상담을 진행할 때의 편안함이 너무 그립습니다.

[상담자에게 (1)]

당신이 처한 도전적인 상황에 대해 저는 이론적으로 대상관계적인 관점에 기초하여 살펴보도록 하겠습니다. 대상관계적인 관점은 한 인간은 초기 중요한 타자와의 환상 속의 관계 및 실제 관계에서 특정한 성격구조가 발달하게 되고, 그 결과로서 세상과 관계를 맺는 방식이 결정된다고 보는 입장입니다. 그러므로 대상관계는 단순히 '실제 관계'에서 무슨 일이 일어나고 있느냐로 평가될 것이 아니라, 환상이라는 측면에서 평가되어야만 합니다 (Greenberg & Mitchell, 1983).

비온(Bion, 1961)은 집단의 발달과 퇴행에 대해 연구함으로써 대상관계 이론에 대해 이해하는 틀을 마련해 주었고, 이는 집단상담에 적용할 수 있습니다. 비온은 투사적 동일시가 집단이 기능하는 데 매우 중요한 요소라고 보았습니다. 투사적 동일시란 한 사람의 특정한 정신개념을 다른 사람에게 투사하여 그 사람의 행동을 변화시키게 되는 것을 의미합니다. 투사적 동일시는 정신 내적 투사적 동일시(대상의 바깥에서 사람에게 영향을 주는 것)와 대인 간 투사적 동일시(외적 대상 자체에 영향을 주는 것)로 나누어집니다 (Horwitz, 1983).

첫째, 저는 이 딜레마를 대인 간 투사적 동일시의 관점에서 파악했습니다. 이 집단은 아직 6개월밖에 만나지 않았고, 이러한 원시적인 이슈들이 부각되는 것을 볼 때 이 집단은 집단의 발달단계에서 매우 초기 단계에 있다는 것을 의미합니다. 의존, 투쟁-도주, 짝짓기에 관한 비온(Bion, 1961)의 기본 가정들이 이 딜레마의 상황과 관련이 있습니다. 집단은 상담자를 통해서 의존욕구를 채우고자 노력하느라 꽉 막힌 상황에 처할 수 있습니다. 동시에 투쟁-도주에 대한 기본 가정은 집단을 실패로부터 보호하기 위해 작동하고 있으며, 원시적인 정신병적 생각으로부터 집단을 방어하고 있습니다. 당신의 집단에서 보면, 집단원들이 싸운 뒤 더 안전한 영역의 주제로 방향을 전환하는 모습이 이 투쟁-도주 기본 가정을 표현하고 있는 것이지요.

이 집단에서는 투사적 동일시가 살아 있으며 바람직한 것으로 보입니다. 집단은 지금과 같이 발달이 정체됨으로써 경험하게 되는 두려움, 분노, 무력감으로 당신을 채우고 있습니다. 당신은 자신의 눈물과 분노를 매우 두려워하는 것 같습니다. 당신은 분노에 대해 침묵으로 반응하였는데, 그 침묵은 표현되지 않은 집단원들의 비언어적 감정과 유사합니다. 그렇게 볼 때 당신은 집단에서 자발적으로 희생양이 되었습니다. 이러한 수용될 수 없는 감정에 침묵함으로써 집단과 당신은 무의식적으로 공모하고 있습니다. 집단은 당신의 개입을 성공적으로 피했고, 당신이 계속해서 침묵하는 것은 당신이 자신을 보호하고자 하는 욕구라고 그들에게 전달되었을 것입니다. 이는 당신과 다른 집단원들을 향한 분노가 금기시되는 분위기를 조성했습니다.

그렇다면 이제 무엇을 해야 할까요? 이러한 역동들이 이 집단 내에서 어떻게 작동하는지를 이해했다면 당신은 이제 침묵에서 벗어날 수 있을 것입니다. 당신은 개인상담은 편안하게 느낀다고 했으니 당신이 기본적으로 상담에 편안함을 가지고 있다고 가정할 수 있겠군요. 수용될 수 없는 행동과 거의 무의식적인 결과에 대해 당신이 집단에서 말을 꺼내는 것이 매우 중요합니다. 예를 들어, "여러분은 이 집단에서 안전하지 않다고 느끼고 스스로를 돌볼 수 없다고 느끼고 있기 때문에, 집단을 시작할 때 여러분들이 무슨 말을 해야 할지를 제가 정해 드리기를 바라고 있군요. 제가 집단을 이끌고 간다면 여러분은 제가 효과적으로 우리의 시간을 사용하고 있고 또 여러분을 돌보고 있다고 느끼실 겁니다."라고 말할 수 있습니다. 이렇게 말함으로써 집단원들이 충족되지 못했던 초기 욕구와 갈망에 대해서 이야기하도록 촉진할 수 있습니다. 보호와 돌봄의 결핍으로 인해 상담자를 향하는 분노가 때로 집단원들 간의 싸움으로 대체되어 드러나기도 합니다. 집단원들이 이 분노를 당신에게 직접적으로 표현하도록 촉진하면 집단원들과 전체로서의 집단과 당신이 모두 자유로워질 수 있을 것입니다.

보통의 경우 상담자보다 집단원이 희생양이 되는데, 당신은 마치 집단에서 두 가지 역할(즉, 집단원이자 상담자)을 수행하고 있는 것 같습니다. 당신이 정서적으로 억압을 느끼는 것은 집단이 유발한 것이지만, 당신의 역전이도 작용하고 있습니다(Helfmann, 1976).

리사가 리더를 공격하는 루안을 공격했을 때, 당신은 이렇게 말할 수도 있었겠지요. "리사, 당신은 저보다 루안에게 화를 내는 것이 더 안전하다고 느끼지는 않나요?" 당신이 이러한 투사적 동일시 역동에 가담하고 공모하지 않는 것이 중요합니다. 이렇게 말하는 건 어떨까요. "제가 보기에 이 집단은 강한 감정으로부터 물러날 때 더 편안해하는 것 같군요. 사실 저도 그렇게 느끼곤 합니다. 어쩌면 이런 식으로 여러분이 저에게 그 감정들이 얼마나 불편하고 두려운지를 이해할 기회를 주는 것 같군요." 이런 개입을 통해 집단원들은 자신의 무의식에 대한 통찰을 얻을 수 있는 기회를 갖게 됩니다. 이는 그때-거기의 미해결된 갈등을 지금-여기에서 재현하는 생생한 실험실로서의 집단이라는 개념을 뒷받침하는 것입니다.

이와 같은 이론적인 뒷받침에 대한 제 생각이 극적으로 바뀐 것은 아니지만, 상담자로서 제 행동은 바뀌었습니다. 이제는 저의 반응을 집단에서 더 잘 드러내지요. 예를 들어, 당신의 상황에서 저는 억압되는 느낌에 대해 개방하고 그것이 집단이 저에게 직면하는 것을 주저하는 것과 어떻게 연결되는지에 대해 말할 것입니다. 단, 당신의 자기개방이 각 집단원들이나 전체로서의 집단에 어떤 영향을 미칠지는 아무도 알 수 없다는 사실을 기억하고, 따라서 필요한 경우 당신의 영향에 대해 탐색하고 자기조절을 할 수 있어야 합니다.

다른 관점으로 이 딜레마에 접근할 수도 있습니다. 한 가지 접근은 당신의 경험과 심각한 역전이 반응에 집중하는 것입니다. 당신의 두려움, 분노, 자신감의 결여는 미해결된 내적인 갈등에서 비롯되었을 수도 있습니다. 이러한 노출, 모욕감, 마비된 느낌은 초기의 미해결된 심리적 갈등 때문일 가능성이 높습니다. 당신의 문제들이 집단의 문제와 어떻게 들어맞는지를 계속 살펴볼 수 있도록 수퍼비전을 받는 것을 권합니다.

저는 당신이 어떻게 이 집단을 시작하게 되었는지, 집단원들을 어떻게 선별하였는지, 당신의 이론적 배경이 무엇인지도 모릅니다. 당신의 경력 수준이나 당신이 집단상담 훈련을 받았는지도 알지 못합니다. 마지막으로, 당신은 이 집단원들의 개인상담 경험에 대해 언급했는데, 그들 모두가 개인상담과 집단상담을 겸하고 있나요? 만약 그렇다면 그들의 개인상담자는 누구인가요? 이러한 질문들에서 알 수 있듯이 상담자의 준비도, 훈련, 동기, 정신 건강이 중요합니다. 이런 시각에서 본다면 집단이 건강하게 기능하는 것에 대한 책임은 상담자의 기술과 훈련에 달려 있는 것입니다.

윤리적인 문제도 고려해야 합니다. 당신은 이 집단을 이끌면서 감정적으로 화가 많이 났기 때문에 이 집단을 계속해야 하는지 의문을 가지고 있습니다. 윤리에 따르면 우리는 자신이 가진 능력과 전문지식을 넘어서는 것을 수행해서는 안 됩니다. 만약 당신이 윤리적으로 이 집단을 이끌 만큼의 충분한 훈련과 교육을 받지 않았다고 판단된다면, 이 집단을 종결하고 집단원들에게 적절한 치료적인 대안을 제공해 주는 것이 필요합니다. 당신을 대신할 다른 집단상담자를 알아보는 것도 하나의 대안입니다.

하지만 그런 극단적인 행동을 취하기 이전에 다른 도움을 먼저 받을 것을 권합니다. 숙련된 집단 수퍼바이저는 당신의 개인적인 이슈와 집단역동이 어떻게 작용하고 있는지를 당신이 이해할 수 있도록 도와줄 수 있습니다. 또한 수퍼바이저는 당신이 지금 처한 상황에서 빠져나올 수 있도록 충분히 도와줄 것입니다. 개인상담을 받는 것을 고려할 수도 있겠지요. 개인상담은 매우 유용할 것입니다. 당신은 가끔 그 집단에서 집단원이 되는 것 같은 느낌을 받는다고 했는데, 그것은 어쩌면 두려움 뒤에 있는 소망일 수도 있습니다. 당신이 집단상담을 받는다면 당신의 집단에서 집단원들이 경험하는 노출의 감정을 동일하게 될 것입니다. 집단상담자로서 성장할 수 있는 좋은 기회이지요.

여기서 제가 당신에게 공동 지도자를 추천하지 않는 이유는 공동 지도자는 문제의 핵심을 비껴가게 할 수 있기 때문입니다. 당신이 그런 식으로 다른 사람에게 도움을 받게 된다면 당신의 치료집단과 공동 리더십의 역동 사이에서 유사한 과정을 일으킬 위험이 있습니다.

집단은 겁 많은 사람에게 맞지 않습니다. 상담자들이 집단을 이끌기를 두려워하여 집단에서 멀어진 가장 큰 이유는 어쩌면 8~9대 1의 현상 때문일 것입니다. 집단의 전염 현상 때문에 집단원들은 개인상담을 받을 때보다 상담자의 결석, 위반, 실수 등에 대하여 상담자에게 더 쉽게 직면할 수 있습니다. 이러한 노출을 견디기가 어렵다면 집단은 당신에게 맞지 않을 수도 있습니다(Helfmann, 2001).

Barry Helfmann, Psy.D, CGP, ABPP

참고문헌

Bion, W.R. (1961). *Experience in groups*. New York: Routledge.

Greenberg, S. A., & Mitchell, J. R. (1983). *Object relations in psychoanalytic theory*. Cambridge: Harvard University Press.

Helfmann, B. (1976). *Role differentiation in group development: The emergence of the scapegoat in a self-analytic group*. Unpublished dissertation. Dissertation Abstracts.

Helfmann, B. (2001). Developing a group psychotherapy practice. *New Jersey Psychologists, 51*, 16-18.

Horwitz, L. (1983). Projective identification in dyads and groups. *International Journal of Group psychotherapy, 33*, 259-279.

[상담자에게 (2)]

저의 이론적 관점은 기본적으로 대상관계 이론, 자기심리학 및 체계 이론의 영향을 받은 정신역동적 관점입니다. 이러한 시각에서 볼 때 역전이는 어떻게 사용되느냐에 따라 치료를 방해할 수도 있고 치료를 촉진할 수도 있습니다. 역전이를 효과적으로 사용하기 위해서는 먼저 역전이를 인식해야 하고, 역전이를 언어화하고, 역전이를 행동화할 가능성을 막아야 합니다. 그런 다음 역전이의 근원, 상담과정에서 역전이를 유발시키는 집단 및 상담자의 내적 역동에 대해 살펴볼 수 있습니다. 그렇게 역전이에 대해 깨달은 것을 활용할 것인지, 그렇다면 언제 어떻게 활용할 것인지를 고려해 볼 수 있습니다.

이러한 관점에서, 당신의 임상사례에 대한 저의 첫 반응은 그런 경험을 공개적으로 털어놓을 수 있는 당신의 용기가 정말 놀랍다는 것이었습니다. 많은 상담자가 이런 역전이 반응을 무시하고 간과하거나, 숨기고 거부하곤 합니다. 자신이 두려움, 혐오감, 분노와 무기력함 등을 느낀다는 점을 인정하는 것은 사실 매우 수치스러운 일이지요. 하지만 역전이로 인한 가장 큰 '실수'는 바로 역전이 반응을 인정하거나 치료적으로 활용하는 방법을 찾으려 하지 않는 것입니다. 역전이를 경험하지 않고 실수를 하지 않으면서 복잡한 집단상담을 이끌 수 있다고 믿는 것은 자기애적인 어리석은 생각입니다. 40여 년간 집단상담을 하면서 저는 아직도 완벽한 집단회기를 진행해 본 적이 없습니다. 그러므로 체계 이론의 관점에서 볼 때 당신은 우리 모두를 대표하고 있는 셈입니다.

당신은 비온이 말한 '투쟁-도주' 기본 가정이나 소란-반항-반권위 단계라 불리는 역동에 빠진 것 같습니다. 이 역동에서 집단은 상담자를 끊임없이 공격하지요. 당신이 회기를 시작할 때 침묵하는 것, 언어적으로 공격당하는 것에 대해 두려움을 느끼는 것이나 별로 할 말이 없는 순간 등은 집단의 더 깊은 의존욕구를 반영하는 것일지도 모릅니다. 스스로 반란군의 리더를 자처한 데이먼은 전투를 위해 군대를 움직이기에 알맞은 적을 만난 것입니다. 바로 당신이지요. 데이먼은 당신이 자기들에게 더 집중해야 한다고 여기는 집단의 불만을 언어화하고, 당신의 권위와 능력을 공격하기 시작합니다. 이런 상황이 전개되면서 각 집단원들이 어떻게 자신의 자리를 잡고 하위집단(예: 공격자, 지지자-구출자, 침묵하는 집단원, 남자-여자 등)이 어떻게 형성되는지를 탐색할 수 있는 아주 좋은 기회가 됩니다.

지금까지는 괜찮습니다. 이 집단은 어쨌든 6개월이나 계속되어 왔고, 개인상담 경험이 있는 '교양 있는' 집단원들이 모였으니까요. 집단원들이 당신에게 도전하기 시작하는 것은 매우 타당한 일이지만, 당신은 이 상황을 감당하고 이 에너지를 생산적으로 다룰 수 있는 방법을 찾아야만 합니다.

바로 여기서 문제가 생겼습니다. 당신은 압도되었고 마비될 만큼 위협을 느끼고 있습니다. 당신은 집단원들이 그들의 공격성을 통제하지 못할까 봐 걱정하는데, 저는 혹시 당신도 자신의 공격성을 통제하지 못할까 봐 걱정하고 있는 것은 아닌지 의문이 듭니다. 즉, 자신의 부족함에 대해 비난하고, 취약성과 부적절감, 무력감을 드러내고, 상담자로서의 역할을 포기하고, 깊은 모욕감과 수치심을 느끼는 것 말입니다. 당신은 "제 두려움은 현실적인 두려움이라고 생각하실 것 같습니다."라고 말했지만, 사실은 집단의 비판을 깊이 받아들이고 있고, 당신의 두려움과 역전이 반응은 확실히 지나친 것 같습니다.

그래요, 집단이 비난하는 내용과 그들이 공격할 것이라는 당신의 예상은 아주 약간은 진실일 수도 있습니다. 하지만 당신은 스스로 당신의 반응이 '너무 강력한' 것일지도 모른다고 인지하고 있습니다. 이는 당신의 두려움이 가진 왜곡되고 과장된 본질이자, 역전이의 존재를 알려 주는 도피-거부-투쟁, 무기력감, 가혹한 자기비판 등을 다루는 당신의 대처방법입니다. 여기서 문제는 집단역동의 관점에서 볼 때 현재 집단의 발달단계에서 적으로 규정된 당신이 집단의 희생양이 될 위험에 처해 있다는 것입니다. 집단이 당신을 공격할 뿐만 아니라, 당신도 스스로를 공격하고 있죠. 당신은 더 이상 유능하고 박식하다고 느끼지 않고, 집단원들에 대해 걱정하지도 않습니다. 오히려 스스로 부족하고 무능력하다고 느끼며, 당신 자신의 생존과 상담자로서 적절한지에 대해서만 걱정합니다. 당신은 이러한 감정들이 당신 내면에서 나오는 것인지(당신의 개인사에서 미해결된 부분) 아니면 투사적 동일시를 통해 당신에게 일어난 것인지(집단원들이 자각하지 못하는 감정을 대변하고 있나요?) 분명하게 생각하지 못하는 것 같습니다.

그렇다면 이제 어떻게 해야 할까요? 계속 진행되는 수퍼비전이었다면 저는 이렇게 할 것입니다. ① 이러한 고민을 인정하고 드러내는 것이 얼마나 어려운 일인지를 공감하고, 그렇게 할 수 있도록 만든 신뢰와 용기에 대해 강조하기, ② 당신의 역전이 경험에 대해 타당화하기, ③ 당신의 역전이 반응을 포함한 집단역동에 대해 당신이 어느 정도로 이해하고 있는지를 평가하기, ④ 집단에서의 노출, 조롱, 공격, 모욕에 대한 당신의 두려움을 탐색하고, 그것들이 얼마나 현실적인지를 평가하기, ⑤ 당신이 스스로에게 가지고 있는 기대, 수치감을 탐색하고 명료화하며, 그것들이 얼마나 현실적인지를 평가하기, ⑥ 집단에서 당신과 집단원들의 공격성을 어떻게 다루고 있는지 탐색하기, ⑦ 역전이를 행동화하지 않겠다는 결심을 지지하기, ⑧ 당신이 걱정을 다루고 있는 방식이 집단에 미치는 영향을 탐색하기, ⑨ 당신의 개인사에서 지금 당신의 행동을 설명할 수 있는 요인이 있는지 탐색하도록 촉진하기, ⑩ 당신이 집단의 희생양 역할을 맡는 것이 적절한지 검토하기, ⑪ 집단을 진행하는 데 필요한 기술에 대해 살펴보기, ⑫ 상담자의 지속적인 자기돌봄의 중요성을 강조하기 등에 대해 다룰 것입니다.

지금은 단회 자문이기 때문에 저는 가장 두드러지는 요소들에 집중하고자 합니다. 집단이 우리를 아무리 힘들게 한다 하더라도, 집단은 우리를 필요로 할 뿐만 아니라 우리를 보호하려고 합니다. 당신은 투사적 동일시를 통해 당신 자신과 집단이 자각하지 못하는 무력감, 의존성, 분노, 수치심 등의 복합적인 감정을 '담아내고' 있는 것 같습니다. 당신은 집단이 이러한 감정들을 안전하게 표현할 수 있도록 함으로써 그들을 담아내고, 독성을 제거하고, 다음 단계로 지나갈 수 있도록 해야 합니다. 저는 몇 가지 공감적이고 해석적인 개입을 제안하고 싶습니다. 예를 들어, 집단에서 벌어진 일에 대해 집단역동적인 관점에서 묘사하고, 공감적으로 비추며, 당신에 대한 집단의 좌절과 실망을 드러낼 수 있습니다. 이를 통해 그들은 당신이 그들을 위해 해 주고 있는 것과 해 주지 않고 있는 것에 대한 불만족과 화가 쌓여 가는 것에 대해 의미 있게 탐색해 볼 수 있게 됩니다. 그런 뒤에야 그들이 자신의 의존성과 무력감에 대해 걱정하는 것뿐 아니라 자신의 공격성을 통제하지 못하는 것에 대한 집단적인 두려움에 다가갈 수 있을 것입니다. 당신이 언어적으로 공격당했을 때 그들이 스스로를 집단에서 어떻게 위치 지었는지 살펴볼 수도 있습니다. 또한 그들이 스스로 선택한 역할이 그들의 가정사와 어떻게 연결되는지, 그러한 역할이 각자의 삶의 다른 영역에서 어떻게 작용하고 있는지, 이 행동이 타인에게는 어떤 영향을 주는지 등을 다룰 수도 있습니다.

당신이 언어적으로 공격당했다는 사실과 그것으로 당신이 어떻게 느꼈는지를 집단원들에게 직접 표출해도 괜찮습니다. 이러한 자기개방은 집단에 교정적인 정서체험을 제공해 주고, 수치스러운 감정을 이야기해도 괜찮다는 모델링이 되며, 집단원들이 두려워하지 않고 자신의 공격성과 취약성을 다룰 수 있는 귀한 기회를 가져다줍니다. 하지만 이러한 자기개방이 집단원들을 돕기 위한 것인지 당신 자신을 위한 것인지는 분명하게 판단할 필요가 있습니다. 당신은 집단에서 내담자가 되기 위해서 상담자로서의 역할을 포기해서는 안 되기 때문입니다. 효과적인 자기개방은 집단의 전반적인 치료적 과제 및 목표와 일치해야만 합니다. 그러기 위해서는 집단에서의 자기개방의 영향에 대해 늘 깨어 있어야 합니다.

마지막으로, 우리는 흔히 상담자의 자기돌봄을 간과하곤 합니다. 우리가 유념해야 할 자기돌봄의 두 가지 측면은 전문적인 자기 돌봄과 개인적인 자기돌봄으로 구분됩니다. 전문적인 자기돌봄은 상담, 수퍼비전, 동료 수퍼비전, 전문단체, 모임, 세미나 참여 등을 포함하는 것이고, 개인적인 자기돌봄은 충분한 운동, 휴식, 건강한 음식섭취, 즐거운 취미생활, 가족 및 친구들과의 시간 즐기기 등을 포함하는 것입니다. 우리가 스스로의 안녕을 유지할 수 있다면 우리가 이끄는 집단에서 집단원이 됨으로써 집단원들을 대가로 자신의 욕구를 충족하려는 유혹은 줄어들게 될 것입니다.

Robert H. Klein, Ph.D., FAGPA

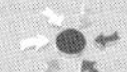 견딜 수 없는 것을 견디기

[수퍼바이저 선생님께]

저는 지난 7년간 35~60세의 남녀 혼성집단을 운영해 왔습니다. 2년 전에 레베카(Rebecca)라는 유대인 여성을 집단에 참여시켰는데, 레베카는 세계무역센터의 대참사로 인해 유발된 극심한 불안을 호소했습니다. 레베카의 부모님은 홀로코스트의 생존자이고, 레베카는 브루클린에서 성장했습니다. 9·11 대참사가 일어났던 날 레베카는 브루클린에 있었고, 그 광경에 망연자실했습니다. 처음에 그녀는 집단에서 자신의 집안 내력에 대해 거의 이야기하지 않았습니다. 한두 번 언급을 하기는 했지만 중요한 이야기를 한 적은 한 번도 없었습니다. 한번은 자신의 차에 너무 가까이 주차한 사람에 대해 보복하고 싶은 망상에 대해 이야기했습니다. "『오즈의 마법사』의 마녀처럼 나도 그 사람의 차를 활활 태워서 녹여 버리고 싶었어요."라고 하자 저는 잠시 말문이 막혔습니다. 레베카의 망상을 듣자 나치의 죽음의 수용소의 화재가 연상되었기 때문입니다. 레베카가 점점 집단에 익숙해지고 마음을 터놓기 시작하면서, 그녀가 하는 말들은 점점 더 편협해졌습니다. 저는 제 자신을 개방적이고 다양한 생각을 받아들이는 사람이라고 생각하고 있지만, 최근 집단에서 일어나는 사건들로 인해 제가 레베카와 계속 작업을 할 수 있을지 의문이 듭니다.

제 집단에는 여러 국적의 집단원이 많습니다. 저는 이러한 다양성을 좋아하고, 여러 문화를 경험하고 작업할 수 있는 기회를 좋아합니다. 제 집단에는 중국인 여성 에이미(Amy)와 인도 남성 위핀더르(Uppinder), 세 명의 미국인(가톨릭 한 명, 개신교 두 명)인 질(Jill), 제이(Jay), 폴라(Paula)와 저의 유대인 내담자인 레베카가 있습니다. 위핀더르는 미국에서 10년을 산 엔지니어인데, 어느 날 그가 파키스탄 사람들과 인도인 경찰들 사이에 실랑이가 벌어져서 고국에 남아 있는 가족들의 안전이 걱정된다는 이야기를 했습니다. 이 이야기는 곧 이라크 전쟁에 대한 토론으로 이어졌고, 폴라는 미국에 테러공격이 또 닥칠까 봐 두려워했습니다. 저는 "아무래도 우리는 여기가 얼마나 안전한 곳인지 걱정이 되나 봅니다."라고 했지만, 레베카는 저의 말을 무시한 채 부시 대통령이 이라크에 폭탄을 투하한 일을 칭찬하면서 "부시 대통령이 앞으로 모든 이슬람 국가들을 완벽하게 파괴시켰으면 좋겠다."고 말했습니다. 레베카는 이슬람 사람들은 '더럽고 비열하다.'고 표현했고 장황하게 비난하면서, 미국인의 안전을 위해 미국에 있는 모든 비미국인을 강제 추방시켜야 한다는 결론을 내렸습니다. 에이미는 매우 조용한 성격이라 아무 말도 하지 않았지만, 위핀더르는 격분해서 레베카에게 당장 사과하라고 요구했습니다. 하지만 레베카는 거절했고, 자기가 아랍인에게 느끼는 분노는 위핀더르에 대해 느끼는 것과는 상관이 없다고 말했습니다. 하지만 사실 레베카는 계속 위핀더르가 인도로 돌아가야 한다고 생각하고 있었죠. 그 다음부터 레베카와 위핀더르는 말을 섞지 않았고, 저를 포함한 집단의 무언의 분노는 언제 터져도 이상하지 않을 만큼 한계에 다다랐습니다.

저는 그동안 집단을 운영해 오면서 보통 집단원들이 서로의 차이에 관대하며, 때로 저는 받아들일 수 없는 부분까지도 수용하는 모습을 봐 왔습니다. 누군가 이렇게 노골적으로 편견에 가득 찬 발언을 하는 것은 정말 처음입니다. 저는 레베카의 말과 그녀의 시각에 대해 너무 화가 나서 무슨 말을 해야 할지조차 모르겠습니다. 저는 레베카가 에이미와 위핀더르를 모욕했으며 그녀의 시각이 집단의 통합을 해치고 있다고 느끼고 있습니다. 게다가 저는 그녀의 편협함에 대해 제가 아무 말도 하지 못했다는 사실이 너무나 수치스럽습니다. 레베카에게 그런 발언은 집단에서 허용할 수 없다고 말하고 싶었지만, 분노로 마비되어 버려서 아무 말도 하지 못했습니다. 제가 어떤 말을 하고, 어떤 행동을 해야 하는 것일까요? 상담자는 자신의 신념과 매우 다른 말들을 어떻게 수용해야 할까요? 집단에서 편견에 대해 어떻게 다룰 수 있을까요? 저는 이번 일로 인해 마치 과거 종교전쟁과도 같은 증오가 집단의 통합을 해칠까 봐 걱정이 됩니다.

[상담자에게 (1)]

당신이 집단과 집단원들 및 상호작용에 대해 설명한 글을 보니, 그 속에는 깊은 개인작업을 가능하게 하는 활기차고 재미있는 요소들이 잠재되어 있습니다. 격동의 드라마가 펼쳐졌습니다. 음모, 대립, 시기, 상처, 수치심 혹은 열정적인 애착의 씨앗도 내포하고 있습니다. 이러한 풍부하고 흥미로운 인간의 감정이 집단이라는 가마솥 안에서 요리되고 있습니다. 집단의 종결이라든지 그 당시 당신이 하지 못했던 말에 대해 좌절하기보다는, 개인적 성장과 변화를 목적으로 하는 심리치료집단이 최선으로 기능하도록 다룰 수 있는 훌륭한 기회로 여기십시오.

집단상담에 대한 저의 이론적 지향은 자기심리학과 대상관계 이론 및 체계 이론에서 영향을 받은 정신역동적 관점(Rutan & Stone, 2001)입니다. 집단원들은 각자 성장과정에서 경험한 상처와 타인과 연결되기를 원하는 인간의 기본 욕구에 대한 허기, 고통스러운 과거사 등을 가지고 집단에 참여합니다. 그리고 집단지도자는 집단에서 집단원들이 일상적인 삶뿐만 아니라 깊은 감정을 진실하고 용감하게 표현할 수 있고, 그 감정들을 이해받는 경험을 하며, 한계가 있고 위험한 생활패턴을 변화시킬 수 있도록 견고한 집단을 만들어 주고자 노력합니다. "정신역동적 집단에서는 납득되지 않고 불안을 유발하는 파괴적이고 무질서한 관점을 양육하여 집단원들이 내적, 외적인 자유를 극대화시킬 수 있도록 합니다(Elfant, 2003, p. 4)."

그리고 저는 집단상담자의 개인적인 문제들이 제거되고 나면, 집단과정에 대한 집단상담자의 주관적인 경험이 효과적이고 통찰력 있는 리더십을 발휘할 수 있도록 이끌어 준다고 생각합니다. 상담자의 개인적인 문제로부터 잘 분리된다면, 역전이 및 투사적 동일시의 과정을 통해 집단의 어려움에 대해 창의적인 개입을 할 수 있는 다차원적인 관점을 갖게 될 수 있습니다. "집단상담자의 과제는 집단이 도망가고자 하는 강렬한 충동을 버틸 뿐만 아니라, 집단의 열정과 소망을 담아내고 양육하는 것입니다(Elfant, 2003, p. 5).”

제가 이 집단상담을 진행한다면 저는 지난 7년간 생기 넘치는 갈등과 진실한 친밀감을 막아 온 경직된 정치적 올바름이 매우 불편할 것 같습니다. 당신이 집단에 대해 쓴 글에는 집단원 간의 활발한 참여와 의견교환, 질문이 빠져 있습니다. 어째서 이 집단은 분열을 그렇게 두려워하는 것인가요? 어떤 소망과 열망들이 회피되고 있는 것인가요?

지금 집단구성에서 유대인 여성이 등장하고 그녀가 자신의 두려움과 방어적인 편견을 표현하는 것이 조화로운 민족적 다양성의 따스함에 빠져 있는 집단과 상담자를 위한 경종이라고 저는 생각합니다. 현 상태에 분란을 일으키는 새로운 집단원은 불편한 종류의 선물입니다. 확실히 레베카는 귀한 선물인 것입니다. 레베카는 상담자의 무방비함을 모두에게 알리고, 『오즈의 마법사』의 사악한 서쪽 마녀를 필요열(必要熱)로 녹여 죽이고 싶어 하며, 자신의 편견을 방어적으로 표현함으로써 집단역동에서 분화되지 않고 가장 취약한 곳을 드러내고 있습니다.

집단상담자로서 당신은 자신의 초조함과 편협함, 격심한 분노로 인해 집단의 중요한 투쟁과 연결될 수 있는 기회를 놓쳤습니다. 당신의 반응이 매우 강력한 것을 볼 때, 당신은 갈등, 화, 의존성, 수치심, 다름 등에 대해 개인적인 문제를 가지고 있는 것 같습니다. 당신이 집단의 표면적인 문화적 다양성을 지나치게 요구하는 점과 레베카의 독설을 참지 못하는 점이 당신의 효과적인 리더십에 방해가 되고 있습니다. 전문적인 측면에서나 윤리적인 측면에서나, 당신은 개인작업과 더불어 지속적인 자문을 받을 필요가 있습니다.

당신의 글은 당신과 레베카, 위핀더르, 에이미에 집중되어 있습니다. 두려움에 떠는 폴라를 잠깐 언급한 것을 빼면, 나머지 세 명의 집단원은 이름, 미국인이라는 것, 종교만으로 격하되어 있습니다. 그래서 저는 당신의 인종과 종교적인 출신이 궁금하고, 그러한 출신으로 인해 상처를 받은 적이 있는지 궁금합니다. 도발적인 여성이 한 남성을 관여시키고 흥분시키며, 당신의 관점에서 볼 때 온순한 여성이 상처받고 있는 이 집단역동으로 인해 당신은 피해자들과 한패가 되어 공격자를 제거하고 싶은 열망을 느끼게 됩니다. 이 세 명과 그들이 만들어 내는 상황이 당신에게 더 깊은 수준에서 어떤 의미가 있는지 궁금합니다. 제 질문에 당신이 어떻게 대답하든 간에 저는 당신의 침묵이 궁극적으로 건설적이었다고 생각합니다. 왜냐하면 당신은 자신의 반응을 집단에서 활용할 수 있는 내적인 여유가 없었기 때문입니다.

집단수준에서 볼 때, 표면적으로 온순한 관용이 결국 모순적이게도 편협한 새 집단원을 희생양으로 만들어 버렸습니다. 편협은 피해야 할 좋지 않은 것이 되었고, 두려워하던 사람들이 테러리스트가 되었습니다. 처음 레베카가 집단에서 침묵하고 있었던 기간은 분명하게 다루어진 적이 없으며, 그것이 그녀에게 상처가 되었습니다. 레베카가 이야기할 때는 어떤 사람이 자기 차에 너무 가까이 주차한 것에 대해 폭력으로 응징하겠다는 이야기뿐이었습니다. 접촉에 대한 레베카의 두려움과 소망은 자각되지 않았고, 레베카의 판타지에서 당신이 홀로코스트를 연상한 것은 좋은 통찰이었지만 결국 당신의 반응이 레베카를 당신으로부터 멀어지게 만들고 말았습니다. 이 드라마의 오프닝은 당신과 레베카와 집단에 큰 충격을 안겨 준 채 막을 내렸습니다.

무시당한 레베카는 더 심해져서 인종적인 증오를 표출하여 위핀더르와 당신이 분노로 단결하도록 만들고, 그동안 집단은 상담자를 닮아 침묵으로 분노를 삭이고 있습니다. 레베카가 집단의 위험에 대해 당신이 언급한 것을 무시했다고 당신이 말한 것과 반대로, 사실 레베카는 격노하는 어머니와 어머니의 지인들로부터 자신을 지켜 줄 수 있는 든든하고 강한 아버지가 얼마나 필요했는지를 표현함으로써 당신이 말한 것에 대해 아프게 깨달았습니다.

집단의 상담자로서 저는 이렇게 자문을 드리는 일이 집단의 상황에 대한 여러 가지 가능한 의미와 연관성을 제안해 드리는 것이라고 생각합니다. 이러한 가설들을 통해 집단원들은 자신의 집단경험에 대해 풍부하게 탐색할 수 있게 되고, 그 경험들이 그들의 현재 삶과 과거의 삶에 어떻게 스며들어 있는지를 깨달을 수 있게 됩니다. 제가 초심 상담자였을 때 이 집단과 같은 문제에 직면했더라면 제가 보기에 매우 위험한 집단주제에 대해 더 적극적이고 공격적으로 접근했을 것 같습니다. 하지만 30년 이상 임상경험이 쌓이면서 이제 저는 집단과 하위집단 및 각 집단원 수준에 대해 분명하고 지속적이면서도 부드럽게 개입하는 것을 더 중요하게 여깁니다. 이와 같은 접근은 앞으로 나아갈 수 있도록 하는 더 큰 잠재력을 가지고 있습니다.

집단을 위해 상담자로서의 당신의 현재 반응을 활용할 때에는 먼저 당신의 미해결된 개인적인 문제들을 정리해야 합니다. 그것이 어느 정도 감당할 수 있는 상태가 되면, 당신의 성급함은 집단이 그들이 가진 내적 편협함에 접촉하도록 만드는 통로가 될 수 있습니다. 당신의 분노는 집단의 상처, 분노, 깊은 친밀감에 대한 문제를 풀 수 있도록 도와주는 매개체가 될 수 있습니다. 새 집단원을 쫓아내고 싶은 당신의 소망은 집단이 변화에 저항하고 있다는 점에 다가갈 수 있는 도구가 됩니다. 당신이 마비된 것 같은 느낌을 통해 희생양 만들기가 어떻게 무력감과 불안으로 가득 찬 경험에 대한 방어로서 작용하는지 알 수 있게 됩니다. 오랫동안 집단이 과장된 정중함을 갖추어 온 것은 갈등과 성별의 주제로부터 도망치려는 현상으로 재해석될 수도 있습니다. 당신과 집단 사이를 조율해 나감으로써 집단원들이 타인과의 차이점과 유사성을 경험하고 여러 관점에서 바라볼 수 있게 만들 수 있습니다. 마지막으로 집단의 특정한 맥락 속에서 당신 자신의 판단에 따라 당신의 주관적인 반응을 효과적으로 사용할 때 지금-여기에서 상담자가 자기개방을 할 수도 있고 하지 않을 수도 있습니다.

Allan B. Elfant, Ph.D., CGP, FAGPA, ABPP

참고문헌

Elfant, A. B. (2003, August). *Psychodynamic group psychotherapy and well-being: A passionate union*. Paper presented at the Annual Convention of the American Psychological Association, Toronto, Canada.

Rutan, J. S., & Stone, W. N. (2001). *Pstchodynamic group psychotherapy* (3rd ed.). New York: Guilford Press.

[상담자에게 (2)]

당신의 딜레마는 매우 귀중한 경험이며, 대부분의 상담자가 실제 현장에서 직면하게 되는 딜레마이기도 합니다. 먼저 저의 이론적 배경을 말씀드린 뒤에 이 딜레마에 대한 답변을 하도록 하겠습니다.

저는 주로 정신역동적 관점, 특히 대상관계 이론과 얄롬의 대인 관계적 접근을 사용합니다. 저는 사람들의 기본 동기는 타인과 만족스러운 관계를 맺고자 하는 소망에 있다고 생각합니다. 따라서 심리상담(특히 집단상담)은 그 목표를 달성하는 데 방해가 되는 것이 무엇인지를 확인하는 장인 것입니다. 기술적인 측면에서 보자면 저는 상담과정에 매우 적극적으로 참여하며, 저의 개인적인 경험을 신중하고 현명하게 개방하고자 합니다.

저는 개인상담과 집단상담은 다르다고 생각합니다. 개인상담에서는 레베카와 같은 내담자와 치료를 계속할 것인지 종결할 것인지를 간단하게 말할 수 있습니다. 각각의 상황에서 어떻게 적용하느냐가 때로 어렵기는 하지만 말입니다. 당신이 혐오스럽게 느끼는 모습을 레베카가 드러냈을 때, 당신은 레베카를 진정으로 수용할 수 있는지를 스스로에게 물어보아야 합니다. 당신이 레베카의 현재 모습을 그녀의 선한 인간적인 요소를 가리고 있는 층이라고 보는지, 아니면 현재 모습이 너무나 혐오스러워서 당신의 감정을 더 이상 유지할 수 없을 정도인지에 따라 당신의 결정이 달라질 것입니다. 중요한 것은 당신이 어떻게 생각하느냐가 아니라, 어떻게 느끼냐입니다.

가장 혐오스러운 감정과 행동은 신경증적인 층이며, 그 아래에는 우리 모두 사랑하고 사랑받고 싶은 소망에 의해 동기부여가 된다고 생각합니다. 하지만 제가 다른 사람들을 대할 때 언제나 이런 관점을 유지하지는 못합니다. 만약 제가 내담자에게 이와 같은 근본적인 수용을 느끼지 못한다면 제 감정들은 결국 드러날 것이고 치료경험을 방해할 것입니다. 이것이 바로 상담자의 자기성찰이 윤리적 의무로서 존재하는 이유이지요.

진심으로 공감할 수 없게 된 내담자와 상담을 계속 진행하는 것은 비윤리적입니다. 만약 내담자에 대한 공감을 영원히 잃었다면 당신은 그 상담을 종결해야만 합니다. 하지만 만약 그 내담자가 집단에 있는 경우라면, 상담 지속 여부를 결정하기 전에 두 번째 질문을 던져 보아야 합니다. 그 집단원이 집단분위기에 돌이킬 수 없는 어떤 악영향을 주었습니까? 어쩌면 그 집단원은 다른 집단원들로부터 매우 소외되어 있어서 다른 집단원들이 그 사람에 대해 공감을 잃어버렸을 수도 있습니다. 이 딜레마와 관련이 있는 다른 측면으로는, 사람들이 너무 크게 반감을 가지게 되어서 집단에서 더 이상 그들의 작업을 할 수 없게 되었는가 하는 질문을 던질 수 있겠습니다.

치료적인 집단분위기를 형성하기 위해서는 많은 시간과 노력이 필요하지만, 치료적인 분위기가 깨지는 것은 한순간입니다. 예전에 집단에서 한 집단원의 분노로 인해 다른 집단원들이 너무나 두려워하여 (3년 넘게 생산적인 작업을 해 왔음에도 불구하고) 치료작업이 중단된 적이 있습니다. 가장 두드러진 주제는 분노에 찬 새 집단원에게 더 적대감을 불러일으킬 만한 말을 아무도 꺼내서는 안 된다는 것이었습니다. 그 집단원이 집단을 떠나자 집단에서 효과적인 작업을 하기 위해서 필요한 안전감을 다시 형성하는 데 몇 달이 걸렸습니다. 그런 일을 겪은 이후 저는 예비 내담자들에게 상담 중에 그들이 느끼는 모든 것을 이야기하는 것이 그들의 역할이라고 말하지 않게 되었습니다. 대신 그들의 느낌을 말하되, 파괴적이고 타당하지 않은 표현 방식은 집단에서 받아들이지 않을 것이라고 말합니다. 제 집단에서 건설적인 비판은 존재하지만, 다른 집단원들에게 도움이 되고자 하는 노력이 무엇보다 중요하며 남에게 상처를 주는 것은 용납되지 않을 것입니다.

이 사례에서는 레베카와 에이미, 위핀더르의 관계가 돌이킬 수 없을 정도로 훼손되었는지 궁금합니다. 시간이 지나고 솔직한 대화를 통해서 어느 정도 서로를 이해하게 되는 것이 가능할까요? 만약 불가능하다고 생각한다면 레베카를 집단에서 제외시켜야 합니다. 당신이 레베카에 대한 공감적인 태도를 유지할 수 있다고 생각한다면 레베카가 원하는 경우 그녀와 개인상담을 할 수도 있고, 그것이 어렵다면 다른 집단에 그녀를 의뢰할 수도 있습니다. 단, 레베카가 집단에서 배제당하는 경험을 다시 겪지 않도록 하기 위해서 다른 집단상담자에게 그 이유를 알려야 하겠지요.

레베카가 자신의 생각이 외국 출신 집단원들뿐 아니라 다른 집단원들에게도 어떤 영향을 미치고 있는지 피드백을 받는 것이 도움이 될 것이라고 생각하십니까? 피드백은 내담자에게 긍정적인 도움을 주기도 하지만, 어떤 경우에는 소귀에 경 읽기와 같고 아무런 효과가 없는 경우도 있습니다. 결론적인 질문은, 에이미나 위핀더르와 다른 사람들이 레베카가 표현한 것들에 대한 자신의 느낌을 레베카에게 분명하게 전달하는 것이 조금이라도 가치가 있는 일이냐는 것입니다. 다른 나라뿐만 아니라 우리나라의 소수자들은 일상의 여러 순간에서 편견을 경험하기 때문에 레베카가 다른 사람들을 보는 시각과 같이 사람들이 자신을 바라본다는 느낌이 계속 쌓일 수밖에 없습니다. 잘 기능하는 집단분위기에서는 이것이 좋은 작업이 될 수 있습니다만, 집단분위기가 망쳐진 상태라면 불가능합니다.

상황이 이렇게 되면서 당신이 이 상황을 다루기로 결심했다면, 당신은 레베카에 대한 자신의 개인적인 경험을 처리해야 할 것입니다. 앞서 언급한 것처럼, 첫 번째 단계는 당신이 그녀에게 긍정적인 태도를 유지할 수 있느냐에 대한 자기성찰입니다. 유지할 수 있다면 레베카에 대한 당신의 피드백이 레베카와 집단 모두에게 건설적일지 고려해야 합니다. 먼저 그동안 집단의 다른 사람들이 자신의 감정을 표현할 수 있었는지, 앞으로 시간이 지나면서 그들이 감정을 표현할 수 있을 것이라고 믿는지 고려해 보십시오. 에

이미, 위핀더르와 다른 집단원들이 그들 사이에서 일어난 일에 대해 적절하게 표현할 수 있을까요? 그리고 그것을 건설적인 방향으로 다뤄 갈 수 있을까요? 만약 이 질문들에 대한 답이 '그렇지 않다.'라면 당신 자신의 반응을 표현하는 것이 필요합니다.

제 경험으로 보건대, 대개 다른 집단원들은 그들 사이에서 일어난 감정에 대해 제대로 표현하지 못합니다. 레베카를 포함하여, 사람들이 느끼는 감정에 대한 회피는 마치 '방 안의 코끼리' 속담과 같이 될 것입니다. 그러한 상황이 계속되는 경우 분위기를 부드럽게 만드는 것은 당신의 몫입니다. 단, 긍정적인 치료적 동맹을 형성한 집단원들에게만 시도해야 합니다. 긍정적인 치료적 동맹은 다음의 두 가지 요소로 이루어집니다. 당신이 여전히 그 사람을 진정으로 아끼고 보살피고 있는지, 그리고 그 사람은 당신이 도움을 주기 위해 진정으로 헌신하고 있다고 믿고 있는지 말입니다.

만약 치료동맹이 충분히 강하다면 당신 자신의 자기표현보다는 내담자를 위한 피드백에 초점을 맞추어서 당신의 느낌을 표현할 수 있는 언어를 찾아보십시오. 억지로 짜내지 않더라도 당신은 긍정적인 관심을 표현할 수 있을 것입니다. 레베카에게 "저는 당신의 많은 점을 좋아하고 존경합니다."라고 말할 수도 있습니다. 그리고 가능한 한 구체적으로, "하지만 동시에 저는 당신이 미국에 있는 외국인들에게 격한 감정을 가진 것에 대해서는 화가 나고 거부감이 듭니다. 당신이나 다른 사람들이 정치적으로 올바를 필요를 느끼기를 원한다는 뜻은 아니지만, 당신의 감정은 편협하고 편견에 치우친 것 같고 제가 중요하게 여기는 가치들과 상반되는군요."

그다음 레베카가 자신의 감정이 다른 사람들에게 어떤 영향을 일으킬 수 있을지에 대해 생각해 본 적이 있는지, 그러한 감정들을 다른 곳에서도 표현해 본 경험이 있는지 등을 물어보십시오. 이렇게 질문함으로써 당신은 ① 사람들이 회피하는 것으로 공모하지 않고 방 안의 코끼리에 대해 이야기하도록 만들고, ② 레베카가 당신에게 불러일으킨 감정에 대해 설명하기보다 레베카를 돌보며 그녀에게 집중하고, ③ 피드백이 건설적인 방식으로 전달되는 것이 얼마나 어려운지를 집단원들에게 보여 주는 좋은 모델을 제공할 수 있습니다.

세 번째 요점은 좀 더 강조하고자 합니다. 집단상담은 사람들이 기본적인 사회적 기술을 학습하는 장일뿐만 아니라, 어렵지만 건설적인 피드백을 주는 것과 같은 더 고급의 사회적 기술을 배우는 장이기도 합니다.

다른 두 가지 요점은 그러한 피드백을 주는 것에 대한 것입니다. 첫 번째는 당신이 집단원들로부터 받는 신호를 매우 민감하게 감지해야 한다는 점입니다. 특히 당신이 레베카에게 제가 제안한 종류의 피드백을 주기 시작한다면, 레베카가 당신의 말을 어떻게 받아들이고 있는지와 관련하여 보내고 있는 비언어적인 단서들을 주의 깊게 살펴보아야 합니다. 만약 레베카가 상처를 받았거나 당신의 피드백이 별 효과가 없다고 판단된다면 피드백을 그만하십시오. 때로 상담자는 자신이 시작한 일은 끝까지 마무리해야 한다고 생각합니다. 그 일이 명백하게 효과가 없고, 실수인 경우에도 말입니다.

둘째, 희생양 만들기의 가능성에 주의하십시오. 다른 집단원들이 당신의 피드백을 지지한다고 해도, 희생양 만들기의 역동이 일어나기 시작하면 재빠르게 개입해야만 합니다. 희생양 만들기는 희생양이 되는 대상뿐만 아니라 전체로서의 집단에 방해가 되기 때문입니다.

레베카와 같은 집단원은 집단상담자와 전체집단에 상당히 큰 도전이 됩니다. 집단에서 일어나는 다른 많은 현상과 마찬가지로, 모든 집단원은 자신이 들은 것과 각자에게 올라오는 감정을 직면하는 과정을 통해 배우고 성장할 수 있는 놀라운 잠재력을 가지고 있습니다. 하지만 이러한 이상과 달리 현실은 그렇지 않은 경우도 많고, 집단분위기가 매우 위협적으로 훼손이 된 경우 상담을 계속할지 결정할 때 현실적으로 대처할 필요가 있습니다. 경험이 쌓일수록 이룰 수 없는 이상과 현실적으로 실현 가능한 목표를 분별하는 능력이 길러지는 것이지요.

Harold Bernard, Ph.D., CGP, FAGPA, ABPP

자기개방

개 관

HBO의 「소프라노스(Sopranos)」 시리즈에서 분석지향적인 상담자 멜피(Melfi) 박사가 자신의 마피아 내담자 토니(Tony)에게 자신이 그에게 느꼈던 공포와 이로 인해 상담자로서의 역할에 영향을 받았다는 사실을 개방하는 것을 볼 수 있다. 당시 그녀가 받은 정통적인 훈련과정 어디에도 이러한 자기개방의 예가 있었다거나 자기개방을 허락하는 내용이 있었으리라고는 생각되지 않는다. 하지만 상담계에도 변화가 찾아왔고 이제 이러한 상담자의 자기개방은 보편적인 일이다. 그러나 얼마나, 언제, 누구에게 개방을 하느냐는 여전히 불분명한 문제로 남아 있다. 이러한 질문들은 집단상담에서는 모두에게 개방을 하면서 개인상담에서는 특정한 내담자에게만 개방을 하는 집단상담자에게 해당되는 질문이다. 부적절하게 개방하는 것은 논외로 하자.

이번 장의 '자기개방을 어디까지 해야 할 것인가'에서 조엘 프로스트(Joel Frost)는 상담자의 자기개방의 역사와 그에 대한 관점의 변화, 앞서 강조된 몇 가지 복잡한 문제에 대해 논의하고 있다. '가족을 깰 것인가 환상을 깰 것인가'에서는 수퍼바이저 사라 에머슨(Sara Emerson)과 길 스필버그(Gil Spielberg)는 상담성과가 결과적으로 감소하고 있는 상황에서 집단에 자신의 개인사적인 이야기를 개방할 것인지에 대해 확신이 없는 이혼 전담 상담자들의 딜레마를 다루고 있다. 에머슨은 내담자와 자기 자신을 모두 보호하고 싶어 하는 상담자의 소망에 동의하면서도, 자기개방은 치료를 더욱 확장시키고 깊이 있게 만들 수 있다고 조언한다. 스필버그는 상담자가 첫째로 자신의 역전이 반응에 대해 돌아볼 필요가 있으며, 그다음으로 집단에서 함께 공유하고 있는 두려움에 직면하는 용기가 필요하다고 강조한다.

다음으로 '나도 해냈는데 당신이 왜 못하겠어요'에서는 과거에 수줍음이 많았고 신체학대를 당했으며 성질이 급했지만, 지금은 그 모든 것을 극복한 상담자가 집단에서 자신의 성공경험을 개방하는 것이 도움이 될 것인지를 고민하고 있다. 마르티 크란즈버그(Marti Kranzberg)와 메그 샤프(Meg Sharpe)는 이러한 경우에 개방은 현명하지 않은 선택이라고 대답한다. 크란즈버그는 상담자가 집단원이 되고 싶어 하는 욕구가 동기가 된 것은 아닌지 돌아보도록 촉진한다. 샤프는 이상화되고 싶어 하거나 불안과 집단의 공격성을 피하고 싶은 상담자의 소망이 개방하려는 욕구의 원인이 아닌지 질문한다.

마지막으로 '출구에서 나누기'에서는 여성 상담자가 몇 년에 걸쳐 진행되었던 여성집단이 종결을 맞이하면서 몇몇 집단원에게 개인적인 질문을 받았는데, 다른 집단원들은 전혀 알고 싶어 하지 않는다고 한다. 수퍼바이저 버나드 프랭클(Bernard Frankel)은 자신은 9·11사태 이후 내담자들과 함께 '죽을 수밖에 없는 운명에 대해 공유하고 있는 존재의 의미'를 탐구하고 있다고 말하면서, 자기개방에 대해 지나치게 걱정하기보다는 집단의 죽음에 대한 주요 감정들을 분석하기를 강조하고 있다. 브렌다 스미스(Brenda Smith)는 집단의 종결을 앞두고 그동안 자기개방을 하지 않았던 이 상담자에게 신상에 대한 노출은 하지 않도록 조언하면서, 하지만 집단에서 일어나고 있는 일에 대한 감정은 노출할 것을 권고한다.

자기개방을 어디까지 해야 할 것인가

임상 연구에서 점점 자기개방이라는 주제에 관심이 집중되고 있다. 자기개방이 하나의 개념으로 표현되든, 기법으로 표현되든 간에 자기개방은 분명하고 단일한 의미를 지니지 않는다. 이 장에서 나는 자기개방을 가장 정확하게 이해하기 위해서는 자기개방을 세 가지로 구분되는 관점 또는 단계로서 연속선상에서 보아야 한다고 제안한다. 이러한 관점들의 차이와 겹치는 부분을 검토함으로써 독자들은 지금까지의 자기개방 연구에서 개념이 혼용되었던 부분에 대해 이해할 수 있을 것이다.

기법적 수정으로서의 자기개방

상담자들은 끊임없이 자기개방의 기회를 만나게 된다. 익명성을 고수하는 상담자는 때로 특정한 치료목적을 위해서 자기개방을 선택하기도 한다. 예를 들어, 당신이 휴가를 어디로 가는지, 또는 아파서 상담회기를 진행하지 못했다든지 등의 이야기를 집단에서 함으로써 집단이 불안이나 버려짐의 감정을 느끼고 있을 때 상담자를 인간적으로 느끼게 할 수 있다. 다른 치료목적으로는 상담초기부터 치료적 동맹을 확고하게 하거나, 종결로 가면서 전이를 점차 감소시키려 하거나, 상담 중에 감정이 고조된 상태에서 부정적인 전이를 감소시키기 위한 것 등이 있을 수 있다. 이러한 기법적 수준에서의 자기개방은 특정한 목적을 위해 특정한 시기에 특정한 내담자에게 적용될 수 있는 상담자의 개입목록 중 하나가 된다. 상담자는 자기개방의 이러한 예를 목적, 내담자에게 갖는 의미, 효과의 측면에서 이해할 필요가 있다.

구조적 전환으로서의 자기개방

어떤 상담자들은 자기개방의 스펙트럼상에서 더욱 자주, 확대된 자기개방을 사용하기도 한다. 예를 들어, 상담자는 내담자의 질문에 담긴 의미를 탐색하기보다는 직접적으로 그 질문에 통상적인 대답을 한다. 상담자의 목표가 내담자에게 더욱 접근하는 것이라면, 자기개방을 하는 내담자는 역전이 감정, 스쳐 지나가는 개인적인 연상, 생각, 상상, 잠정적인 가설, 지나가는 정서상태 등을 광범위하게 지속적으로 개방할 수 있다. 이 수준의 자기개방은 나눔을 원하는 내담자의 요청에 반응하여 상담자 자신을 넓게 개방하는 것이며, 많은 연구에서 이것을 '상담자의 자기활용(Epstein, 1990; Wright, 2000)'이라고 일컫는다. 이 관점에 따르면 상담자는 간헐적으로 자기개방을 하는 것이 아니라 치료적 관계의 구조와 틀 자체를 변화시키는 것이다. 집단상담자는 집단에서 자신의 주관적인 상태에 대한 질문을 받을 때 혼란스럽고 화나고, 상처받거나 분리되는 경험을 더 자주 자각하게 될 수 있다. 상담자가 자기개방을 사용하는 것을 지지하는 연구자들은 대부분 이 수준을 다루고 있다.

철학적 기초로서의 자기개방

어떤 상담자들은 자기개방의 연속선에서 더욱 나아간다. 그러한 상담자들에게 있어서 치료적 과제는 내담자들과의 진실한 관계를 발전시켜서 그들의 생각, 감정, 인생경험을 일상적으로 솔직하게 공유하는 것이다. 이 수준의 자기개방을 할 때는 상담자는 질문을 받지 않더라도 내담자가 꺼내는 소재에 반응하여 개방을 시작하게 된다. 그러면 집단상담자는 자신의 혼란스러움을 집단에서 활발하게 꺼내 놓고, 꿈이나 개인적인 환상을 표현하며, 집단원들에게 상담자가 스스로 인식하지 못하는 행동이나 역전이에 대해 피드백을 요청하기도 한다. 이러한 치료적 입장은 치료적 관계에 대한 통상적인 접근에 혁신적인 전환을 가져오며, 내담자들과 집단원들에게 가끔 자신을 개방하는 정도를 넘어서는 개방을 하게 된다. 페렌찌(Ferenczi, 1932)는 이러한 입장의 극단적인 사례로 내담자와 상담자 간의 상호분석에까지 이르는 사례를 들기도 하였다. 이러한 개입수준을 지지하는 사람들이 현재는 매우 드물기는 해도, 갈수록 많은 연구자와 임상가가 이 입장을 어느 정도까지 지지해야 할 것인지를 두고 논쟁을 하고 있다.

이와 같이 자기개방이라는 주제는 다양한 입장에 광범위하게 걸쳐 있는데, 많은 연구자가 앞서 설명한 자기개방의 연속 스펙트럼에 대해 인식하지 못한 채 각각의 관점 중 하나만 탐구하는 데 그치고 만다. 정리하면, 어떤 상담자들은 자기개방을 내담자에게 개인적으로 주는 '개입'으로 여기기도 하고, 어떤 상담자들은 상담의 적극적인 공동 참여자가 되는 '구조의 전환'으로 여기기도 하며 어떤 상담자들은 심리치료의 '철학'에 있어서의 급진적인 변화로 여기기도 한다는 것이다.

자기개방에 대한 이론은 발전하고 있으며, 점차 자기개방을 사용하는 실제 지침을 제시하는 것보다는 자기개방을 하는 타당한 근거들을 제공하는 데 초점을 맞춰 가고 있다. 지금까지는 상담성과를 높이기 위해서 상담자가 무엇을, 언제, 얼마나 개방해야 하는지에 대해서는 충분한 관심을 기울이지 않았던 것이다.

정신분석학파에서는 자기개방에 대한 논의가 본래 일대일 분석의 장면에 초점을 맞춰져 있었고, 그 이후 자기개방을 수용하는 것과 관련한 논의가 지속적으로 이루어져 왔다. 그린버그(Greenberg, 1995)의 글이 그것을 잘 나타내 주고 있다.

> 따라서 현대의 정신분석가들은 판결을 내려야만 하는 성가신 문제에 봉착해 있다. 한편으로는 정신분석 창시자에 따르면 자기개방은 분석작업을 방해하는 행위다. 다른 한편으로는 정신분석의 최전선에 있는 유명한 임상가는 요즘 시대에 상담자가 자신을 드러내기를 거부한다면 그것이 분석

> 작업을 방해하는 것이라고 주장한다. 프로이트와 페렌찌의 주장은 둘 다 경험적인 관찰에 기초하고 있는데, 이 문제에 있어서 논쟁이 계속 반복되고 있다. 임상가들은 두 가지 중 하나의 방식을 취할 필요를 자주 느끼면서, 확고하고 경험적으로 지지되며 서로 상반되는 입장 속에서 혼란을 겪고 있다(p. 195).

프로이트와 페렌찌는 이론과 임상실제에서 많은 부분 서로 의견이 일치하지 않았고, 자기개방에 있어서도 예외가 아니었다. 프로이트와 페렌찌 둘 다 이론과 임상경험에 근거하여 자신의 입장을 세웠지만 다른 결론에 이르게 되었고, 그들을 각각 따르는 제자가 생겼다. 한 예로, 그린버그가 "자기개방은 효과가 있기 때문에 필수적이다(1995, p. 195)."라고 말한 것과 달리, 반대로 웨스트와 리브슬레이(West & Livesley, 1986)은 다음과 같이 말하였다.

> 자기개방을 옹호하는 상담자들은 이러한 기법이 상담자가 인간적이라는 생각을 갖게 해 줌으로써 상담자와 내담자 사이에 존재하던 인위적인 장벽을 제거하기 때문에 이롭다고 주장할지도 모른다. 이렇게 치료적인 경계에 변화가 일어나게 되면 치료적인 틀, 즉 상담의 근간이 위기에 놓이게 된다(pp. 11-12).

보다 중립적 입장인 레벤슨(Levenson)은 "나는 자기개방을 가능한 한 경계하게 된다. 자기개방을 통해 큰 성과를 거둔 적도 있지만, 반면에 재앙이 벌어지기도 했다(1996, p. 247)."라고 말했다.

프로이트 자신은 자기개방을 이용하기도 했지만, 결과적으로 저항이 심해지고, 전이해소도 더욱 어려워지며, 내담자가 더 많은 정보를 원하게 되며, 결국 내담자가 자기 자신보다 분석가가 더 흥미롭다는 것을 깨달아 버린다는 네 가지 이유를 들어, 자기개방에 반대하는 입장을 취했다. 그런데 자기개방 사용에 반대하는 대다수의 연구자는 프로이트를 인용할 때 이 부분이 아니라 상담자가 '빈 스크린'처럼 익명의 존재로 남아야 한다는 프로이트의 관점에 초점을 맞추고 있다. 자기개방을 찬성하는 문헌은 보통 페렌찌의 글을 인용한다. 페렌찌는 보다 평등하고 수평적인 관계를 갖는 다양한 유형의 치료적 틀을 제안하였다(Ferenczi, 1932).

1920년대에 페렌찌(Ferenczi, 1928, 1932)는 분석가의 자기개방 활용을 도입하였다. 그는 정신분석 내담자의 경험을 단순히 신경증으로 치부하지 않고 실제적으로 받아들이기 시작했다. 분석에서 자신의 주관적 경험을 기꺼이 개방한 것이다. 그는 확장된 자기개방을 통해 내담자와 내담자의 부모 사이에 있었던 부정직성, 침묵, 의사소통의 문제를 다룰 수 있다는 입장을 취했다.

래크먼(Rachman, 1990, 1999)은 페렌찌의 20년간의 작업을 연구하면서, 한 개인의 심리학이 두 명의 관계로, 그리고 나아가 상호 주관적 심리학으로 발전하는 맥락에 따라 자기개방도 그것의 필수적인 측면으로서 역사적으로 발달하였음을 조명하였다. 그는 이러한 변화가 자연스럽게 공감의 개념으로 발전했으며, 대상관계적인 과정으로 이어져 진실된 관계를 요구하게 되었다고 본다. 따라서 래크먼이 자기개방을 활용하는 것을 강하게 지지한다고 할지라도, 그는 페렌찌만큼 자기개방을 하기를 원하지는 않았다. 그는 내담자가 먼저 시작했을 때 상담자는 그에 대응하여 언제 자기개방을 해야 하는가(신중한 자기개방)와 언제 상담자가 자신의 의지로 자기개방을 시작할 것인가(두드러지는 자기개방)의 경계에서 고심하였지만, 세 번째 수준에서의 자기개방을 활발하게 하지는 못했다.

세 번째 수준의 자기개방을 지지하는 레닉(Renik)은 우리의 자기개방이 의미하는 바를 점검해 보아야 한다고 쓰면서도, 상담자의 익명성은 미신에 불과하다는 주장을 펼침으로써 이러한 논란을 완전히 뛰어넘었다. 그는 상담자는 언제나 자기개방을 하고 있기 때문에 '끊임없이 노출을 피할 수 없는 상태를 어떻게 다룰 것인가'를 살펴보아야 한다는 입장으로 시작한다. 여기에서 레닉은 다른 문헌에서는 '의도하지 않은 자기개방(Pizer, 1997)'이라고 표현되는 자기개방의 유형을 언급하고 있다.

의도하지 않은 자기개방

의도하지 않은 자기개방은 우리가 상담실에서 내담자에게 선택적으로 드러내는 일상적인 상호작용과 관련이 있다. 이러한 개방에는 우리가 상담실에서 어떤 옷을 입고 있는지, 공간을 어떻게 꾸며 놓았는지, 종교 휴일을 어떻게 바라보는지 등이 있다. 어떤 비용을 청구하고, 영수증을 어떻게 관리하며, 돈에 얼마나 비중을 두는가? 내담자들이 대기실에 비치된 잡지, 우리가 모는 차, 착용하는 액세서리를 보고 우리의 어떤 가치, 의견, 신념, 태도를 발견할 것인가? 인터넷 검색을 통해 우리에 대해 무엇을 알게 될 것인가? 내담자들은 이와 같은 의도하지 않게 노출된 정보에 접근하게 되고 결과적으로 이미 우리에 대한 어떤 생각이나 느낌을 갖게 되기 때문에, 익명성에 대해 엄격한 입장을 고수하는 것은 비치료적으로 보일 수도 있다. 따라서 내담자들이 이미 알고 있는 것에 대해 인정하는 자기개방은 그들의 현실검증을 지지하고, 치료적 동맹을 확인시키고, 상호공감을 촉진하며, 치료가 더 진실되다고 느끼도록 만든다.

호프만(Hoffman, 1983), 아론(Aron, 1991), 그린버그(Greenberg, 1995), 래크먼(Rachman, 1990, 1999), 바세스쿠(Basescu, 1990), 레벤슨(Levenson, 1996), 에렌버그(Ehrenberg, 1996), 레닉(Renick, 1995, 1999)은 모두 빈 스크린의 입장이 미신이라는 의견에 동의했으며, 그러한 스크린을 유지하는 것은 불가능하며 강하게 유지하고자 하는 것이 오히려 상담에 부정적인 효과를 야기할 수 있다고 주장했다. 레벤슨에 따르면, "자기개방을 상담자가 익명성을 유지하려고 노력하는 것(중립성이 아니라 - 필자는 중립성은 불가능하거나 바람직하지 않다고 생각한다)과 상관없이 내담자가 어두운 베일 너머로 바라보는 것이라고 정의한다면, 상담자가 내담자가 보는 것을 허용하거나, 최소한 내담자가 보고 있다는 사실을 인지하는 것이 유일한 문제가 될 것이다(1996, p.

239).” 레벤슨은 자기개방을 피할 수 없다는 주장으로 의도하지 않은 자기개방과 의도적인 자기개방을 구분하였다. 또 한 번 독자는 여기서 자기개방과 관련된 계속되는 혼란을 반영하는 용어의 전환을 확인할 수 있을 것이다.

역전이의 개방(여기에서는 우리의 느낌이나 집단에서의 반응, 집단원이나 집단에 관련된 꿈을 포함하여 내담자에게 주는 어떠한 반응으로 정의한다)에 관하여, 에렌버그는 「역전이 개방의 건설적 활용」이라는 논문에서 이 작업을 더욱 발전시키는 ‘감정적으로 함께하기(emotional joining)’에 대해 언급한다(1996, p. 277). 그녀는 이러한 ‘자발적이고 진정성 있는 반응’이란 상담 장면에서 공평한 관계 맺기를 의미할 뿐 아니라, 더 감정적으로 반응하지 않던(자기개방을 하지 않는) 상담자가 지시적이고 권위주의적인 접근을 줄이는 것도 의미한다고 보았다. 상담자가 개방을 하지 않는다는 사실 자체가 감정적으로 불능이라거나 감정적으로 거리를 두고 있다는 의미로 바로 연결되는 것은 아니지만, 여러 연구에서는 그와 같은 결론을 추론할 수 있다. 자기개방을 지지하는 상담자들은 자신의 작업이 더욱 진정성 있고 정직하고, 촉진적이고, 존중하며, 수직적이지 않고 수평적이고, 진실하다고 말한다.

상담자가 자기개방 또는 의도하지 않은 자기개방에 관련된 내담자의 자료를 인식하고 인정하며, 탐구하고, 심지어 초대하기까지 해야 한다는 것에는 모두가 완전히 동의한다. 상담자는 내담자를 상담과정의 공동 참여자로 인식해야 하고, 내담자의 공이 상담자의 공 못지않게 귀중한 것으로 이해해야 한다는 점에 일반적으로 동의한다. 때로 어떤 내담자에게는 역전이에 대한 개방이 상담에 도움이 된다는 사실도 인정된다. 하지만 분석에서 “카드를 뒤집어 보여 주는 것은 유용하고 일반적인 방식이다(Renik, 1999).”라는 분위기를 조성할 것인지에 대해서는 상담자들 사이에 의견이 일치하지 않는다.

페렌찌는 분석에서 이처럼 개방적이고 의도적인 자기개방 전략과 분위기를 조성할 것을 제안하였다(Ferenczi, 1928, 1932). 레닉(Renik, 1995, 1996, 1998, 1999)은 현대에 페렌찌의 견해를 지지하는 사람이다. 두 사람 모두 세 번째 수준에서의 자기개방의 지지자로서, 자기개방이 상담철학의 핵심이며 따라서 치료적 관계를 완전히 재구조화한다고 강조한다.

자기개방에 대한 반대

비록 상담자의 자기개방을 지지하는 사례가 있음에도 불구하고, 자기개방을 반대하는 설득력 있는 주장 또한 상당수 존재한다. 첫 번째는 상담자의 익명성 보장의 가치에 대한 것으로, 내담자들이 자신을 투사할 수 있는 '빈 스크린'을 유지해야 한다는 것이다. 익명성을 통해 상담자는 객관적이고 무비판적이면서 내담자의 내적 세계의 심리 내적 공간으로 침입하지 않을 수 있다. 자기개방에 반대하는 다른 주요한 주장은 역전이에 대한 우려 및 상담자가 자기개방을 할 경우 내담자가 비탈을 미끄러져 내려가 행동화하도록 만들 수 있다는 우려에 초점을 두고 있다. 세 번째 주장은 분석적 관계 자체의 특성과 관련이 되는데, 분석적 관계는 상담자에게는 지적이고 객관적이며 멀리 떨어진 관계지만, 내담자에게는 정서적인 관계라는 것이다 (West & Livesley, 1986).

웨스트와 리브슬레이는 집단상담 장면에서의 상담자의 자기개방에 강하게 반대한다. 그들은 자기개방이 구조를 파괴한다고 보았으며, 익명성의 가치, 철저한 비밀 보장과 중립성을 강조하였다. 그들은, "상담에서의 틀이란 상담자와 내담자 관계에서 둘 모두가 실제적인 관계를 맺고자 하는 욕망을 포기하고, 대신 '가상적인' 성격의 관계를 선택하여, 관계 자체를 대상으로 초점 맞추어 검토할 수 있게 해 주는 것" 이라고 적었다(1986, p. 6). 그들은 치료적 관계가 상담자에게는 지적인 과정이며, 내담자에게는 감정적인 과정이라고 보았다. 따라서 상담자가 자기개방을 하려는(틀을 깨려는) 동기는 상호결핍을 견디는 능력의 부족으로 인한 '대상에 대한 갈망'을 드러내는 것일 수 있다고 하였다. 그들에 따르면 상담자가 실제적인 관계를 형성하고자 하는 움직임은 오직 상담자의 자기애적인 경향이나 보여 주기를 좋아하는 경향에서 비롯된다. 그들은 자기개방을 반대하지만, 상담자가 너무 완벽하게 빈 스크린이 되어서 '비인간적인 분위기'를 만드는 것 또한 반대한다(1986, p. 17).

실제 자기개방을 지지하는 사람들은 바로 이 주장을 들고 나선다. 그들은 '가상적인' 관계를 벗어나 평등하고 진실한 관계로 이동하기 위해서는 자기개방이 필수적이라고 보았다. 자기개방은 상담의 유익을 증진시킨다. "친밀한 자기개방은 친밀한 자기개방을 낳는 것이다(Jourard, 1971, p. 17)."

집단상담

지금까지 언급한 논쟁들은 분석적인 심리치료나 개인상담 장면에서의 상담자 자기개방에 관한 것이다. 집단상담에서의 자기개방의 사용에 대해 이론화하는 것은 때로 개인상담에 적용되는 생각과 일치한다. 얄롬(Yalom, 1995)은 자기개방이 집단원의 모습에 대한 현실 검증을 촉진하며, 치료 과정으로써 자주 활용되어야 한다고 주장한다.

> 상담자는 스스로를 점차 더 많이 드러냄으로써 집단원들이 상담자에 대한 자신의 인상을 확인하도록 돕는다. 집단원은 상담자를 지금-여기에서 실재하는 사람으로서 다룰 수밖에 없게 된다. 따라서 당신은 내담자에게 반응하고, 당신의 감정을 나누고, 당신에게서 기인한 동기를 인식하거나 거부하며, 당신의 맹점을 돌아보고, 집단원들이 당신에게 주는 피드백을 존중한다. 이와 같이 실제 삶에서의 자료가 쌓여 가는 것을 보면서 내담자들은 상담자에 대해 가졌던 허구적인 믿음의 실체를 확인해 보도록 촉진된다(p. 202).

따라서 집단이 성숙해질수록 얄롬은 자기개방을 늘려 가면서 전이왜곡을 적극적으로 감소시킨다.

상담자의 자기개방을 지지하는 집단상담자들은 집단원들을 위한 모델링의 형태로 자기개방을 어떻게 활용할 수 있는지 예시사례를 들고 있다. 한 예로 스턴바흐(Sternbach, 2003)는 남성 집단에서 자신을 개방하는 것이 얼마나 어려운지를 인정하고, 남성들이 일반적인 사회화 과정에서 겪는 어려움에 대해 크게 공감한다. 그는 적정(titration, 물질이 활성화되어 원하는 반응을 일으키도록 하는 최소한의 양, p. 69)을 통해 자기개방을 얼마나 언제 할 것인지를 결정한다. 코헨과 셔머(Cohen & Schermer, 2001)는 자기개방을 집단원들이 집단상담자의 주관적 세계에 다가올 수 있게 하는 '상호 주관적인 다리'로 활용하여 집단에서 친밀한 의사소통을 모델링한다. 그들이 인용한 사례에서 한 집단상담자는 유용할 거라고 생각했었던 해석을 한 후에 자신이 '취약하고 상처 입고 공격 당한' 느낌을 경험했다는 것을 개방하였다. 그들은 나아가 자기대상 전이의 세 가지 사례를 인용하였는데, 자기대상 전이를 통해서 이 자기개방에 대해 이해할 수 있다.

1990년에는 학회지인「Group」한 권 전체가 집단상담에서 자기를 활용하는 것에 대해 다루었다. 래크먼(Rachman, 1990)은 논설에서 집단원에게 공격을 당한 이후의 자신의 개인적인 반응에 대해 언급했다. 한 집단원이 래크먼의 미소를 보고 비웃음을 당한 것 같다고 경험했는데, 그렇게 느낀 것이 진짜 맞는지 확인해 달라고 집단이 계속 요구하자, 래크먼은 그 상황을 작업하기 위해 다양한 자기개방을 활용하였다. 그는 집단원들에게 공격받고 오해를 받았다는 느낌을 솔직하게 개방하면서, 자신의 미소는 적대감의 표현이 아니라 불안감의 표현이라고 설명했다. 그는 자신이 영향을 끼친 부분에 대해 인정하면서도, 그 집단원의 현재 현실경험은 초기 가족관계의 트라우마가 재현되는 것임을 확인시켜 주었다. 이러한 자기개방 과정은 집단 내의 교착 상태를 깨뜨렸고 신뢰관계는 두터워졌다.

또한「Group」의 같은 호에서 엡스타인(Epstein, 1990)은 집단이 상담자 자신의 행동(남자 내담자가 아닌 여자 내담자에게로 관심을 쏟는다든지, 남자보다 여자를 더 선호하는 등의 행동)에 대해 반응하도록 촉진했던 사례들을 인용하였다. 또한 자신의 역전이 행동에 대해 스스로 느끼는 혼란스러움을 공개적으로 다루는 동시에 그들의 지각을 타당화하고자 노력하였다고 언급하였다. 엡스타인에게 자기개방은 두드러진 실패를 헤쳐 나가기 위해 필요한 중요한 요소라고 할 수 있다.

실제적인 질문과 지침

집단상담에서의 자기개방을 사용하는 것에 대한 이론적인 개념은 쉽게 찾을 수 있지만, 실제 지침은 거의 찾기가 어렵다. 예를 들어, 상담자는 자기개방을 새로운 집단보다 현재 진행되고 있는 집단에 사용해야 하는가, 혹은 정신분석적 집단보다는 지지집단에 사용해야 하는가? 많은 상담자는 자신이 세 가지 수준 가운데 어느 수준을 편안하게 느끼는지를 암묵적으로 결정한 후, 해당 수준에서부터 훈련을 하는 것으로 보인다. 가장 지침에 가까운 제안을 한 얄롬(Yalom, 1995)조차도 자기개방의 다양한 종류에 대해서는 크게 관심을 기울이지 않았고, 집단에서 자기개방이 어떤 집단원에게는 도움이 되고 어떤 집단원에게는 문제가 되는지에 대해서도 생각하지 않았다.

마찬가지로, 집단상담에도 참여하고 있는 내담자와의 개인상담 회기에서 상담자가 어떤 종류의 자기개방을 어느 정도로 해야 할 것인지 균형을 맞추는 것도 어려운 일이다. 개인상담에서 자신이 개방했던 이야기를 내담자가 집단에 와서 할 때, 어떤 소재를 편안하게 노출할 수 있는가? 상담자의 개방에 대하여 개인상담 내담자와 집단원들은 반응에 어떤 차이가 있는가? 상담자는 여덟 명의 집단원이 지켜보고 반응하는 가운데 자기개방을 하는 것을 개인상담에서 개방할 때처럼 편안하게 느끼는가? 우연한 자기개방이 집단원의 전이에 의해 왜곡되었을 때, 비록 상담자의 자기개방을 통해 그 왜곡을 바로잡았다 하더라도 상담자는 그것을 감당할 수 있는가? 상담자들은 자신이 이끄는 각각의 다양한 집단에서 같은 수준의 자기개방을 사용하는가? 우리는 우연한 자기개방의 긍정적인 측면을 타당화하는 것만큼 우연한 자기개방을 부정적으로 보는 정확한 인식에 대해서도 타당화할 의지가 있는가?

코엔과 셔머(Cohen & Schermer, 2001)는 상담자의 자기개방을 위해 집단을 준비시킴으로써 집단원들이 상담자의 자기개방에 대해 충격을 받지 않도록 하는 좋은 사례를 제시하고 있다. 그들은 개방할 때 균형과 동등성이 증가하는 것에 대해 설명한다. 그러나 그들이 자기개방의 필요성과 이익에 대해 초점을 맞추고 있지만 그들은 실제적인 조언은 하지 않는다. 라이트(Wright, 2000) 또한 자기개방의 철학을 수용하면서, 상호 간의 의사소통, 역전이 반응을 보다 개방적으로 사용하기, 상담자의 반응에 대해 대화를 나누기(예를 들어, 상담자가 집단에서 눈물을 흘릴 때), 장난과 유머, 놀리기, 준비되지 않은 생각이나 미완성된 아이디어를 털어놓는 등의 즉흥성을 사용하기 등을 활용할 수 있다고 언급하였다(p. 190). 라이트는 집단에서 자기개방의 규범을 확립하는 것의 가치에 대해 강조하였지만, 그 역시 구체적인 지침은 알려 주지 않는다.

집단상담자들이 자기개방을 사용하기 위한 지침을 마련하는 데 있어서 몇 가지 합의된 내용이 있다. 첫째, 우연한 자기개방은 끊임없이, 또한 매우 자연스럽게 일어난다. 상담자는 자기개방이 발생하는 것을 통제할 수는 없지만, 그 내용을 인정하고 집단과정의 일환으로 개방하여 다룰 것인지를 선택할 수는 있다. 우리에 대해 내담자가 인식하는 진실을 거부하는 것은 치료적이지 않다. 하지만 집단에서는 여러 개의 '진실'이 존재하기 때문에 이 문제는 복잡해진다.

둘째, 우리가 적극적으로 자기개방을 하겠다고 결정했다면 우리는 틀을 바꾸고 집단원들이 우리와 상호작용할 수 있는 방식을 변화시켜야 한다. 이런 변화는 깊이 생각한 후에 진행되어야 하고 자기개방의 결과와 효과에 대해 철저하게 분석해야 한다. 자기개방을 하기로 결심했다가 상담자가 마음이 바뀌어 갑자기 개방을 하지 않으면 내담자들은 불합리하다고 느낄 수도 있다.

셋째, 집단이 한 인간으로서의 상담자에게 더 가까이 다가갈 수 있는 길을 열어 주는 것은 상담자의 개인적인 스타일, 개방에 대한 편안함의 정도, 충분한 자기인식에 대한 자신감 등에 따라 각자 다를 수 있다. 따라서 흘러가는 생각을 나누는 것에서부터 사색, 잠정적인 임상적 가설, 역전이 반응이나 상담자 자신의 고통 등 다양한 자기개방이 존재할 수밖에 없다. 무엇을 개방하든 중요한 것은 집단과 집단원들의 이익을 위해 개방을 해야 한다는 것이며, 상담자 자신의 욕구를 충족하기 위해 개방해서는 안 된다.

상담자들은 어떻게, 어디서, 얼마나, 언제 노출을 해야 할지에 대해 반복적으로 고민한다. 우리는 언제나 그 특성상 주관적으로 파악되고 우리가 생각한 것보다 더 많이 드러나는, 복잡하고 상호 주관적인 환경에서 일하고 있다. 상담 분야에서 공감과 진정한 상호작용에 대한 욕구가 점점 강조되면서, 우리는 내담자의 요청에 반응할 때나 내담자가 꺼낸 소재에 반응을 시작할 때 자기개방을 하고 싶은 유혹을 더욱 자주 느끼고 있다. 그동안 여러 세대에 걸쳐 상담자의 익명성의 경계가 매우 견고하고 분명했기 때문에 우리는 그런 고민에서부터 보호받을 수 있었다. 하지만 최근 들어 자기개방은 수용 가능한 것일 뿐만 아니라 많은 경우 바람직한 것이 되고 있다. 이론적이고 철학적인 생각이 전환되더라도, 실제적인 지침은 변함없이 유지된다. 분명 우리는 지금 개념의 진화를 목격하고 있는 것이다.

Joel C. Frost, EDD, FAGPA, ABPP

참고문헌

Aron, L. (1991). The patient's experience of the analyst's subjectivity. *Psychoanalytic dialogues, 1*, 29-51.

Basescu, S. (1990). Tools of the trade: The use of the self in psychotherapy.

Group, 14, 157–165.

Cohen, B. D., & Schermer, V. L. (2001). Therapist self-disclosure in group psychotherapy from an intersubjective and self psychological standpoint. *Group, 25*, 41–57.

Ehrenberg, D. B. (1996). On the analyst's emotional availability and vulnerability. *Contemporary psychoanalysis, 32*, 275–286.

Epstein, L. (1990). Some reflections on the therapeutic use of the self. *Group, 14*, 151–156.

Ferenczi, S. (1928). The elasticity of psychoanalytic technique. In M. Balint (Ed.), *Final contributions to the problem of psychoanalysis* (Vol.3, pp. 87–102). New York: Basic Books. (Original work published 1955)

Ferenczi, S. (1932). *Ferenczi's clinical diary*. (J. Dupont, Ed.). Cambridge, MA: Harvard University Press. (Original work published 1989)

Greenberg, J. (1995). Self-disclosure: Is it psychoanalytic? *Contemporary psychoanalysis, 31*, 193–205.

Hoffman, J. M. (1971). The Patient as interpreter of the analyst' s experience. *Contemporary psychoanalysis, 19*, 389–422.

Jourard, J. M. (1971). *An experimental analysis of the transparent self*. New York: Wiley-Interscience.

Levenson, E. A. (1996). Aspects of self-revelation and self-disclosure. *Contemporary psychoanalysis, 32*, 137–248.

Pizer, B. (1997). When the analyst is ill: Dimensions of self-disclosure. *psychoanalytic Quarterly, 66*, 450–469.

Rachman, A. W. (1990). Judicious self-disclosure in group analysis. *Group, 14*, 132–144.

Rachman, A. W. (1999). Sandor Ferenczi' s ideas and methods and their relevance to group psychotherapy. *Group, 23*, 121–144.

Renik, O. (1995). The ideal of the anonymous analyst and the problem of the self-disclosure. *Psychoanalytic Quarterly, 64*, 466–495.

Renik, O. (1996). The Perils of neutrality. *Psychoanalytic Quarterly, 65*, 495–516.

Renik, O. (1998). Getting real in analysis. *Psychoanalytic Quarterly, 67*, 566–593.

Renik, O. (1999). Playing one' s cards face up in analysis: An approach to the problem of self-disclosure. *Psychoanalytic Quarterly, 68*, 521-539.

Sternbach, J. (2003). Self-disclosure with all-male groups. *International Journal of Group psychotherapy, 53*, 61-81.

West, M., & Liversley, W. J. (1986). Therapist transparency and the frame for group psychotherapy. *International Journal of Group psychotherapy, 36*, 5-19.

Wright, F. (2000). The use of self in group leadership: A relational perspective. *International Journal of Group psychotherapy, 50*, 181-198.

Yalom, I. (1995). *The theory and practice of group psychotherapy*. New York: Basic Books.

가족을 깰 것인가 환상을 깰 것인가

[수퍼바이저 선생님께]

제가 운영하는 상담실은 집에서 떨어져 있습니다. 그것이 주는 사생활의 자유가 좋기 때문입니다. 하지만 최근 저의 삶에 많은 변화가 일어나고 있고, 그 변화가 상담실 운영장소와 상담시간에 영향을 미칠 것입니다. 제가 이러한 변화를 어떻게 다루어야 좋을지 알고 싶습니다.

저와 아내는 매우 심각한 갈등 속에 이혼을 진행하고 있습니다. 저희에게는 여덟 살과 다섯 살의 두 아이가 있습니다. 이혼을 하면 첫째로 저와 아내 모두 생활비가 줄어들 것이고, 둘째로 저도 아이들에 대한 양육권을 갖게 되기 때문에 주중에 이틀과 격주로 주말마다 아이들을 돌볼 책임이 생길 것입니다. 저는 현재 월요일에서 목요일까지 그리고 토요일은 하루 종일 상담을 합니다. 양육권 조정으로 인해 저는 토요일 스케줄을 변경해야 할 것이고, 그에 따라 지난 5년간 매주 토요일마다 만나 온 집단도 다른 요일과 시간대로 옮겨야 합니다. 게다가 더 저렴한 사무실로 이전할 필요가 있을 것입니다.

저희 집단원들은 여자 네 명과 남자 세 명으로 구성되어 있습니다. 여자 집단원 제인(Jane)은 한 달 전에 유방암 진단을 받았고 유방절제수술 후 회복 중입니다. 진취적인 사업가 폴(Paul)은 10년 사귄 여자친구와 최근 헤어졌습니다. 다른 집단원 조지(George)는 어머니가 몇 년째 앓아 오시던 다발성 경화증이 악화되어서 지난주에 돌아가셨습니다. 이 집단은 매우 잘 기능하고 있지만, 그럼에도 저는 집단상담 시간과 장소가 변경되는 것에 대해 집단원들에게 말하기가 불안합니다. 집단원들이 제가 상담실을 이전하고 집단시간을 옮기는 이유에 대해 물어보리라는 것을 알고 있지만, 정말이지 그들에게 말하고 싶지가 않습니다. 저는 현재 집단원들이 각자 스스로에 대해 많은 것을 작업하고 있다고 느끼며, 그래서 제가 그들을 위해서 강해야만 한다고 느낍니다. 또한 저는 제 이혼에 대해서 미숙하고 수치스럽다고 느끼고 있습니다. 만약 지금의 상황에 대해 집단원들에게 이야기하면 울게 될까 봐 걱정입니다. 하지만 한편으로 그들에게 거짓말을 하고 싶지는 않습니다.

그동안 저는 내담자들에게 제 이야기를 많이 하지 않았습니다. 제가 수련을 받을 때 저는 내담자들이 질문할 때 그 질문에 대한 환상, 생각, 연상을 되묻도록 배웠고, 전이를 방해하지 않기 위해 답변을 드러내지 않도록 배웠습니다. 제가 사생활을 중시하는 경향이 있기 때문에 이러한 방식은 저한테 잘 맞았습니다. 제 내담자들은 심지어 제가 어디에 사는지, 자녀가 있는지 없는지도 몰랐다니까요! 하지만 이제는 저에게 일어나고 있는 일에 대해 그들이 무엇을 알고 있는지 궁금합니다. 저는 종종 혼란스러워지고 이런 모습은 평소의 저와는 거리가 먼 모습입니다. 지난주에는 난생처음으로 집단회기에 지각을 했습니다. 그리고 이제는 저의 두 아이에 대한 양육권을 갖게 되므로 가끔 아이들이 학교에서 아프면 회기를 진행하는 중에도 호출을 받게 될 것입니다. 어떤 일이 일어나고 있는지 집단원들에게 말해야 할까요? 얼마나 얘기할까요? 상담실 이전과 집단시간 변경에 대해 어떻게 다룰 수 있을까요? 제가 스스로를 잘 돌보고 있으며 집단원들이 저를 돌봐 줄 필요가 없다는 것을 어떻게 하면 집단원들에게 확신시켜 줄 수 있을까요?

[상담자에게 (1)]

당신의 현재 상황은 당신에게 매우 고통스러운 일이고, 상담 이론과 실제 및 실생활의 갈등을 매우 생생하게 보여 주고 있습니다. 이는 우리 직업의 모순에 대해 짚어 줍니다. 그 모순이란 이론과 우리의 원론적인 지침들을 나침반으로 삼아 고수해야 할 필요가 있는 것과 동시에, 실생활이 우리에게 영향을 주고 또 그것이 우리의 내담자들에게도 영향을 주는 것을 조정하고 통합해야 한다는 것입니다. 우리는 관계와 경계를 보호하기 위해 최선을 다해 노력하지만, 그럼에도 불구하고 심리치료 작업은 우리와 내담자들의 삶의 우여곡절에 영향을 받기 쉽습니다. 그러므로 최선의 상황에서도 우리의 익명성은 매우 애매한 상황에 놓이게 됩니다. 저는 끊임없이 일어나는 불가피한 자기개방을 어떻게 다룰 것인가 만큼이나 무엇을 개방할 것인가도 중요한 문제라고 생각합니다. 당신이 수련해 온 방식을 볼 때, 당신이 맞닥뜨리고 몰두해 있는 고통스러운 삶의 위기를 어떻게 다루는지의 문제는 중요하고 복잡한 임상적 질문들을 제기합니다.

저는 당신이 현재 상황에 대해 설명하는 것들의 기저에 있는 몇 가지 문제에 대해 언급할 뿐만 아니라, 당신이 직접적으로 제기한 질문들에 대해서도 대답해 보고자 합니다. 제가 당신의 딜레마를 이해하는 바로는, 첫째로 당신은 내담자들에게 무엇을 얼마나 말해야 할지에 대한 조언을 원하고 있습니다. 이 단순한 질문은 많은 복잡한 문제를 제기하는데, 자기개방과 익명성-프라이버시, 무엇이 치료적인가, 우리의 세계(내적 및 외적 세계)가 우리 내담자들의 삶에 끼치는 영향 등의 문제이죠. 당신은 집단원들에게 '거짓말'을 하고 싶지는 않지만 그들에게 진실을 말하는 것도 원하지 않는다고 했습니다. 그러나 당신 삶의 사건들은 집단원들의 치료에 상당한 영향을 끼칠 것입니다. 집단시간과 상담실 장소가 바뀌는 것만으로도 말입니다. 둘째로, 당신은 어떻게 집단원들을 보호하고 '그들을 위해서 강해질' 수 있는지를 궁금해하고, 집단원들에게 '그들이 당신을 돌볼 필요가 없다.'는 것을 확신시켜 주고 싶어 합니다. 마지막으로 당신은 별거와 이혼에 대해 수치스러워하고 있으며, 노출에 대해서는 특히 당신답지 않게 울게 될까 봐 두려워하고 있습니다.

당신은 이혼이 당신에게 여러 차원에서 영향을 끼치는 것을 알고 있습니다. 당신은 지각을 했고, 삶에 위험신호가 울렸으며, 가장 명백하고 실제적인 것으로는 상담실 공간과 이 집단의 시간을 변경해야 할 필요가 생겼습니다. 분명 이 부분에 대해선 다룰 필요가 있습니다. 당신은 왜 이사를 하고 집단시간을 변경하려고 합니까? 시간을 그대로 유지한다고 하더라도 집단원들은 당신에게 변화가 일어나고 있다는 사실에 반응할 것입니다. 당신은 걱정에 사로잡혀 있고 비통해하며, 삶의 새로운 변화를 감당하려고 애쓰고 있습니다. 이것은 매우 힘들고 애를 쓰게 만드는 상황입니다.

이 모든 불안정한 상황에서 당신의 현재 상태는 분명히 집단원들에게 영향을 끼칠 것입니다. 우리의 세계와 우리 자신의 심리적 현실이 내담자들의 치료와 맞물릴 때, 우리는 그들이 말할 수 없다고 느끼는 것을 말하도록 존중하고 도울 책임이 있습니다. 물론 당신은 사생활에 대한 권리가 있고, 내담자들은 진실을 확인할 권리가 있습니다. 당신은 어떻게 사생활을 보호할 것인지를 결정하고, 집단과 각 집단원이 안전함을 느끼며 감당할 수 있을 만큼의 정보의 양이 어느 정도인지를 결정해야 합니다. 정보의 부족 때문에 불필요하게 집단의 긴장을 높여 집단원들을 그들의 환상과 투사 속에 내버려 두지 말고, 그들이 이미 지각하고 있는 것을 부인하지 않도록 유의하세요. 집단원들이 당신의 감정의 파도에 같이 휩쓸리지 않게 하는 것이 가장 중요하기 때문입니다.

당신의 경우에, 당신이 상담자 자신을 보호하고 있는 것인지 내담자들을 보호하고 있는 것인지 의문을 가져 보아야 합니다. 이 부분이 바로 이론과 실제와 삶이 충돌하는 지점입니다. 집단원들에게 당신의 현재 상황에 대해 말하는 것이 치료적으로 바람직한 것일까요 아니면 이기적인 것일까요? 당신은 내담자들이 당신에게서 어떤 도움을 얻게 될지 의문을 품고 있는데 정말 적절한 질문입니다.

당신의 상황에서 저는 상담자 각자의 개인적 자기(personal self)와 전문적 자기(professional self)에 대한 이미지와 내담자들이 상담자 자신에 대해 갖기를 기대하는 이미지에 대해 더 넓은 질문을 제기하게 됩니다. '전문적인 조력자'로서 상담자는 내담자들에게 최선의 자기(best self)를 보여 주려고 노력합니다. 그렇다면 상담자의 '최선의 자기'가 사실상 침해받고 동요되어 혼란스러워질 때는 어떻게 될까요? 그러면 상담자는 내적 불일치가 일어나고, 우리의 세계와 내담자들 사이의 접점을 어떻게 다룰 것인가라는 실제적인 딜레마에 직면하게 됩니다. 많은 집단원이 끊임없이 상담자에게 캐묻고 집단에서 일어나는 수많은 감정이 상담자를 압도하면 상담자는 그 복잡한 공간에서 숨어 버리게 될 것입니다.

적어도 집단은 당신이 개인적 삶에서 변화를 겪고 있다는 말을 당신에게서 들을 자격이 있습니다. 당신의 삶에서 일어나고 있는 그 일들은 삶을 위협하는 정도는 아니지만 내담자들에게 영향을 끼칠 몇 가지 변화(특히 사무실 공간과 집단시간의 변화)를 가져올 것입니다. 페인실버(Feinsilver, 1998)는 "자기개방의 치료적 중요성은 단순히 이전에 알려지지 않았거나 숨겨 왔던 것이 드러난다는 것을 넘어 상담자가 말하지 않았거나 상담자조차 인식하지 못했기 때문에 위협적일 수 있었던 문제에 대해 자아능력을 신중하게 발휘할 수 있느냐가 중요한 것(p. 1143)" 이라고 말합니다. 저는 개방이 치료적인 장을 붕괴시키기보다는 치료적인 장을 더 확장하고 깊이 있게 만들 수 있다고 생각합니다. 개방의 과정은 집단과 집단상담자에게 치료적인 도전과 기회를 많이 제공합니다. 당신이 내담자들과 공유할 내용은 "상담자 본인의 인간적인 모습과 관련이 있고, 인간의 경험과 성장의 핵심에 있는 기본적인 관심사인 삶과 죽음, 변화, 상실과 슬픔 등을 포함합니다(Pizer, 1997, p. 456)."

당신이 집단원들을 위해 강해져야 한다고 생각하는 것과 당신이 스스로를 돌보고 있다는 사실을 집단원들에게 확신시켜 주고 싶어 하는 모습을 보면서 저는 여러 생각이 듭니다. 당신은 당신의 삶의 위기에서 당신 자신과 집단원들을 보호할 수 없듯이, 집단원들이 그들 삶에서 각자 직면하고 있는 상실과 비극들로부터 그들을 보호해 낼 힘도 없습니다. 하지만 당신이 분명히 가지고 있는 능력과 기술이 있다면 그것은 집단원들이 자신의 감정을 탐색하고 언어화할 수 있게 하는 수용적이고 편안한 환경을 조성하는 것입니다. 그러한 환경에서 집단원들은 당신과 당신의 상황에 대한 본인의 감정을 표현하고 소화시킬 수 있으며, 각자 자신의 삶과 사건도 돌아볼 수 있습니다. 상담자의 '힘'이란 감정을 초대하고 담아내는 능력, 말할 수 없는 것을 말하도록 하는 능력 그리고 그럼으로써 집단원들의 감정을 통합하고 수용하는 능력입니다.

당신이 느끼는 자연스럽고 당연한 수치심에 대해 간단하게 언급해 보겠습니다. 당신의 별거(이혼)가 실패로 여겨지듯이 그것은 또한 집단원들(과 내담자들)이 당신에 대해 가져 주기를 원하는 '환상'에 손상을 입히고 스스로 붙잡고 있는 자기상을 해치는 것이기도 합니다. 이런 종류의 '실패'는 참으로 수치스러운 경험이지요. 수치심은 스스로 다루기도 어렵고 집단에서 작업하기도 특히 어려운 감정입니다. 하지만 당신이 집단에서 우는 것은 실수라기보다는 선물에 가깝습니다. 즉, 상담자의 인간적인 면모를 드러내며 상담자 또한 집단원들과 마찬가지로 현실세계에 존재한다는 것을 보여 주는 것입니다. 이러한 경험은 집단원들이 상담자에게 연민을 표현하고 상담자를 돌볼 수 있는 매우 드문 기회를 제공합니다.

당신은 본인이 최선을 다해서 스스로를 돌보고 있다는 것을 명확하게 함으로써 집단원들이 당신을 돌볼 필요가 없다는 확신을 가질 수 있게 잘할 것입니다. 단언컨대 지금 당장은 상담자라는 전문적인 관점에서도 개인적인 관점에서도 당신이 속한 공동체와 지원체계가 매우 중요합니다.

마지막으로, 소통의 본보기로서 상담자의 자기개방은 "다른 사람들을 자신의 사적인 주제로 초대하는 것을 두려워하는 집단원에게, 그렇게 개방할 수도 있다는 것과 그럼에도 불구하고 여전히 집단에서 심리적으로 온전하고 반응적인 집단원으로 남을 수 있다는 보이지 않는 확신을 줄 수 있습니다(Cohen & Schermer, 2001, p. 51)."

정말로 당신은 개인적이고 또 전문적인 결정의 한가운데에 서 있습니다. 저도 수년 전부터 비슷한 상황에 놓여 있어서 당신에게 마음이 많이 가네요.

Sara J. Emerson, LICSW, CGP, FAGPA

참고문헌

Cohen, B. D., & Schermer, V. L. (2001). Therapist self-disclosure in group psychotherapy from an intersubjective and self psychological standpoint. *Group, 25*, 41-57.

Feinsilver, D. B. (1998). The therapist as a person facing death: The hardest of external realities and therapeutic action. *International Journal of Psycho-Analysis, 79*, 1131-1150.

Pizer, B. (1997). When the analyst is ill: Dimensions of self-disclosure. *Psychoanalytic Quarterly, 66*, 450-469.

[상담자에게 (2)]

한 사람의 삶과 한 집단의 삶에 있어서 각자가 버텨 내고 살아남기를 애쓰는 시간이 있는 것 같습니다. 집단과 상담자가 그 과정을 배울 수 있다면 더 좋을 것입니다. 지금도 분명 그러한 시간 중의 하나입니다. 이 딜레마가 자기개방에 관한 부분에 수록되어 있다는 사실을 통해, 당신과 집단이 직면하고 있는 문제의 본질에 대해 분명하게 초점을 맞출 수 있습니다. 이 주제에 대한 복잡한 내용의 연구물이 무수히 있는데, 그 내용은 무엇이 적절한 치료기법이며 실제로 무엇이 이루어졌는지에 대한 역사적인 견해로 가득 채워져 있습니다. 자기개방은 상담자의 특정한 이론적 모델에 의해 영향을 받는 임상적 결정임에도 불구하고, 여기에 내포된 문제는 상담자의 역전이에 대한 포괄적인 딜레마입니다.

당신은 본인에 대해서 얼마나 드러내기를 원하는지, 그리고 당신이 그것을 의도하든 그렇지 않든 간에 얼마나 드러나게 될 것인지를 판단하기 위해 매우 애쓰고 있군요. 당신과 집단 사이에 존재할 무의식적인 감응과 집단원들의 자연스러운 호기심을 고려해 본다면, 우리는 당신의 언어적 표현이나 언어적으로 표현하려는 의식적인 시도를 통해, 혹은 그러한 시도가 없더라도 정서적으로 상당히 많은 것이 소통될 것이라고 예상할 수 있습니다. 당신이 마지막 문장에서 제기하였던 질문을 거칠게 바꿔 말하자면 '이 상황에서 보살핌을 받는 것은 집단입니까, 아니면 상담자입니까? 그리고 어떤 정서적 대가가 있을까요?' 인데, 이 질문을 보면 당신은 이 딜레마의 이러한 측면에 대해 분명하게 이해하고 있는 것 같습니다. 다시 말하자면 이것은 단언컨대 역전이의 문제입니다.

이 딜레마의 제목 또한 암시해 주는 바가 있습니다. 제시된 배경으로 미루어 볼 때 당신이 말하는 '깨어지고 있는 가족'이 무엇을 의미하는지가 모호합니다. 깨어지고 있다는 것은 집단 자체입니까, 몇몇 집단원의 실제 가족입니까, 가상적인 집단가족입니까, 아니면 당신의 가족입니까? 실제 상실이든 가상의 상실이든, 소중한 대상을 잃을 뿐 아니라 그 밑에 깔린 환상을 함께 잃는 각각의 상실은 상실의 의미가 무엇인지를 분명하게 드러내 주고 있습니다. 이는 대인관계적 세계에서의 개인의 위치, 개인이 세계를 어떻게 통제하는가, 자기의 소중한 측면 등의 주제를 포함하는 것 같습니다. 같은 맥락에서, 여기에 숨어 있는 위험은 단지 파괴적인 고립감, 절망, 슬픔만이 아니라, 집단원들과 당신에게 있어서 잠재적으로 트라우마적이라 할 수 있는 '환상의 깨어짐(disillusionment)'이라는 내적 경험입니다. 여러 측면에서 안타깝게도 당신과 집단원들은 같은 종류의 공포에 직면하고 있습니다. 누가 누구를 가르치고 있고 누가 누구를 인도하고 있느냐가 가장 적절한 질문인 것 같습니다.

역전이에 대한 정의는 광의부터 협의까지 넓은 스펙트럼이 있습니다. 협의는 내담자의 전이에 대한 상담자의 특이한 반응만을 포함합니다. 광의는 전체적인 임상상황에 있어서의 상담자의 모든 반응을 포괄합니다. 이러한 정의의 문제를 두고 상담자 반응의 범위에 대해 논란의 여지가 있기는 하지만, 우리가 더 중요하게 고려해야 할 것은 상담자가 자신의 개인적인 반응, 태도, 행동에 대한 섬세한 알아차림을 발달시키는 역량입니다. 제가 수십 년간의 임상경험과 임상이론의 발달을 통해 분명하게 느끼게 된 사실은, 모든 깊고 의미 있는 치료적 만남에는 내담자와 상담자 양자 간의 정서적 관여가 필요하다는 것이었습니다.

상담자는 내담자의 정서적인 현실, 더 정확히는 내담자의 정서적인 경험에 자신을 조율해야 합니다. 임상이론은 치료효과의 핵심 요소로서, 해석을 강조하는 것에서부터 공감, 즉 자료를 수집하는 도구이자 임상적 개입으로서의 공감을 개념화하는 것으로 변화되고 있습니다. 결론적으로, 공감적 관점의 핵심은 상담자가 스스로 내담자의 경험적인 세계에 더 가까이 가는 것을 필요로 합니다. 이렇게 하기 위해서 상담자는 내담자의 세계에 몰입하는 동시에 임상적이고 객관적인 관점을 유지해야 합니다. 부분적인 동일시와 역전이의 활용을 통해서 내담자의 세계로 들어가는 것은 매우 중요한 창조적이고 변혁적인 에너지의 근원이자, 동시에 역전이가 일어나는 위험한 비탈길과도 같습니다.

상담이론, 수퍼비전, 자기인식과 경험은 상담자가 정서적으로 내담자나 집단원의 경험에 몰입할 수 있는 자아능력과 심리치료에 필요한 역할을 제공하기 위해 정서적으로 충분한 거리를 유지할 수 있는 자아능력을 키우는 데 도움이 됩니다. 삶에서 압도적인 사건들이 일어날 때, 특히 상담자로서의 취약성과 관련되는 영역에서 이러한 능력은 움츠러듭니다. 이것이 현재의 딜레마를 설명해 주고 있습니다.

당신은 자신의 상실감과 수치심에 압도되어 있습니다. 당신은 집단원들이 그들 각자의 압도적인 감정을 탐색하고 수용할 수 있도록 집단에서 정서적인 환경을 제공하려고 노력하면서, 당신이 스스로의 상실감과 수치감에 휩쓸려 버리지 않도록 자신을 지키기 위해 매우 노력하고 있습니다. 또한 집단원들이 집단시간과 장소가 변경된 이유에 대해 질문할 거라고 예상하고 있군요.

제 경험에 비추어 볼 때 실제로 그럴 것입니다. 예전에 제가 진행하고 있던 집단의 시간과 요일을 바꾸었을 때, 집단에서 짧은 침묵이 있다가 그 변화와 관련된 여러 질문이 쏟아졌습니다. 내담자들은 이 상황의 변화를 둘러싼 현실에 대해 궁금해했습니다. 하지만 더 깊이 탐색해 보니 질문들은 주로 불특정하거나 표현되지 않은 불안에 의해 촉발된 것이었습니다. 집단 안에 존재하는 이러한 불안이 탐색되고 이해되자 제 상황의 구체적인 것들에 대한 관심이 줄어들었습니다. 저는 제 상황을 나누는 것에 대해 거의 걱정하지 않았습니다. 그 화제가 저에게 개인적으로 취약한 것은 아니었기 때문입니다.

돌이켜 보면 저는 그러한 정서적인 위치 덕분에 집단으로부터 특별한 동의나 공감적인 반응을 필요로 하지 않을 수 있었습니다. 저는 다행히도 제 감정이나 그들의 감정을 두려워하지 않아도 되었습니다. 또한 집단에서 비롯된 연상의 의미 및 집단에서 공유되고 있는 개인적인 의미들을 자유롭게 탐색하는 데 집중할 수 있었습니다. 심지어 무엇이 가장 말하기 위험하게 느껴지는지를 질문하는 모험을 감행할 수도 있었습니다.

하지만 당신이 기술한 것처럼 이렇게 정서적으로 심하게 지치는 상황에서는 당신의 전문적인 자원들을 창조적으로 사용할 것을 강력하게 권고합니다. 바로 지금이 개인상담이나 전문적인 수퍼비전, 또는 둘 다를 받을 만한 적절한 시기입니다. 또한 지금은 개인적인 전환기이자 전문적인 전환기이며, 새로운 대처기술을 발달시킬 수 있는 도움을 많이 받을수록 더 좋을 것입니다. 뿐만 아니라, 상담자가 개인적인 욕구를 건강하게 다룬다면 상담 장면에서 그러한 욕구를 좇아 행동하는 것을 줄일 수 있게 됩니다.

집단의 맥락에서 본다면 저는 먼저 당신이 스스로 익숙한 것을 하도록 제안합니다. 이것은 지금까지 이 집단과 당신에게 효과적으로 기능해 왔음이 확실합니다. 제 경험으로는 역전이 반응에 대한 기준점을 가지기 위해서는 집단 내에서 기능하는 방식에 대한 기준을 명심하고 있으면서 그 기준으로부터 벗어나기 시작한 것이 아닌지를 유의해야 합니다. 집단이 진행되는 과정 중과 집단이 끝난 후에 상담자 본인의 감정을 가능한 한 충분히 많이 인식하고 있으십시오. 그 작업이 고통스러울 수 있지만 그럼으로써 집단이 완수해야 하는 동일한 과업에 당신이 열중할 수 있게 될 것입니다. 당신의 정서적 경험, 환상, 기억, 생각, 감정에 세심하게 주의를 기울이면 경험으로부터 스스로를 방어하지 않고 그로부터 배우게 될 것이며, 그것이 내담자의 경험에도 깊은 울림을 줄 것입니다.

또한 앞으로 일어날 변화에 대해 초기에 간단하게 사실 중심적으로 언급하십시오. 변화에 대한 언급에 집단이 반응하면 그들의 연상을 탐색할 수 있게 되며, 집단과 각 집단원이 각자의 삶에서의 투쟁과 변화에 대한 의미를 찾아갈 수 있도록 조력할 수 있습니다. 만약 개인적인 질문들이 제기된다면 그 질문에 담긴 정서적인 메시지를 어떻게 이해해야 하는지 집단과 함께 확인해 보십시오.

각각의 자기개방은 전체 집단에 영향을 미치기 때문에, 이러한 이야기가 진행되는 동안 모든 집단원이 참여하고 있는지를 확인해 보는 것이 좋습니다. 집단원들의 관점이 동일해지는 것은 경계하세요. 전이욕구는 종종 상충되기 마련이며, 일반적으로 집단의 일치는 경험의 자유로운 흐름이라기보다는 방어를 나타내는 신호입니다. 특히 그들이 전이관계 틀에서 전환이 되는 새로운 무언가를 드러낸다면, 직접적인 대답을 만나기 위한 최선의 방법은 직접적으로 정서적인 접촉을 요청하는 것입니다. 이러한 만남은 정서적인 성장을 향해 나아가는 경향이 있습니다. 만일 질문이 어떤 면에서 너무 노출적인 것으로 여겨지거나 불편하다면 그 질문에 대답하고 싶지 않다는 것에 대해 짧은 설명과 함께 직접적으로 전달하는 것이 유용합니다. 생략하고 얼버무리는 것은 집단이 고통의 시간에서 잘 기능하기 위해 반드시 필요한 신뢰와 응집력을 형성하는 데 절대 도움이 되지 않습니다.

Gil Spielberg, Ph.D., CGP, FAGPA

 나도 해냈는데 당신이 왜 못하겠어요

[수퍼바이저 선생님께]

수년간 저는 제 집단에서 자기개방이 있게 되면 그것을 해결하기 위해 노력해 왔습니다. 저는 10년 가까이 훈련을 해 왔고 저의 개인적인 삶에 대해 개인상담 내담자와 나누는 것이 편안하지만 집단에서 제 삶을 나누는 것은 좀 더 주저됩니다. 제가 주저하는 것은 저의 수련과정의 영향도 있고, 집단원들이 제 이야기에 각자 다른 관점에서 반응할 수 있기 때문에 집단원들에게 어떤 영향을 끼칠지 제가 확실하게 예측할 수 없기 때문이기도 합니다. 저에게는 정말 개방하고 싶으면서도 개방하지 못하는 세 가지 유형의 개인적 영역이 있습니다.

첫째, 집단에는 실제적인 물리적 폭력이나 성폭력은 아니더라도 초기 결핍과 방치를 경험한 집단원들이 있는데, 저는 때로 그들에게 말해 주고 싶어집니다. 제가 아버지로부터 신체적 폭력을 당했고, 어머니에게 악담을 들으며 무시당하는 일이 다반사였지만 어쨌거나 지금 여기에 있다는 것을 말이지요. 저는 집단원들에게 동일시의 모델이 되어 주고 싶습니다. 하지만 그게 현명하거나 옳은 일인지 알 수 없어서 말하기가 주저됩니다.

둘째, 저는 집단을 이끌고 있음에도 불구하고 사회적인 모임에서 수줍음이 많고, 비록 많은 모임에 당연하게 참여하면서 그럭저럭 잘 상호작용하고 있지만 실은 모임을 피하는 것을 더 선호합니다. 이런 모습은 집단원들이 저에 대해 생각하는 전형적인 모습과는 전혀 다릅니다. 오히려 그들은 저를 인기가 많고, 매력적이고, 사회적으로 잘 어울리는 사람이라고 매우 이상적으로 생각합니다. 제가 집단에서 거의 당황하지 않고 적절한 유머를 구사하기 때문이지요. 집단원들이 스스로 묘사하기로 자신의 애 같은 모습이나 관계에서 상호작용할 때 당황스럽고 수치스러운 모습 때문에 자기를 싫어한다고 이야기할 때가 있는데, 그러면 저는 수줍어하는 것은 당연한 것이고, 제가 그랬던 것처럼 특히 한두 명의 좋은 친구를 찾을 수만 있다면 그렇게까지 무서운 일이 아니라고 불쑥 말하고 싶은 충동이 듭니다. 하지만 그러면 집단원들이 저에 대해 갖고 있는 이상적인 이미지가 손상되거나, 제가 집단원의 사회적 불안을 다루는 개입을 할 때 그들이 주의를 덜 기울이게 될까 봐 걱정이 됩니다.

셋째, 저는 성질이 꽤 급하지만 일상생활에서 성질을 억제하기 위해 많이 노력하고 있습니다. 집단은 제가 발끈하는 것을 한 번도 본 적이 없습니다. 적어도 저는 그들이 본 적이 없을 거라고 생각합니다. 왜냐하면 저는 '개입은 적을수록 좋다.' 라고 하는 학파 출신이어서, 주로 듣기만 합니다. 현재 몇몇 집단원이 본인의 분노를 조절하는 것에 대해 작업하고 있는데 그들은 희망이 없다고 느끼고 있고 "될성부른 나무는 떡잎부터 알아본다." 고 말합니다. 여기서 또 다시 제가 "포기하지 마세요. 저는 제 분노를 극복했어요. 완전히는 아니라도 거의 대부분은 말이죠. 그러니까 당신도 희망은 있어요." 라고 말한다면 그게 생산적인 것일까요?

그래서 저는 집단상담자의 과거력, 개인적인 불안, 문제시되는 충동이나 감정이 노출되어야 하는지, 그리고 만약 그렇다면 언제 나누는 것이 가장 적절할지 등을 알 수 있는 경험적인 규칙이 궁금합니다.

[상담자에게 (1)]

상담자의 자기개방은 골치 아픈 치료적 문제입니다. 특히 집단상담은 개인정보를 누설하는 것이 상담자로서는 상상조차 어려운 예상치 못한 결과를 가져오기 쉬운 환경이기 때문입니다. 물론 모든 치료적 개입에서 다 마찬가지이긴 하지만, 상담자의 자기개방은 다른 종류의 개입과는 달리 개인적인 것입니다. 게다가 노출을 하는 이유 역시 더 개인적인 것으로, 상담자의 개인적인 삶에 침해가 되지 않는 임상적 결정에 있어서 새로운 차원이 추가됩니다. 이번 장의 딜레마를 볼 때, 당신이 개인정보를 드러내는 것의 잠재적인 위험을 강조하고 있고 자기개방에 대한 의사결정의 복잡성을 언급하고 있다는 점에서 매우 훌륭합니다. 이러한 것들에는 개인적인 정보를 공유하고자 하는 상담자의 동기, 이중역할에 대한 주의, 내담자들이 상담자를 어떻게 경험할지를 통제하는 데 한계가 있음을 인정하기, 도움을 주기 원하는 것의 위험성, 그리고 항상 존재하는 상담자의 자기돌봄의 필요성 등이 포함됩니다.

저는 자기개방에 대해 재결단 치료(Redecision Therapy)의 관점에서 바라보고 있습니다. 재결단 치료는 부적응적인 행동을 인식하고 변화시키며 그러한 학습을 상담실 밖 내담자의 일상으로 전이시키는 것을 강조하는, 행위지향적이고 실존적이며 인본주의적인 이론입니다. 집단상담에서는 상담자와 집단원들이 목격하고, 지지하고, 직면하고, 타당화하면서 중요한 역할을 하는 개인작업이 수반됩니다. 전체로서의 집단에 대한 개입은 재결단 치료의 과정에 포함되지 않지만, 저는 각 집단원과 집단 자체에 대한 개입의 효과에 주의를 기울이며, 보편성, 차이, 주제 및 집단과정의 기타 측면에 대해 설명해 보겠습니다.

이러한 맥락을 가지고 당신이 제기한 문제로 돌아가 살펴보도록 합시다. 저는 구체적인 치료상황의 맥락에서 부모님의 폭력에 대한 주제가 올라온다고 하더라도 제 이야기를 개방하지는 않을 것 같습니다. 저는 보통 특정한 주제에 대한 개인적인 정보를 드러내지 않는 편입니다. 개인정보를 드러내면 제가 집단에서 일어나고 있는 일보다 저 자신을 위해 원하고 있는 무엇에 더 집중되는 것 같기 때문입니다. 저는 개인정보를 드러내는 걸 고려할 때마다 자기개방에 대한 저의 동기를 끊임없이 살펴봅니다. 개방을 하고 싶은 마음이 집단에서의 특정한 상황에 바탕을 둔 것이 아닌 경우에는 저는 자기개방에 회의적입니다. 또한 당신이 가족에게 당한 폭력에 대해 드러내기를 '정말 하고 싶다.'고 표현한 것은 매우 강한 정서인데, 그처럼 강력한 정서에 대해 스스로 알아차리게 되었다면 저는 더욱 철저하게 의심을 합니다. 문제의 핵심은 자기개방이 내담자의 이익을 위한 것이냐 상담자의 이익을 위한 것이냐에 있습니다.

때때로 상담자는 자신의 집단에서 집단원이 되고 싶은 욕구를 경험할 수 있습니다. 이 '집단에 대한 선망(group envy)'은 강력하며, 상담자는 집단에 '참여'하고 상담자의 역할을 포기하기 위한 방법으로써 자기개방을 무의식적으로 사용합니다. 저도 그런 경험을 한 적이 있는데, 제가 새로운 도시로 이사해서 친구도 없고 정서적인 지지가 부족했을 때였습니다. 제가 이끄는 집단은 깊은 학대문제들을 작업하는 응집력 있는 여성집단이었고, 저는 제가 그들의 친밀감에 질투를 느끼고 있다는 것과 저의 외로움을 달래기 위해 집단을 활용하고 싶은 욕구가 올라온다는 것을 알아차렸습니다. 이러한 알아차림을 통해 저는 제 취약성을 인정할 수 있었고, 적절한 지원 네트워크를 찾아가고, 집단의 경계를 손상시키지 않을 수 있었습니다.

당신의 딜레마에서 제기된 다른 또 다른 문제는 비슷한 과거사를 가진 집단원들을 위한 '동일시의 모델'이 되어 주고 싶은 욕구입니다. 상담자가 역할모델로서 집단원들에게 도움이 되고 싶어 하는 마음은 훌륭합니다만 그것은 치료가 아니며 이중역할을 초래하게 됩니다. 예를 들어, 작은 마을에 있는 상담자의 상황처럼 이렇게 이중적인 관계를 항상 피할 수는 없습니다. 물론 이런 역할이 반드시 내담자에게 해로운 것은 아니지만, 상담자는 좋은 치료관계를 보호하기 위해서 어떻게 경계를 조정할 것인지에 대해 깊이 생각하고 분명히 해야 할 필요가 있습니다. 저는 전문기관에서 내담자와 이중역할을 경험했던 적이 있습니다. 저는 본래 상담자의 역할만 할 때는 내담자가 저를 좋아해 주기를 원하는 방식으로 행동하지 않았는데, 이중역할에서는 내담자가 절 좋아해 주기를 원한다는 것을 자각하게 되었습니다. 내담자가 저한테 화를 내거나 절 싫어하게 될 수도 있는 개입을 하는 것이 주저되었기 때문에 상담자로서의 역할을 포기하게 될지도 모르는 위험한 상황이 되었지요.

또한 저는 특정한 상황에서 특정한 내담자에게 자기개방이 유용할지라도, 저의 사회적 기술(또는 그것의 부족함)에 대한 개인적인 정보를 드러내지 않을 것입니다. 이와 관련해서 당신은 당신에 대한 내담자들의 이상화를 유지시키고 싶어 하는 욕구를 확인하게 되었습니다. 이상화는 치료과정의 일부이고 상담자에게 매우 흥분되는 경험일 수 있습니다. 하지만 내담자들이 우리를 어떻게 보느냐를 우리가 통제할 수 있다는 믿음은 비합리적인 것이며, 그것을 통제하려는 노력을 포기하는 것이 위안이 됩니다.

게다가 우리는 당신의 딜레마의 또 다른 측면, 즉 내담자들이 상담자의 개입에 대해 '주의를 덜 기울이게' 될 것인지를 통제할 수 없습니다. 우리의 모든 개입이 재기 넘치는 것으로(혹은 적어도 유용한 것으로) 환영받기를 원하지만 그것 역시 우리가 통제할 수 없습니다. 우리는 그저 우리가 할 수 있는 것을 제공하고, 내담자들이 자기에게 유용한 것을 각자 스스로 가져가도록 할 뿐입니다. 칼 휘태커(Carl Whitaker)는 상담자의 무력함을 상담자의 가장 소중한 자원으로서 존중해야 한다고 말합니다.

당신이 자신에 대한 정보를 '불쑥 말하고 싶은 충동'에 대해 언급하는 부분에서 자기개방의 동기에 대한 문제가 다시 제기됩니다. 이러한 충동에 대해 의심해 보고, 내담자의 욕구에 기초하여 개방 여부에 대한 결정을 내릴 필요가 있습니다.

저라면 구체적인 상황에서 그래야 하는 어쩔 수 없는 이유가 있다고 하더라도 제가 먼저 '성질이 꽤 급하다는' 정보를 개방하지는 않을 것 같습니다. 하지만 더 놀라운 것은 집단원들은 이미 당신의 성질에 대해 알고 있다는 것입니다. 사실 우리는 우리가 알고 있는 것보다 내담자들에게 더 투명하게 보일 가능성이 있습니다. 나쁘게 말하면 우리가 감추고 싶은 몇몇 모습을 숨길 수 없다는 것이고, 좋게 말하면 에너지를 낭비할 필요가 없다는 것입니다.

마지막으로, 이 에피소드에서 당신은 자기개방을 통해 내담자들이 절망에 빠지지 않도록 하고 싶다고 표현했습니다. 상담자들 대부분은 고통에 빠진 사람을 도와주고 싶어서 이 직업세계로 들어옵니다. 우리는 순진성을 버리고 상담자로서의 역할로 임하는 것이 좋습니다. 상담자가 본인의 절망감을 처리하고 인간의 고통 가운데 머무는 것을 견딜 수 있다면, 상담자의 기분을 좋게 만들기 위해서 내담자들의 절망감을 바꾸지 않고서도 내담자 곁에 함께할 수 있습니다.

제가 언제나 앞에서 말한 입장만을 취했던 것은 아닙니다. 상담자로서 일하면서, 또 내담자들로부터 단순하고도 심오한 교훈들을 배워 오면서 자기개방에 대한 제 생각도 변화해 왔습니다. 계속 전문성을 개발하고 꾸준히 수퍼비전과 개인상담을 받는 것도 중요한 영향을 끼쳤습니다. 이제 저는 저와 비슷한 문제를 가진 내담자에게 잘 동일시되지 않습니다. 저는 그들의 고통에 연민을 유지하면서도 동시에 그들의 고통으로부터 거리를 둠으로써 어떻게 그들을 작업할지를 분명하게 생각할 수 있습니다. 저는 자기개방을 할지 말지에 덜 집착하며 상황에 따라 흘러가도록 맡겨 둡니다. 저는 제가 내담자들을 도울 수 있다는 착각을 하지 않습니다. 따라서 저는 제가 가능한 것을 하고, 내담자들로 하여금 그들이 원하는 할 일을 하게 합니다. 이러한 것들이 제가 상담자로서 변화하고 성장하는 데 도움이 되었고, 갈수록 상담을 하는 '올바른' 방법이란 없다는 사실을 깨닫는 데 도움이 되었습니다.

자기돌봄의 세 가지 요소, 즉 개인상담, 수퍼비전과 전문성 개발은 자기돌봄에 실패했을 때 발생하게 되는 윤리위반을 피하는 데에 도움이 됩니다. 개인상담은 상담자가 자신의 미해결 문제를 내담자에게 부과하지 않도록 도와줍니다. 집단형태의 꾸준한 수퍼비전은 내담자들, 내담자들에 대한 저의 반응, 임상작업을 위한 전략 등에 대해 논의할 수 있는 장을 제공하고 있습니다. 마지막으로 경험을 통한 전문성 개발은 제가 일을 할 때 항상 활력있게 하고 새로운 아이디어에 개방적일 수 있도록 도와줍니다. 종합하면, 이 요소들은 상담자로서의 저에 대한 지지와 내담자 보호를 위한 조치뿐 아니라 자기개방의 영향 및 다른 윤리적 문제를 다룰 수 있는 토론의 장을 제공합니다.

Marti B. Kranzberg, Ph.D., CGP, FAGPA

[상담자에게 (2)]

이 세 가지 부분의 딜레마에 대해 제가 처음 드는 반응은 모든 면에서 부정적입니다. 이는 수년간 변함없이 고수해 왔던 자기개방에 대한 저의 치료적 입장 때문입니다.

집단심리치료는 널리 받아들여지는 분야로, 서로 다른 이론적 모델과 훈련이 많이 존재합니다. 저의 이론적 입장은 정신분석이고, 집단상담분석가이자 개인상담분석가(융학파)로서 일하고 있습니다. 수년이 지나서 저는 이 학파에 탄탄하게 뿌리를 내렸고, 그에 기초하여 제 임상작업을 알리고 지도합니다.

간단하게 설명드리면, 집단분석은 폴크스에 의해 창시되었고 사회학 및 심리학에 뿌리를 두고 있습니다. 집단에서의, 집단의, 집단에 의한 개인치료입니다. 집단분석가의 역할은 적극적인 리더라기보다는 '참여관찰자(participant observer)'입니다(Foulkes, 1964). 집단분석가와 마찬가지로 융학파 분석가들은 빈 스크린도 아니고 과하게 적극적이지도 않게 적절하게 자기를 담아내려고 노력함으로써 조심스러운 태도를 유지합니다.

딜레마에 대한 설명에서 당신은 개인상담 내담자들과는 개인적인 측면에 대해 나누는 것을 편안하게 느끼면서 집단에서는 꺼려 하는 것으로 보입니다. 저는 그것이 매우 양가적인 태도라고 생각합니다. 저는 주로 분석적 집단에서 전이와 역전이를 작업하며, 내담자에게 개인적인 정보(내담자 또는 집단의 발전에 기여하지 못하고 오히려 발전을 저해하거나 방해가 될 수 있는 정보)를 주고자 하는 유혹에 저항합니다.

제가 가장 많이 하는 생각은 "이것이 내담자들에게 도움이 될까?" 입니다. 제 경험상 보통 대답은 늘 "아니다." 입니다. 그럼에도 불구하고 내담자들은 저에 대한 개인적인 정보를 물어볼 수 있고, 이럴 때 저는 먼저 그들의 환상을 탐색하면서 상세한 말을 덧붙이지 않고 간단하게 대답하려고 노력합니다. "당신에게 정보를 줄 수 있어서 기쁩니다만 먼저 그것을 왜 필요로 하는지 탐색해 보시겠습니까?" 대부분의 경우 이렇게 물어보면서 질문한 사람을 다른 방향으로 이끌어 갑니다. 한편 어떤 경우에는 연약한 내담자는 제가 어디로 휴가를 떠나는지를 알 필요가 있을 것입니다. 단순한 호기심 때문이 아니라 제가 세계 어느 곳에 물리적으로 존재할 것인지를 아는 것으로써 안전감을 느끼기 위해서입니다.

자기개방은 윤리적인 주제와도 관련이 있습니다. 이를 통해 내담자들은 자신의 자기개방을 스스로 담아낼 수 있는 본인의 능력에 대해 의문을 품게 될 것입니다. 윤리적인 행동의 핵심은 전적인 신뢰입니다. 상담자가 자신의 개인적인 정보를 이야기하며 반응하는 것은 행동화(acting out)로 해석될 수 있습니다. 이것은 상담자가 패배했거나 실패자라고 느낄 때 발생할 수 있습니다. 상담자가 집단원과 비슷한 트라우마를 극복했다는 것을 자발적으로 말하는 것 대신에 그 무기력함에 머물러 있는 것이 더 치료적일 수 있습니다. 바꾸어 말하면, 말하고 행동하기 전에 기억하고 생각하십시오. "모든 것은 여전히 학습될 필요가 있다는 것을 매일 겸손하게 기억하십시오(Jung, 1970, p. 255)."

상담자가 자기 안에서 또 집단에서 올라오는 높은 수준의 불안을 견디는 능력을 발달시키는 것이 중요합니다. 이 집단(개인)이 이러한 상담자의 경계를 얼마나 많이 밀고 들어오면 상담자가 자기를 드러내는 반응이 필요하거나 유용하다고 느끼게 될까요? 폴크스(Foulkes, 1964)는 인간적인 관여와 바람직한 분리 사이의 올바른 균형을 달성하는 것에 대해 언급했습니다. 집단상담은 이해를 위한 탐색입니다. 불안의 소재를 찾음으로써 이해에 더 가까이 갈 수 있습니다.

저는 제 학생들에게 패트릭 케이스먼트(Patrick Casement)의 『On Learning From the Patient(1985)』를 읽어 보기를 추천했습니다. 저자는 자기가 어떻게 은유적으로 카우치의 내담자 곁에 누움으로써 자신의 기여에 대한 함의를 살펴보는 것을 배워 왔는지를 생생하게 묘사하고 있습니다. 집단상담자인 우리도 모두 그의 경험에서 배울 수 있을 것입니다.

분노에 대한 딜레마를 다룰 때 집단이 그 신호들을 인식하지 못한다고 착각해서는 안 됩니다. 특히 잘 형성된 집단이라면 더 그러합니다. 상담자는 때때로 분노하고 그것을 드러냅니다. 그럴 때 우리는 우리가 분노를 다룰 수 있다는 것을 보여 주고, 분노가 부적절한 반응이었을 때는 사과를 하는 모습까지 보여 줄 수 있습니다. "저는 저의 분노를 극복했습니다."라고 말하는 것은 절대 생산적이지 않습니다. 그러면 어떻게 해야 할까요? 만약 상담자가 개인적인 문제와 성취에 대해 이야기할 필요가 있다면 집단에 집단원으로서 참여하고 수퍼비전을 받으십시오. 하지만 당신이 이끌고 있는 집단을 자신의 치료나 자기만족을 위한 목적으로 사용하지는 마십시오.

조직, 지역사회나 도시에 영향을 미치는 중요한 트라우마에 대해 다룰 때, 당신 역시 그 트라우마에 관여되고 고통받고 있다면 집단은 그것에 대해 잘 알 것입니다. 상담자 자신의 슬픔을 담아내면서 집단의 슬픔도 다루려고 노력하는 것은 여전히 매우 어려운 일입니다. 만약 그렇게 할 수 없다고 생각이 든다면 당신의 극심한 스트레스와 불안을 다룰 수 있다고 생각될 때까지 집단상담 운영을 자제하십시오. 집단은 첫째로 상담자의 전문적인 능력을 요구합니다. 상담자가 개인적인 트라우마로 인해 매우 소진되었다 하더라도, 상담자의 문제를 돕는 것은 집단의 역할이 아닙니다.

당신이 집단원들의 눈에 보이지 않는 것이 아니라는 점을 기억하십시오. 사실 모든 상담자가 마찬가지입니다. 우리는 첫 만남에서부터 우리 자신을 드러냅니다. 우리가 어떻게 보이고, 옷을 입고, 말하고, 표정을 짓고, 사무실을 꾸미는지 등을 말입니다. 시간이 흐르면서 우리가 집단의 표현과 기분을 정확하게 읽어 내도록 학습되듯이, 집단 역시 상담자를 읽어 내는 것을 배우며, 뭔가 잘못되거나 상담자가 산만해지거나 압도되는 경우 그러한 단서를 확실하게 잡아낼 것입니다. 저의 한 동료 상담자는 집단 시작 직전에 친한 친구가 교통사고로 죽었다는 소식을 들었다고 합니다. 그녀는 집단을 겨우 마쳤지만 집단에서 무슨 일이 있었는지 거의 기억할 수가 없는 지경이었습니다. 다음 회기에 한 집단원이 "우리는 당신에게 뭔가 잘못된 일이 일어났다는 것을 알았기 때문에 그저 평소처럼 계속 집단을 진행했습니다."라고 말했다고 합니다.

몇몇 상담자는 그들이 집단에 불참하게 될 때 감기에 걸려서, 교통체증 때문에 늦어져서, 위기상황이어서 등과 같이 소식을 알리는 메시지를 남깁니다. 이러한 메시지는 집단이 그 상황에 반응해서 느낄 수도 있는 공격성을 회피하거나 차단할 가능성이 높습니다. "저 없이 모이시기 바랍니다."와 같은 간단한 메시지는 집단원들의 반응이 현실상황으로 나오게 합니다.

상담자로서 좋게 보이고 싶은 것은 자연스러운 본능일 것입니다. 하지만 그것이 이상화에 이르면, 그 이상화는 빨리 줄어들수록 좋습니다. 메닝거와 홀츠만(Menninger & Holtzman, 1973)은 전이와 역전이에 대해 기술하면서, 상담자가 자신의 개인적인 문제에 닿아 있는 특정한 자료를 이해하지 못하는 것에 대해 논의하고, 다양한 방법으로 내담자를 감동시키기 위해 노력하는 것과 같은 자기애적인 장치에 대해 논의합니다. "상담자는 역전이의 함정과 유용성 둘 다를 인식하면서…… 역전이의 존재에 대해 끊임없이 예민하게 살펴보아야 합니다(Menninger & Holtzman, 1973, p. 93)."

내담자들은 기본적으로 당연하게도 정말 자신의 발전에만 관심이 있습니다. 상담자는 없어서는 안 되는 사람이 아닙니다. 냉정한 말이지만, 상담자가 살아남지 못하더라도 집단은 살아남게 되어 있습니다(Sharpe, 1991). 어쨌거나 내담자들은 상담자가 충분히 더 나은 분석력을 가지고 있고 그들보다 한 발 더 앞서 있다고 간주합니다. 상담자가 자신의 개인적인 악전고투를 드러내는 것은 상담자를 기분 좋게 만들 수 있습니다. "저는 당신들과 똑같지만 이제는 괜찮습니다."라는 것이죠. 하지만 내담자는 변화가 가능하다고 용기를 얻을 수도 있지만, 반대로 자기는 그것을 절대로 성취할 수 없을 것이라고 느끼면서 더욱 우울해하고 낙담할 수도 있습니다.

이니드 발린트(Enid Balint, 1993)는 「The mirror and Receiver」에서 거울에 대해 기술하면서 분석가의 내담자로부터의 거리에 대해 논의합니다. "내담자는 분석가가 친근하거나 동정적이고 거울모델에서 벗어날 때 더 혼자이고 고독하다고 느끼고, 분석가로부터 더 멀게 느낍니다. …… 내담자의 더 건강한 부분은 동정적인 분석가로부터 어느 정도 만족이나 심지어 희열을 느낄 수 있음에도 불구하고, 도움을 필요로 하는 그의 약한 부분은 접촉이 되지 않고 닿아 있지 않으며 심지어 무시당한다고 느낄 수 있습니다(p. 59)." 거울모델은 '분석가로 하여금 거리가 멀지도 가깝지도 않게 단지 그곳에 존재'할 수 있도록 합니다. 마지막으로 장 콕토(Jean Cocteau)의 조언 '너무 지나치게 멀지 않은 곳까지 멀리 가는 법을 알기'는 치료작업의 핵심이 되는 전이와 역전이를 다룰 때 상담자가 붙잡고 항상 유지해 내야 하는 섬세한 균형에 대해 설명하고 있습니다.

Meg Sharpe, BA (Hons), MInst GA, CGP

참고문헌

Balint, E. (1993). *Before I was I.* London: Free Association Books.

Casement, P. (1985). *On learning from the patient.* London: Social Science Paperbacks, Tavistock Publications.

Foulkes, S. H. (1964). *Therapeutic group analysis.* London: Routledge.

Jung, C. G. (1970). *Collected works: The Practice of psychotherapy*(Vol. 16). London: Routledge.

Menninger, K., & Holtzman, P. (1973). *Theory of analytic technique.* New York: Basic Books.

Sharpe, M. (1991). Death and the practice. In J. Roberts & M. Pines (Eds.), *The practice of group analysis.* London: Routledge, Keegan, Paul.

출구에서 나누기

[수퍼바이저 선생님께]

저는 남녀 집단원들로 구성된 정신역동 접근의 집단을 3년간 운영하였는데, 보기 드물게 모두의 타이밍이 일치되어 이제 종결을 맞이하고 있습니다. 모든 내담자가 30대 중반이고, 여섯 명 중 다섯 명은 배우자가 졸업을 했거나 다른 곳으로 취직을 하게 되어 다른 주로 이사를 갑니다. 그들과 작업하는 동안 저는 저의 개인적인 삶에 대해서 거의 드러내지 않았습니다. 제 집이 상담실과 떨어져 있기 때문에 내담자들은 제가 어디에 사는지, 어떤 교회에 다니는지 또는 제가 자녀가 있는지 없는지 알지 못합니다. 제가 자녀가 있는지의 문제는 한 집단원이 막 아기를 낳았기 때문에 특히 두드러지게 되었습니다. 이전의 저는 집단원들이 저에 대한 환상이 남아 있도록 했습니다. 예를 들어, 제가 특별한 도움을 주고 있는 아이가 하나 있다는 것에서부터, 제가 불임이며 아이를 싫어하고 잘생긴 남편과 함께 낭만적이고 흥미진진한 생활을 하고 있다는 등에 대한 것들 말이죠. 종결이 가까워져 오면서 집단원들은 저의 삶에 대해 더 궁금해하기 시작합니다. 집단원들이 저에 대해 질문할 때 우리는 집단이 그 질문에 대한 답을 아는 것이 어떤 의미가 있는지에 대해 한참을 토론합니다.

최근에 한 집단원 준(June)이 로스쿨을 졸업하면서 집단을 떠났습니다. 떠나기 전에 그녀는 저에게 아이가 있는지를 다시 한 번 물었습니다. 언제나 그랬듯이 저는 집단에게 그들의 환상에 대해 물었으나, 이번에는 준은 제가 환상을 탐색하도록 하기보다는 자기가 떠나기 전에 제가 아이가 있는지 여부를 정말로 알고 싶다고 말했습니다. 그런데 다른 집단원들, 특히 마샤(Martha)는 그에 대해 알고 싶지 않다고 말했기 때문에 저는 준에게 대답을 하지 않기로 결정했고 준은 매우 분노했습니다. 결국 우리는 준이 떠나기 전에 그 문제를 해결할 수 없었습니다. 저는 무서웠습니다. 제가 정말 준을 좋아했고, 우리는 의미 있는 작업들을 함께해 왔었기 때문입니다. 그러나 준이 분노한 채로 집단을 떠나는 것이 저에게는 더 쉬웠다는 것도 알고 있습니다.

집단이 끝나갈 때라면 집단원들의 질문에 더 솔직하게 대답해야 하는지 궁금합니다. 저는 개인상담에서는 종결할 즈음에 종종 그들의 질문에 대답을 하곤 합니다만, 그들이 나중에 다시 상담실에 돌아올 수도 있으므로 전이를 방해하지 않을 정도로만 대답합니다. 그런데 집단에서는 이 문제가 훨씬 더 복잡한 것 같습니다. 몇몇 집단원은 저에 대한 정보를 알고 싶어 하고 몇몇 사람은 알고 싶어 하지 않습니다. 그런 그들이 동시에 한자리에 있으니, 누구에게 무엇을 말해야 할지 어떻게 결정하나요? 게다가 독신 집단원 폴(Paul)은 지난주에 집단에 나와서 인터넷상에서 저에 대해 찾아보았다고 저에게 말했습니다. 그는 저와 제 가족에 대한 모든 관련 자료를 읽었습니다. 그는 제가 교회에서 장로이고, 예술상담학회의 이사진이며, 이웃과의 토지분쟁과 관련된 소송에 휘말렸다는 것을 알아냈습니다. 폴은 그런 일을 했다는 것을 제게 밝히면서, 스스로 창피하기도 했지만 저에 대해 더 알게 되어서 저를 더 가깝게 느꼈다고 말했습니다. 저는 처음에는 그의 행동이 침범적이라고 느꼈지만, 곧 그의 자책감은 그가 경계를 수용하는 모습이라고 보았습니다. 하지만 저는 이것을 집단에서 어떻게 다뤄야 할지 모르겠습니다. 이것은 집단 밖의 접촉인가요? 이것을 전체 집단에게 말할 필요가 있나요? 만약 이것을 집단에서 제기해서 모든 집단원이 인터넷상에서 저를 찾아보면 어떡합니까? 그러면 저는 제 사생활이 침해받는다고 느낄 것 같습니다. 제 개인적인 삶에 대한 집단의 질문에 대답하는 것과 관련된 저의 양가감정이 폴의 자기개방과 어떤 관련이 있을까요?

[상담자에게 (1)]

자기개방에 대한 제 이론적 입장은, 자기개방은 상황맥락과 상담자의 가치에 달려 있다는 것입니다. 여기서 제가 의미하는 맥락이란 상담자를 포함한 집단이 의식적 및 무의식적으로 경험하고 있는 즉각적인 상황을 뜻합니다. 가치란 상담자가 자기 자신과 집단 사이의 관계를 정의할 때 사용하는 기준을 의미하며, 이는 집단경험에 목적과 의미를 극대화합니다.

당신이 발견하고 있듯이, 심리역동적 집단심리치료를 진행하는 수단으로써 상담자의 객관성이나 중립성을 추구하거나 추구할 수 있다고 확신하는 것은 반드시 실패하기 마련입니다. 저는 두 가지 극적인 경험을 한 적이 있는데, 이 경험들은 당신이 고수하고자 애쓰고 있는 그 중립성이 융통성 없고 어리석은 것임을 보여 줍니다. 하나는 제가 펜트하우스 사무실 26층에 있었을 때인 1981년의 뉴욕 정전사태이고, 다른 하나는 9 · 11 테러입니다. 각각의 예에서 상황적 맥락은 신뢰할 수 있다고 기대되는 세계에서 질서와 안전감이 심각하게 붕괴되는 위기라는 것입니다.

정전이 일어난 동안 저와 내담자들은 상담회기를 진행하기 위해서 26층을 터덜터덜 걸어 올라갔습니다. 약속시간이 지켜질 수가 없었고 사람들은 그들이 올 수 있을 때 왔으며, 저는 도착시간에 따라서 서너 명의 내담자를 임의로 한 집단으로 묶어서 상담을 진행했습니다. 그날 저녁 열 명의 내담자가 한 집단이 되었는데, 그들 중 절반 이상이 집단원이 아닌 개인상담 내담자였습니다. 내담자들에 대한 정상적인 시간 할당이 이루어지지 않았죠. 모두 죽을 운명이고 취약하고 불안하며 의존적이라는 우리의 공통적인 인간성으로 인해서 상담자-내담자, 대상-주체의 위계적인 위치가 초월되었습니다. 우리는 마치 함께 용감하게 위험에 맞서면서 나아가는 개척자들 같았습니다.

9 · 11 테러는 두려움과 공포가 더욱 강렬했지만, 공통적으로 죽음을 피할 수 없는 운명에 대해 공유된 실존적 의미와 우리의 진정한 자기를 드러내고 싶은 욕구에 대해서 다시 관심을 가지는 계기가 되었습니다. 저는 테러리스트의 공격에 대한 저의 공포와 분노를 솔직하게 인정했고, 우리 자신을 보호하고 안전을 확신하는 것에 한계가 있음을 말했습니다. 저는 다른

사람들과 함께 삶의 상실과 가족들의 참상에 대해 눈물을 흘렸습니다. 그때 저는 깨달았습니다. 집단이 때때로 바깥 세계로부터 안전한 피난처가 됨에도 불구하고, 우리는 또한 다른 현실인 집단 밖에서 살고 있다는 것을 기억해야 합니다. 그 다른 현실은 집단이라는 고치 속에 있을 때는 잠깐 동안 유예될 수 있지만 부인할 수는 없는 현실입니다. 저는 또한 제가 더 큰 세계에서 살고 있다는 것, 삶의 사건들을 통제하는 데 한계가 있다는 것, 스스로의 연약함에 대해 더 알아차릴 책임이 있다는 것 등을 알게 되었다고 말했습니다. 그날과 그 이후에 제가 언급한 말은 집단원들 사이에서 깊이 공유된 인식과 예전엔 표현되지 않았던 친밀감에 대한 인식이라는 상황맥락 속에 있었던 것입니다.

당신이 직면하고 있는 딜레마는 집단원들의 침범적인 시도로부터 당신의 이론적인 틀을 유지하는 것에 대한 내용이 아닙니다. 그것은 살아 있는 존재의 임박한 죽음의 위기에 대한 것입니다. 이 죽음에 의미를 부여하기 위해서 문자 그대로의 애도와 상징적인 애도를 위해서는 상담자를 포함한 모든 집단원이 공유하는 경험이 필요합니다. 집단원들의 질문과 관심에 솔직하게 대답하는 것이 당신의 중립성에 영향을 주거나 전이를 약화시킬 것인가 하는 문제는 제가 보기에 핵심 문제가 아닙니다. 핵심은 상담자와 집단이 집단을 종결하는 과정에서 그간 함께한 소중한 순간을 기억하고 아는 것의 한계를 받아들이면서, 상호적인 슬픔의 주관적 경험으로서 종결을 처리할 수 있느냐입니다. 죽음과 관련된 감정에 주의를 기울이는 것과 함께 분노, 안도감, 슬픔, 더 많은 시간을 홍정하는 태도, 수용 등에 주의를 기울여야 합니다. 개인적으로 상담자 본인의 감정을 과감하게 느껴 보고 그 감정들이 집단에 수용되도록 할 필요가 있습니다. 당신은 집단이 끝나는 정확한 날짜를 공지해야만 하며, 그것은 조직적이고 구조적인 경계로서 기능할 것입니다.

함께 공유하고 있는 감정에 집중하면 당신은 스스로를 노출하는 것에 더 자연스러워질 것입니다. 당신은 집단이 당신에게 개인적으로 어떤 의미였는지를 말해도 좋습니다. 이때 집단을 '모든 사람이 서로 돌보며 길러 낸 한 아이'에 비유하는 것이 도움이 됩니다. 이제 이 자란 아이는 둥지를 떠나서 세상으로 들어가는 것이죠. 그리고 집단의 존재에 위협이 되었던 사건들과 상담자에게 영향을 미치고 성장을 촉진하였던 위기의 순간을 회상할 수도 있습니다. 집단원들에게 개별적으로 또 전체적으로 무엇을 배웠는지를 상담자가 개인적으로 관여되는 방식으로 드러낼 수도 있습니다.

저는 전이를 손상시키는 것에 대해 걱정하지 않습니다. 저는 전이적인 호기심과 정상적인 호기심을 구별하는데, 전이적인 호기심은 내담자가 상담자에 대해 가지고 있는 환상을 더 키우거나 줄이려는 내적 동기를 가지고서 상담자에게 개인적인 정보를 물어볼 때입니다. 그렇다면 폴이 인터넷 정보를 광범위하게 검색한 것은 더 전이적인 영역에 해당합니다. 하지만 그는 로마가 불타고 있는 상황에서 당신이 '상담작업'에 더 우선순위를 부여하는 모습 때문에 혼란스러워하고 있는 다른 집단원들의 대리자 역할을 하는 것일 수도 있습니다. 그의 침범적인 행동은 집단이 종결될 때 당신을 함께 데려가고 싶어 하는 집단의 소망이 반영될 것일 수도 있고, 마치 기념품처럼 당신에 대한 기억을 구체화하기 위한 것일 수도 있습니다.

폴이 자기가 한 일에 대해서 당신과 단둘이 있을 때 말했을지라도 당신은 그것을 집단의 자료로써 다루어 집단에서 꺼낼 필요가 있습니다. 당신은 처음 이야기를 들었을 때의 분노와 수치심을 인정할 수 있지만 그것은 분위기를 역전시키는 것처럼 보일 수도 있습니다. 상황적 맥락을 결합시키는 접근을 통해서 저항을 껴안는 반응을 하십시오. "폴, 당신이 큰 위험을 감수한 것과 집단을 종결하는 과정을 밟아 나가고 있다는 것은 칭찬받을 만해요. 당신은 집단이 끝나 감에 따라 우리의 경계를 바꿀 필요성에 대해 집단이 인식하도록 만들고 싶은 것 같네요." 당신은 거의 시간이 남지 않은 상황에서 해결되지 않은 수많은 문제를 그대로 남겨 둔 채로 집단을 끝낸다는 것이 모두에게 얼마나 어려운 일인지를 인정할 수도 있습니다. 예를 들어, 집단원들은 상담자가 "저는 집단을 끝내는 것을 어려워하고 있습니다. 제가 환상을 도출해 내는 것에 계속 집중하는 것은, 종결을 피할 수 없다는 사실에 대해 저항하는 것입니다."와 같이 말해 주는 것을 필요로 합니다.

개인상담에서는 상담자가 중립적인 위치를 유지하면서 내담자의 전이를 더 깊게 만듭니다. 하지만 집단상담에서는 중립적인 입장을 고수할 수가 없습니다. 집단이 시작되는 시점부터 집단원들은 서로를 끊임없이 바라보고 있고, 단어, 억양, 표현, 자세, 목소리 톤, 기타 무수한 개인적인 신호들이 매 순간 노출되기 때문이죠.

자녀에 대한 화제가 자주 이 집단에서 등장했고 상당한 갈등이 되어 온 것으로 보이기 때문에 그 문제에 대해 더 깊게 다뤄 보겠습니다. 자녀는 이전 세대를 이어 가기 때문에 당신에게 아이가 있느냐는 질문은 희망과 미래에 대한 의미를 담고 있습니다. 많은 사람에게 이것은 단순히 사라지지 않을 것이라는 의미가 아닌, 불멸에 대한 약속입니다. 이 집단은 죽음과 기억되지 않음에 대한 두려움을 주고받고 있는 것일 수 있고, 혹은 이렇게 자녀에 대해 집중하는 모습은 유일한 자녀, 사랑받는 자녀, 거부당하는 자녀 등이 되고 싶은 숨겨진 소망을 나타내는 것일 수 있습니다.

상담자가 각 집단원에 대해 동일하게 느끼는 것은 불가능합니다. 우리는 집단원들 각각에 대해 긍정적이거나 부정적인 감정을 다르게 가지고 있으며, 그것은 단순히 역전이가 아닙니다. 집단이 끝나기 전에 각 집단원들과 집단이 당신에게 일으키는 느낌에 대해 살펴보고 개방하십시오. 집단의 시작에서부터 지금까지 당신의 시각이 어떻게 변해 왔는지를 개방할 수도 있습니다. 집단원들은 각자가 당신에게 어떤 의미를 가지는지에 대해 알 권리가 있습니다. 제가 사용해 온 방법은 당신을 포함한 모두가 각자 서로에 대해 짧은 시를 즉흥적으로 짓게 하는 것입니다. 만일 제가 상담자인 당신에 대해 짧은 시를 짓는다면 다음과 같을 것입니다.

과학은 인간이 사용하는 도구일 뿐
지식은 언제나 아득히 먼 곳에 있습니다.

항상 바닥에 몸을 낮추고
당신의 귀로 관찰하세요.
보는 것이 믿는 것이 아닙니다.

집단원들의 삶의 질이 향상되지 않는다면 어떤 심리역동적 집단도 의미가 없습니다. 이것은 제 가치입니다. 집단에 제 시간을 쓰는 것은 제 삶을 쓰는 것과 똑같습니다. 시간과 삶은 분리될 수 없습니다.

Bernard Frankel, Ph.D., CGP, FAGPA, BCD

[상담자에게 (2)]

당신의 글을 읽으며 제가 처음 드는 생각은 아마 당신에게 답변을 하는 것보다 제가 할 질문이 더 많을 것 같다는 것입니다. 당신을 듣고, 보고, 느끼고, 반응하며, 많은 질문을 할 수 있도록 당신과 함께 앉아 이야기를 나누고 싶습니다. 제가 당신 곁에 실제로 앉을 수는 없기 때문에, 당신을 상상하면서 마음의 눈으로 자문을 하겠습니다. 우리의 자문회기에서 저는 당신의 이론적인 토대와 스타일에 대해 질문하려고 합니다. 당신은 이에 대해서 명확하게 기술하지 않았습니다. 하지만 당신의 역할의 영역에 대한 선택범위 내에서, 당신은 적극적이기보다는 더 수동적이고, 집단을 기쁘게 하기보다는 더 좌절시키고, 투명하기보다는 더 불투명하며, 전이와 환상에 초점을 두기로 선택한 것으로 보입니다. 그러므로 저는 당신의 선택을 통해 당신이 다소 전통주의자라고 '듣고', 그러한 가정에 기초하여 조언을 하겠습니다.

집단의 초기 발달단계에 대한 당신의 설명을 보면 당신은 집단이 매우 잘 진행되고 있다고 느낀 것 같습니다. 당신은 아마도 힘과 통제 단계에서 예상보다 이른 시험이 있었고, 당신에게 자녀가 있는지에 대해 자기개방을 하도록 도전하는 형태로 나타났다고 언급했습니다. 당신은 이 문제를 집단원들의 환상과 그것이 집단원들에게 가지는 의미를 탐색함으로써 다루기로 쉽게 결정했습니다. 당신이 전통주의자라는 제 가정이 맞다면, 노출을 하지 않기로 한 당신의 결정은 당신의 이론적인 토대를 지키기 위한 것으로 보입니다. 그러나 종결하기 직전에 준이 당신에게 자녀가 있는지를 다시 물었을 때는 당신은 스스로의 결정에 대해 덜 명료합니다. 당신은 집단의 초기단계에서는 불투명한 입장을 취해 왔는데 왜 이제는 흔들립니까? 만약 자기개방을 사용하는 것이 생산적인 개입이 될 수 있다고 생각했다면, 왜 집단생애 전체에 걸쳐 자기개방을 더 많이 사용하기로 선택하지 않았습니까? 아마 당신은 집단에서의 자기개방에 대한 스스로의 입장에 대해 숙고해 볼 기회가 없었을 수도 있고, 혹은 자기개방이 당신의 평소 스타일에서 이탈한 것이라면, 당신의 양가감정은 무언가 다른 것이 당신에게 일어나고 있다는 것을 의미합니다.

몇몇 심리역동적 집단상담자들은 자신의 역할에 자기개방을 포함시키는 것에 대해 편안해하는 반면, 다른 이들은 자기개방을 하지 않으려 하며 당신에게 불투명하게 남아 있으라고 조언할 것입니다. 집단상담자로서의 저의 발달과정에서 어느 시기에는 저도 자기개방을 하지 않으려 했습니다만, 이제는 저는 제한된 방식으로 자기개방을 사용하게 되었고, 투명성이 상담자의 선택에 있어서 유용한 옵션이 될 수 있다고 느낍니다. 자기개방이 집단작업을 위한 목적으로만 사용되어야 한다는 것은 매우 중요합니다. 집단원들은 자기개방을 하도록 기대되지만, 상담자는 자기개방의 의도가 집단이나 각 집단원을 도우려는 목적일 때에만 자기개방을 해야 합니다.

집단의 종결이 다가오면서 집단원들이 당신의 삶에 대해 더 호기심을 가진다는 말에 대해 생각해 보았습니다. 제 생각에는 집단원들은 언제나 우리에 대해 궁금해합니다. 그들은 집단의 생애 전체에 걸쳐서 우리에 대해서 그들이 할 수 있는 모든 것을 보고, 듣고, 해석합니다. 그들은 우리를 상담자로서뿐만 아니라 역할모델이자 교사로서 활용하고 싶어 합니다. 우리가 자기개방을 적절하고 편안한 방식으로 활용할 수 있다면 뭔가 얻을 수 있습니다. 당신은 개인 내담자와의 상담에서는 종결이 가까워 올 때 직접적인 질문에 종종 대답한다고 했습니다. 당신이 왜 개인 내담자들과는 이렇게 하기를 선택했는지 잘 모르겠지만, 당신은 이 두드러진 호기심 및 개인적인 정보를 노출하라는 압력의 의미에 대해 이해해야 합니다. 당신이 올바르게 이해하고 있듯이 개인상담 내담자에게 자기개방을 사용하는 것과 집단에서 자기개방을 사용하는 것은 다릅니다. 상담자는 누구에게 무엇을 말할 것인지를 결정하는 것이 아니라, 전체로서의 집단에게 노출을 할 것인지를 결정하는 것입니다. 집단원들이 당신의 양가감정을 눈치채고 있다는 말도 맞는 것 같습니다. 아마 마샤와 준은 당신의 양가성의 양 측면을 대표하여, 한 명은 당신이 노출을 하기를 원하고 다른 한 명은 원하지 않습니다. 폴의 개방이 당신의 양가성과 관련이 있느냐고 질문하셨는데, 그건 집단에서 그 부분에 대해 탐색해 보면 잘 알 수 있을 것입니다. 폴은 이미 자신의 집단 밖에서의 행동을 집단회기에 꺼냈고, 이것을 전체 집단과 함께 처리해 가는 것이 중요합니다. 또 다른 가능성은 당신이 개방할지 말지에 온통 정신을 집중하고 있는 것은 집단과 당신이 종결을 진행할 것인가라는 더 중요한 질문을 회피하기 위해서라는 것입니다.

이 딜레마에 대한 당신의 초점이 자기개방에 있다고 할지라도, 예상하지 못한 집단의 종결 역시 똑같이 중요합니다. 당신은 침해받았다는 느낌과 중립성이 손상되는 것에 주의를 기울이고 있지만, 만약 제가 이 문제에만 집중한다면 아마 저도 당신과 집단에 공모하여 진짜 문제를 피하는 것이 될 것입니다. 이것이 집단에서 벌어지고 있는 일, 즉 집단과 당신이 결탁하여, 당신이 개방을 할 것인지 말 것인지에 대신 집중함으로써 종결을 다루지 않기로 공모하고 있는 것과 유사한지 궁금하군요.

당신이 준의 종결과정에서 매우 괴로웠다는 사실에 주목해 봅시다. 준은 잘 작업되었던 집단원이지만, 마지막에는 준의 '졸업'에 대한 슬픔, 분노, 자부심, 기쁨이 처리되지 않은 것으로 보입니다. 초점은 당신 삶에 대한 개인적인 사실들을 당신이 노출할 것인지에 계속 집중되어 있습니다. 집단은 끝이 다가오고 있습니다. 당신의 감정은 무엇입니까? 3년간 매우 개인적인 상호작용을 나누고 이제 종결을 맞이하는 집단원들의 감정은 무엇입니까?

이사를 가지 않는데도 집단을 잃게 되는 집단원의 감정은 무엇입니까? '나눌 것인지 말 것인지'라는 질문은 당신의 개인적인 정보를 나누는 것에 대한 게 아니라, 당신과 집단이 서로의 관계를 종결하는 개인적인 경험에 대해 나눌 것인지에 대한 것이라고 생각합니다. 당신과 집단이 '당신이 과연 개인적인 정보를 개방할 것인가?'에 초점을 맞춤으로써 준의 종결과 같은 방식을 되풀이할 때, 앞서 언급한 다양한 감정은 회피되어 버리지 않을까요? 준과 집단과 당신이 준의 종결을 처리한 그 방식이 집단규범으로 자리 잡지는 않았습니까? 이러한 관점에서 한 집단원이 사이버 공간을 통해 당신의 개인적인 정보를 찾아내고 그것을 집단에 가져왔습니다. 이것은 이제 집단의 문제이며, 종결에 대한 다른 문제들과 함께 이것에 대해 탐색하는 것이 집단의 과제입니다.

저는 생애사적인 사실들을 나누는 것보다 집단에서 일어나고 있는 일에 대한 제 감정을 나누는 것이 언제나 더 생산적이고 개입으로서도 가치가 크다는 것을 알게 되었습니다. 집단이 끝나기 전에 당신과 집단이 함께 이룬 것들에 대해서, 그리고 각자에게 집단이 어떤 의미였는지에 대해서 평가할 수 있게 되기를 바랍니다. 풍부하고 생산적인 종결을 기원합니다.

Brenda L. Smith, MSW, LICSW, CGP

시간제한 집단

개 관

많은 사람에게 시간의 흐름이란 인생의 고요한 뒷배경처럼 보이지 않게 작용한다. 하지만 시간의 존재를 부각시키는 사건들이 발생할 때가 있다. 아폴로 13호에 있는 우주비행사에게 시간이란 산소, 물, 전기가 줄어듦에 따라 지구로의 성공적인 귀환을 위협하는 적이었다. 죽음의 위험에 직면하고 시간이 촉박해질수록 그들을 구출하려는 노력도 빨라졌다. 심리적 좌절을 겪는 사람들의 경우 극적인 정도는 덜하지만 절박한 정도는 비슷하며, 이들에게도 시간은 적이 될 수 있다. 고통이 영원하게 느껴질 수도 있고, 다른 한편으로는 치료를 할 수 있는 시간이 짧을 수도 있다. 때마침 우리는 시간을 고려하는 치료를 발전시켜 왔다.

'제한된 시간 내에서 작업하기'에서 테드 파워즈(Ted Powers)는 시간이 제한된 집단상담의 최근 동향을 살피고 그러한 치료들의 구조 및 제한된 시간에서 나오는 강력하고 때로는 역설적인 효과에 대해 탐색한다.

이 장의 첫 번째 딜레마인 '당신의 입장을 지키세요'는 종결시점이 정해진 암 환자 지지집단에 대한 이야기다. 몇몇 집단원이 종결날짜가 지났는데도 집단의 연장을 요구하며, 확고하게 종결을 고수하는 상담자에게 화를 낸다. 이는 시간의 유한성이 상담자와 집단에게 갖는 심오한 의미를 담고 있다. 라몬 간자라인과 윌리엄 파이퍼는 상담자의 결정을 지지하면서 집단원들의 주제인 상실, 즉 집단을 잃고 그들의 삶마저 잃는 것의 중요성을 강조한다. 간자라인은 이러한 내담자들이 '어떻게 끝맺고 어떻게 죽는지에 대한 매우 어려운 교훈을 배울 필요'가 있다고 단언한다. 파이퍼(Piper)도 여기에 동의하면서 시간이 제한된 집단의 상담자들이 흔히 보이는 작별에 대한 역전이적인 저항, 즉 '무한히 계속하기를 바라는 집단원들의 비합리적인 소망에 공모'하도록 유도하는 저항에 대해 고찰한다.

'제 스트레스를 다뤄 주세요'에서 상담자는 자신의 스트레스 관리 집단에서 한 번도 집단원들이 몰입하거나 강렬하게 체험한 적이 없으며 단 한 번의 흐느낌도 없이 끝났다며 혼란스러움과 불만족감을 표현한다. 수퍼바이저 파멜라 엔더즈(Pamela Enders)는 상담자가 이 집단을 개설할 때 중요한 문제들을 다루는 것에 실패했음을 조명하면서, 다음번에는 집단을 다르게 구조화하라고 조언한다. 아서 혼(Arthur Horne)도 사전집단 계획이 '일어날 법한 많은 문제를 해결하는 열쇠'라고 강조한다.

앞에서 언급한 스트레스 관리 집단의 미적지근함과는 반대로 '전염을 담아내기'의 트라우마 생존자 집단은 지나치게 강한 강렬함을 경험한다. 수퍼바이저 헬렌 리스(Helen Riess)는 애초에 계획했던 시점에 종결하지 못했고 이후 단계에서 분명한 계약이나 경계가 부족했음을 볼 때 이 집단의 퇴행은 불가피하다고 말한다. 마크 소렌센(Mark Sorensen)은 이러한 집단에서 퇴행을 피하는 기법적인 전략들뿐만 아니라 수퍼바이저와 상담자가 자신의 강렬한 역전이 반응을 인식할 필요가 있음을 강조한다.

제한된 시간 내에서 작업하기

1985년 포이(Poey)는 "단기 집단상담의 시대가 왔다."라고 선언했다. 그런데 '단기 집단상담'이란 무엇인가? 실제로 단기집단의 시대가 왔는가? 확실히 지난 30년간 제한된 시간 내에 행해지는 치료 및 집단을 활용하는 사례가 전반적으로 급증했다. 비록 집단상담의 여러 접근에 대한 연구가 활발히 수행되고 경험적으로 확립된 결과들이 도출되어 왔지만, 시간제한 집단이 널리 선호되고 광범위하게 활용되는 것에 있어 방해요인이 여전히 많이 존재한다. 이 장은 시간제한 집단상담의 이론과 실제뿐만 아니라 유용성과 전망까지 검토할 것이다.

서 론

그동안 집단상담이 효과적이려면 당연히 장기적으로 진행되어야 한다고 생각되어 왔다. 그런데 경제적인 현실과 이론상의 변화는 능률이 더 높고 비용 면에서도 더 효과적인 치료양식의 발달을 촉진하는 의료전달체계 안에서 실질적인 변화를 만들어 내게 되었다. 심리치료를 실행하는 데 있어서 집단상담 역시 이러한 구조적 변화에서 예외가 아니었다. 1985년 「The International Journal of Group Psychotherapy」는 단기 집단상담 운영을 다루는 특별호를 제작했다. 이 특별호에는 단기집단의 기원을 순서대로 정리하여, 현재에도 영향력 있는 논문 몇 편이 수록되어 있다(Dies, 1985; Klein, 1985; Poey, 1985). 이 논문들은 단기 집단상담의 실행에 관한 초기 지침과 원리를 제공한다.

대부분의 초창기 단기 집단상담은 현실에 기반을 두고 문제해결에 집중했다. 또한, 입원환자를 대상(Klein, 1977)으로 하거나, 위기집단(Donovan, Bennett, & McElroy, 1979), 마라톤집단(Mintz, 1971), 혹은 심리상담 교육집단의 형태(Drum & Knott, 1977)로 시행되었다. 그러다 이론과 기술의 발달로 인해 외래환자를 대상으로 한 정신역동적이며 대인관계적인 시간제한 심리상담집단이 등장하였다(Budman & Gurman, 1988; MacKenzie, 1990; Piper, McCallum, & Azim, 1992). 클라인(Klein, 1985)과 포이(Poey, 1985)는 단기상담집단에서 이론적인 고려사항과 기법적인 양상에 대해 논의했다. 클라인은 집단의 구성, 집단원 선택, 집단준비, 그리고 계약 맺기와 같은 단기집단의 공통된 기술적인 특성을 요약했다. 그는 다이스(Dies, 1985)와 함께 상담자의 치료 자세와 역할을 강조했다.

또한, 클라인(Klein, 1985)은 상담자의 지지적-해석적 치료자세에 대한 문제를 제기했는데, 그 질문은 단기상담 논문을 통해 지속해서 논의되고 있다. 그는 단기상담자들이 적극적이어야 하지만, 치료자세는 지지적이든 해석적이든 간에 집단원들의 병리적인 수준과 자아적응능력(ego adaptive capacity), 그리고 상담자의 능력과 경험수준, 집단의 목표, 주어진 시간과 같은 치료제약에 따라 형성될 필요가 있다고 주장한다. 그는 신중하게 선별되고 더 건강하며 잘 준비된 내담자가 상담자의 해석적인 태도로부터 도움을 받을 수 있다는 점에 동의하면서도, 단기집단에서 가능한 일은 핵심적인 내적 갈등이나 대인관계 갈등을 규명하고 그들의 대인관계적인 영향을 밝히는 데에 그칠 뿐, 이를 훈습하거나 구조상의 지속적인 변화를 이루기는 어렵다고 말한다. 요약하자면, 그는 단기 집단상담에서 상담자의 역할은 지지적으로 나아가야 하며, 다음과 같은 몇 가지 중요한 요소를 포함해야 한다고 제안한다. 빨리 내담자를 치료에 관여시키고 긍정적인 전이를 촉진하는 것, 적극적인 목표 지향적 접근을 유지하는 것, 자아기능에 있어서 과거사와 무관하며 의식적이고 전의식적인 측면에 계속 집중하는 것, 더 건강한 방어기제를 강화하는 것, 집단과정 중에 인지적이며 교훈적인 요소들을 통합하는 것 등이 그것이다.

단기상담과 시간제한 상담의 중요한 차이는 버드만과 굴만(Budman & Gurman, 1988)에 의해 제기되었다. 그들은 '얼마나 짧아야 단기인가'에 대한 질문이 특별히 의미 있는 것이 아니라고 분명하게 지적했다. 그 대신, 우리는 특정한 시점에서 특정한 개인이 특정한 목표를 달성하는 데 얼마나 많은 시간이 소요되는지, 혹은 그 문제에 관해서 얼마나 많은 치료가 요구되는지 답할 필요가 있다. 그러므로 치료기간은 명확하게 초점을 맞추는 기능을 하면서 동시에 특정 집단의 목표로 작용한다. 버드만과 굴만은 치료기간은 집단의 목적을 달성하는 데 필요한 최소한의 시간이어야 한다고 주장한다. 그렇다면 제한된 위기초점집단(circumscribed crisis oriented group)의 기간은 8회기인 반면에 생애발달전환집단은 15회기 동안 지속 가능하며, 만성적인 역기능적 대인 관계 패턴에 초점을 둔 집단은 60~70회기를 지속할 수 있다. 그러므로 단순히 짧은 시간인 것보다는, 시간에 대한 인식과 시간별 효과성이 중요하다.

시간제한 집단상담의 이론과 실제에 대한 주요 공헌자인 맥켄지(MacKenzie, 1990, 1994, 1997)는 시간제한 집단이 시간 대부분을 인사하고 헤어지는 데 사용한다고 지적하면서, 전통적인 대인관계 집단작업의 기본 원리를 적용하여 시간제한 집단의 발달에 관한 이론을 제공한다. 그는 시간제한 치료를 수행하기 위한 기본 원리를 다음과 같이 제시한다. 시간제한 원칙의 확립, 주의 깊은 집단원 평가와 선별의 필요성, 제한적인 목표와 집단의 초점을 명확하게 확립하기, 그리고 치료 내적 및 치료 외적 자원을 사용하고 동원하기다. 맥켄지는 버드만과 굴만(1988)과 마찬가지로 집단의 발달단계와 집단원을 위한 치료작업 및 각 단계에서의 상담자의 역할에 초점을 맞춘다.

주제의 다양성

맥켄지(1994)가 정확하게 관찰한대로, 집단상담이라는 용어는 그렇게 대단한 의미가 있거나 유용한 정보를 제공해 주지 않는다. 정확히 말하면 집단상담이란 집단이라는 환경에 다양한 이론적 관점의 상담기법을 도입한 광범위한 상담형태를 가리킨다. 시간제한 집단상담에도 분명 이와 비슷한 부분이 있다. 시간제한 집단은 진단 스펙트럼에 걸쳐 다양한 내담자의 광범위한 문제에 활용된다. 이러한 집단들은 심리교육 및 기술훈련, 대인관계 패턴의 변화, 정신 내적 역동 발견 등을 위한 수단이 되어 왔다. 어떤 집단은 특정한 진단기준(예: 폭식증, 공황장애, 우울, 의학적 질병)에 기반을 두는 데 비해, 다른 집단은 특정한 상황적 혹은 발달적 주제(예: 사별, 이혼, 중년)에 따라 형성되고, 일부는 더 일반적인 대인관계와 관련한 문제를 중심으로 구성된다.

시간제한 집단상담 간의 차이를 고려하는 여러 방법이 있으나 이러한 구분은 다른 곳에서(Levenson, Butler, Powers, & Beitman, 2002) 논의되었기에 여기서는 요약만 하겠다. 개괄적으로 말하자면, 개념적으로는 모호하나 잠재적으로 유용한 많은 요소의 스펙트럼에 따라 시간제한 집단상담의 양상은 다양하게 나타난다. 이러한 스펙트럼들은 어느 정도는 이론적인 차이에서 기인하지만, 그 바탕에는 개별 집단의 기본 목적과 목표에 대한 고려가 확고하게 깔려 있다. 예를 들어, 시간제한 집단상담은 구조화 또는 비구조화된 정도, 지지적/표현적 또는 해석적인 정도, 구체적 행동의 변화나 대인관계패턴 또는 정신 내적 역동에 초점을 맞추는 정도 등에 따라 다양하다고 말할 수 있다. 이러한 분류체계 및 기타 차원들의 중요성에 대한 논쟁은 문헌들에서 지속하고 있으며, 다른 분류체계들처럼 이러한 차이 역시 상담을 실행하는 현실에서는 점점 희미해질 수밖에 없다. 지면 관계상 시간제한 집단상담계획을 적용한 모든 다양한 상담양식에 관해서 포괄적으로 논의할 수는 없지만, 대신 변화를 위한 수단으로써의 시간제한 집단상담의 본질을 전달하기 위해 대부분의 시간제한 집단상담양식에서 공유되고 있는 기본적이고 근본적인 특성을 제시하고자 한다.

기술적 고려

좀 더 분명히 말하자면, 일반적인 시간제한 상담과 시간제한 집단상담은 여러 중요한 측면에서 보았을 때 장기상담이나 개방형 상담과는 다르다. 시간제한 상담은 첫인사와 작별인사를 나누는 부분에서 개방형 상담과 가장 다르다고 볼 수 있다. 시간제한 집단은 대부분 시간을 시작과 종결에 쓰기 때문에, 상담자는 연합 및 이별에 관련된 특정한 역동을 민감하고 예민하게 알아차려야 한다. 또한 상담작업이 성공할 것이라는 희망을 품을 수 있도록 이러한 근본적인 변화를 다룰 수 있는 필수적인 지식과 기술을 갖춰야 한다.

시간제한 상담과 개방형 상담 또는 장기상담 간의 차이는 문헌을 통하여 검토되어 왔다(Budman & Gurman, 1988; Levenson, Butler, Powers, & Beitman, 2002; MacKenzie, 1990). 비록 시간제한 치료에도 상당히 종류가 다양하지만, 근본적인 차이는 ① 치료를 위한 선별과 준비, ② 집단 초점, ③ 상담자의 적극적인 자세, ④ 시간제한의 역설 등에서 나타난다.

1) 치료를 위한 선별과 준비

어느 집단상담이든 마찬가지지만 시간제한 집단에서는 집단원을 주의 깊게 선별하는 것이 매우 중요하고 꼭 필요한 작업이다. 시간이 촉박할 경우 집단은 바로 작업에 돌입할 수 있어야 한다. 시간제한 집단은 장기집단과 달리 많은 사람의 중도탈락이나 집단발달의 느린 속도를 견딜 수 없다. 시간제한 집단의 집단원 선별기준은 집단의 이론적 지향점뿐만 아니라 집단의 목적과 초점에 분명히 달려 있다. 더 표현적이고 해석적이어서 잠재적으로 더 큰 불안을 자극하는 집단에서의 선별은 지지적이거나 인지-행동 지향적인 집단에서의 선별보다 더 엄격한 경향이 있다. 시간제한 집단의 제외기준은 일반적으로 다음과 같다.

> 양성 정신증, 편집성, 정신분열성, 반사회성 성격장애들, 활성화된 자살 또는 살해 충동, 강한 외현화와 신체화, 와해, 철수, 분노, 독점행동, (중독자를 위한 집단의 경우를 제외한) 물질남용.

집단에 참여시키는 기준은 최소한의 관계를 맺을 수 있는 능력, 자신의 주제를 분명하게 말할 수 있는 능력, 상당한 수준의 동기부여를 갖출 수 있는 능력 등이다. 클라인(Klein, 1985)은 이 선별의 과정을 잘 요약하였는데, 집단의 명확한 목표와 작업 사이의 일치, 자아능력, 목표를 성취하고자 하는 집단원의 동기라는 가장 중요한 요소를 강조하고 있다.

선별과 과정은 다소 밀접하게 관련되어 있다. 내담자가 집단원으로서 적절할지 평가하는 과정에는 내담자의 주된 관심사를 현재의 집단 목표 및 초점과 직접 연결하는 협동적 노력이 따르며, 이는 내담자에게 집단참여를 준비시키는 부분이기도 하다. 이와 관련하여 선별준비를 집단 내에서 해야 하는지 아니면 개별적으로 해야 하는지에 대한 의문이 제기된다. 버드만과 굴만(Budman & Gurman, 1988)은 두 방법 모두를 추천한다. 그들은 상담자에게 집단을 선별하고 참여 준비 워크숍을 여는 것과 더불어, 집단원과 최소한 짧게라도 개인적으로 만나 볼 것을 제안한다. 대개 개인면담의 목적은 내담자에게 일반적인 집단상담에 대한 설명과 본 집단에 대한 구체적 정보를 제공하고, 상담자와 예비 집단원 사이의 유대를 싹 틔우는 것이다. 또한, 개인면담은 집단 경험을 최적으로 활용하는 데 도움이 되는 방식으로 내담자의 관심사를 형성할 기회를 제공한다. 상담자는 내담자가 자신의 초점을 분명히 표현하고, 그 주제를 집단의 주제와 연결시키며, 한정되고 성취 가능한 목표를 명확히 표현하도록 돕는다. 또한, 예비 집단원을 평가하고 집단에 적절하도록 준비시키기 위한 사전집단 워크숍은 상담자에게는 내담자들이 집단에서 어떻게 행동할지 예측하기에 좋은 예시자료를 제공하고, 내담자들에게는 집단이 어떨지에 대한 훌륭한 경험 사례를 제공해 준다. 시간제한 집단에 심각하게 지장을 주는 초기 탈락률이 사전집단 워크숍에 의해 감소할 수 있음이 증명되었다(Piper, Debbane, Garant et al., 1979).

집단원과 관련해서, 집단이 시작된 이후에 새로운 집단원을 추가해도 되는가에 대한 논쟁이 있다(MacKenzie, 1993). 입원환자로 구성된 집단이나 위기 집단의 경우 현실적인 제약 때문에 어쩔 수 없이 새로운 집단원의 추가를 허용한다. 그러나 특히 15회기 이하의 짧은 집단의 경우, 집단원 추가를 허용하지 않는 폐쇄형 집단은 몇 가지 확실한 이점을 제공한다. 모든 집단원이 동시에 시작하고 끝내는 집단은 집단과정의 발달을 극대화할 수 있고, 가장 중요한 집단응집력의 발달을 강화할 수 있으며, 초기 탈락과 같은 집단의 분열을 최소화할 수 있다. 보다 회기 수가 많은 시간제한 집단의 경우, 새로운 집단원의 추가를 받아들일 수 있고 또한 받아들여야 할 때도 생기는데, 그로 인해 집단의 기간연장에 대한 합의가 필요할 수도 있다(Budman, Cooley et al., 1996).

2) 집단의 초점

어떠한 형태의 시간제한 집단에서든 초점의 개념이 가장 중요하다. 집단상담자의 일은 집단의 작업영역을 명확하게 규정하고 분명히 설명하는 것이다. 이러한 과정은 집단작업의 제한된 영역에 포함될 수 있는 문제와 그렇지 않은 문제를 명시하고 수용하도록 하는 것을 포함한다. 이렇게 초점을 좁히는 과정은 어느 치료에서든 어려운 일이지만, 다양한 사람과 다양한 주제가 존재하는 집단에서 그것을 해내기란 특히 더 어려울 수 있다. 해당 집단이 가진 특정한 이론적 관점의 기능에 따라 초점이 달라질 것이다. 그러므로 대인관계적 · 정신 내적 · 행동적 · 인지적 특성을 가진 초점들이 모두 존재할 수 있다. 집단은 증상에 초점을 맞출 수 있고, 아니면 상호관계 패턴이나 정서경험의 교정에 집중할 수 있다. 초점을 발달시킬 때 집단상담자는 균형을 유지해야 한다. 즉, 너무 제한적으로 규정하여 어떤 개인에게도 적합하지 않을 정도로 지나치게 특정적이 되어 버린 초점과 모든 사람에게 막연해질 정도로 너무 보편적으로 규정되어 활기나 의미를 떨어뜨리는 초점

사이의 균형을 유지해야 한다. 버드만과 굴만(1988)은 상담자가 사전에 미리 정한 작업초점(working focus)과 발현적 초점(emergent focus)을 구별한다. 발현적 초점은 각각의 집단마다 독특하며, 특정 집단 내의 역동적인 상황과 특정한 주제로부터 발생한다. 집단 준비과정에서 예비 집단원들은 집단의 초점이라는 관점을 통해 그들의 주된 관심사를 이해할 수 있게 도움받을 필요가 있다.

집단의 초점을 설정하는 일은 집단의 정체성을 규정하는 것에서부터 시작되며, 이는 집단원의 동질성과 집단응집력을 촉진한다. 동질성은 선별과정을 통해서도 다소 확보될 수 있지만 결국은 집단의 초점과 목적에서 비롯된다. 동질성은 역기능적인 대인관계 패턴과 같은 좀 더 추상적인 차원이나 나이와 같은 구체적인 차원에서 찾을 수 있다. 특히 두 가지 중요한 차원들은 대처능력(자아강도)의 동질성과 목적의 동질성이다. 더 높은 수준의 이질성을 용인하고 심지어 수용할 수 있는 개방형 집단과는 달리, 시간제한 집단상담은 빠른 융합이 필요하므로 이를 촉진하기 위해 집단원을 더 동질적으로 구성해야 한다.

또한, 집단의 초점에 따라 집단의 구성과 크기, 기간 등 기타 중요한 결정이 내려진다. 초점을 설정하고 나면 유지하는 것이 집단상담자의 역할이다. 상담자는 지속해서 집단 전체에게 거듭 분명히 초점을 설명하고, 공감적이되 단호하고 지속해서 집단원들이 초점에 돌아오도록 하면서 초점을 유지해야 한다. 집단원 또는 하위집단이 합의된 영역 이상의 모든 영역을 다루고자 시도할 경우, 시간제한 집단의 상담자는 그러한 목표들은 이루어질 수 없다고 직접 분명히 말해도 된다.

3) 상담자의 적극적인 자세

시간제한 치료에 관한 문헌에서는 상담자가 적극적인 치료자세를 가져야 한다는 통일된 합의가 있다(Budman & Gurman, 1988; Klein, 1985; Poey, 1985). 이러한 적극성의 정확한 본질은 이론적 모델에 따라 다양하지만, 시간제한 집단에서는 집단과정이 자발적으로 펼쳐지기를 기다릴 시간이 없다는 것에는 모두가 동의한다. 오히려 상담자는 집단작업의 과정을 촉진하고 환기하고 자극도 해야 한다.

이러한 적극적인 자세는 집단의 초기부터 가져야 하는데, 집단의 발달단계에 따라 적절하게 약간의 변화를 취할 수 있다. 상담자의 적극성이란 필요한 때에 집단을 선동해서 시작하게 하고, 집단 구성원을 이끌며, 잠재적으로 집단에 해가 될 행동에 제약을 가하고, 이야기의 주제들이 집단의 중심 초점에서 벗어나지 않도록 하는 것이다(Budman, Cooley, et al., 1996). 이러한 적극적인 자세는 교묘하게 조종하거나 강압하라는 의도가 아니다. 오히려 집단의 상호작용과 서로 돕기 위한 집단 구성원들의 힘을 촉진하려는 것이다(Budman & Gurman, 1988; Dies, 1985). 그러한 적극성은 집단과정, 특히 전이의 발달에 영향을 미칠 수 있다. 적극적이고 자제를 덜 하는 태도는 전이의 발달을 억제할 수 있지만, 이렇게 제약이 미칠 수 있는 부분은 상담자의 적극성이 촉진한 빠른 응집력과 전개로 상쇄된다고 할 수 있다.

4) 시간제한의 역설

시간제한이나 집단의 회기 수를 설정하는 것은 개방형 상담접근과 시간제한적인 상담 사이를 명백하게 구분해 준다. 제한 그 자체는 치료적 경험의 시작과 중간, 끝을 확정 짓는다. 시간제한으로 한정된 시간의 압박은 과정을 촉진하고, 집단구성원들에게 동기를 부여한다. 실존적인 유한성이 마음과 의지를 집중시키는 것이다.

시간의 한계는 집단내의 한정된 자원을 강조하지만 동시에 집단 너머 외부의 자원을 활성화하도록 주목시키고 격려하며, 강요하기까지 한다. 그래서 제한에 초점을 두는 것은 역설적으로 무제한의 개념과 짝을 이룬다. 시간제한 집단의 상담자는 외부자원의 활용을 중요시할 뿐만 아니라, 집단이 끝난 이후에도 성장은 계속된다는 것을 강조하면서 집단 밖에서의 작업 또한 격려한다. 또한, 시간제한 상담자는 현재의 집단경험은 인간이 전 생애

동안 가질 수 있는 훨씬 더 큰 치료경험의 한 부분임을 분명하게 인식한다.

집단발달의 단계

집단의 역동을 이해하는 것은 모든 집단상담에서 필수적이다. 시간제한 집단상담도 예외는 아니다. 일반적으로 집단역동을 이해하기 위해서 집단의 발달단계를 이해하는 것은 유용하다. 이러한 이해는 모든 집단상담에서 중요하지만, 시간제한 집단에서는 특히 중요하다. 실수나 착오를 할 기회를 줄여서 모든 상호작용과 모든 순간을 최대한 활용할 필요가 더 절실하기 때문이다. 상담자는 특정 집단의 작업에 대한 포괄적인 지식과 집단발달의 각 단계에 따른 필수적인 기술적 고려사항을 갖추고 있어야 한다.

시간제한 집단에 대한 이론가마다 조금씩 다른 집단 발달단계를 제안하고 있다(Budman & Gurman, 1988; MacKenzie, 1990). 그러나 앞서 논의했듯이 집단의 초기와 마지막 단계의 중요성에 대해서는 분명한 일치를 보고 있다. 초기단계는 계약과정으로 특징지을 수 있으며, 기본 관심사는 안전과 수용, 경계와 규칙, 그리고 리더와 구성원들이 맡게 될 역할 등이다. 이 단계 동안 집단의 주요 과제는 응집성이다. 상담자는 집단원들 사이의 유사성 언급하기, 참여를 유도하는 말하기, 발현적 주제들(emergent themes)에 초점 맞추고 그것을 집단의 초점과 연결하기 등의 작업을 통해 집단의 응집성과 보편성을 발달시키고 수용을 촉진하는 역할을 한다. 보통 이 단계에서 시간에 대한 주제는 먼 관심사이긴 하지만 상담자는 지속해서 집단에 각 회기에 남아 있는 회기 수를 상기시켜 시간제한의 인식을 유지해야 한다.

종결단계 또한 집단의 성공을 위해 매우 중요하다. 집단이 시간의 실존적인 유한성, 성취의 한계, 상실의 현실을 직면하게 될 때, 정서는 고조될 수 있다. 종결에 대한 반응은 종결이 다가오는 것을 '잊으려' 한다거나 집단 기한을 연장하길 요청하는 행동 등을 비롯하여 매우 다양하며 서로 뒤섞여 있다. 상담자는 집단원들의 감정, 역전이 등을 인지하고, 집단을 계속하길 바라는 유혹을 잘 다루어야 한다. 또한 상담자는 계속해서 집단의 성과를 강화하는 데에 분명히 집중할 필요가 있으며, 종결을 직면하는 과업을 확고하게 지켜야 한다. 집단원들이 종결과정에서 유발되는 개인적인 상실과 집단의 상실에 대해 슬퍼하도록 지지하고 격려하여 집단원들이 새롭고 더 바람직한 이별을 경험할 수 있도록 도울 필요가 있다.

왜 시간제한 집단인가

시간제한 집단상담이라서 가능한 이점은 연구물을 통해 광범위하게 논의되어 왔으며(Budman & Gurman, 1988; Levenson, 2002; MacKenzie, 1997, 2000), 여기서는 간단하게 요약하도록 하겠다. 시간제한 집단상담이 효과적이라는 실질적인 증거가 있다(Piper & Joyce, 1996). 또한, 시간제한 집단은 확실히 비용 면에서 효과적인 치료양식일 수 있다. 비용절감이 가능한 것 이외에도 집단상담에서 시간제한 접근을 사용할 경우 몇 가지 잠재적인 치료적 이점이 있다.

잠재적 내담자들은 종종 시간제한 집단이 본인이 더 감당할 만하다고 여기며, 그래서 제한된 기간 집단에 더 전념할 수도 있다. 게다가 시간제한은 상담에 대한 장기적인 의존성이 발달하는 것을 줄일 수 있으며, 해로운 퇴행 가능성을 감소시킬 수 있다(Budman et al., 1996). 앞서 논의했듯이 시간제한 그 자체는 시간과 의미에 대한 실존적인 주제를 강조함으로써 강렬하게 연상시키는 경험을 만들어 낼 수 있다(Mann, 1973). 시간의 유한성을 지속해서 인식하고 인정하게 하는 것은 집단과정을 활성화하고 고무시킨다. 그뿐만 아니라 시간제한을 두는 것은 개인의 주체성을 촉진함으로써 내담자들이 피해자의 태도를 넘어서도록 돕는 데 유용하다.

결 론

시간제한 집단상담의 효과성과 유용성은 분명히 시간제한 집단상담을 매력적인 치료대안으로 만들어 준다. 특히 비용에 민감하게 좌우되는 의료와 제한된 자원이라는 현실에서는 더욱 그러하다. 그렇다고 해서 시간제한 집단상담의 시대가 왔는가? 종합적인 집단(comprehensive group) 프로그램의 잠재적인 이점은 명백하게 드러났으나, 이러한 프로그램들을 실행하는 데 장애물이 많았기에 활용도가 떨어졌다(MacKenzie, 2000; Piper & Joyce, 1996; Rosenberg & Zimet, 1995; Steenbarger & Budman, 1996). 이러한 상담을 '차선책'으로 생각하는 상담자들과 내담자들은 집단상담과 시간제한 상담에 대해 계속 편견이 있다. 또 다른 제한적인 요인으로는 시간제한으로 인해 불안이 증가하는 잠재적인 부작용, 시간제한 집단을 만드는 것에 대한 까다로운 세부 계획 및 집단상담의 의료보험 혜택수준 등과 같은 구조적-제도적 요인이 있다.

집단상담을 방해하는 추가요인은 상담자의 훈련과 관련된다. 집단상담에 대해 충분히 훈련을 받은 상담자는 많지 않으며, 시간 면에서 효과적인 다양한 치료양식을 훈련한 사람은 훨씬 더 적다. 맥켄지(Mackenzie, 2001)은 대부분의 집단상담자가 오전에는 인지행동 집단, 오후에는 정신역동 집단을 운영하는 것에 대해 편안하게 느낄 그날이 오길 상상해 보았으나 아직 그날은 오지 않았다. 무엇보다도 이러한 제한점들은 집단상담이 주된 치료양식으로서 일상적으로 사용될 날은 여전히 요원하다는 결론을 도출한다 (Piper & Joyce, 1996).

맥켄지(1997, 2000)는 종합적인 집단상담 프로그램이 미래의 정신보건 전달체계의 한 영역이 되어야 하며, 그러한 프로그램 내에서 시간제한 집단상담이 중요한 역할을 해야 한다고 주장한다. 그는 종합적인 집단 프로그램이 서로 다른 임상적 요구수준에 맞추어 계획된 다양한 집단을 제공하면 좋겠다고 제안한다. 이 프로그램들에는 위기개입 및 사별과 같은 상황적 혼란에 대처하기 위한 시간제한 집단, 불안이나 폭식증을 경험하는 사람을 위한 집단, 즉 특수적인 집단, 심리교육과 기술 개발 집단, 그리고 일반적인 대인 관계 집단 등이 포함된다. 또한, 그는 지속적인 관심을 필요로 하는 내담자들을 위해 장기집단을 권고한다.

파워와 알론소(Powers & Alonso, 2004)와 다른 이들은 그렇다고 시간제한 집단이 모든 사람에게 적합하다는 뜻은 아니라고 주장한다. 모든 참여자를 위한 개방형 치료가 그간 임상적, 경제적으로 획일화되었던 것처럼, 모든 참가자를 시간제한집단으로 새롭게 획일화시키려는 것 역시 무분별한 시도다. 시간제한 치료는 적합한 내담자와 적합한 필요성에는 효과적이지만, 파이퍼와 조이스(Piper & Joyce, 1996)가 지적한 바와 같이 결코 만병통치약은 아니다. 그러므로 시간제한 집단상담을 더 확장되고 더 통합적인 치료형태의 일부로 여기는 것이 바람직하다.

어떤 학자들은 시간제한 집단상담의 현주소를 고찰하면서 시간제한 집단상담이 지금보다 더 탄탄해지고 번창할 것이라고 예측한다(MacKenzie, 2001; Scheidlinger, 2000). 또 다른 이들은 그러한 미래가 실현되려면 특정 조건이 충족되어야 한다고 한다(Steenbarger & Budman, 1996). 이 조건에는 집단에 대해 잘 아는 소비자, 더 잘 훈련된 상담자, 그리고 집단상담의 분명한 장점을 학습한 의료시스템이 포함될 것이다. 우리는 그러한 조건을 향한 길에 들어섰으나, 아직 그곳에 도달하지는 못했다.

Theodore A. Powers, Ph.D.

참고문헌

Budman, S. H., Cooley, S., Demby, A., Koppenaal, G., Koslof, J., & Powers, T. A. (1996). A model of time-effective group psychotherapy for patients with personality disorders: the clinical model. *International Journal of Group*

Psychotherapy, 46, 329-355.

Budman, S. H., & Gurman A. S. (1998). *Theory and practice of brief therapy*. New York: Guilford Press.

Dies, R. (1985). Leadership in short-term group therapy: Manipulation or facilitation? *International Journal of Group Psychotherapy, 35*, 435-455.

Donovan, J. M., Bennett, M. M., & McElroy, C. M. (1979). The crisis group: Anoutcome study. *American Journal of Psychiatry, 136*, 906-910.

Drum, D. J., & Knott, J. E. (1977). *Structured groups for facilitating development*. New York: Human Sciences Press.

Klein, R. H. (1977). Inpatient group psychotherapy: Practical considerations and special problems. *International Journal of Group Psychotherapy, 27*, 210-214.

Klein, R. H. (1985). Some principles of short-term group therapy. *International Journal of Group Psychotherapy, 35*, 309-329.

Levenson, H., Butler, S. F., Powers, T. A., & Beitman, B. D. (2002). *Concise guide to brief dynamic and interpersonal therapy* (2nd ed.). Washington, DC: American Psychiatric Press.

MacKenzie, K. R. (1990). *Introduction to time-limited group psychotherapy*. Washington, DC: American Psychiatric Press.

MacKenzie, K. R. (1993). Time-limited group theory and technique. In A. Alonso & H. I. Swiller (Eds.), *Group therapy in clinical practice* (pp. 423-447). Washington, DC: American Psychiatric Press.

MacKenzie, K. R. (1994). Where is here and when is now? The adaptational challenge of mental health reform for group psychotherapy. *International Journal of Group Psychotherapy, 44*, 407-428.

MacKenzie, K. R. (1997). *Time-managed group psychotherapy: Effective clinical applications*. Washington, DC: American Psychiatric Press.

MacKenzie, K. R. (2000). Group Psychotherapies and managed care. In A. J. Kent & M. Hersen (Eds.), *A psychologist's proactive guide to managed mental health care*. Mahwah, NJ: Erlbaum.

MacKenzie, K. R. (2001). An expectation of radical changes in the future of group psychotherapy. *International Journal of Group Psychotherapy, 51*, 175-

180.

Mann, J. (1973). *Time-limited psychotherapy*. Cambridge, MA: Harvard University Press.

Mintz, E. E. (1971). *Marathon groups: Reality and symbol*. New York: Appleton-Century-Crofts.

Piper, W. E., & Joyce, A. S. (1996). A consideration of factors influencing the utilization of time-limited, short-term group therapy. *International Journal of Group Psychotherapy, 46*, 311-328.

Piper, W. E., Debbane, E. G., Garant, J., et al. (1979). Pretraining for group psychotherapy: A cognitive-experiential approach. *Archives of General Psychiatry, 36*, 1250-1256.

Piper, W. E., McCallum, M., & Azim, H. F. A. (1992). *Adaptation to loss through short-term group psychotherapy*. New York: Guilford Press.

Poey, K. (1985). Guidelines for the practice of brief, dynamic group therapy. *International Journal of Group Psychotherapy, 35*, 331-354.

Powers, T. A., & Alonso, A. (2004). Dynamic psychotherapy and the problem of time. *Journal of Contemporary Psychotherapy, 34*, 125-139.

Rosenberg, S. A., & Zimet, C. N. (1995). Brief group treatment and managed mental health care. *International Journal of Group Psychotherapy, 45*, 367-379.

Scheidlinger, S. (1997). Group dynamics and group psychotherapy revisited: Four decades later. *International Journal of Group Psychotherapy, 47*, 141-159.

Steenbarger, B. N., & Budman, S. H. (1996). Group psychotherapy and managed behavioral health care: current trends and future challenges. *International Journal of Group Psychotherapy, 46*, 297-309.

 당신의 입장을 지키세요

[수퍼바이저 선생님께]

최근에 저는 암 환자 지지집단을 시작했는데, 두 가지 문제가 발생했습니다. 집단은 종합병원에서 시행되고 있는데, 집단을 시작하고 3주 이내에 새로운 집단원이 들어올 수 있다는 점을 빼면 동일한 집단원들이 12주 동안 참여하는 과정으로 구조화되어 있습니다. 집단은 2시간 동안 진행되며, 남성이 여성보다 조금 많은 12~14명의 집단원이 참석하고 있습니다. 집단은 각 회기 초반에 약간의 교육을 시행하고, 뒤이어 열린 토론을 하는 방식으로 구성되며, 토론에서는 일반적 수준의 암에 대한 예상 논의에서부터 지극히 개인적이며 고통스러운 현재의 경험까지 나누고 있습니다. 이 집단은 매우 자주 심리상담집단 같이 느껴지는 데다, 그중 두 명은 개인적인 경험 공유에 더 많은 시간을 쏟고 싶어서 교육시간을 생략하자고 요청했습니다.

2주 동안 다른 집단원들 다섯 명도 그것이 좋은 생각이라고 설득되기 시작한 것 같았습니다. 하지만 저는 투표를 허락하지 않았고, 다행히 좀 더 영향력 있는 집단원 두 명이 현재 진행되는 구조대로 계속하자고 주장해 주었습니다. 결과적으로 저는 구조변화에 대한 제안을 받아들이지 않았습니다. 왜냐하면, 제 작업의 가장 중심이 되는 요소가 특히 주치의에게 접근하거나 직접 대화하기 어려워서 임상적인 이야기를 주위 사람들과 쉽게 나눌 수 없는 집단원들에게 유용한 교육자료를 제공하는 것이라고 보기 때문입니다. 앞으로 저는 이런 종류의 집단을 더 많이 진행할 예정입니다. 저의 첫 번째 질문은 다음과 같습니다. 다수의 집단원이 구조를 바꾸기를 원하고 그것을 계속 요구한다면, 예를 들어 교육적인 부분을 없애고자 한다면 저는 어떻게 해야 할까요? 특히 집단원들은, 투쟁 중인 암을 거의 통제할 수 없는 만큼 저라도 집단구조에 대한 의견 차에서 더 민주적이고 인도적일 수도 있는 접근을 해야 하지 않을까요?

둘째, 집단원 열 명 정도가 12주 과정 이후에도 집단을 계속하길 원하고 있고, 아직 지지적인 집단과 탐색적인 심리치료집단 중 무엇이 더 좋은지 결정은 못 했지만 하여튼 저에게 지금보다 덜 구조화된 집단의 리더가 되어 달라고 요청하고 있습니다. 그들은 그저 집단을 끝내는 것을 싫어하는 것입니다. 저는 구조를 끝까지 충실히 지키라는 훈련을 받았습니다. 즉, 계획대로 집단을 마치고, 원한다면 자신의 작업을 계속할 수 있는 다른 집단을 찾아보도록 격려해 주는 것이지요. 이러한 제 입장 때문에 여러 집단원이 슬프고 우울해졌고, 그들 중 몇몇은 제게 분노를 표현했습니다. 저는 입장을 지키기가 어렵습니다. 왜냐하면, 저는 과연 그것이 진짜 최선이고 옳은 결정인지 확신하지 못하기 때문입니다. 제가 좀 더 명확하게 이 일을 생각해 볼 수 있도록 도와주시겠습니까?

[상담자에게 (1)]

저는 당신이 초기 계약대로 제한시간 내에 집단을 종결하는 것과 더욱 탐색적인 심리치료를 계속하길 원하는 집단원들이 다른 집단을 새로 만들도록 돕겠다는 것에 대해 찬성합니다. 그들은 교육적 집단경험을 공유한 후, 유사한 경험을 가진 다른 경험자들과 새 집단을 꾸리면서 핵심 구성원이 될 것입니다.

이제부터 저는 당신이 집단원들을 돕기 위해 추가로 '좀 더 심리상담적인' 단계를 계획하는 이유뿐만 아니라 당신의 기술적 접근에 무슨 일이 일어나고 있는지 더 잘 이해해 보고자 합니다. 당신이 집단구조에 대한 의견 차이에 더 인도적으로 접근해야 할지 고민하는 동안, 당신의 역전이는 시한부 환자들에게 '종결'이란 어떤 의미일지 숙고하도록 이끌고 있습니다. 당신은 다수결 투표를 해서 12주 이후에도 집단을 계속하고 싶은 생각과 '자신이 싸우고 있는 암을 거의 통제하기가 불가능한' 구조를 바꾸고 싶은 생각을 제대로 연결하고 있습니다. 실제로 투표를 하면 그들은 자신의 무력함을 고통스럽게 깨닫는 대신에 미래에 영향력을 행사하는 듯한 통제감을 느낄 수 있을지도 모릅니다. 그처럼 환상에 불과한 통제감을 행사하는 것과 12주 후의 종결이 갖는 무의식적인 의미를 견주어 보면, 집단의 종결이 암으로 인한 죽음, 즉 삶이 끝나 버리는 위협에 대한 걱정을 어떻게 유발하는지를 깨닫게 됩니다.

당신의 교육적인 접근은 한편으로는 그들에게 암에 대해 배우고 새롭게 얻은 지식을 적용함으로써 자신의 미래를 통제할 수도 있겠다는 희망을 제공하여, 자신이 처한 난관에 자신이 전지전능하다는 부인의 방어기제를 사용하도록 강화시키는 것 같습니다. 암 환자를 대상으로 새로운 집단을 시작할 때 그런 접근은 특히 환영받을 겁니다. 그러나 그들이 더 '탐색적인' 변화에 자발적으로 참여하게 된다면, 집단응집력뿐만 아니라 리더인 당신과 다른 집단원들, 그리고 집단 전체에 관한 전이를 발달시킬 것입니다. 또한, 서로에게서 이해와 지지를 확인하여 암으로 인한 죽음에 대한 고독한 직면을 덜 불안하게 느끼게 될 것입니다. 집단원들은 삶을 지속시키기를 원하기 때문에 종결을 원하지 않으며, 집단과 그들의 미래를 통제할 수 있기를 바라고 있습니다.

게다가 당신의 기술적인 접근은 항상 100% 교육적인 것도 아니었습니다. 오히려 회기는 점점 더 지지적인 성격을 띠게 되었으며, 때로는 '굉장히 내밀하고 고통스러운' 현재의 사건을 탐색하기도 했습니다. 이러한 변화는 그때에 이르러 집단원들이 리더와 다른 집단원, 그리고 집단 전체에 전이신경증(transference neurosis)을 발달시켰기 때문에 가능했던 것이었습니다.

당신도 알다시피 내담자가 그들의 과거에 초점을 맞추는 대신에 그들의 현재 경험, 특히 지금-여기에서의 경험에 대해 점점 더 많이 말하는 현상을 통해, 심리집단과정에서 비교적 안정적으로 전이신경증이 유발되었음을 알아차릴 수 있습니다. 집단종결의 무의식적인 의미를 탐색하는 것은 다른 무엇보다 중요한 안건으로 집단에 포함되어야 합니다. 그것은 자연스럽게 그들의 정서적인 강도, 특히 불행에 대한 분노와 자기 미래를 통제할 수 없다는 좌절감을 증가시킬 것입니다. 이러한 이유로 그들은 자신의 병에 직면했을 때 느껴지는 무력감에 기원한 분노를 행동화하는 경향이 있습니다(Ganzarain & Buchele, 1987). 당신을 향한 전이된 분노로 인해 그들은 사전에 계획된 종결을 당신이 그들에게 악의적인 힘을 행사하려는(그들을 위협하는 운명과 상징적으로 유사한) 고집스러운 행동이라고 왜곡할 수도 있습니다. 그들의 행동화는 자신들이 초기에 12주의 계약에 동의했음에도 불구하고 당신으로 하여금 죄책감을 느끼고 스스로 인색한 사람이라고 느끼도록 만들지도 모릅니다.

합의된 시간제한 계약을 이행하면서도 교육적인 접근만 취하지 말고 보다 기법상 유연하게 접근해서, 집단원들이 죽음에 대한 분노와 불안을 좀 더 탐색하도록 도울 수 있을 것입니다. 그들은 탐색작업을 통해 작별하는 법과 자신의 삶과 집단을 신중하게 마치는 방법을 배울 수 있을 것입니다. 그들은 죽는 법과 마치는 방법에 있어 매우 어려운 교훈을 배워야만 합니다. 집단을 계속하려고 하는 집단원들이 다른 심리치료집단으로 옮겨 가 새로운 집단을 형성하면, 탐색적인 '훈습(Ganzarain, 1983)'을 통해서 그러한 교훈을 서서히 배워 갈 수 있을 것입니다.

Ramon Ganzarain, MD, FAGPA

참고문헌

Ganzarain, R. (1983). Working through in analytic group psychotherapy. *International Journal of Group Psychotherapy, 33*, 281–296.

Ganzarain, R. & Buchele, B. (1987). Acting out during group psychotherapy for incest. *International Journal of Group Psychotherapy, 37*, 185–200.

[상담자에게 (2)]

당신이 언급했듯이 두 가지 문제가 분명히 드러납니다. 첫째, 어떤 집단원은 집단의 구조를 심리교육과 개방적 논의를 제공하는 구조에서 개방적인 논의만 하는 구조로 바꾸고 싶어 합니다. 나머지 집단원은 이러한 변화를 원치 않습니다. 둘째, 대부분의 집단원은 12주라는 시간제한을 넘어 당신이 상담자로서 집단을 계속해 주기를 원하고 있지만, 그걸 원하지 않는 집단원들도 존재하지요. 이 두 문제를 통해 나타나는 기본적인 충돌은 집단이 시작된 후에 집단의 본질을 변화시킬 것이냐에 관한 것입니다.

저의 이론적인 배경은 정신역동과 대인관계 이론입니다. 이것은 루탄과 스톤(Rutan & Stone, 2001) 그리고 얄롬(Yalom, 1995)이 저술한 책에 매우 잘 나와 있습니다. 저는 전체로서의 집단이라고 일컬어지는 개입이 효과가 있다고 믿습니다. 특히 암 환자로 구성된 당신의 상담집단과 같이 동질적인 사람들로 구성된 단기집단에서는 더욱 그렇습니다. 당신이 집단과 집단원에 대해 알려 준 정보로 짐작해 보면, 집단 시작 전 당신과 각각의 집단원들이 맺은 초기의 동의서와 계약을 가장 중요하게 고려해야 한다고 생각합니다. 집단을 시작할 때 합의가 있었을 것이며 그 합의에는 집단의 일반적인 구조와 과정이 어떨 것인지에 대한 설명이 들어 있었을 것입니다. 당신의 설명에서는 명백하게 드러나지 않지만, 집단이 효과가 없거나 해롭지 않은 한, 상담자로서 모든 집단원을 위해 집단의 과정과 구조를 유지하고 초기 합의를 지킬 책임이 있다고 생각합니다. 설사 대부분의 집단원이 변화를 원하고 나머지 집단원들은 거기에 반대하거나 의사를 표명하지 않는 상황일지라도 이는 충실히 지켜져야 합니다. 침묵하는 소수자는 더 지배적인 집단원에 의해 압력을 느끼거나, 초기에 동의한 대로 현재의 구조를 유지했으면 좋겠다고 주장하기를 주저할 수도 있습니다.

대부분의 초기단계에서 상담집단은 어떤 결과가 뒤따를지, 특히 어떻게 사람이 다른 집단원과 상담자에 의해 치유될 수 있는지에 대한 우려와 불안을 특징적으로 나타냅니다. 이 단계에서 집단의 과제를 다루기 시작할 때 상담자의 주요 목표는 신뢰와 안전감, 상담자와의 치료적 동맹을 쌓고, 집단원 간의 응집력을 형성하는 것입니다. 당신의 집단과 같은 단기집단의 경우 이 작업들을 보다 급속히 해내야 합니다. 그리고 한번 확립되고 나면, 상담자가 집단의 기본적인 구조적 특성을 변경해서 초기의 성과를 약화하는 일은 없어야 합니다. 만약 구조를 바꾸어 초기 성과를 약화해 버린다면, 신뢰를 재형성하기 위한 새로운 단계가 필요할 것이고, 그것은 단기집단의 작업단계에서 사용될 소중한 시간을 없애는 일입니다. 또한, 애초에 합의한 집단구조가 변하기를 원하지 않는 집단원들의 중도탈락이 촉발될 수도 있습니다.

집단의 구조를 유지해야 하는 중요한 두 번째 이유가 있습니다. 당신도 집단원들처럼 압박에 끌려가면 안 됩니다. 당신은 심리교육적인 자료를 제공하는 것이 내담자들에게 유용하다는 것을 믿는다고 말했습니다. 한편으로는 집단원들에게 주치의로부터 정보를 얻을 기회가 흔치 않기 때문이며 또한 더 내성적인 집단원들을 토론에 참여하도록 도울 수 있기 때문입니다. 이러한 일들은 가치 있는 목표입니다. 게다가 당신에게는 암 환자로 구성된 집단을 다른 종류로 진행하는 것이 힘들지도 모릅니다. 암 환자로 구성된 집단을 표현적인 집단상담으로 진행하는 데 필요한 훈련이나 경험이 당신에게 부족할 수 있습니다. 혹은 당신은 무려 열네 명이나 되는 암 환자와 표현적인 집단상담을 하는 데 12회기가 충분하지 않다고 볼지도 모르겠습니다. 당신은 그들의 상담자로서 자신이 가장 유용한 상담이라고 믿는 것을 제공할 윤리적 책임이 있으며, 스스로 기술이 부족하거나 충분하지 않다고 생각하는 상담의 사용을 자제할 윤리적 책임이 있습니다.

표현적인 단기 집단상담을 하는 것은 상담자와 집단원 모두에게 부담되는 일입니다. 상담자로서 당신은 개념적으로 잘 준비되어 있어야 합니다. 왜냐하면, 단기 집단상담에서의 개입은 임상적 자료를 많이 축적하고 활용할 여유 없이 바로 이루어져야 하기 때문입니다. 당신이 관찰한 대로 집단원들은 짧은 집단 속에서도 자주 '매우 내밀하고 고통스러운' 경험을 나눕니다. 그들은 마음을 터놓고, 자신의 경험을 되돌아보며, 당면한 현재의 어려움에 비추어 자신을 이해하는 시도를 할 시간이 필요합니다. 또한, 그들은 집단상담의 종결과정에 참여하고 종결과정을 끝낼 수 있는 시간이 필요합니다.

집단상담의 요구사항과 제한된 시간을 고려할 때, 시간제한 집단의 집단원들이 기간을 연장하길 원하는 것과 몇몇 집단원이 집단에서 이러한 소망을 상담자에게 말하는 것은 매우 흔한 일입니다. 현실적인 관심사를 표현하는 것과 더불어(즉, 집단에서 효과를 볼 충분한 시간이 있을 것인지) 이러한 소망은 관계를 끝내는 경험을 회피하려는 시도를 표현하는 것일지도 모릅니다. 흔히 암은 죽음과 관계의 종결에 이르는 병이기 때문에 집단에서 종결을 경험하는 것은 집단 밖 그들의 삶에서 일어날 일에 대한 고통스러운 전조일 수 있습니다. 당신의 추측대로, 그들이 표현한 소망에는 집단의 리더인 당신과 집단 자체에 대한 더 큰 통제력을 가지려는 시도가 담겨 있을지도 모릅니다. 당신이 언급한 대로 통제의 상실감은 암 환자들에게 중요한 문제입니다. 누군가가 표현적인 집단을 진행하고 있다면, 집단을 연장하고자 하는 소망은 이러한 선상에서 해석될 수 있습니다. 그리고 집단원들은 집단의 최종적인 종결을 활용하여 그와 관련된 갈등을 생산적으로 탐색하고 이해할 수 있습니다. 만약 지지적인 집단을 하고 있다면, 집단원들은 애착을 맺은 사람들과 이별하는 법을 배움으로써 덜 야심 차지만 유용한 방식으로 도움을 받을 수 있을 것입니다.

우리는 상담자 역시 집단원과의 만족스러운 작업관계를 종결하고 싶지 않다는 소망에 취약하다는 것을 기억해야 합니다. 정기적으로 단기 집단상담을 하다 보면 상담자는 다수의 집단원과 관계를 종결해야 하는 현실에 직면합니다. 이것은 반복적으로 상당한 에너지 투입해야 하는데, 여기에서 에너지의 투입이란 상담이 끝나면 곧 떠나 버릴 내담자를 모집하고, 선별하며, 준비시키는 과정을 뜻합니다. 그렇게 하는 데에 따른 역전이적 저항은 때때로 상담자가 집단원의 비이성적인 소망과 결탁하도록 만들 수 있습니다. 당신이 묘사한 집단상황에서는 집단원들에게 집단종결 후 추후의 다른 상담에 관련해 그들이 원하고 바라는 점을 충분히 고려하겠다고 안심시키는 것도 한 방법입니다. 물론 그렇게 한다고 현재 집단이 진행되는 동안 상담자가 비판의 대상이 되는 것과 집단원의 전이반응을 완전히 막을 수는 없을 것입니다. 이러한 현상은 집단의 특성에 따라 해석되거나 간단하게 다뤄질 수 있습니다.

앞으로 당신이 암 환자 집단을 계획할 때 많은 요인에 따라 다양한 종류의 동의나 계약을 할 수 있습니다. 만약 당신이 표현적인 단기 집단상담을 진행할 수 있는 기술을 가지고 있고 집단원들이 관련된 의무사항을 지켜 낼 수 있을 만큼 육체적 및 심리적으로 충분히 잘 기능한다면 그런 집단을 진행할 결심을 해도 좋습니다. 12주의 표현적인 집단상담을 위해서는 보다 더 적은 수의 집단원(여덟에서 열 명)을 추천합니다. 심지어는 당신과 집단원들의 능력에 따라 집단이 진행되면서 회기의 구조를 결정할 책임 일부를 집단원에게 맡기는 집단을 계획하는 것까지도 가능합니다. 물론 이렇게 하기 위해서는 집단을 시작하기 전에 집단원들을 충분히 이해시켜야 하며 이는 집단원들의 제안이 얼마나 도움이 될지에 대한 당신의 판단에 달려 있습니다.

William E. Piper, Ph.D., CGP

참고문헌

Rutan, J. S., & Stone, W. N. (2001). *Psychodynamic group pschotherapy* (3rd ed.). New York: Guilford press.

Yalom, I. D. (1995). *The theory and practice of group psychotherapy* (4th ed.). New York: Basic Books.

제 스트레스를 다뤄 주세요

[수퍼바이저 선생님께]

제가 용서나 꾸짖음을 바라고 있는 것인지는 잘 모르겠지만, 조언을 구한다는 것은 확실합니다. 수년 전, 저는 첫 번째이자 유일한 단기집단을 이끌었습니다. 저와 가까운 동료들만이 그 집단이 성공적이었다고 말해 줄 것입니다. 처음부터 끝까지 저는 계속 실수를 했는데, 집단이 끝난 후에야 비로소 그것들이 실수였다는 것을 알게 되었습니다. 저는 현재 병원에서 근무하면서 4개월짜리 분노조절 집단을 만들라는 업무를 받았고 이번 집단은 성공하기를 바라는 마음에서 이전 집단에 대한 사후평가를 받고 싶습니다.

그 집단은 3개월 기간의 외래환자 스트레스 조절 집단으로 정신병원에서 이루어졌습니다. 저는 병원의 사회복지사였고 그 집단을 운영하는 것이 제 업무의 일부였습니다. 처음 집단을 계획할 때는 열 명의 집단원을 구성하고 기간은 9월부터 11월까지 추수감사절 직전에 끝내기로 생각했습니다. 병원의 정신과의사, 심리학자와 사회복지사는 저에게 자기들이 치료했던 외래환자들을 의뢰했습니다. 저는 집단이 시작되기 석 달 전인 6월에 집단에 대해 공지했지만, 8월 말까지 네 명의 집단원밖에 모이지 않았습니다. 집단을 진행하라는 외래환자 부서의 압력 때문에 계획대로 9월에 시작하기로 했고, 집단을 시작한 첫 2주 동안만 새로운 집단원이 들어오는 것을 허락했습니다. 그 2주 동안 새로운 집단원이 단 한 명만 들어왔고 4주 안에 시작할 수 있는 다른 세 명이 있었기 때문에 넷째 주까지 참가자를 받기로 기간을 연장했습니다.

집단원이 여덟 명이 되었지만, 그들은 세 번의 다른 시기에 시작한 셈이고, 바로 문제가 나타났습니다. 저는 둘째 주 회기에서 첫째 주에 진행했던 집단에 대한 소개를 반복했고, 셋째 주에는 늦게 온 세 명의 새로운 집단원을 위해 대충이라도 제가 초기에 가르쳤던 활동 중 몇 가지를 다시 반복할 필요가 있다고 느꼈습니다. 1회기부터 있었던 네 명의 집단원은 이 계획을 수용한다고 의사를 표현했지만, 저는 그들이 참기 어려워하고 있다는 비언어적인 신호들(하품을 하거나 책꽂이의 책을 훑어보거나 심지어 화장실에 오랫동안 머무르는 것)을 포착했습니다. 저는 기존의 집단원들에게 '이러한 행동은 스트레스를 다루는 좋은 연습을 제공하는 구조'라며 농담을 했고, 그들이 웃었다고 생각했습니다.

그리고 5주차에 제 친구 한 명이 자신의 내담자를 제 집단에 포함해 달라고 저를 설득했습니다. 외도 중인 남편으로 인해 급성 스트레스를 경험하고 있는 내담자였습니다. 집단을 위해 그 내담자를 사전면접하면서 저는 그녀에게 집단이 순차적인 작업계획에 따라 이미 진행되고 있기 때문에 처음부터 시작할 수 없음을 알렸고 그녀는 집단이 진행된 현재 상태부터 합류하는 것에 동의했습니다. 그러나 2주가 지나 그녀는 집단을 하러 올 때 교통사정 때문에 힘들다며 집단을 떠났고 저는 그 이유를 믿지 않았습니다. 또한, 초기 집단원 중에 또 다른 집단원은 이 일이 일어난 후에 아무 설명도 없이 오지 않았습니다.

제가 허락한 것이긴 하지만, 이렇게 집단원들이 들어왔다 나갔다 하는 것은 당혹스러웠습니다. 그리고 저는 줄곧 집단원들이 서로 다른 시기에 참여했다는 것을 염두에 두고 있었습니다. 왜냐하면, 특히 네 명의 기존 집단원과 이후에 들어온 세 명이 다른 시기에 들어온 집단원들에게 거의 질문을 하지 않고 같은 시기에 들어온 집단원들에게만 더 큰 관심을 가지는 것처럼 보였기 때문입니다.

게다가 저는 집단의 발달과정을 고려하여, 10월 중순쯤 집단원들에게 12월 중순까지 집단을 연장하면 어떻겠냐고 제안했는데, 한 명을 제외한 모든 사람이 미지근한 반응을 보였습니다. 그 한 사람은 새로 추가된 사람 중 한 명이었고 집단이 계속되는 것에 대해 열정적이었는데, 그가 열정적인 반응을 보일수록 다른 사람들은 더욱더 미지근한 반응을 보였습니다. 그래서 결국 저는 그 생각을 제대로 나누어 보지 못한 채 포기하게 되었습니다.

우리는 처음에 계획했던 대로 추수감사절 직전에 집단을 마쳤습니다. 작별인사를 하는 동안 사교적인 인사말과 어느 정도의 따뜻함을 주고받았지만, 강렬하게 연결된 집단이라기보다는 함께 긴 기차여행을 한 후에 헤어지는 것과 같은 느낌이었습니다. 솔직하게 말씀하셔도 괜찮습니다. 제 다음 집단이 더 잘 운영되도록 계획하는 것을 도와주시기 바랍니다.

[상담자에게 (1)]

당신은 다음 집단을 계획하는 것을 도와 달라고 했고 무엇이 지난 집단을 실패하게 했는지 평가해 달라고 요청했습니다. 당신은 이전 집단이 실패한 원인을 눈치챈 것으로 보입니다만, 그때 직면했던 그 문제들을 어떻게 바로잡으려고 했는지는 명시하지 않았습니다. 당신의 스트레스 다루기 집단에 대해 광범위한 사후평가를 하는 것보다는 당신이 운영할 미래의 분노조절 집단에서 그러한 문제들이 반복되는 것을 피할 방법을 제안해 보겠습니다.

저는 행동주의와 정신역동적인 접근의 임상훈련을 받았기 때문에 저의 이론적 성향은 실용적인 정신역동이라고 말씀드릴 수 있습니다. 특히 시간이 제한된 집단이라면 저는 명확성과 구조를 가치 있게 생각하고, 변화를 촉진하기 위해서 개인과 집단의 역동과정에 주의를 기울이고 활용합니다.

저의 배경을 염두에 두면서 당신의 다음 집단을 계획하고 시행할 이론적인 틀을 만들어 보겠습니다. 몇 가지 적절한 질문을 잘 생각해 보세요. 당신은 어떤 종류의 집단을 운영할 것인가요? 집단원은 누구입니까? 집단의 목표는 무엇이며 당신은 그 목표를 어떻게 이룰 것입니까? 왜 개인상담이 아닌 집단상담을 제공하나요? 각 질문은 서로 연관되어 있으므로 대답도 상호의존적입니다.

상담자들은 자신이 어떤 상황에 처하게 될지 정확히 고려하지 않고 병원이나 센터에서 집단을 운영하는 데 너무나 자주 동의합니다. 모호함은 상담자의 적입니다. 그러므로 첫째, 명확성의 중요함을 생각해 봅시다. 당신이 집단에 대한 목표에 대해 더 분명해질수록 집단은 더 잘 될 것입니다. 예를 들어, 집단에 앉아 있다고 상상해 보세요. 집단원들은 어떨 것 같나요? 대화는 어떨 것 같죠? 이렇게 상상한 집단에 앉아 있는 것이 편안하게 느껴집니까?

당신은 병원환경에서 4주간의 분노관리 집단을 시작하도록 요청받았습니다. 정확히 '누구'에게 '무엇'을 제공할 것인가요? 그 '누구'를 생각하지 않고서는 '무엇'에 대답할 수 없을 것입니다. 예상되는 집단구성원들은 분노를 관리하기 위해 법원에서 명령을 받은 흉악범인가요? 아니면 가정폭력에 연루된 사람인가요? 그들은 현재 종종 화를 내는 정도이기 때문에 약간의 대처기술을 배우는 것만으로도 나아질 수 있나요? 당신은 집단원을 남자로 제한할 건가요? 아니면 여자? 아니면 둘 다? 그들은 성인인가요, 청소년인가요? 바라건대, 당신은 이처럼 다양한 사람의 모임에 동일한 유형의 집단을 운영할 수 없다는 것을 알게 될 것입니다. 그들의 요구는 상당히 다릅니다. 당신은 집단원을 모집하기 전에 집단원에 대한 당신의 기준이 무엇인지 명확히 해야 합니다.

집단의 그 '무엇'은 집단의 가장 중요한 목적을 뜻합니다. 당신이 구성할 집단의 목적은 정보와 기술훈련, 지지를 제공하는 것인가요? 아니면 정신내적이고 대인관계적인 변화를 촉진하나요? 당신의 구성원들, 즉 '누구'를 생각해 보십시오. 법원으로부터 집단상담 참여 명령을 받은 범죄자들은 통찰지향적인 작업에 적합한 지원자가 아닐지도 모릅니다. 당신의 드높은 포부로 인해 잠재적인 집단구성원들의 현실적인 상황을 간과해서는 안 됩니다. 일단 당신이 '무엇'에 대답하면, 이제는 '어떻게', 즉 목적을 이루기 위해 집단을 어떻게 구조화할 것인지를 생각해 볼 수 있습니다. 다시 말해, 당신은 한 가지를(the how: 어떻게) 생각해 보지 않고 다른 하나(one: 무엇)에 대답할 수 없습니다.

'무엇'과 '어떻게'는 집단만이 아니더라도 치료적 만남의 근본적인 구성소가 됩니다. 당신의 역할(즉, 당신이 하는 것과 보여 주는 것)은 '무엇'과 '어떻게'에 답하는 방법에 달려 있습니다. 예를 들어, 만약 당신이 집단의 목표가 정보를 제공하고 기술을 가르치는 것으로 생각한다면, 당신은 필요한 정보를 제공하는 전문적인 안내자로 보일 것입니다. 당신은 이러한 종류의 집단에서 좀 더 적극적이고 지시적이어야 합니다. 만약 집단의 목적이 심리내적이며 대인관계적인 변화를 촉진하는 안전하고 안심할 수 있는 장소를 제공하는 것이라면, 당신은 아마도 덜 적극적이며 덜 지시적이어야 할 것입니다. 그리고 집단역동의 기저에 있는 과정과 집단에서 일어나고 있는 전이를 강조하는 데에 개입을 맞추어야 할 것입니다.

당신이 어떠한 종류의 집단을 이끄는지와 상관없이 한마디 더 첨가하자면, 당신은 작업(예: 이완전략을 가르치는 것)과 과정(예: 집단이 작업에 어떻게 반응할지-열심히 따르거나 지루해하며 뒤로 물러나 있기-) 및 집단의 유지기능(예: 시간을 관리하는 것)에 주의를 기울일 필요가 있습니다.

마지막 질문입니다. 왜 집단상담인가요? 개인상담 장면에서 치료를 제공하는 것은 어떻습니까? 집단이 상담자와 내담자에게 비용 면에서 더 효율적이라는 사실을 제외하면, 당신은 이것에 대해 어떻게 대답하겠습니까?

간단히 말하면, 집단에서는 개인상담에서 일어날 수 없는 일이 일어납니다. 첫 만남에서부터 사람들은 자신이 혼자가 아님을 깨닫습니다. 그들은 다른 사람들이 분노, 절망 또는 외로움이라는 비슷한 감정을 경험하고 있음을 알게 됩니다. 이러한 보편성은 자신이 고립되어 있고 이상한 사람이라는 감정을 방지해 줍니다. 과거의 경험이나 현재의 증상 또는 행동에도 불구하고, 집단에서 수용되는 것은 사기저하의 해독제로 작용합니다. 자신의 말이 다른 사람들을 도울 수 있으며 이러한 이타성은 자아존중감을 증진시킵니다. 이러한 요소들의 결합은 과거에 느꼈던 무력감이 감소하면서 자기 자신과 문제에 대한 더 큰 통제감을 발달시키도록 돕습니다. 결국, 다른 집단원들과 맺은 동맹은 상담자와 맺을 수 있는 의존성보다 더 강력할 수 있습니다. 집단원은 동료와 맺는 관계의 가치를 보게 되고, 내 삶을 내가 결정할 가능성을 알아차리게 됩니다.

만약 당신이 정말로 집단상담의 힘을 인식한다면 당신이 이끌게 될 집단에서 이 힘을 이용할 수 있을 것입니다. 예를 들어, 가르치는 데에 크게 집중하는 대신 집단구성원 간의 상호작용을 촉진하고 유사성을 강조하며 서로 연결되도록 격려할 수 있습니다. 심리교육적인 목표를 이루기 위해 집단의 과정을 이용하는 방법을 배우십시오. 당신은 지난 경험에서 '강렬하게 연결된 집단'의 느낌이 부족했다고 한탄했습니다. 당신은 집단상담보다는 오히려 혼란스런 수업을 진행했던 겁니다. 이는 빨리 들어갔다 나오게 만드는 회전문 정책(revolving door policy)을 급조해서 실행했고, 당신이 가르쳐야 하는 것에만 골몰하느라 과정에 주의를 기울이지 않아서 집단소속감을 만들고 촉진하는 데 실패했기 때문입니다. 구조화된 지지집단이라면 심지어 행동주의적인 집단이라 하더라도 과정에 주의를 기울여야 합니다. 보편적인 경험적 원칙에 따르면 작업이 방해를 받고 있을 때는 과정에 주의를 기울여야 합니다.

당신이 제가 앞서 제시한 질문들에 신중히 답한다면 진심으로 당신이 앞으로 진행할 집단이 잘될 것으로 생각합니다. 다른 중요한 단계는 집단의 기본 규칙을 포함한 집단계약을 발달시키는 것입니다. 그리고 직접 모든 집단구성원을 선별하고, 그 시간을 집단을 위해 집단원을 준비시키는 시간으로 사용하세요. 그 모임이 끝나 갈 무렵이면 집단원은 집단이 언제, 어디서, 얼마 동안 만나는지, 집단의 전체적인 목표는 무엇인지, 자기 자신의 목표는 무엇인지, 상담료는 얼마인지, 집단계약은 무엇인지 등을 알아야 합니다. 마지막으로 첫 집단 모임 전에 알림 메일을 발송하세요. 행운을 빕니다!

Pemela L. Enders, Ph.D., CGP

[상담자에게 (2)]

당신의 집단작업에 관해 피드백과 권고를 드릴 수 있게 기회를 주셔서 감사드립니다. 저는 현재까지 30년간 집단을 운영해 왔으며, 당신이 첫 집단에 관해 나누어 준 관심사에 큰 애정을 품고 있습니다. 제 이론적인 성향은 모든 모델의 장점을 본다는 점에서 매우 종합적입니다만, 앞으로 제가 드릴 자문에서 나타나겠지만 저는 주로 사회학습적인 관점에서 당신의 딜레마에 접근했습니다.

이전 집단에 대한 당신의 설명을 볼 때 당신은 자신의 일에 높은 기대와 긍정적인 목적, 그리고 상당한 열정을 가지고 있는 것으로 보였습니다. 어떤 일이 있더라도 집단원에 대한 그러한 자세를 유지하세요. 왜냐하면 저는 집단상담자의 낙관주의가 집단상담이 집단원들에게 미치는 긍정적인 영향의 많은 부분을 차지한다고 믿기 때문입니다. 집단상담자의 낙관주의는 필수적이지만 그것만으로는 충분하지 않습니다. 덧붙여 제가 '성과를 위한 준비'라고 부르는 것을 포함하여 반드시 다루어져야 하는 집단작업의 기본 원리들을 소개하겠습니다. 당신의 첫 집단은 성공을 위해 준비되어 있지 않았습니다. 그러므로 성공의 특성은 무엇인지, 당신이 다음 집단에서 그 특성들을 어떻게 포함할 수 있을지 논의하도록 합시다.

집단 준비하기

사전 집단을 계획하는 것은 일어날 법한 많은 문제를 해결할 수 있는 핵심입니다. 그 계획에는 스미드(Smead, 1995)가 집단경험을 체계화하는 것이라고 정의한 것을 포함하고 있습니다. 이것은 다음과 같은 내용을 포함합니다.

① 요구조사를 실시하기(누가 집단이 필요하며 왜 그런가?)
② 당신이 지향하는 바에 대한 지침과 치료계획으로 사용할 서면으로 된 계획 또는 제안서를 준비하기
③ 집단을 홍보하고 집단원을 모집하기
④ 사전집단 인터뷰 실시

⑤ 집단원 선별

⑥ 사전집단에 대한 평가집행

⑦ 회기진행

⑧ 집단의 효과성 평가하기

⑨ 집단원 및 집단원을 의뢰한 담당자에게 후속조치 취하기

요구조사를 실행했는지 불확실한 걸로 봐서 당신은 성공적인 집단을 위해 준비하는 데 처음부터 어려움이 있었던 것으로 보입니다. 즉, 당신의 집단에 대한 요구가 애초에 있었는지 불확실하다는 뜻입니다. 적은 수의 집단원을 모집하는 데에도 긴 시간이 걸린 것을 보면, 그 지역사회에서 집단에 대한 큰 수요가 없었고 의뢰 담당자들도 지원해 주지 않았다는 것을 뜻합니다. 만약 이 집단이 꼭 필요한 서비스로 보였다면 의뢰 담당자가 집단원을 보내 주었을 것입니다. 요구조사의 일환으로서 다음 집단이 어떤 종류의 분노관리 집단일지를 결정해야 합니다. 즉, 지지집단일지 아니면 심리교육집단일지 혹은 심리상담집단으로 운영될 것인지 결정해야 합니다. 각각의 집단이 다른 초점과 목표를 갖고 있기 때문입니다.

당신이 진행했던 스트레스 관리 집단에 대한 설명을 보면 심리교육적 모델을 사용한 것은 적절했지만, 그 모델은 집단에서 완전히 구현되지 못했던 것 같습니다. 당신은 분명 집단에서 무엇을 진행할지 검토했겠지만, 적어도 집단 참여 준비를 위해 집단원들에게 사전에 알려 줄 수 있을 만큼 철저한 정도로 스트레스 집단 치료계획을 개발하지는 않았던 것 같습니다. 효과적인 집단상담자는 집단과 함께 기술을 습득하는 활동에 참여하되 역시 집단의 역동을 효과적으로 처리할 것입니다. 즉, 그들은 집단에서 일어나는 내용을 다룰 뿐만 아니라 집단원 간의 상호작용을 관찰하고 각 집단원이 다루고 싶은 내용을 집단으로 가져오게 하려고 집단 상호작용의 힘을 활용할 것입니다. 집단상담자와 모든 집단원의 상호작용에서 성장을 경험하게 해 주면 집단이 매우 효과적으로 돌아갑니다.

집단을 개방집단으로 할지 폐쇄집단으로 할지를 결정하는 것도 치료계획에 속합니다. 제한된 시간 내에 특정 문제를 다룰 응집력 있는 집단을 만들기 위해서는 폐쇄집단이 일반적으로 더 적절합니다(Gazda, Ginter & Horne, 2001). 당신의 스트레스 관리집단은 집단원을 받는 데 5주라는 기간이 걸렸습니다. 그 기간 초기 집단원들은 새로운 집단원이 들어올 때마다 여러 번 같은 내용을 경험해야 했고 새로운 집단원들은 당신이 초기 집단원들에게 너무 반복되는 느낌을 주지 않으려고 빨리 진행하는 바람에 내용을 완전히 소개받지 못했습니다. 이것은 결과적으로 초반에 들어온 집단원과 나중에 들어온 집단원 모두에게 불편한 일이었습니다. 집단원들이 각자 다른 시기에 집단을 시작하는 것은 긍정적인 집단응집력을 발달시키는 데 불리합니다.

집단응집력은 모든 집단의 주요 관심사입니다. 일반적으로 상담자는 목표가 달성되고 과제가 완수되며 집단이 효과적으로 기능할 것이라는 기대를 충족시키기 위해 집단응집력을 촉진하겠다는 목표를 세우는 것으로 볼 때 그렇습니다(MacNair-Semands, 2000). 만약 모든 집단원이 함께 집단을 시작하면서 과정에 대해 공통으로 소개를 받고, 초기에 집단 규칙과 지침을 만드는 데 참여하게 된다면 집단응집력은 더 쉽게 확립될 것입니다. 포스트마(Posthuma, 2002)는 집단이 일련의 단계를 밟아 가며 진행된다는 뜻에서 발달적 관점에서 집단과정에 대해 생각해 보기를 권합니다. 하지만 각 집단원들이 자신의 경험에 부여하는 의미는 집단에서의 각자의 발달수준, 집단에서의 각자의 초기 경험 및 다른 집단원들과 연결된 정도 등에 달려 있기도 합니다.

당신의 집단은 다양한 발달수준에 있는 집단원들로 구성되었던 것 같습니다. 그래서 집단에 대해 많은 다른 의견이 존재했고, 응집력도 부족했습니다. 집단원들은 전체집단보다는 함께 집단을 시작한 무리와 동맹을 맺은 것 같습니다. 이것은 집단에 대한 불만족과 초기 탈락을 이끌었지요. 몇몇 연구는 집단에 중도 탈락한 사람들이 남아 있는 사람들보다 긍정적인 정서를 덜 느낀다는 것을 보여 주고 있습니다(McCallum, Piper, Ogrodniczuk, & Joyce, 2002).

집단응집력의 또 다른 측면은 집단구성원들의 유사점과 차이점입니다. 당신의 이전 집단에서는 집단원들이 위기수준이거나 급성적인 문제를 경험하고 있는지가 분명하지 않습니다. 당신이 각 집단구성원의 그러한 부분에 대해 알고 있는지도 명백하지 않습니다. 선별을 위한 사전면접은 앞으로 당신에게 도움이 될 것입니다. 이는 집단원이 다른 사람들과 조화를 이룰 가능성이 있는지, 각 집단원의 필요에 이 집단이 적합한지 그리고 당신의 능력으로 응집력 있는 집단을 만들 수 있는지 판단하게 해 주기 때문입니다. 집단원의 선별과 선별의 한 측면은 개인이 가진 문제, 연령, 인종, 경제적인 문제, 그리고 집단의 결과에 영향을 미칠 수 있고, 실제로 영향을 미치고 있는 다양성의 다른 측면을 포함하여 많은 요소를 근거로, 집단원의 다양성과 조화 가능성을 검증하는 것입니다. 게다가 선별은 집단목표를 재검토하고, 집단원의 기대를 분명히 밝히며, 비밀보장과 존중의 한계를 설정하고, 집단이 작업할 수 있게 집단원들을 준비시키는 것을 도움으로써 당신에게 '성과를 위한 준비'를 할 기회를 제공합니다. 집단을 시작할 때 무엇이 기대되고 계획되었는지에 대해 분명하게 설명하면 모든 참여자의 불안과 긴장을 줄일 수 있습니다.

윤리적으로 고려할 점

효과적인 집단작업의 한 측면은 직업적이며 윤리적인 기준을 분명히 따르는 것입니다. 이것을 보장하기 위해 당신은 집단작업에 대한 적절한 수퍼비전을 받아야 합니다. 상담 실제의 기준이란 당신이 가르칠 기술을 잘 훈련받는 것이므로, 집단이 중점적으로 배울 기술과 지식을 상담자가 먼저 갖추는 것은 중요한 일입니다. 이번의 경우에는 분노관리가 그러하겠지요. 또한, 집단을 운영하는 동안 수퍼비전을 받게 될 때의 유용성은(예를 들어, 경험이 있는 동료 상담자와 함께 받는다면) 성찰적인 활동을 나중으로 미루어두기보다는 그 순간에 문제를 바로잡아 집단이 적절한 궤도에 머물 기회를 제공한다는 것입니다. 만약 집단의 성과가 만족스럽지 못할 때 수퍼비전은 그 책임을 공유함으로써 개인을 보호해 줄 수 있습니다.

수퍼비전 과정은 늦게 합류해서 중도 탈락하는 집단원의 문제를 포함하여 당신이 부딪혔는데 잘 다룰 수 없는 다양한 문제를 관리할 수 있게 할 것입니다. 그런 집단원을 집단에 남도록 강제할 수는 없지만, 남아 있는 집단원들과 그 상황을 솔직하게 이야기하는 것은 집단원과의 신뢰와 존중을 유지하는 데 매우 중요할 수 있습니다.

또한, 수퍼비전 과정을 통해 보다 효과적인 집단의 종결이 가능하게 될 것입니다. 집단을 그냥 흐지부지 종결하는 것은 집단원들에게 집단이 중요하지 않다는 인상을 주게 되고, 집단에서 배운 경험과 기술을 집단 밖에서 일반화시킬 가능성을 감소시키기 때문에 종결문제는 치료적으로 다뤄야 합니다.

Arthur Horne, Ph.D.

참고문헌

Fleckenstein, L., & Horne, A. (2003). Anger management groups. In J. DeLucia-Waack, D. Gerrity, C. Kolodner, & M. Riva (Eds.), *Handbook of group counseling and psychotherapy*. Thousand Oaks, CA: Sage Publishing Company.

Gazda, G., Ginter, E., & Horne, A. (2001). *Group counseling and group psychotherapy*. Boston: Allyn & Bacon.

McCallum, M., Piper, W., Ogrodniczuk, J., & Joyce, (2002). Early process and dropping out from short-term therapy for complicated grief. *Group Dynamics, 6*, 243-254.

MacNair-Semands, R. (2000). Examining the beneficial components of groups: Commentary on Estabrooks and Carron (2000) and Terry et al. (2000). *Group Dynamics, 4*, 254-258.

Posthuma, B. W. (2002). *Small groups in counseling and therapy: Process and leadership*. Boston: Allyn & Bacon.

Smead, R. (1995). *Skills and techniques for group work with children and adolescents*. Champaign, IL: Research Press.

전염을 담아내기

[수퍼바이저 선생님께]

저는 정신역동 집단상담을 훈련받았고, 단기집단을 이끌어 본 경험은 없습니다. 업무가 바뀐 이후 새로 맡은 업무 중 하나는 웰빙, 비만, 암 환자 지지, 트라우마, 의학적 질병 환자 등을 위한 단기집단을 운영하는 간호사들을 수퍼비전하는 것입니다. 대부분의 집단은 특정 클리닉에 찾아온 내담자들로 시작됩니다. 집단상담은 내담자의 신청을 받아서 이루어지고 집단이 시작되기 전에는 실제로 어떠한 선별도 이루어지지 않습니다. 이것은 많은 조기탈락을 일으키고 때로 혼란을 유발하기도 합니다.

저는 단기 집단상담에 관한 여러 권의 책을 꽤 참고했지만, 그럼에도 여전히 수퍼바이지에게 집단이 어떻게 구성되어야 하는지, 집단역동이 어떻게 발생하는지, 발생한 집단역동에 대처해야 할지, 만약 대처해야 한다면 어떻게 대처해야 하는지에 관해 어떤 조언을 해 주어야 하는지 모르겠습니다. 게다가 제가 진행하는 집단에서는 집단의 합의를 통해 밖에서의 사회적 접촉을 금지하고 있으나 간호사들이 진행하는 단기집단의 많은 환자는 일상적으로 서로 전화번호를 교환하고 밖에서 따로 자주 만나곤 합니다.

최근에는 제 수퍼바이지 중 한 사람이 구조화된 12주짜리 아동기 성 학대 생존자 집단을 운영했는데, 나름대로 잘 진행되었습니다. 매주 각 회기마다 여덟 명의 집단원 중 한 명씩 다른 집단원들의 방해를 받지 않고 자신의 이야기를 합니다. 각 회기 마지막 15분 동안은 다른 집단원들이 이야기를 나눈 사람을 지지하는 시간을 가졌습니다. 그리고 집단의 마지막 4주 동안 리더인 수퍼바이지는 집단원들에게 스스로 증상을 관리하고 정서적인 안정감을 만드는 방법에 관한 정보를 제공해 주었습니다. 12주 이후에는 동일한 집단원을 대상으로 덜 구조화된 12주짜리 후속 집단상담이 이어졌습니다.

여덟 명 모두가 참여하기로 결정했고, 어떤 선별도 추가로 하지 않았습니다. 이 집단의 목표는 그들이 경험한 외상 후 스트레스 증상에 스스로 대처하도록 도와주는 것이었습니다. 각 집단의 전반부는 심리교육적인 내용이었고, 후반부는 경험을 나누는 것이었습니다.

리더에 따르면 처음 두 주는 잘 진행되었지만 세 번째 주에 수(Sue)라는 집단원이 다른 집단원인 에이미(Amy)에게 불평하기를, 어릴 때 잘못된 일인 줄 알았으면서 어떻게 사촌에게 자기 몸을 계속 허락하였는지 이해할 수 없다고 말했습니다. 그 사건은 집단을 두 진영으로 분리시키면서 집단 내에 심각한 긴장감을 유발시켰습니다. 한쪽은 수에게 공감하였고, 다른 한쪽은 에이미의 편을 들었습니다. 이러한 갈등 이후에 수와 다른 집단원 벤지(Benji)는 집단 밖의 커피숍에서 만나 다른 집단원들에 관해 이야기하기 시작했습니다. 다른 집단원들이 이를 알게 되자 두 사람은 갑자기 집단을 그만두었습니다. 그 후에 수의 증상이 악화되어 그녀가 손목을 가볍게 긋는 자해사건도 일어났습니다. 이 자해사건이 알려지자 다른 몇 명의 집단원이 집단의 안전결핍과 불안의 증가를 보고하기에 이르렀습니다.

6주차에는 다른 몇몇 여성이 자신도 최근에 자해를 했다고 보고했습니다. 저는 정신역동 상담자로서 그러한 일종의 전염이 집단 내에서 발생한다는 것을 알고는 있습니다. 하지만 전염과정에 주의하더라도 반드시 집단원들과 같이 이야기할 필요는 없는 단기집단에서 그 주제를 어떻게 다루어야 할지 잘 모르겠습니다. 제 수퍼바이지가 집단을 더 안전하게 만들도록 제가 어떻게 도움을 줄 수 있을까요? 두 번째 집단을 다르게 선별할 필요가 있었을까요? 단기집단에서 어떻게 전염을 담아내어 더 이상 퍼지지 않게 할 수 있을까요? 집단 리더가 집단원에게 단기집단을 떠나라고 요청할 수도 있는 것인가요? 수퍼바이지에게 모든 집단원이 개인상담을 받도록 요구하라고 조언했어야 했을까요? 제 수퍼바이지와 마찬가지로 저도 압도되는 느낌입니다. 제가 저의 수퍼바이지에게 집단을 종결하기로 정한 시기보다 일찍 집단을 끝내라고 해야 하는지 궁금합니다.

[상담자에게 (1)]

흔히 시간제한 집단은 개방형 정신역동 집단을 시작할 때와 달리 오랜 준비기간을 가지지 않으며 시의 적절하고 알맞은 치료를 제공하기 위하여 시작됩니다. 집단상담자가 시간을 아끼기 위해 집단상담의 일반 원리를 생략하고 시간제한 집단도 정신역동 체제에 기초해서 조직될 수 있다는 사실을 알지 못할 때 바로 집단상담의 어려움이 발생합니다. 이 집단의 집단원 개개인의 이력에 나타나는 경계위반을 감안할 때, 이 집단은 선별과 구조, 경계가 반드시 필요합니다. 이것이 가장 중요합니다.

저는 경계위반, 사전집단 합의, 계획되지 않은 두 번째 집단의 추가, 그 결과로 발생한 딜레마의 관리에 강조점을 두고 이 상황에 접근하려고 합니다. 이러한 문제점에도 불구하고 저는 이 집단이 잘 기능할 수 있다고 보고 있습니다.

어떤 집단이든 가장 예견하기 쉬운 실패의 원인은 각각의 집단원이 동의한 분명한 합의와 목표가 없다는 점입니다. '어찌 됐든 시간제한 집단에서는 신중하게 환자를 선택하고 준비하는 일이 훨씬 더 중요합니다.' (Rutan & Stone, 2001, p. 322) 이 생존자들은 신뢰와 경계위반에 관련된 무수한 경험을 가지고 집단상담에 참여합니다. 그러므로 두 가지 이유에서 선별이 필요합니다. 첫째, 집단원들은 집단의 목표가 무엇이고 그들이 무엇에 동의하는 것인지를 알 필요가 있습니다. 둘째, 집단 리더는 자신이 집단에 참여시키려는 사람이 어떤 사람인지, 시간제한 집단에 필요한 충분한 동질성이 있는지를 알 필요가 있습니다.

사전집단 선별모임은 예비 집단원들에게 시간, 비용, 비밀보장, 외부접촉, 집단구조에 관한 합의에 대한 정보를 주게 됩니다. 공개된 동의는 개인이 집단에 참여하길 원하는지를 결정하는 데 매우 결정적인 요인이 됩니다. 12주의 구조화된 집단상담에 참여하는 것은 더 길고 덜 구조화된 집단과는 매우 다릅니다. 사전집단 합의는 집단원들에게 안전한 울타리를 제공하고, 경계위반이 발생했을 때 리더가 적용할 수 있는 참고자료를 제시해 줍니다.

당신은 리더에게 시간제한 집단의 응집력을 가장 강력하게 예견할 수 있는 것 중의 하나가 집단의 동질성이라는 점을 알려 줘야 합니다(Brotman, Alonso, & Herzog, 1986). 만약 집단원이 발달상으로 서로 너무 동떨어져 있다면 그들은 유사점보다는 차이점에 주목하게 될 것입니다. 사전집단 선별을 통해 리더는 자살시도, 입원, 정서장애, 약물 남용, 자해의 병력에 관한 정보를 알게 됩니다. 12주의 집단에서 리더는 이러한 행동을 했던 집단원들과 그러한 증상이 전혀 없던 집단원들을 결합시키면 안 됩니다. 파벌과 집단 분열이 더 잘 발생할 가능성이 많기 때문이지요.

선별을 안 한 것이 첫 번째 집단에서는 그리 중요하지 않았습니다. 그 집단은 상당히 집단원을 보호해 줄 수 있는 방식으로 구조화되었습니다. 방해받지 않는 자기노출(예: 익명의 알콜중독자 모임의 '언쟁하지 않기' 규칙처럼 '주고받기'가 없는), 15분의 '지지(대립하지 않기)', 교훈적인 정보, 그리고 증상관리의 순서대로 진행되었지요.

그러고 나서 매우 흥미로운 일이 발생했습니다. 바로 집단이 끝나지 않은 것입니다. 여기서부터 문제가 소용돌이치기 시작했습니다. 이 집단은 원래 12주 동안 만나기로 되어 있었습니다. 집단이 지지적이고 도움이 되었을 때 시간제한 집단이 이어지기를 바라는 소망은 거의 언제나 일어나기 마련입니다. 홀로 남겨질 것과 버림받음에 대한 두려움이 집단을 종결하는 데에 큰 걸림돌이 될 수 있습니다. 덜 구조적인 집단으로 바꾸려는 유혹과 함께 리더는 자신이 집단을 위해 최선의 선택을 하고 있다고 생각했습니다. 그러나 곧 집단을 연장하는 것이 원래 합의했던 부분을 벗어난 사실상 경계위반이었고, 비윤리적이었을 수도 있다는 점을 깨달은 것입니다. 집단원들의 압력은 강력한 현상입니다. 집단의 분위기는 집단이 더 연장되기를 바라는 강력한 소망에 휩쓸릴 수 있고, 설령 연장을 원치 않는 사람이 있다고 해도 자기 생각을 밝히기가 두려웠을 것입니다. 여기서 실제 '전염'이 시작되었을지도 모릅니다. 12주 동안 작업이 다 완료되지 못했다는 사실은 모든 집단원이 분명히 압니다. 그런데 그들은 종결이라는 것 자체와 더 많은 것을 해

내지 못한 실망감에 대해 작업하기보다는 보호를 덜 받게 되는 새로운 집단을 시작했습니다. 그 후 벌어진 현상을 보면, 몇몇 집단원이 나가고는 싶었으나 어떻게 떠나는지 몰랐다는 것을 알 수 있습니다.

집단상담자는 집단원들이 선택하는 바를 통해 그들이 어느 정도 탐색적인 작업을 할 준비가 되어 있는지 민감하게 살펴야 합니다. 시간제한 치료를 원하는 사람들은 대개 치료를 시작하고 끝내는 과정이 쉽고 안전하고 확실하기를 기대합니다. 집단원들이 준비가 되기 전에 심리상담으로 깊이 들어가 버리면 그들은 퇴행, 행동화에 이어 그 작업이 자신을 압도하기 전에 결국 집단을 파괴하게 됩니다.

첫 번째 집단은 계획대로 끝나야 했습니다. 만약 두 번째 집단이 형성된다면 별도의 합의가 분명하게 명시되어야 합니다. 그래서 집단을 떠나고 싶은 집단원들에게는 출구를 제공하고 신입 집단원들이 새롭게 들어올 수 있는 자리를 마련해야 합니다.

두 번째 집단에서 수는 새 집단의 암묵적인 규칙을 따랐을 수도 있습니다. 애매하기는 하지만, 두 번째 집단이 좀 더 심층적이고 더 솔직한 토론을 할 것이라는 모종의 동의가 있었습니다. 수는 이 점을 의식하고 나쁜 행동인 줄 알면서 에이미에게 왜 사촌과 성관계를 계속했는지 물음으로써 수위를 시험해 본 것입니다. 이 질문, 즉 '왜 내가 계속하도록 허용했을까?' 는 많은 성적 학대 피해자에게 정말로 중요한 질문입니다. 수는 당황스럽고 생생한 감정을 서로 나눈다는 점에서 자기 집단이 좀 더 깊게 들어가도록 밀어붙여 본 것입니다. 그러나 그녀의 질문은 지지적이라기보다 직면적이었기 때문에 집단은 위협을 느끼고 분열되었습니다. 모든 사람이 더 깊게 들어갈 준비가 되지는 않았던 것입니다.

방에서 긴장도가 높아졌음을 감지하면, 리더는 뭔가 새로운 일이 일어났음을 인정하고 스스로 모범을 보임으로써 집단이 그것에 대하여 이야기할 수 있게 길을 터 주어야 합니다. 리더는 이렇게 질문할 수 있습니다. "에이미, 당신은 수가 당신에게 힘겹지만 진실한 감정을 당신에게 보여 주었을 때 어떤 감정을 느꼈나요?" 또 리더는 수에게 이렇게 말할 수도 있었습니다. "정말 치열하게 고민해 본 사람만이 그러한 질문을 생각해 낼 수 있지요. 당신은 스스로에게 그 질문을 여러 번 해 보았던 것 같네요." 그리고 리더는 전체 집단에게 수의 질문에 대한 반응을 물을 수 있습니다. 집단원들이 새로운 영역으로 항해하고 있다는 사실을 리더가 인정해 줄 때에 집단은 더 안전해집니다. 리더는 이 상황이 집단을 분열시키도록 놔두지 않고 집단 전체의 주제로 전환시킬 수 있었습니다.

그러나 집단계약이 너무 모호했고, 리더가 이러한 직면에 대하여 터놓고 이야기해 보게 만들지 않았기 때문에 경계위반이 더 많이 발생한 것입니다. 그래서 수와 벤지가 커피숍에서 만나 다른 집단원들의 이야기를 하게 된 것입니다. 다른 집단원들이 이 사실을 알았을 때 두 여성은 집단에서 탈퇴했고, 수가 손목에 자해를 하자 다른 사람들도 따라하게 된 것입니다.

이것은 '집단전염'이라기보다는 오히려 도움을 청하는 외침 같습니다. 전염과정에 주의를 하더라도 반드시 집단원들과 같이 이야기할 필요는 없는 단기집단에서 이 주제를 어떻게 다루어야 할지 모르겠다고 말하면서 당신은 혼란스러움을 표현했습니다. 당신은 시간제한 집단도 정신역동적일 수 있다는 사실에 대해서 혼란스러워 하는 듯 보입니다. 집단이 스스로 자기조절을 하리라는 점을 깨닫지 못하고, 그 주제를 깊이 다룰 수 있는 시간이 그들에게 얼마나 있는지 잘 알면서 말이죠(Mann, 1973). 당신은 이 집단을 지금 당장 끝내려고 하는 또 하나의 경계위반을 생각하고 있습니다.

정신역동적 지식을 적용한다면 그 자해사건을 집단의 안전결핍에 대한 구조요청 신호로 해석할 수 있습니다. 그 집단이 깊게 들어갈 것이라는 암묵적인 메시지가 전혀 드러나지 않았기 때문에 무엇을 이야기할 수 있고 무엇을 이야기할 수 없는지 집단은 혼동하게 된 것입니다. 이 시점에서 당신의 수퍼바이지는 분명한 계약 없이 집단을 연장함으로써 자기도 모르게 경계를 위반했음을 인정할 필요가 있었습니다. 수퍼바이지는 모든 사람이 준비가 되지 않았다는 사실을 모르고 작업을 계속하도록 집단원들을 도와주려고 했던 것입니다. 중요한 것은 집단원에게 집단을 그만두라고 요청하거나 개인상담으로 보내야 하느냐의 문제가 아니라, 일어난 일들에 대한 솔직한 토론이 집단의 안전감을 재건할 수 있는가 하는 문제입니다. "여기서 일어난 일에 대하여 제가 책임을 지겠습니다. 첫 번째 12주 집단의 경계를 지키지 못해서 저는 또 하나의 경계위반을 범했습니다. 우리는 여기서 경계를 수정할 기회를 가질 수 있습니다. 수는 집단이 더 깊이 들어가도록 우리를 암묵적으로 초대했지만, 우리 모두가 거기에 동의한 것은 아니었습니다. 이 집단에서 일어나는 자해는 집단원 모두가 상처를 입고 있다는 사실을 보여줍니다. 지금부터 우리는 좀 더 안전한 경계를 설정할 일련의 계약에 집단이 합의할 수 있는지 없는지를 결정할 수 있습니다. 여러분들은 각자 여러분을 보호할 수 있는 집단 합의에 동의할 것인지 결정할 수 있고, 그다음 스스로 결정을 내릴 수 있습니다.

치유경험을 위해 두렵지만 용감하게 찾아온 여성들의 집단에서 '확고한 집단 계약'은 불가피하게 발생하는 힘겨운 감정을 이야기할 수 있도록 안전한 경계를 제공할 것입니다. 이러한 경계가 준비되어 있을 때 당신의 수퍼바이지는 당신에게 수퍼비전을 받으면서 집단을 회복시킬 수 있는 희망이 생깁니다.

Helen Riess, MD

참고문헌

Brotman, A. W., Alonso & Herzog, D.B.(1986). Group therapy for bulimia: Clinical experience and practical recommendations. *Group, 9*, 15-23.

Mann, J. (1973). *Time-limited psychotherapy*. Cambridge, MA: Harvard University Press.

Rutan, J. S. & Stone, W. N. (2001). *Psychodynamic group psychotherapy* (3rd ed.). New York: Guilford Press.

[상담자에게 (2)]

트라우마 생존자들의 집단에서는 원래 '정서적 전염'이 발생한다는 사실이 중요합니다. 이러한 사람들은 종종 그들의 정서조절능력의 결핍으로 고군분투하고 있고 그래서 집단장면에서 다른 사람들의 감정표현으로부터 스스로를 보호하기 어려워한다는 사실도 예측됩니다. 단기집단을 이끄는 데에 있어서 한 가지 중요한 측면은 그 환자들의 집단 특정적인 필요성을 다룰 수 있는 방식으로 집단을 구성하는 것입니다. 여기서는 이 시간제한적인 트라우마 집단의 구조와 근친상간 생존자들은 그 특성상 정서관리기술을 습득하고 발달시키기까지 오랜 시간이 걸린다는 점 사이에서 생기는 부조화를 다루어야 합니다. 저의 관점에는 대상관계 이론, 실반 톰킨스(Silvan Tomkins)의 정서 이론과 각본 이론, 일반 체계 이론, 그리고 인지행동 이론을 통합한 포괄적인 이론적 견해가 반영되어 있습니다(Tomkins, 1979, 1982).

제가 추천하는 첫 번째 개입은 예방적인 것으로서 집단을 조직하기에 앞서 신중하게 집단원을 평가하고 구성하며 준비하는 것입니다(Klein, 1983). 단기집단을 형성할 때 동질적인 집단 구성을 위한 선별은 짧은 시간 내에 작업을 마치기 위해 요구되는 빠른 응집력과 보편성을 가져다줍니다. 이 트라우마 집단은 성적인 트라우마가 종료된 시점의 정도에 따라 이질적으로 나타납니다. 근친상간적 관계에 여전히 얽혀 있는 사람들이 있다면 여러 해 전에 학대가 끝난 다른 사람들과 한 집단 안에 묶이면 안 됩니다. 다른 집단원들 역시 에이미처럼 자신을 학대한 성폭력자에게 복잡한 감정을 가지고 힘들어할 수도 있겠지만, 단기집단에서 그러한 주제가 불거지면 트라우마의 후유증을 극복하려는 노력을 흐트러뜨리는 정서가 쉽게 유발될 수밖에 없습니다.

아동기 트라우마의 한 가지 중요한 측면은 아동에게 상대적인 권력을 행사하는 위치에 있는 사람으로부터 예기치 않은 방식으로 자기경계를 착취당함으로써 무력감, 혼란, 관계에서 예상되는 것에 대한 두려움이 생긴다는 것입니다. 그러므로 이러한 사람들은 감당할 수 있는 범위 내에서 정서를 유지하기 위하여 누구보다도 더 명확한 경계를 필요로 합니다. 당신이 이야기한 집단은 시작하기 전에 분명한 집단계약을 하지 못했습니다. 만약 집단원들이 무슨 일이 일어날지 예상할 수 있었다면, 또 그 맥락에서 계약에 동의했었다면 그 자체가 정서적 전염으로부터 집단을 '예방주사를 맞히는' 데 도움이 되었을 것입니다.

종결날짜가 지난 이후에도 집단을 계속하기로 결정하는 경우가 종종 있기는 하지만, 집단이 끝나기 전에는 그러한 결정을 내려서는 안 됩니다. 주어진 시간 내에 목표를 성취하기 위해 계속 집중하면서 종결을 받아들이는 것 자체가 도움이 될 수 있기 때문입니다. 지지 중심적인 집단에서 더 심리교육적인 집단으로 바뀔 때, 집단원들을 새로 모집했다면 좋았을 것입니다. 바로 그 시점에서 기존 집단원들이 새로운 집단형태에 자신이 적합할지 제대로 평가할 수 있었을 것입니다. 그랬다면 에이미가 집단에서 자기만 다른 것 같다는 느낌을 분명히 표현했을 수도 있고, 또 수는 자신과 집단이 잘 맞는지 재고해 볼 수 있는 방식으로 에이미가 성적 학대를 계속 허용하는 것이 불편하다는 점을 표현했을 수도 있었을 것입니다.

유용한 집단계약은 비밀보장, 출석, 생각과 감정을 말로 표현하는 것, 집단기간 동안 끝까지 참여하는 것, 그리고 집단 밖에서 사교적으로 만나는 것 등에 대하여 집단원들이 지켜야 하는 규칙을 명시해 줄 것입니다(Rutan & Stone, 2001). 시간제한이 없는 집단에서는 시간 여유를 갖고 행동화에 대해 탐색해도 되지만 시간제한 집단에서의 행동화는 더욱 적극적으로 다룰 필요가 있습니다. 기본적인 규칙은 리더에게 '(대개 강렬한 정서를 유발하는) 행동화를 촉발하는 자극 쪽'으로부터 '촉발자극과 행동 사이의 관련성을 좀 더 인지적으로 이해하는 쪽'으로 초점을 전환할 수 있는 힘을 제공할 것입니다. 이러한 규칙은 일반적으로 강렬한 정서를 완화시키고 행동화를 제한할 것입니다.

트라우마 집단의 집단원들이 집단 밖에서 만나는 것이 타당한가에 관해서는 엇갈리는 견해가 있습니다. 어떤 견해는 그것이 중요한 지지자원이 된다고 보고, 또 다른 견해는 그것이 치료작업을 복잡하게 만드는 것이라고 봅니다. 트라우마 집단을 하면서 저는 집단 계약상으로 집단 밖에서의 만남을 허용한 적도 있고 금지한 적도 있었는데, 경험을 해 보니 개인적으로 후자가 더 나은 것 같습니다. 대체로 대인관계가 좋지 않은 트라우마 성인들의 집단에서는 집단 내에서 발생한 감정을 집단 밖에서 자기파괴적 행동으로 표현할 가능성이 훨씬 큽니다.

당신과 수퍼바이지가 아무리 신중하게 선별하고 준비를 하더라도 여전히 집단에서 전염의 문제를 다루어야 될 수도 있습니다. 집단과정을 검토하는 것보다 오히려 심리교육, 지지, 문제해결 등을 통하여 집단의 과업인 대처기술의 발달이 이루어질 수 있습니다. 굿맨과 노웍-사이벨리(Goodman & Nowak-Scibelli, 1985)는 근친상간 이력이 있는 성인들로 구성된 시간제한 집단들을 운영한 경험을 통해 볼 때, 퇴행을 최소화하고 힘을 강화하는 데에 집단을 집중시켜 만성적인 무력감을 상쇄할 필요가 있다고 주장했습니다. 여기에 초점을 맞추면 자신의 감정에 반응하여 다르게 생각하고 행동하는 과정을 통해 정서대처 숙달을 강조하게 될 것입니다. 이것은 '현실적 사고(realistic thinking)' 개념에서 발전한 것으로, 인지행동적 기술의 목표이자 전이에 기초한 관계왜곡을 '훈습'하기 위한 중요한 과정이라고 볼 수 있습니다.

에이미가 가해자와 계속 성관계를 가지는 것에 대해 수가 반응을 보일 때, 에이미의 행동을 유발하고 수가 반응을 보이는 정서를 강조하기 위해 상담자가 개입을 하는 것이 중요합니다. 예를 들면, 상담자는 두 가지를 지적할 수 있습니다. 즉, 트라우마에 반드시 나타나는 결과 중 하나가 무력감에서 비롯되는 강렬한 수치심이라는 것과 다른 한 가지는 수가 가해자에 대한 분노를 표현함으로써 수치심으로부터 자신을 보호하고 있다는 사실입니다. 동시에 에이미는 또한 자기파괴적인 감정을 표현하고 있는데, 이 감정은 수치심을 처리하려는 시도이자 집단원 모두가 공감하는 감정입니다. 대처기술의 발달에 초점이 맞추어진 시간제한 집단의 과업은 집단원들이 수치심을 처리하려는 시도의 대가를 인식하게 하고, 그들이 당한 치욕의 치명적인 결과에 대해 유일한 비방어적인 해결책으로서 자기를 수용하는 태도를 개발하기 시작하게 하는 것입니다(Nathanson, 1992). 상담자는 그러한 갈등의 저변에서 집단원들이 같은 문제에 대한 다양한 해결책을 표현하고 있다는 사실을 강조함으로써 서로의 관계를 단절시키지 않고 오히려 서로 연결시켜 주게 됩니다.

제가 마지막으로 언급하고자 하는 것은 집단 전염에 대한 반응으로 나타나는 역전이입니다. 제 생각에 당신과 당신의 수퍼바이지는 부정적 정서가 폭주하자 스스로 경험이 부족하고 무능하다고 느끼는 상황에 처했던 것이 아닌지 의심됩니다. 저는 당신도 그 집단이 느낀 수치심의 전염을 경험했을 가능성이 있다고 생각합니다. 수퍼바이지는 집단원들에게 집단을 그만두라고 요청하거나 집단을 조기에 종결함으로써 이러한 어려운 감정들을 다루려 하기보다는, 당신의 도움을 통해 집단경계를 관리하면서 저지른 실수를 인정하고 이러한 실수에 대한 수치심을 집단에 드러내며, 상담자 자신의 감정과 집단원들의 감정 사이의 공통점을 이끌어 내는 것이 좋겠습니다. 그런 뒤 계약의 여러 측면을 재협상할 수도 있습니다(예: 집단 밖에서의 사교적 모임 금지, 생각과 감정을 말로 옮기기, 집단에 빠지지 않고 참여하기 등). 이러한 상담자의 자기개방은 알아차림과 자기수용을 높이고, 반사적이지 않은(nonreactive) 반응을 선택하는 모습을 보여 줌으로써 수치심을 다루는 하나의 모델을 집단원들에게 제시해 줄 것입니다. 상담자의 그러한 진솔하고 공감적인 행동은 집단원들이 트라우마를 경험하는 동안이나 이후에 그들의 가정에서 흔히 찾을 수 없는 회복적인 해결책을 제공할 것입니다.

Mark Sorensen, Ph.D., CGP, FAGPA

참고문헌

Goodman, B., & Nowak-Scibelli, D. (1985). Group treatment for women incestuously abused as children. *International Journal of Group Psychotherapy, 35*, 531-544.

Klein, R. H. (1983). Short-term group psychotherapy. In H. I. Kaplan & B. J. Sadock (Eds.), *Comprehensive Group Psychotherapy*(3rd ed., pp. 256-270). Baltimore: Williams and Wilkins.

Nathanson, D. L. (1992). *Shame and pride: Affect, sex and the birth of the self.* New York: Norton.

Rutan, J. S., & Stone, W. N. (2001). *Psychodynamic group psychotherapy* (3rd ed.). New York: Guilford Press.

Tomkins, S. S. (1979). Script theory: Differential magnification of affects. In H. E. Mowe & R. A. Dienstbier (Eds.), *Nebraska symposium on motivation, 26*, 201-236.

Tomkins, S. S. (1982). Affect theory. In P. Ekman (Ed.), *Emotion in the human face* (2nd ed., pp. 353-395). New york: Cambridge University Press.

집단상담자의 도전

겸손할 수 있는 자신감

〈소프라노스〉라는 미국 드라마에 아주 재미있는 집단상담 장면이 등장한다. 조직폭력배 크리스토퍼(Christopher)는 자신의 약물남용을 '치료해 주기' 위해 모인 두 가족, 즉 조직 폭력배 '패밀리'와 실제 가족을 마주하게 된다. 크리스토퍼는 집단상담자를 보자마자 그가 예전에 한 가게의 돈육 등심을 모조리 훔쳤다는 것을 기억해 내지만 집단상담자는 조용히 개입에 착수한다. 그러나 몇 분도 안 되어서 그 집단은 엉망이 되어 서로 욕설이 오가고 말이 통하지 않을 뿐 아니라 결국에는 폭력을 휘두르는 상황이 된다. 이 장면을 보고서는 절대 집단상담이 효과가 있다고 느낄 수 없을 것이다.

많은 집단상담자가 이런 '고삐 풀린' 과정에 익숙하다. 집단상담자가 되고자 하는 많은 개인상담자는 그런 장면을 두려워하여 아예 집단상담을 피하는 지경에까지 이른다. 아마도 르봉(LeBon)은 다음과 같이 쓰면서 그 요지를 잘 대변해 주고 있는 것 같다.

> 인간은 조직된 집단의 일부를 구성한다는 단순한 사실로 인해 문명사회의 사다리에서 몇 칸을 내려와야 한다. 홀로 있을 때는 그가 교양 있는 사람일지 모르지만, 군중 속에 있을 때는 일개 야만인이 된다. 즉, 본능에 따라 행동하는 짐승처럼 말이다(LeBon, 1895/1920, p. 36).

우리는 "농담이시죠? 제가 집단을 이끈다고요?"라고 말할 정도의 초심 집단상담자이든 숙련 집단상담자이든 모두 집단상담 과정에서 복잡하고 도전적인 상황에 처한다는 것을 염두에 두면서, 집단을 이끌 때 그들이 덜 불안해하고 더 유능감을 느끼도록 돕고자 이 책을 썼다.

다음 내용은 어떤 수준의 상담자에게든 모두 해당된다.

> 초심 집단상담자들은 처음 집단경험을 할 때 예상치 못한 도전에 직면한다. 그들은 자신이 어디로 가는지 또는 어떻게 그곳에 도달할 것인지 알지 못한 채 첫 집단을 이끌어야 한다! 집단상담을 운영하는 방법에 대한 이론적 지침들은 적지 않지만, 초심상담자뿐 아니라 **심지어 숙련된 상담자**라도 치료적 변화를 위한 일관된 틀을 확립해 줄 수 있는 다양한 모델을 정리하는 것은 매우 어려운 일이다. 각 개입마다 권장하는 목표, 적절한 리더십 스타일이나 초점, 상담자의 화법, 구조화된 활동, 그리고 임상적인 치유를 촉진시키는 치료요인들에는 차이가 있다(강조 부분은 추가됨. Dies, 1994, p. 60).

상담자가 개인역동에 대한 지식을 알고 있어야 한다는 것은 최소한의 전제조건이다. 뿐만 아니라 집단 역학(Cartwright & Zander, 1998; Forsyth, 1998; Stacey, 2003), 체계 이론(Agazarian, 1997; Durkin, 1981; von Bertalanffy, 1968), 집단상담의 변화모델(cf., Dies, 1992; Fuhriman & Burlingame, 1994; Kaplan & Sadock. 1993; Klein, Bernard, & Singer, 1992; Lieberman, Yalom, & Miles, 1973; Rutan & Stone, 2001; Yalom, 1995)에 대해서 대강이라도 알고 있어야만 한다.

이것이야말로 상담자가 가지고 있는 심각한 불안에 대한 처방 아닌가? 이런 맥락에서 우리는 이 책이 집단상담자들에게 보편적으로 일어나는 어려운 상황을 묘사하고 예화를 보여 주며 여기에 대한 사려 깊은 해답을 제시함으로써 그러한 불안에 대한 부분적인 해독제가 되기를 희망한다. 이처럼 전형적인 딜레마와 해결책을 자세히 설명하고자 하는 열정 뒤에는 불안을 견뎌 내는 일을 보람 있게 만들어 주는 집단상담의 고유한 가치에 대한 깊은 신뢰가 깔려 있었음을 밝히고 싶다.

많은 문헌에서 어려움을 겪는 사람들을 위한 집단상담만의 독특한 공헌에 대해 이야기하고 있다(Alonso & Swiller, 1993; Bion, 1959; DeChant, 1996;

Ettin, 1992; Kutach & Wolf, 1990; Mackenzie, 1997; Marziali & Monroe-Blum, 1994; Roth, Stone, & Kiebel, 1990; Rutan & Stone, 2001; White & Freeman, 2000; Yalom, 1995 참고). 집단상담은 수많은 심리적이고 대인관계적인 주제들의 생생한 노출과 해결을 위해 어떠한 상담도 모방할 수 없는 독특한 환경과 상황을 제공한다. 집단원들은 소속감을 경험하고, 수치스러운 비밀을 개방하며, 자신의 문제를 다른 사람도 겪을 수 있는 보편적인 일로 여기게 되고 다른 집단원과의 실제 대인관계 상황에서 자기인식을 발달시키고, 사회적 기술이 향상되는 등의 엄청난 도움을 얻을 수 있다. 이 모든 것은 집단상담에 내재된 독특한 이득이라 할 수 있다.

다행히도 이러한 이점에 대한 우리의 임상 경험은 집단상담의 효과와 때로는 우월성마저 보여 주는 연구 문헌을 통해서 지지받고 있다(Leszcz & Goodwin, 1998; MacKenzie, 1996; McRoberts, Burlingame, & Hoag, 1998; Piper, 1993; Smith, Glass, & Miller, 1980; Toseland & Siporin 1988). 적어도 인지적 수준에서 이 증거가 많은 위안을 준다.

그러나 이와 같은 실질적인 이점이나 연구에서 밝히는 이점에도 불구하고, 이 책에 등장하는 집단에서 도망치고 싶어 하거나, 치료비 지불 방식에 대하여 공개적으로 다투려고 하거나, 특혜를 받은 새 집단원의 합류에 대한 분노를 나타내는 집단원들의 도전을 받고(제1장 경계문제), 극도로 화난 집단원이나 자기애적 집단원, 또는 집단에서 성관계를 맺는 집단원들과 만나고(제2장 어려운 집단원), 공격적이거나 수동적인 혹은 사람을 죽이려 하는 환자를 관리하며(제3장 복잡한 방어), 죽어 가는 집단, 저항적인 치료환경, 혹은 우울증으로 자살하려는 환자의 시험을 받고(제4장 파괴적인 힘), 가학주의, 모욕 혹은 혐오에 대한 개인적 감정을 참아 내야만 하고(제5장 강력한 상담자 반응), 사적인 실패, 승리 혹은 개인 신상 정보 노출로 고충을 겪고(제6장 자기개방), 시간은 흘러만 가는데 진척이 거의 안 되는 상황 혹은 과도한 강렬함에 대처해야 하는(제7장 시간제한 집단) 집단상담자들에게는 별로 위안이 되지 못한다.

그리하여 우리는 다시 집단상담자의 불안으로 돌아왔다(Alonso & Rutan, 1996; Billow, 2001; Brightman, 1984; Gans & Alonso, 1998; Horwitz, 2000; Markus & Abernarthy, 2001; Nitsun, 1996; Roller, 1984; Rosenberg, 1993). 앞서 제시한 것처럼 우리가 선택할 수 있는 여러 관점이 있을 뿐 아니라, (개인상담과 대조적으로) 상담실에는 젖을 빨고 깨물고 주무르기를 원하는 아기들이 아주 많은데도 조언을 받을 수 있는 숙련된 수퍼바이저나 동료 지지집단도 거의 존재하지 않으며, 도움을 제공하는 전문학술지도 매우 적은 실정이다.

집단을 이끄는 것은 마치 안전망 없이 공중에서 줄타기를 하는 것과 같은 느낌일 수 있다. 그러나 우리는 이 불안과 불확실성을 담아내는 이해와 의미를 만들어 내는 틀이 존재하고 있고, 이 틀이 상담자에게 집단상담의 독특한 위력에 대한 기본적인 믿음을 돌려 준다는 점을 독자 여러분이 경험하기를 바란다. 이 책의 딜레마들에서 나타나는 집단상담이 아무리 복잡하고 어렵더라도, 각 장을 쓰고 질문에 응답한 저자들은 그 문제를 해결해 줄 수 있는 근원적인 길을 제시해 준다. 숙련된 개인상담 전문가들이 그들 나름의 지혜를 가지고 있듯이(Shay & Wheelis, 2000), 우리 저자들은 일관된 상담모델(그 모델은 상담자마다 다를 수 있지만)이 존재한다는 믿음, 불안과 불확실성을 감내하려는 의지, 자신이 갖고 있는 예측 가능하고 강력한 개인적인 반응을 인정하는 용기, 빠르게 변화하는 집단과정 중에서도 유연하고 창의적으로 대처할 수 있는 융통성, 기꺼이 지지와 상담을 구하려는 의지, 그리고 각자의 개인적인 혹은 전문성의 한계를 받아들이는 겸손함 등을 공유하고 있다.

이처럼 창의적인 유연성이 존재한다는 맥락에서, 독자가 당면하는 집단 딜레마가 우리의 딜레마와 정확히 겹칠 수는 없을 것이다. 그래서 우리는 이 책에서 제시하는 조언들이 '이만하면 괜찮은(good-enough)' 틀을 제공하기를 희망하며, 다른 사람들에게 더 많은 자문을 받기를 권한다. 자신의 딜레마를 다른 사람들에게 솔직하게 털어놓고 나눈다는 것은 분명 강한 힘을 발휘하는 과정일 것이다. 그러한 대화의 위력에 관하여 다이앤 맥호터

(Diane McWhorter, 퓰리처상을 수상한 미국의 저널리스트: 역자 주)는 다음과 같이 썼다. "어떤 사건에 대한 느낌이 가장 신뢰할 만한 자료를 기초로 형성되었다고 해도, 일단 내가 실제 그 사건에 연루된 사람과 대화를 하고 나면 그 느낌이 약 30도 정도는 변화하게 된다. 그들이 어떤 특정한 사건을 상기해서가 아니라 단지 그들의 '인간 존재로서의 복잡성' 때문이다"(2004, p. 51). 집단을 운영하는 것이 우리에게 주는 시사점이 있다면, 그것은 '인간 존재의 복잡성'과, 그 복잡성이 우리에게 큰 도전이 될지라도 '그것을 소중히 여기는 지혜'를 가르쳐 주는 것이라고 할 수 있겠다.

Joseph Shay, Ph.D., CGP and Lise Motherwell, PSYD, CGP

참고문헌

Agazarian, Y. (1997). *Systems centered therapy for Groups*. New York: Guilford Press.

Alonso, A., & Rutan, J. S. (1996). Seperation and individuation in the group leader. *International Journal of Group Psychotherapy, 46*, 149-162.

Alonso, A., & Swiller, H. I. (Eds.). (1993). *Group therapy in clinical practice*. Washington, DC: American Psychiatric Press.

Bertalanffy, L. von (1968). *General system theory: Foundations, development*, applications. New York: Braziller.

Billow, R. M. (2001). The therapist' s anxiety and resistance to group therapy. *International Journal of Group Psychotherapy, 51*, 225-242.

Bion, W. R. (1959). *Experience in groups*(1974 Edition). New York: Ballantine Books.

Brightman, B. K. (1984). Narcissistic issues in the training of the psychoterapist. *International Journal of Psychoanalytic Psychotherapy, 10*, 293-317.

Cartwright, D., & Zander, A. (1998). *Group dynamics* (3rd ed.). New york: Harper Collins.

DeChant, B. (Ed.). (1996). *Women and group psychotherapy: Theory and practice*. New York: Guilford Press.

Dies, R. R. (1992). Models of group psychotherapy: Sifting through confusion. *International Journal of Group Psychotherapy, 42*, 1-17.

Dies, R. R. (1994). The therapist' s role in group treatments. In H. S. Bernard & K. R. MacKenzie (Eds.), *Basics of Group Psychotherapy* (pp. 60-99). New York: Guilford Press.

Durkin, J. E. (Ed). (1981). *Living groups: Group psychotherapy and general system theory*. New York: Brunner/Mazel.

Ettin, M. (1992). *Foundations and applications of group psychotherapy*. Boston: Allyn & Bacon.

Forsyth, D. R. (1998). *Group dynamics* (3rd ed.). Belmont, CA: Wadsworth.

Fuhriman, A., & Burlingame, G. M. (Eds.). (1994). *Handbook of group psychotherapy: An empirical and clinical synthesis*. New York: Wiley.

Gans, J. S., & Alonso, A. (1998). Difficult patients: Their construction in group therapy. *International Journal of Group Psychotherapy, 48*, 311-326.

Horwitz, I. (2000). Narcissistic leadership in psychotherapy groups. *International Journal of Group Psychotherapy, 50*, 219-235.

Kaplan, H. I., & Sadock, B. J. (Eds.). (1993). *Comprehensive group psychotherapy* (3rd ed.). Baltimore: Williams & Wilkins.

Klein, R., Bernardm H., Singer, D. (Eds.). (1992). *Handbook of contemporary group psychotherapy: Contributions from object relations, seif psychology, and social systems theories*. Madison, CT: International Universities Press.

Kutash, I. L., Wolf, A. (1990). (Eds.). *Group Psychotherapist' s handbook: Comtemporary theory and technique*. New York: Columbia University Press.

Lebon, G. (1920). *The crowd: A study of the popular mind*. New York: Fisher, Unwin. (Original work published 1895)

Leszcz, M., & Goodwin, P. J. (1998). The rationale and foundations of group psychotherapy for women with metastatic breast cancer. *International Journal of Group psychotherapy, 48*, 245-273.

Lieberman, M., Yalom, I. D., & Miles, M. D. (1973). *Encounter groups: First facts*. New York: Basic Books.

MacKenzie, K. R. (Ed). (1992). *Classics in group psychotherapy*. New York: Guilford Press.

MacKenzie, K. R. (1996). Time-limited group psychotherapy: Has Cinderella found her prince? *Group, 20*, 95–111.

ManKenzie, K. R. (1997). *Time-managed group psychotherapy: Effective clinical applications,* Washington, DC: American Psychiatric Press.

Markus, H. E., & Abernathy, A. D. (2001). Joining with resistance: Addressing reluctance to engage in group therapy training. *International Journal of Group psychotherapy, 51*, 191–204.

Marziali, E., & Monroe-Blum, H. (1994). *Interpersonal group psychotherapy for borderline personality disorder*. New York: Basic Books.

McRoberts, C, Burlingame, G. M., & Hoag, M. J. (1998). Comparative efficacy of individual and group psychotherapy. *Group Dynamics, 2*, 101–117.

McWorrter, D. (2004). Talk. *American Scholar, 73*, 47–53.

Nitsun, M. (1996). *The Anti-group: Destructive forces in the group and their creative potential*. London: Routledge.

Piper, W. E. (1993). Group psychotherapy research. In H. Kaplan & B. Sadock(Eds.), *Comprehensive group psychotherapy* (3rd ed.) (pp. 673–682). Baltimore: Williams & Wilkins.

Roller, B. (1984). The group therapist: Stages of professional and personal development. *Small Group Behavior, 15*, 265–269.

Rosenberg, P. R. (1993). Qualities of the group psychotherapist. In H. Kaplan & B. Sadock(Eds.), *Comprehensive group psychotherapy* (3rd ed., pp. 648–656). Baltimore: Williams & Wilkins.

Roth, B.E., Stone, W. N., & Kibel, H.D. (Eds.).(1990). *The difficult patient in group: Group psychotherapy with borderline and narcissistic disorder*. Madison, CT: International University Press.

Rutan, J. S. & Stone, W. N. (2001). *Psychodynamic group psychotherapy* (3rd ed.). New York: Guilford Press.

Shay, J. J., & Wheelis, J. (2000). *Odysseys in psychotherapy*. New York: Ardent Media.

Smith, M., Glass, G., & Miller, T.(1980). *The benefits of psychotherapy*. Baltimore Johns Hopkins University Press.

Stacey, R. D. (2003). *Complexity and group processes*. New York: Brunner-Routledge.

Toseland, R. W., & Siporin, M. (1998). When to recommend group treatment: A review of the clinical and research literature. *International Journal of Group psychotherapy, 36*, 171-201.

White, J. R., & Freeman, A. S. (Eds.). (2000). *Cognitive-behavioral group therapy*. Washington, DC: American Psychological Association.

Yalom, I. D. (1995). *The theory and practice of group psychotherapy* (4th ed.). New York: Basic Books.

찾아보기

내 용

인 명

도움을 주신 분들

▶▷▶ 편집자

Lise Motherwell, Psy.D., CGP. 미국 매사추세츠 종합병원 정신분석연구소 교수 및 심리학과 부교수로 재직 중이며 하버드 의과대학에서 강의하고 있다. 매사추세츠 심리학회 전 회계담당자이며 현재는 미 북동부 집단심리치료학회 회장으로 활동하고 있다. 집단상담을 주제로 수많은 글을 쓰고 강연을 하였다.

Joseph J. Shay, Ph.D., CGP. 미국 매사추세츠 주 케임브리지에 소재한 투 브레틀 센터에서 운영하는 심리치료 및 연수 프로그램의 책임자로 활동하고 있고, 하버드 의과대학 정신과에서 심리학을 강의하고 있다. 또한, McLean 병원과 매사추세츠 종합병원이 공동으로 진행하는 연수 프로그램에도 참여하고 있다. 셰이 박사는 조안 휠리스(Joan Wheelis) 박사와 함께 『Odysseys in Psychotherapy』(2000)라는 책을 공동 편집했고, 수많은 글과 강연을 통해서 심리치료의 특징과 변화과정의 핵심, 그리고 집단상담의 복잡한 개념들을 소개했다.

▶▷▶ 수퍼바이저

Yvonne M. Agazarian, EdD, CGP, FAGPA. 펜실베이니아 주 필라델피아 체계중심교육연구소 설립자

Anne Alonso, Ph.D., CGP, DFAGPA. 미국 하버드대학교 의과대학 심리학과 정신과 임상 교수, 매사추세츠 종합병원 정신분석연구소 책임자

David A. Altfeld, Ph.D., CGP, FAGPA. 미국 국립정신치료학회(NIP) 상담자 훈련 프로그램 교수

Sally H. Barlow, Ph.D., CGP, ABPP, ABGP. 미국 브링햄 영 대학(BYU) 심리학 교수

Harnold Bernard, Ph.D., CGP, FAGPA ABPP. 미국 뉴욕대학교 의과대학 정신과 임상 교수

Richard M. Billow, Ph.D. 미국 애들피대학교 대학 집단치료에 관한 박사 후 연수 프로그램 감독자

Bonnie J. Buchele, Ph.D., CGP, DFAGPA, ABPB. 미국 캔자스시티 정신분석연구소 훈련및 수퍼비전 분석가

Arnold Cohen, Ph.D. 미국 하버드대학교 의과대학 정신과 심리학 교수

Suzanne L., Cohen, EdD, CGP, FAGPA. 미국 하버드대학교 의과대학 정신과 임상심리학 교수

Barbara R. Cohn, Ph.D., CGP, FAGPA. 미국 컬럼비아대학교 의료심리학 임상 부교수

Elaine Jean Cooper, LCSW, Ph.D., CGP, FAGPA. 미국 캘리포니아 대학교 의과대학 정신과 임상교수

12 Eleanor F. Counselman, EdD, CGP, FAGPA, ABPP. 미국 하버드대학교 의과대학 정신과 (심리학) 임상 조교수, 매사추세츠 종합병원 정신분석연구센터 및 집단심리치료센터 교수진

Hylene S. Dublin, MSW, LCSW, CGP, FAGPA. 미국 시카고 대학교 임상사회복지학회의 교수진

Allan B Elfant, Ph.D., CGP, FAGPA ABPP. 미국 펜실베이니아 주립대학교, 텍사스 A&M 대학교 의과대학, 브루클린 대학교, 뉴욕 시립대학교 교수

Sara J. Emerson, LICSW, CGP, FAGPA. 미국 보스턴 심리치료학회 교수

Pamela L. Enders, Ph.D., CGP. 미국 매사추세츠 종합병원 정신과 수퍼바이저, 하버드대학교 의과대학 강사

Nina Fieldsteel, Ph.D., FAGPA. 미국 매사추세츠 종합병원 정신분석연구소 교수, 하버드 대학교 의과대학 강사

Bernard Frankel, Ph.D., BCD, CGP, FAGPA. 미국 애들피대학교 임상교수

Joel C. Frost, EdD, CGP, FAGPA ABPP. 미국 하버드대학교 의과대학 정신과 임상 조교수

Jerome S. Gans, MD, CGP, FAGPA, DFAPA. 미국 하버드대학교 의과대학 정신과 임상 부교수, 매사추세츠 종합병원 정신과 임상 부교수

Ramon Ganzarain, MD, FAGPA. 미국 애틀랜타 에모리 정신분석연구소 명예교수 및 수련감독 분석가

Allan H. Gelber, Ph.D., CGP. 미국 애리조나 집단심리치료학회 교육 및 훈련 책임자

Macario Giraldo, Ph.D. 국립집단정신심리치료학회 감독, 워싱턴대학교 의과대학 정신과 교수

Steven Haut, MSW, BCD, CGP, FAGPA. 미국 보스턴대학교, 보스턴 단과대학, 시몬스 단과대학, 터프츠 대학교, 미 북동부 집단심리치료학회 연수 프로그램 집단심리치료 강사

David M. Hawkins, MD, CGP, DFAGPA. 미국 듀크대학교 의과대학, 노스캐롤라이나대학교 채플 힐 캠퍼스 자문 부교수

Barry Helfmann, PsyD, CGP, ABPP. 쇼트 힐 임상심리협회 이사

Earl Hopper, Ph.D. 런던 집단분석학회 집행위원

Arthur Horne, Ph.D. 조지아 대학교 상담심리학과 연구교수, 미국심리학회 집단심리 및 집단심리치료 분과 회장, International Journal for the Advancement of Counseling 학회지 편집장

Anthony S. Joyce, Ph.D. 캐나다 앨버타 대학교 정신과 심리치료 연구 및 평가부서 교수

Robert H Klein, Ph.D., CGP, FAGPA. 미국 예일대학교 의과대학 정신과 임상교수

Marti B. Kranzberg, Ph.D., CGP, FAGPA. 미국 남서부 집단심리치료학회 이사진

Steven Krugman, Ph.D. 미국 매사추세츠 종합병원 정신과 교수

Morris Nitsun, Ph.D. 집단분석학회 교수

Jeanne Pasternak, LCSW, CGP, FAGPA. 국립집단심리치료공인등기소 회장

William E. Piper, Ph.D., CGP. 브리티시컬럼비아대학교 교수, 행동과학 분과 과장, 정신과 심리치료 프로그램 책임자

Theodore A. Powers, Ph.D. 매사추세츠대학교 심리학과 조교수

Helen Riess, MD. 미국 하버드대학교 의과대학 임상 조교수, 매사추세츠 종합병원 교육 책임자

J. Scott Rutan, Ph.D., CGP, DFAGPA. 미국 보스턴심리치료학회 수석교수

Victor L. Schermer, MA, LPC, CAC, CGP. 인간 갈등 연구기관 책임자

Elizabeth L. Shapiro, Ph.D. 미국 매사추세츠 종합병원 정신분석연구소 부책임자, 하버드 대학교 의과대학 정신과 임상조교수

Meg Sharpe, BA (Hons), MInst GA, CGP. 런던 국제자문위원, Journal of Therapeutic Communities and of Group Analytic Practice 활동

Brenda L. Smith, MSW, LICSW, CGP. John Hancock Financial Service 선임 자문위원

Mark Sorensen, Ph.D., CGP, FAGPA. 미국 북동부집단심리치료학회 훈련 프로그램의 교수진

Gil Spielberg, Ph.D., CGP, FAGPA. 미국 로스앤젤레스 현대정신분석연구소 수련감독관

Walter N. Stone, MD, CGP, FAGPA. 미국 신시내티대학교 의과대학 정신과 명예교수

Hillel I. Swiller, MD, CGP, FAGPA, DLFAPA. 마운트사이나이 의과대학 정신과 심리치료분과 임상교수 및 책임자

Shawn M. Taylor, Ph.D. 노스웨스턴대학교 조교수

Kathleen Hubbs Ulman, Ph.D. 미국 하버드대학교 의과대학 심리학 조교수, 매사추세츠 종합병원 집단심리치료센터 감독관

Marsha Vannicelli, Ph.D. 미국 하버드대학교 의과대학 임상 부교수, 매사추세츠 심리치료 전문대학원 교수

Robert Weber, Ph.D., CGP, FAGPA. 미국 매사추세츠 종합병원 정신분석연구소, 집단상담센터 교육감독관.

▶▷▶ 역자 소개

권경인(Kwon Kyoung In)

서울대학교 교육학과 석사(교육상담)
서울대학교 교육학과 박사(교육상담)
현) 광운대학교 상담복지정책대학원 상담심리치료학과 교수

조수연(Jo Su Yeon)

서울대학교 교육학과 박사과정(교육상담)
광운대학교 상담복지정책대학원 석사(상담심리치료)
전) 한국청소년상담복지 개발원 상담원

김현령(Kim Hyun Ryung)

서울대학교 교육학과 석사(교육상담)
현) 서울교육대학교 대학생활문화원 상담원

서정은(Suh Jeong Eun)

서울대학교 교육학과 석사(교육상담)
현) 서울대학교 대학생활문화원 상담원

김나리(Kim NaRi)

이화여자대학교 심리학과 석사(상담심리)
현) 동덕여자대학교 상담원, 이화여자대학교 상담원

김나연(Kim Na Yeon)

서울대학교 교육학과 석사(교육상담)

김수한(Kim Sue Han)

이화여자대학교 심리학과 석사(상담심리)
전) MBC 스포츠 플러스 아나운서

신지윤(Shin Ji Yoon)

이화여자대학교 심리학과 석사(상담심리)
전) 광주시 청소년상담복지센터 상담원

이정민(Lee Jung Min)

서울대학교 교육학과 박사과정(교육상담)
전) 서울대학교 대학생활문화원 상담원

정경은(Jung Kyoung Eun)

이화여자대학교 심리학과 석사(상담심리)

정수형(Jung Soo Hyung)

이화여자대학교 심리학과 석사(상담심리)
현) 도봉구청소년독서실 파트 상담사

집단상담의 딜레마

Complex Dilemmas in Group Therapy

2015년 4월 20일 1판 1쇄 인쇄
2015년 4월 30일 1판 1쇄 발행

지은이 • Lise Motherwel · Joseph J. Shay
옮긴이 • 권경인 · 조수연 · 김현령 · 서정은 · 김나리 · 김나연
김수한 · 신지윤 · 이정민 · 정경은 · 정수형
펴낸이 • 김진환
펴낸곳 • (주) 학지사
121-838 서울특별시 마포구 양화로 15길 20 마인드월드빌딩
대표전화 • 02)330-5114 팩스 • 02)324-2345
등록번호 • 제313-2006-000265호

홈페이지 • http://www.hakjisa.co.kr
커뮤니티 • http://cafe.naver.com/hakjisa

ISBN 978-89-997-0658-5 93180

정가 18,000원

역자와의 협약으로 인지는 생략합니다.
파본은 구입처에서 교환해 드립니다.

이 도서의 국립중앙도서관 출판시도서목록(CIP)은 서지정보유통지원시스템 홈페이지(http://seoji.nl.go.kr)와 국가자료공동목록시스템(http://www.nl.go.kr/kolisnet)에서 이용하실 수 있습니다.
(CIP제어번호: CIP2015010476)